고르기아스

정암고전총서 플라톤 전집

고르기아스

플라톤

김인곤 옮김

아카넷

정암고전총서는 윤독의 과정을 거쳐 책을 펴냅니다.
아래의 정암학당 연구원들이 『고르기아스』 원고를 함께 읽고
번역에 도움을 주셨습니다.
김주일, 이기백, 정준영

'정암고전총서'를 펴내며

그리스·로마 고전은 서양 지성사의 뿌리이며 지혜의 보고이다. 그러나 이를 우리말로 직접 읽고 검토할 수 있는 원전 번역은 여전히 드물다. 이런 탓에 우리는 서양 사람들의 해석을 수동적으로 수용하는 처지를 완전히 극복하지 못하고 있다. 사상의 수입은 있지만 우리 자신의 사유는 결여된 불균형의 문제를 안고 있는 것이다. 이런 상황은 우리의 삶과 현실을 서양의 문화유산과 연관 지어 사색하고자 할 때 특히 심각한 문제를 야기한다. 우리 자신이 부닥친 문제를 자기 사유 없이 남의 사유를 통해 이해하거나 해결하는 것은 거의 불가능하기 때문이다. 우리의 문제에 대한 인문학적 대안들이 때로는 현실을 적확하게 꼬집지 못하는 공허한 메아리로 들리는 것도 그런 이유 때문일 것이다.

한 공동체에서 살아가는 사람들이 자신들의 생각과 말을 나누며 함께 고민하는 문제와 만날 때 인문학은 진정한 울림이 있는 메아리가 될 수 있다. 이것은 우리가 우리의 현실을 함께 고민하는 문제의식을 공유함으로써 가능하겠지만, 그조차도 함께 사유할 수 있는 텍스트가 없다면 요원한 일일 것이다. 사유를 공유할 텍스트가 없을 때는 앎과 말과 함이 분열될 위험에 노출될 수 있기 때문이다. 이런 점에서 진정한 인문학적 탐색은 삶의 현실이라는 텍스트, 그리고 생각을 나눌 수 있는 문헌 텍스트와 만나는 이중의 노력에 의해 가능할 것이다.

현재 한국의 인문학적 상황은 기묘한 이중성을 보이고 있다. 대학 강단의 인문학은 시들어 가고 있는 반면 대중 사회의 인문학은 뜨거운 열풍이 불어 마치 중흥기를 맞이한 듯하다. 그러나 현재의 대중 인문학은 비판적으로 사유하는 인문학이 되지 못하고 자신의 삶을 합리화하는 도구로 전락하는 경향이 없지 않다. 사유 없는 인문학은 대중의 욕망을 충족시키기 위해 소비되는 상품에 지나지 않는다. '정암고전총서' 기획은 이와 같은 한계상황을 극복할 수 있는 기본적인 토대를 마련하고자 하는 절실한 문제의식에서 시작되었다.

정암학당은 철학과 문학을 아우르는 서양 고전 문헌의 연구와 번역을 목표로 2000년 임의 학술 단체로 출범하였다. 그리고 그 첫 열매로 서양 고전 철학의 시원이라 할 『소크라테스 이전 철학자들의 단편 선집』을 2005년도에 펴냈다. 2008년에는 비영리 공익법인의 자격을 갖는 공적인 학술 단체의 면모를 갖추고 플라톤 원전 번역을 완결할 목표 아래 지금까지 20여 종에 이르는 플라톤 번역서를 내놓고 있다. 이제 '플라톤 전집' 완간을 눈앞에 두고 있는 시점에 정암학당은 지금까지의 시행착오를 밑거름 삼아 그리스·로마의 문사철 고전 문헌을 우리말로 옮기는 고전 번역 운동을 본격적으로 펼치려 한다.

정암학당의 번역 작업은 철저한 연구에 기반한 번역이 되도록 하기 위해 처음부터 공동 독회와 토론을 통해 이루어진다. 번역 초고를 여러 번에 걸쳐 교열·비평하는 공동 독회 세미나를 수행하여 이를 기초로 옮긴이가 최종 수정하는 방식으로 진행된다. 이같이 공동 독회를 통해 번역서를 출간하는 방식은 서양에서도 유래를 찾기 어려운 번역 시스템이다. 공동 독회를 통한 번역은 매우 더디고 고통스러운 작업이지만, 우리는 이 같은 체계적인 비평의 과정을 거칠 때 믿고 읽을 수 있는 텍스트가 탄생할 수 있다고 확신한다. 이런 번역 시스템 때문에 모든 '정암고전총서'에는 공동 윤독자를 병기하기로 한다. 그러나 윤독자들의 비판을 수용할지 여부는 결국 옮긴이가 결정한다는 점에서 번역의 최종 책임은 어디까지나 옮긴이에게 있다. 따라서 공동 윤독에 의한 비판의 과정을 거치되 옮긴이들의 창조적 연구 역량이 자유롭게 발휘될 수 있도록 노력하였다.

정암학당은 앞으로 세부 전공 연구자들이 각각의 연구팀을 이루어 연구와 번역을 병행함으로써 아리스토텔레스 철학 원전, 키케로 전집, 헬레니즘 선집 등의 번역본을 출간할 계획이다. 그리고 이렇게 출간될 번역본에 대한 대중 강연을 마련하여 시민들과 함께 호흡할 수 있는 장을 열어 나갈 것이다. 공익법인인 정암학당은 전적으로 회원들의 후원으로 유지된다는 점에서 '정암고전총서'는 연구자들의 의지뿐만 아니라 시민들의 소중한 뜻이 모여 세상 밖에 나올 수 있는 셈이다. 이런 점에서 '정암고전총서'가 일종의 고전 번역 운동으로 자리매김되길 기대한다.

'정암고전총서'를 시작하는 이 시점에 두려운 마음이 없지 않으나, 이런 노력이 서양 고전 연구의 디딤돌이 될 것이라는 희망, 그리고 새로운 독자들과 만나 새로운 사유의 향연이 펼쳐질 수 있으리라는 기대감 또한 적지 않다. 어려운 출판 여건에도 '정암고전총서' 출간의 큰 결단을 내린 아카넷 김정호 대표에게 경의와 감사의 뜻을 전한다. 끝으로 정암학당의 기틀을 마련했을 뿐만 아니라 앎과 실천이 일치된 삶의 본을 보여 주신 이정호 선생님께 존경의 마음을 표한다. 그 큰 뜻이 이어질 수 있도록 앞으로도 치열한 연구와 좋은 번역을 내놓는 노력을 다할 것이다.

2018년 11월
정암학당 연구자 일동

'정암학당 플라톤 전집'을 새롭게 펴내며

플라톤의 사상과 철학은 서양 사상의 뿌리이자 서양 문화가 이루어 온 지적 성취들의 모태가 되었다는 점에서 큰 의미를 지니고 있다. 특히 그의 작품들 대부분은 풍성하고도 심오한 철학적 문제의식을 담고 있을 뿐만 아니라 생동감 넘치는 대화 형식으로 쓰여 있어서, 오늘날까지 많은 사람이 최고의 철학 고전이자 문학사에 길이 남을 걸작으로 손꼽고 있다. 화이트헤드는 '유럽철학의 전통은 플라톤에 대한 일련의 각주'라고까지 하지 않았던가.

정암학당은 플라톤의 작품 전체를 우리말로 공유할 수 있도록 하자는 취지에서 뜻있는 학자들이 모여 2000년에 문을 열었다. 그 이래로 플라톤의 작품들을 함께 읽고 번역하는 데 매달려 왔다. 정암학당의 연구자들은 애초부터 공동 탐구의 작업 방식을 취해 왔으며, 이에 따라 공동 독회와 토론을 통해 텍스트를 이해하는 노력을 기울여 왔고, 초고를 여러 번에 걸쳐 교열·비평하는 수고 또한 마다하지 않았다. 2007년에 『뤼시스』를 비롯한 3종의 번역서를 낸 이후 지금까지 출간된 정암학당 플라톤 번역서들은 모두 이 같은 작업 방식으로 이루어진 성과물들이다.

정암학당의 이러한 작업 방식 때문에 번역 텍스트를 출간하는 데 출판사 쪽의 애로가 없지 않았다. 그동안 출판을 맡아 준 이제이북스는 어려운 여건에서도 플라톤 전집 출간의 의미를 이해하고 전집 출간 사업에 동참하여 많은 노력을 기울여주었다. 그 결과 2007년부터 2018년까지 20여 종의 플라톤 전집 번역서가 출간되었다. 그러나 최근 이제이북스의 여러 사정으로 인해 전집 출간을 마무리하기가 어려워졌다. 정암학당은 플라톤 전집 출간을 이제이북스와 완결하지 못하게 된 것에 대해 아쉬움을 표하는 동시에 그 동안의 노고에 고마움을 전한다.

정암학당은 이 기회에 플라톤 전집의 번역과 출간 체계를 전반적으로 정비하기로 했고, 이런 취지에서 '정암학당 플라톤 전집'을 '정암고전총서'에 포함시켜 아카넷 출판사를 통해 출간할 것이다. 아카넷은 정암학당이라는 학술 공간의 의미를 이해하고 '정암학당 플라톤 전집' 출간의 가치를 공감해주었다. 여러 가지 측면에서 많은 어려움이 있었음에도 어려운 결단을 내린 아카넷 출판사에 감사를 표한다.

정암학당은 기존에 출간한 20여 종의 번역 텍스트를 '정암고전총서'에 편입시켜 앞으로 2년 동안 순차적으로 이전 출간할 예정이다. 그러나 이런 작업이 짧은 시간에 추진되었기 때문에 번역자들에게 전면적인 수정을 할 시간적 여유가 주어지지는 않았다. 따라서 아카넷 출판사로 이전 출간하는 플라톤 전집은 일부의 내용을 보완하고 오식을 수정하는 선에서 새로운 판형과 조판으로 출간한다. 이 점에 대해서는 독자들께 양해를 구한다. 정암학당은 출판사를 옮겨 출간하는 작업을 진행하는 동시에, 플라톤 전집 중 남아 있는 텍스트들에 대한 번역본 출간 시기도 앞당길 수 있도록 노력할 것이다. 그리하여 오랜 공동 연구의 결실인 '정암학당 플라톤 전집' 전체를 독자들이 조만간 음미할 수 있도록 최선을 다할 것이다.

끝으로 정암학당의 기반을 마련해 주신 고 정암(鼎巖) 이종건(李鍾健) 선생을 추모하며, 새 출판사에서 플라톤 전집을 완간하는 일에 박차를 가할 것을 다짐한다.

2019년 6월

정암학당 연구자 일동

차례

작품 내용 구분

② 더 강한 자의 정체와 행복의 본질(491b~492d) 정치적 삶과 무절
    제의 덕
(2) 칼리클레스에 대한 소크라테스의 설득(492d~505c)
    ① 설화를 통한 설득(492d~494a) : 무절제한 삶과 절제 있는 삶의
        비교
    ② 쾌락주의에 대한 논박 (494b~500a)
    ③ 기술적 활동과 경험적 아첨활동의 구별[에 따른 평가](500b~505b)
        민중을 상대로 한 아첨활동들(500b~503d)
        참된 연설술과 연설가의 활동(503d~505b) : 쾌락(욕구)의 통제
        와 교정
    ④ 절제 있는 사람이 행복하다.(505b~508c)
        절제(개인) - 사회(정의) - 우주(질서)의 관계
(3) 사적인 활동과 공적인 활동(정치활동)에 관한 결론
    ① 불의에 대한 대책은 어떠해야 하는가?(508c~513c)
    ② 참된 정치가의 자격과 현실 정치가들에 대한 비판(513c~521a)
    ③ 소크라테스의 자기변호 (521a~522e)
(4) 사후 심판에 관한 설화 (523a~526d)
(5) 삶의 선택을 위한 권고 (526d~527e)

등장인물

고르기아스

소크라테스 다음으로 잘 알려진 역사적인 인물이다. 그의 이름이 본 대화편의 제목이기도 하고, 연설의 힘에 대한 그의 주장이 대화편 전체 논의를 성립시키는 출발점이 되고 있기는 하지만 논의에서 차지하는 비중은 대화 참여자들 중에서 제일 적다. 그는 시켈리아 섬의 동해안 가까이 위치한 레온티노이 출신이며, 펠로폰네소스 전쟁 초기(기원전 427년)에 조국이 이웃나라인 시라쿠사이의 공격을 받아 위험에 처했을 때 도움을 청하기 위해 외교사절로 동맹국 아테네를 방문했으며, 이후에 그는 테살리아를 방문해 그 지역의 귀족들을 지혜로 매료시켰다고 한다(『메논』 70b). 그의 정확한 생몰 연대는 확정할 수 없으나(기원전 485년경~380년경으로 추정됨) 백 살 이상 장수한 것으로 알려져 있다. 그는 백아홉 살까지 살았던 것으로 추정되며, 루키아노스가 썼다고 하는 『장수한 사람들』이라는 책에 그가 포함되어 있다.

고르기아스는 철학사에서 프로타고라스와 함께 첫 세대 소피스트들의 선두주자로 통한다. 그러나 그가 플라톤이 신랄하게 비판하는 부류의 소피스트였는지에 대해서는 회의적인 견해들이 있다. 플라톤이 그를 '소피스트'라고부르는 대목이 한 군데(『히피아스 I』 282b) 있기는 하지만 문맥상으로 그 말의 원뜻인 '지혜로운 자'로 읽을 수가 있고, 그가 소피스트들로 알려진 프로디코스, 히피아스 함께 거명되는 대목(『변명』 19e)도 있으나 전혀 경멸적인분위기가 아니라는 이유에서다. 또 『프로타고라스』에서 대다수 소피스트들이 모이는 회합에 고르기아스가 등장하지 않는다는 점, 『고르기아스』에서 플라톤은 연설가와 소피스트를 구분하면서도 그에 대해 '소피스트'라는 명칭은전혀 사용하지 않고 '연설가'(449a)라는 명칭만 사용한다는 점, 칼리클레스가 자신의 중요한 손님인 고르기아스 앞에서 소피스트들을 "하잘것없는 사람들"(520a) 이라고 서슴없이 말한다는 점도 그렇다. 그는 여러 나라를 순회하며 활동했고, 대중들 앞에서 실력을 과시하는 강연을 했으며, 수업료를 받고 학생들을 가르치는 등에서는 소피스트들과 공통점이 있지만, 사람들에게 덕(aretē)을 가르친다고 주장하지 않았다는 점은(『메논』 95c) 소피스트들과는 남다른 특징으로 지목된다.

일부 학설사가들은 고르기아스가 엠페도클레스의 제자였다고도 하고, 그가 『있지 않은 것(to mē on)에 관하여, 또는 자연(physis)에 관하여』라는 책을 썼다고 알려져 있기는 하나, 플라톤과 아리스토텔레스에게서 그가 본격적인 철학자였다는 증거를 확인할 수가 없다(고작해야 『메논』 76c에서 그가 엠페도클레스의 학설을 잘 알고 있었다는 암시를 주고 있을 뿐이다). 대신에 그는 연설의 달인이자(『향연』 198c), 연설의 힘으로 무엇이든 정반대로("사소한 것을 대단한 것으로 대단한 것을 사소한 것으로") 보이게 할 수 있는 자(『파이드로스』 267a), 다른 사람들을 연설을 잘할 수 있게 만들어 줄 수 있는 자로 그려진다(『메논』 95c). 실제로 그의 연설술은 언어로 하는 마술이었다. 그 자신이 그것을 '마술적인 힘'이라고 불렀으며, 사람의 혼을 홀리고 설득하며 바꾸어 놓는(『헬렌에 대한 찬사』 10) 기술이었다. 그의 현존하는 연설문들(『헬렌에 대한 찬사』, 『팔라메데스를 위한 변호』, 그리고 장례 연설문들)이 그런 성격을 잘 보여준다. 그것들은 매우 공들여 문장을 갈고닦은 작품들이지만, 문체와 형식에만 신경을 쓰고 있을 뿐 사실의 여부에는 주의를 기울이지 않는다. 사실에 충실한 것은 그에게는 부차적인 문제였다(『헬렌에 대한 찬사』 13). 고대인들이 보기에도 그랬듯이 그의 문체들은 과장되고 지나치게 인위적이다. 그러나 그의 동시대인들은 그의 연설술에 크게 매료되었던 것으로 보인다. '고르기아스풍'이라 일컫는 표현기법들이 전해지고 있으며, 여러 방면의 명사들이 그의 문하생이었다는 기록들이 남아 있다. 이소크라테스(아리스토텔레스 단편 130), 안티폰, 페리클레스, 폴로스, 그리고 알키다마스(수다의 「고르기아스」), 안티스테네스(디오게네스 라에르티오스 VI 2)가 그의 제자들이었으며, 젊은 크리티아스와 알키비아데스, 그리고 노년의 투퀴디데스와 페리클레스, 그리고 비극 시인 아가톤도 그의 매력에 압도되었다고 한다(필로스트라토스의 『소피스트들의 생애』 1.9).

플라톤은 그렇지 않았다. 그러나 플라톤은 고르기아스를 대놓고 비판하지는 않고 그의 문체를 풍자하는 정도로 그친다(본 대화편 448c에서 폴로스의 말과 『향연』 194e~7e에서 아가톤의 연설이 그 사례이다). 고르기아스에 대한 플라톤의 묘사는 비교적 온건하며, 『히피아스 I』의 히피아스나 『에우튀데모스』의 두 소피스트들에 대해서처럼 신랄하지 않다. 본 대화편의 고르기아스는 관록과 품위를 갖춘 노신사로 그려진다. 그는 자신의 기술에 절대적인 자부심을 가지고 있고 간간이 거만함과 자만심(448a, 449a~c, 451d)을 드러내기도 하지만 시종 진지하고 성실한 면모(463d)를 보여준다. 소크라테스의 질문과 추궁에 몰려도, 저항하고 고집을 부리는 폴로스나 칼리클레스와는 달리, 논변의 결과를 순순히 인정한다. 자신의 역할이 끝난 다음에도 대화를 끝까지 계속할 것을 희망하며 폴로스와 칼리클레스가 불만을 터트릴 때에도 그들을 달래는 조정자 역할도 한다.

카이레폰

카이레폰은 이 대화편의 초반에 잠깐 등장한다. 그리고 나중에, 고르기아스와 소크라테스 간의 논의가 더 계속되기를 바라는 뜻의 발언을 하는 대목에서(458c), 그리고 칼리클레스가 소크라테스의 주장이 진지한 것인지 그에게 묻는 장면에서(481b) 짧게 다시 등장한다. 『카르미데스』의 시작 부분에서 그는 오랜만에 나타난 소크라테스를 맞이하며 일행들에게 소개하는 역할로 잠시 등장하기도 한다. 나이는 소크라테스보다 두어 살 어린 동년배였던 것 같고, 젊었을 때부터 소크라테스의 친구이자 충실한 제자였다(『변명』 20e, 크세노폰 『회상』 I.2.48). 그는 열광적이고 흥분을 잘하는 기질의 소유자로 그려진다(『변명』 21a, 『카르미데스』 153b). 그래서 한동안 희극 작가들의 작품에 단골 등장인물이 되기도 했다. 희극 시인들은 그를 키가 크고 인상이 창백하며 깡마른 모습으로 묘사하며, 끽끽 소리를 낸다고 해서 그에게 박쥐라는 별명을 붙였다. 그는 델포이 신탁에게 소크라테스보다 더 현명한 자가 있는지에 대해 물었고 부정적인 대답을 얻었던 자로도 잘 알려져 있다(『변명』 21a).

폴로스

시켈리아의 아크라가스에서 태어났고 출생 연대는 대략 기원전 440년경으로 추정된다. 그에 대해서는 연설술을 전문으로 가르치는 선생이었다는 사실 외에 『고르기아스』에서 얻을 수 있는 정보 이상으로 알려진 것은 없다. 그는 이 대화편의 등장인물들 중에서 가장 젊으며(463e) 고르기아스와 소크라테스에게 족히 아들 뻘 되지만(461cd) 미성년의 젊은이는 아니다. 기술(technē)에 관해서 쓴 그의 글을 소크라테스가 읽었다는 것으로 봐서(462b) 책을 썼을 정도의 나이는 된다. 『파이드로스』 267b~c에서 소크라테스가 폴로스를 새로운 수사법 용어들을 만들어 내는 자로 언급하고 있어서 그가 또 다른 책을 썼을 것으로 추정은 되지만 이를 뒷받침할 만한 다른 전거는 없다. 『고르기아스』에서 그려지는 폴로스의 인물상은 '망아지(polos)'를 뜻하는 그의 이름처럼(아리스토텔레스의 『수사학』 1400b20) 성급하고 치기어리다. 대화의 시초부터 고르기아스를 대신하겠다며 개입하는 장면에서(448a), 그리고 고르기아스가 논박 당하자 대들듯이 나서며 소크라테스의 논변 방식을 나무라는 장면에서(461c) 그의 태도는 당돌하고 혈기가 넘친다. 연설술에는 꽤 훈련이 되어 있지만 문답식 논의에는 익숙지 않아 논의 중에 곧바로 연설조가 되기도 하고(448c), 경솔한 탓에 섣불리 수긍하거나 앞질러 나가기도 한다(462c). 논박을 당해도 떼를 쓰듯 자신의 주장을 고집하며, 세상 사람들의 통념에 호소하거나 논의 도중에 경멸조의 웃음소리를 내는 등, 지적으로 둔하고 품성에서도 조금 버릇없고 유치한 인물로 그려지고 있다.

칼리클레스

『고르기아스』에서 소크라테스의 대화 상대자들 중 가장 비중이 큰 인물이다. 이 대화편이 그에 관한 정보를 얻을 수 있는 유일한 문헌이기 때문에 그가 실존 인물인지 아니면 플라톤의 창작 인물인지조차 불확실하다. 도즈(E. R. Dodds)는 플라톤의 대화편들에서 완전한 가공의 인물이 대화에 참여하는 사례가 없고, 또 실존 인물이 가명으로 등장하는 사례도 없다는 점을 들어 칼리클레스를 실존 인물로 추정한다. 작중에 그에 관한 인적 사항들이 비교적 자세하게 언급되고 있다는 점이 이런 추정의 설득력을 높여준다. 그의 출신 구역(demos) 명은 '아카르나이'이고(495d), 그의 애인(paidika) 이름은 '데모스(Demos)'이다. 데모스는 실존인물이며 플라톤 가문과는 인척관계였다(481d 주석). 게다가 그의 절친한 친구 세 사람이 거명되며, 그 가운데 적어도 두 명은 실존인물이었음이 확인된다(487c 주석 참고). 작중의 역할에서 보듯 그처럼 활동적이고 유능한 인물이 다른 문헌에 이름을 남기지 않는 이유가 궁금한데, 만약 실존 인물이었다면 아마도 기원전 5세기 말 전쟁과 혁명의 혼란기에 일찍 목숨을 잃었기 때문이 아닌가 추측해 볼 수 있다. "조심하지 않으면 그들은 당신을 공격할지도 모른다"(519a)는 소크라테스의 말은 실제로 그의 때 이른 죽음을 암시하는 것일지도 모른다.

그는 전투에 참가했고(498a) 정치활동을 막 시작한 초년생이다(515a). 지혜의 동반자들로 거명되는 그의 절친한 친구들은 그가 귀족 계층의 귀공자임을 말해준다(487c 주석). 그는 폴로스에 비해 철학적 식견도 갖추었고 정치가답게 연설의 능력도 뛰어나다. 고르기아스를 자기 집에 맞아들여 접대하는 장면(447b)도 그가 정치에 입문한 아테네의 부유한 귀족이었다는 배경과 무관하지 않을 것이다. 테살리아의 귀족들을 매료시켜 환영받았던 고르기아스는 뛰어난 연설가이자 정치적 임무를 탁월하게 수행했던 사회적 명사였다.

그는 법과 자연의 대립 문제에서 소피스트들이 주장했던 입장을 취하고 있지만 직업적인 소피스트로 보기는 어렵다. 소피스트들과 연설가들(정치가들)의 구별이 분명했던 것은 아니지만(465c), 어쨌든 그는 소피스트들을 "하잘것없는 사람들"이라고 비하하고 있으며(520a) 그의 이런 태도는 아뉘토스(『메논』 91c)나 라케스(『라케스』 197d)만큼이나 노골적이다. 그는 민중의 비위를 맞추는 전형적인 민주주의자로 묘사되지만(481de), 강자가 약자를 지배하는 "자연의 정의"(484a)를 신봉한다는 점에서 원칙적으로 반민주주의자이다. 실제로 민중을 보는 그의 경멸적인 시각은 소크라테스보다 오히려 심하다. 그의 눈에는 그들이 "힘없는 자들"이며(483b), "아무 쓸모없는 각양각색의 잡다한 사람들의 무리"에 지나지 않는다(489c). 이런 태도를 가진 자를 플라톤은 『국가』에서 '참주적 인간'이라 하여 민주정이 산출한 민주정의 가장 치명적인 적으로 간주한다(563d).

칼리클레스는 흔히 『국가』에서 "정의는 강자의 이익"(338c)이라고 주장하는 트라쉬마코스에 비견된다. 그러나 트라쉬마코스는 "자연의 정의"라는 표현을 쓰지 않는다. 그가 '정의'라고 말할 때 그것은 '법을 따르는 행위'를 가리킨다. 일반 사람들이 말하는 정의와 같은 뜻이다. 강자는 자신에게 이익이 되도록 법을 만들고 약자에게 그것을 따르게 하거나, 아니면 자신의 이익을 위해 법을 마음대로 어기는 행위, 즉 '불의'를 행한다. 그러나 강자의 그런 행위가 칼리클레스에게는 불의로서 인정되는 것이 아니라 정의로서 인정된다. 그에게는 힘이 곧 정의이기 때문이다. 칼리클레스의 주장은 이처럼 근본적이며 급진적이다. '권력에의 의지'를 주창한 니체가 달리 감동했던 것이 아닐 것이다.

소크라테스

기원전 469년~399년. 자신은 아무런 글도 남기지 않았으면서 후대 철학자들에게 가장 많은 글을 남기게 한 인물. 플라톤의 작품들 속에 그려진 원숙한 소크라테스는 도덕과 이성의 화신, 진리의 순교자, 바로 그 모습이다. 자신은 아는 게 없다면서 내로라하는 당대의 지자(知者)들을 논파하며 곤경에 빠뜨리는 모습도 빼놓을 수 없다. 특히 정의, 용기, 경건, 우정 등을 주제로 그가 대화의 좌장으로 등장하는 대화편들에서 집요하게 캐묻고 추궁하고 풍자하는 짓궂은 모습도 이 대화편에서 예외 없이 만나게 된다. 그러나 이 대화편에는 이런 낯익은 소크라테스의 모습만 있는 것은 아니다. 소크라테스의 이례적인 모습에 대해서는 이 책의 「작품 안내」의 '3.저술시기와 집필 연대'(362쪽)를 참조하라.

******

작중 대화의 시점을 정확히 확정할 수 없는데다 소크라테스를 제외하면 등장인물들의 생몰 연대 역시 불투명하기 때문에 대화자들 간의 연령 차이를 정확히 특정할 수는 없으나, 고르기아스가 가장 연장자이고 소크라테스는 그보다 열네댓 살 정도 아래였을 것은 분명하다. 고르기아스가 아테네를 처음 방문했을 때 이미 육십 살이 넘었을 것으로 추정되므로 작중에서는 육십대 후반에서 칠십대 노인으로, 소크라테스는 오십대 후반에서 육십대 정도로 볼 수 있을 것 같다. 칼리클레스에 대해서는, 그가 정치활동을 막 시작했다는 구절이 있는데, 정치활동이란 나라의 일상적인 공무를 처리하는 것을 말하므로(516e 주석) 적어도 평의회 의원이나 시민 재판관의 일원으로 활동할 수 있는 나이인 서른 살은 넘었다고 봐야 할 것이다. 그리고 가장 젊은 나이로 나오는 폴로스는 이십대 정도로 보면 될 것 같다.

일러두기

- 번역의 기준 판본은 옥스퍼드 고전 텍스트(Oxford Classical Text) 시리즈인 버넷 판 (John Burnet ed., Platonis Opera, vol. III, 1903)을 사용하였다.
- 쪽수 표기(가령, 453e)는 이 텍스트에 표기된 '스테파누스 판'(H. Stephanus, Platonis Opera quae extant omnia, 1578)을 따랐다.
- 버넷 판에서 언급되는 주요 사본 B, T, W, F는 다음 사본을 지칭한다.

  B = cod. Bodleianus sive Clarkianus 39 (895년 사본)

  T = cod. Venetus append. class. 4, cod. I (10세기 중반 사본)

  W = cod. Vindobonensis suppl. gr. 7 (11세기 사본)

  F = cod. Vindobonensis suppl. gr. 39 (13~14세기 사본)
- 사본 자체가 문제가 되는 경우(예컨대 사본들이 서로 다른 독해를 담고 있는 경우) 내용상 중요하다고 판단되는 것들만 추려서 주석에 설명하였다.
- 그리스 문자는 라틴 문자로 바꾸어 표기했다. 'u'는 라틴 문자로 'y'로 표기했으나 'u'로 표기하기도 한다. 그리고 'ch'로 표기한 'χ'는 'kh'로 표기하기도 한다.
- 그리스어 우리말 표기는 고전 시대 발음에 가깝게 표기했다. 특히 'u'에 해당하는 라틴어 'y(u)'를 '위'가 아닌 '이'로 표기하는 후대 그리스어의 이오타시즘은 따르지 않았다. 다만 우리말로 굳어져 널리 쓰이는 것은 예외로 하였다.
- 삽입 표시(—)는 앞뒤의 말과 연결이 자연스럽지 않은 말(단어, 어구, 문장)이 삽입될 때 사용했다.
- ( )는 이해를 돕기 위해 괄호 밖의 말과 같은 뜻의 다른 말을 병기하거나, 괄호 밖의 말에 해당하는 한자어나 그리스어를 병기할 때 사용했다.
- 본문의 번역어들 중에서 그리스어 표기가 필요한 것들은 주석에서 밝히거나 찾아보기에 포함시켜 관심 있는 독자와 연구자가 참고할 수 있게 했고, 찾아보기 항목은 대화편 본문에서만 뽑았다.
- 본문에서 굵은 글씨로 처리된 부분은 원전에서 플라톤이 다른 문헌에서 인용한 대목에 해당한다.

고르기아스

고르기아스

고르기아스, 카이레폰, 폴로스, 칼리클레스, 소크라테스

칼리클레스 소크라테스, 전쟁이나 전투에는 그렇게 참가해야 한 447a
다고들 합니다.

소크라테스 아니 그럼 우리가 속담[1]처럼 잔치가 끝난 뒤에 와서
너무 늦었나?

칼리클레스 그렇습니다. 정말 매우 세련된 잔치였는데요. 고르
기아스 선생께서 조금 전까지 아주 긴 훌륭한[2] 강연을 우리에게
해주셨습니다.[3]

소크라테스 하지만 칼리클레스, 이렇게 된 건 카이레폰 탓이네.
이 친구 때문에 우리가 광장[4]에서 어쩔 수 없이 시간을 보냈다네.

카이레폰 괜찮네, 소크라테스, 해결도 내가 할 테니. 고르기아스 b
선생은 나와 친하니까 우리에게 연설 솜씨를 보여 줄 거네. 자네
가 지금이 좋다면 지금 해 줄 거고, 다음에 해 주기 원한다면 그
렇게 할 걸세.

칼리클레스 어떻습니까, 카이레폰? 소크라테스가 고르기아스 선생 말씀을 듣길 원하나요?

카이레폰 바로 그 때문에 우리가 여기에 온 걸세.

칼리클레스 그러시면 언제든 당신들이 원할 때 제 집으로 오십시오. 고르기아스 선생께선 제 집에서 묵고 있으니까 당신들에게 연설 솜씨를 보여 주실 겁니다.

소크라테스 고마운 말일세, 칼리클레스. 하지만 그분이 우리와
c 문답식 대화를 나누려고[5] 할까? 그가 지닌 기술[6]의 힘이 무엇이며 그가 공언하며 가르치는 것이 무엇인지 바로 그 어른한테서 듣고 싶어서라네. 그의 연설 솜씨는 자네 말대로 다음에 펼쳐 보이시게 하고.[7]

칼리클레스 그에게 직접 물어보는 것만한 것도 없지요, 소크라테스. 그것도 그분 연설의 일부였으니까요. 아무튼 그가 조금 전에 안에 있는[8] 사람들에게 누구든 묻고 싶은 것은 뭐든지 물어보라고 청하셨고, 무슨 질문이든 대답해 주겠다고[9] 하셨습니다.

소크라테스 고마운 말이네. 카이레폰, 자네가 그에게 물어보게.

카이레폰 무엇을 물어봐야 하나?

d 소크라테스 그가 누구인지.

카이레폰 무슨 뜻인가?

소크라테스 이를테면 만약에 그가 신발[10] 만드는 장인[11]이라면, 분명히 "제화공"이라고 자네에게 대답하실 거네. 내 말이 무슨

뜻인지 이해 못 하겠나?

카이레폰 알겠네. 그럼 질문을 드려 보겠네. 고르기아스, 여기 있는 칼리클레스가 한 말이 맞는지 제게 대답해 주십시오. 당신은 누가 무슨 질문을 하든 대답해 주겠다고 공언하셨습니까?

고르기아스 맞습니다, 카이레폰. 실제로 조금 전에 그런 공언을 448a 했지요. 게다가 여러 해 동안 아무도 내게 새로운 질문을 한 적이 없었다는 말도 덧붙이겠습니다.

카이레폰 그렇다면 틀림없이 쉽게 대답하실 수 있겠군요, 고르기아스.

고르기아스 그걸 시험해 봐도 좋지요, 카이레폰.

폴로스 그렇고말고요. 하지만 카이레폰, 괜찮으시다면 저를 시험하시죠. 정말이지 고르기아스 선생께서는 몹시 지치신 것 같거든요. 조금 전에 긴 연설을 마치셨으니까요.

카이레폰 뭐라고 폴로스? 자네가 고르기아스 선생보다 대답을 더 잘할 수 있다고 생각하나?

폴로스 어쨌거나 제 대답이 당신에게 충분하다면 무슨 문제가 b 되나요?

카이레폰 문제 될 거야 없지. 그럼 자네가 원하니까 대답해 주게.

폴로스 물어보시죠.

카이레폰 묻겠네. 만약에 고르기아스 선생이 그의 형제인 헤로디코스[12]가 가진 그 기술에 정통하다면, 우리가 그를 뭐라고 불러야 마땅할까? 헤로디코스를 부를 때와 같은 호칭이겠지?

폴로스　물론이죠.

카이레폰　따라서 우리가 그를 '의사'라고 말하면 제대로 말하는
거겠지.

폴로스　그렇습니다.

카이레폰　그리고 만약에 아글라오폰의 아들 아리스토폰이나 그
의 형제[13]가 경험을 쌓은 그 기술에 그가 경험을 쌓았다면, 우리
가 그를 뭐라고 불러야 옳을까?

c　폴로스　분명히 '화가'라고 불러야겠죠.

카이레폰　그렇다면 이제, 고르기아스 선생이 무슨 기술에 정통한
분이며, 그래서 우리가 그를 부른다면 뭐라고 불러야 옳을까?

폴로스　카이레폰, 사람들 사이에는 경험으로부터 경험에 의해[14]
발견된 많은 기술들이 있습니다. 경험은 우리의 삶을 기술에 따
라 살아가게 하지만, 미숙은 요행에 따라 살아가게 하니까요. 이
기술들 각각에는 다른 사람들이 제각기 다른 방식으로 관여하는
데, 가장 훌륭한 기술들에는 가장 훌륭한 자들이 관여합니다.[15]
여기 계신 고르기아스 선생이 바로 그중 한 분이시거니와 기술
들 중에서도 가장 훌륭한 것[16]에 관여하고 있답니다.

d　소크라테스　폴로스가 연설을 위한 준비는 아주 잘 되어 있는 것
같습니다, 고르기아스. 하지만 카이레폰에게 한 약속은 지키지
않는군요.

고르기아스 　정확히 뭐가 문제지요, 소크라테스?

소크라테스 　질문받은 것에 전혀 대답하는 것 같지가 않습니다.

고르기아스 　그럴 게 아니라 원한다면 당신이 그에게 물어보구려.

소크라테스 　아닙니다. 당신이 직접 대답할 용의가 있으시다면, 차라리 당신에게 질문하는 편이 훨씬 더 좋겠습니다. 제가 보기에 폴로스는 대화보다는 연설술[17]이라 일컫는 것을 더 단련해 온 게 그가 방금 한 말에서도 분명하니까요.

폴로스 　아니 어째서요, 소크라테스?　　　　　　　　　　ｅ

소크라테스 　왜냐하면 폴로스, 고르기아스 선생이 무슨 기술에 정통한 분이냐고 카이레폰이 물었을 때, 자네는 마치 누군가가 그의 기술을 비난이라도 한다는 듯이 그것을 칭송만 했지, 그것이 무슨 기술인지 대답하지는 않았으니까.

폴로스 　가장 훌륭한 기술이라고 대답했잖아요?

소크라테스 　물론 했지. 하지만 아무도 고르기아스 선생의 기술이 어떤 것인지 묻지 않았고, 그 기술이 무엇인지,[18] 그리고 고르기아스 선생을 뭐라고 불러야 하는지 물었네. 방금 카이레폰이 자네에게 먼저 질문들을 제시하고 자네가 그에게 짧게 대답을 잘했듯이, 지금부터라도 그런 방식으로 그 기술이 무엇인지, 그　　449a
리고 우리가 고르기아스 선생을 뭐라고 불러야 하는지 말해 보게. 아니 그렇게 아니라, 고르기아스, 당신이 직접 우리에게 말해 주십시오. 당신을 뭐라고 불러야 하는지, 그러니까 무슨 기술에 정통한 자라고 불러야 할지 말입니다.

고르기아스 연설술이지요, 소크라테스.

소크라테스 그렇다면 당신을 '연설가'라고 불러야 하는군요?

고르기아스 그렇지요. 그것도 '훌륭한 연설가'라고요, 소크라테스. 호메로스가 말했듯이[19] 나를 "나 스스로 그렇다고 자부하는 자"로 불러 줄 마음이 있다면 말씀이오.

소크라테스 당연히 그럴 마음이 있습니다.

고르기아스 그럼 그렇게 불러 주구려.

b 소크라테스 그렇다면 당신은 다른 사람들도 연설가로 만들어 줄수 있는 분이라고 우리가 말해도 될까요?

고르기아스 바로 그게 내가 공언하는 겁니다. 여기서뿐만 아니라 다른 곳에서도 말이오.

소크라테스 그러시면 고르기아스, 방금 우리가 대화를 나누었던 것처럼 한쪽은 묻고 한쪽은 답하는 식의 논의를 계속할 용의가 있으신지요? 폴로스가 시작했던 식의 길게 말하는 방식은 다음으로 미루시고요. 아무쪼록 약속하셨던 건[20] 어기지 마시고 질문받는 것에 기꺼이 짧게 대답해 주십시오.

고르기아스 소크라테스, 대답들 중에는 길게 말할 수밖에 없는
c 것들이 있습니다. 그렇더라도 되도록 짧게 하도록 하지요. 그것역시 내가 내세우는 것들 중의 하나[21]니까요. 누구도 같은 내용을 나보다 더 짧게 말할 수는 없을 겁니다.

소크라테스 정말 그게 필요합니다. 고르기아스. 바로 그 짧게 말하는 솜씨를 제게 좀 과시해 주십시오. 길게 하는 연설 솜씨는 다음에 보여 주시고.

고르기아스 좋습니다. 그렇게 하지요. 당신은 이보다 더 짧게 말하는 걸 누구한테서도 들은 적이 없다고 말할 겁니다.

소크라테스 자 그럼, 당신은 연설술에 정통할 뿐 아니라 다른 사람도 연설가로 만들 수 있다고 주장하시는데, 연설술은 있는 것들 가운데 무엇에 관계합니까? 이를테면 직조술은 옷 만드는 일에 관계합니다. 그렇지요?

고르기아스 그렇습니다.

소크라테스 그리고 당연히 시가(詩歌)는 작곡에 관계하지요?

고르기아스 그렇지요.

소크라테스 헤라께 맹세컨대,[22] 고르기아스, 대답에 감탄하지 않을 수 없군요. 최대한 짧게 대답하시니.

고르기아스 당연하지요, 소크라테스, 나는 아주 적절하게 하고 있다고 생각합니다.

소크라테스 옳은 말씀입니다. 자 그럼, 연설술에 대해서도 그렇게 대답해 주십시오. 그것은 있는 것들 가운데서 무엇에 관계하는 앎인가요?

고르기아스 말에 관계하지요.

소크라테스 어떤 종류의 말입니까, 고르기아스? 어떻게 생활하면 건강할 수 있는지를 환자들에게 알려 주는 말인가요?

고르기아스 아닙니다.

소크라테스 그렇다면 연설술이 모든 말에 관계하는 것은 아니군요.

고르기아스 당연히 아니지요.

소크라테스 하지만 그것이 사람들을 적어도 말하는 데는 유능하게 만들어 주지요.

고르기아스 그렇지요.

소크라테스 그렇다면 그 말이 적용되는 대상을 이해하는 데도 유능하게 만들어 주겠군요?

고르기아스 물론입니다.

450a 소크라테스 따라서 조금 전에 말한 의술은 환자들에 관해 말하고 이해하는 데 유능하게 만들어 주겠지요?

고르기아스 그럴 수밖에 없지요.

소크라테스 따라서 의술도 말에 관계하는 것 같습니다.

고르기아스 그렇습니다.

소크라테스 그건 질환들에 관한 말이겠지요?

고르기아스 물론이지요.

소크라테스 그렇다면 체육도 말에 관계하지요? 몸의 좋은 상태나 나쁜 상태에 관한 말에요.

고르기아스 물론이지요.

소크라테스 더 나아가서, 고르기아스, 다른 기술들도 마찬가집니다. 기술들은 제각기 그 기술이 적용되는 대상에 관한 말에 관계합니다.

b

고르기아스 그런 것 같습니다.

소크라테스 그러면 다른 기술들도 모두 말에 관계하는데, 그것들을 대체 왜 '연설술'이라고 부르지 않습니까? 말에 관계하는 기술이면 무엇이든 당신이 '연설술'이라고 부른다면 말입니다.

고르기아스 왜냐하면 소크라테스, 다른 기술들의 앎은 거의 전체가 수작업과 그런 종류의 활동에 관계하지만, 연설술에는 그런 수작업이 전혀 없고 활동과 그 효과가 모두 말을 통해서 이루어지기 때문이지요. 그렇기 때문에 연설술은 말에 관계한다고

c

내가 주장하는 것이며, 내 주장이 옳은 겁니다.

소크라테스 그렇다면 당신이 그것을 어떤 종류의 기술이라고 부르길 원하는지 제가 이해한 겁니까? 글쎄요, 곧 더 분명하게 제가 알게 되겠지요. 자, 대답해 주십시오. 우리에게는 기술들이 있습니다, 그렇지요?

고르기아스 그렇습니다.

소크라테스 그런데 제가 생각하기에 모든 기술들 중에는[23] 작업이 대부분이고 말은 약간만 필요로 하는 기술들이 있는가 하면, 어떤 기술들은 말이 전혀 필요 없고[24] 침묵 상태에서도 그 기술이 하고자 하는 일을 다 해낼 수가 있습니다. 이를테면 회화나

d 조각[25]이나 다른 많은 기술들이 그렇지요. 당신이 말씀하시는 기술들은 이런 것들인 것 같군요. 연설술은 그런 기술들과는 상관없다는 말씀이시고요. 그렇지 않습니까?

고르기아스 물론이지요, 잘 이해한 겁니다, 소크라테스.

소크라테스 그런가 하면 기술들 중에는 말로 일을 모두 해내는 또 다른 기술들이 있습니다. 그것들은 작업을 사실상 전혀 필요로 하지 않거나 아주 약간만 필요로 하지요. 이를테면 수론이나 산술,[26] 기하학, 그리고 물론 장기술[27]도 포함해서 다른 많은 기술들이 그렇습니다. 그것들 가운데 말과 행위가 거의 균형을 이루는 기술들이 있기는 하나, 대부분의 기술들은 말의 비중이 더 크며, 그것들의 행위 전체와 그 효과가 전적으로 말을 통해 이루
e 어집니다. 당신은 연설술이 그런 종류의 기술들 가운데 하나라고 주장하는 것 같습니다.

고르기아스 맞는 말씀이오.

소크라테스 하지만 제가 생각하기에, 당신은 이것들 가운데 어느 것도 '연설술'이라고 부르고 싶어 하지 않을 겁니다. 말을 통해서 효과를 거두는 기술이 '연설술'이라고 표현은 그렇게 하셨지만 말입니다. 그래서 누군가가 그 말에 트집을 잡고 싶어 한다면, 이렇게 받아칠 수도 있을 겁니다. "고르기아스, 그렇다면 당신은 수론을 연설술이라고 말하는 겁니까?" 그러나 제가 생각하기에 당신은 수론도 기하학도 '연설술'이라고 부르지 않을 겁

니다.

고르기아스 옳은 생각입니다, 소크라테스, 그렇게 받아치는 것   451a
도 정당하고요.

소크라테스 자 그러면 이제 당신도 제가 한 질문에 대해 대답을
완결지어 주십시오. 연설술은 말을 주로 사용하는 기술들 가운
데 하나이고 그런 종류의 다른 기술들도 있으니까, 무엇과 관련
하여 말로써 효과를 거두는 기술이 연설술인지 말씀해 보시라
는 겁니다. 이를테면 누군가가 방금 제가 말한 기술들 가운데 어
느 한 가지 기술에 대하여 제게 "소크라테스, 수론이란 무엇인가
요?"라고 묻는다고 해 봅시다. 저는, 조금 전에 당신이 대답했던   b
것처럼, 말로써 효과를 거두는 기술들 가운데 하나라고 그에게
대답하겠지요. 그가 또 제게 "그것은 무엇과 관련하여 효과를 거
두나요?"[28]라고 계속 묻는다면, 짝수 및 홀수―각각의 크기가 얼
마든―와 관련하여[29]라고 대답할 겁니다. 다시 또 "당신은 무슨
기술을 '산술'이라고 부릅니까?"라고 묻는다면, 이것 역시 전적
으로 말로써 효과를 거두는 기술들 가운데 하나라고 대답할 거
고요. 다시 또 "무엇과 관련하여 효과를 거두나요?"[30]라고 묻는
다면, 저는 의회에서 결의안을 기초하는 자들처럼[31] 대답할 겁니   c
다. "다른 모든 점에서는 산술은 수론과 같다. 산술도 같은 것에,
즉 짝수와 홀수에 관계하기 때문이다. 다른 점이라면 산술은 짝
수와 홀수가 자신들과 관련해서뿐만 아니라 서로와 관련해서 크

기가 어떠한지를 살펴보는 정도[32]이다."라고 말입니다. 그리고 누군가가 천문학에 대해서 묻는다면, 그래서 제가 이 기술도 전적으로 말로써 효과를 거둔다고 말할 때 그가 "소크라테스, 천문학의 말은 무엇과 관련하여 효과를 거두나요?"라고 묻는다면, 저는 별들이나 해와 달의 운동에 관하여 그것이 서로에 대해 빠르기가 어떠한지를 다루는 기술이라고 말할 겁니다.

고르기아스 당신 말이 옳겠지요, 소크라테스.

d 소크라테스 자, 그러면 당신이 대답할 차례입니다, 고르기아스. 연설술이야말로 모든 것을 말로써 성취하며 효과를 거두는 기술들 가운데 하나니까요, 그렇지요?

고르기아스 그렇습니다.

소크라테스 그렇다면 말해 주십시오. 그 기술들은 무엇에 관계하나요? 연설술은 말을 사용하는데, 그 말은 있는 것들 가운데 무엇에 관계합니까?

고르기아스 사람이 하는 일들 중에서 가장 크고 가장 좋은 일에 관계하지요.

소크라테스 하지만 고르기아스, 당신이 방금 말한 것도 논란의

e 여지가 있고 아직 조금도 분명하지 않습니다. 저는 당신이 주연(酒宴)[33]에서 사람들이 부르는 노래를 들어 보셨으리라고 생각합니다. 좋은 것을 하나씩 열거하며 부르는 그 주연가(酒宴歌)[34]는 이렇습니다. **"가장 좋은 것은 건강이요, 두 번째는 아름다워지는**

것이요, 세 번째는", 이 노래를 지은 시인의 표현에 따르면, **"거짓 없는 부(富)이네."**[35]

고르기아스 들어 보고말고요. 그런데 그 말은 무엇 때문에 하는 거지요?

소크라테스 이유는 이렇습니다. 그 주연가를 지은 작가가 칭송 452a 했던 것들의 장인들, 즉 의사와 체육 선생, 그리고 사업가가 지금 바로 당신 곁에 있다고 해 봅시다. 그리고 의사가 먼저 "소크라테스, 고르기아스가 당신을 속이고 있습니다. 사람들에게 최고로 좋은 것에 관계하는 기술은 그의 기술이 아니라 내가 가진 기술이니까요."라고 말한다고 해 봅시다. 그래서 제가 그에게 "당신은 누구신데 그런 말을 합니까?"라고 묻는다면, 아마 그는 "의사요."라고 대답하겠지요. 그래서 "무슨 말입니까? 당신이 가진 기술의 성과가 최고로 좋다는 겁니까?"라고 물으면, 아마 그는 "그것의 성과가 건강인데, 왜 그렇지 않겠습니까, 소크라테스? 사람들에게 건강보다 더 크게 좋은 것이 무엇이겠습니까?"라고 말할 겁니다. 이 사람에 이어서 이번에는 체육 선생이 b "소크라테스, 만약 고르기아스가 자신이 가진 기술의 성과가, 내가 보여 줄 수 있는 내 기술의 성과보다, 더 크게 좋은 것임을 보여 줄 수 있다면, 나 자신도 놀라워할 겁니다."라고 말하고, 제가 다시 이 사람에게도 "이보시오, 당신은 대체 누구이고, 당신이 하는 일은 무엇입니까?"라고 묻는다면, "체육 선생이지요. 내가 하는 일은 사람들을 육체적으로 아름답고 강하게 만드는 것입니다."라고 그는 대답할 겁니다. 체육 선생에 이어 사업가가,

c 제 생각에는 이들 모두를 아주 깔보면서, "소크라테스, 고르기아스에게 있는 것이든 다른 누구에게 있는 것이든 그것이 부(富)보다 더 크게 좋다고 생각되는지 좀 살펴보기나 하시오."라고 말하겠지요. 그러면 우리는 그에게 "뭐라고요? 당신이 정말 부의 장인인가요?"라고 물을 겁니다. 그는 그렇다고 대답하겠지요. "당신이 누구신데?" "사업가요." "뭐라고요? 당신은 부가 사람들에게 최고로 좋은 것이라고 단정하는 겁니까?"라고 우리는 물을 겁니다. 그는 "왜 아니겠소?"라고 대답할 테고요. "하지만 여기 있는 고르기아스는 자신의 기술이 당신 것보다 더 크게 좋은 것의 원인이라고 하면서 이의를 제기하십니다."라고 우리는 말하겠지요. 그랬을 때, 이어서 그가 무슨 질문을 할지는 뻔합니다.

d "그 좋은 것이란 게 대체 뭐요? 고르기아스더러 대답하라고 하시오." 자 그러니까 고르기아스, 저 사람들에게서뿐 아니라 저한테서도 질문을 받았다고 생각하시고, 사람들에게 최고로 좋은 것이며 스스로 그것의 장인이라고 당신이 주장하는 그것이 무엇인지 대답해 주십시오.

고르기아스 그것은 진실로 최고로 좋은 것이며, 사람들 자신에게는 자유의 원인이 되고, 동시에 각자 자신의 나라에서 다른 사람들을 다스릴 수 있게 하는[36] 원인이 되는 바로 그것이오, 소크

라테스.

소크라테스 　그러니까 그게 무엇이라는 말씀인가요?

고르기아스 　나는 그것을 말로 설득할 수 있는 능력[37]이라고 주장 　　e
합니다. 법정에서는 재판관들[38]을, 평의회장에서는 평의회 의원
들을, 민회에서는 민회 의원들을, 그리고 정치 집회에 해당하
는[39] 그 밖의 모든 집회에서 말로 설득할 수 있는 능력이지요. 정
말이지 이 능력을 가지면 당신은 의사를 노예로 삼을 수 있고[40]
체육 선생을 노예로 삼을 수 있을 것이오. 그리고 여기 있는 사
업가는 자신을 위해서가 아니라 남을 위해서, 즉 당신을 위해서
돈벌이를 하고 있는 것으로 드러날 겁니다. 당신이 대중들에게
연설을 해서 그들을 설득할 수 있다면 말입니다.

소크라테스 　고르기아스, 이제 당신이 연설술을 무슨 기술이라
고 생각하는지 거의 밝혀 주신 것 같습니다. 제가 조금이나마 이 　　453a
해했는지 모르겠습니다만, 연설술은 설득의 장인이며 그것이 하
는 일 전체와 그 핵심은 설득으로 귀결된다는 것이 당신의 주장
입니다. 아니면, 연설술은 연설을 듣는 사람들의 혼 속에 설득을
낳을 수 있는 능력 외에 다른 능력을 더 가지고 있다고 말할 수
있습니까?

고르기아스 　전혀요, 소크라테스. 당신이 충분히 규정했다고 생
각합니다. 그것이 이 기술의 핵심이니까요.

소크라테스 　그런데 들어 보십시오, 고르기아스. 저 자신이 확신 　　b

을 가지고 말씀드리거니와, 다른 사람과 대화를 나누면서 대화의 주제에 관해 앎을 얻고자 하는 사람이 있다면, 바로 제가 그런 부류의 사람이라는 걸 잘 아셔야 합니다. 당신도 그런 분이기를 기대하고요.

고르기아스 그래서 어떻다는 거지요, 소크라테스?

소크라테스 바로 말씀드리지요. 당신이 말하는 연설술에 의한 설득이란 대체 무엇이며 그 설득이 무슨 문제들에 관계하는지 제가 명확하게 알지 못한다는 걸 잘 아셔야 합니다. 물론 저 나름으로는 그것이 무엇이며 무슨 문제들에 관계한다고 당신이 주장하실지 짐작은 합니다. 그럼에도 불구하고 저는 연설술에 의한 설득이 대체 무엇이고 그 설득이 무슨 문제들에 관계한다고 주장하시는지 당신에게 물어보겠습니다. 저 자신이 그것을 짐작하고 있으면서도 직접 말하지 않고 당신에게 물어보는 까닭이 무엇이겠습니까? 당신을 위해서가 아니라 논의를 위한 것입니다. 논의 중에 있는 문제가 우리에게 최대한 명확하게 드러나게 하는 방식으로 논의를 진행하기 위해서지요. 그러니까 제가 하는 질문이 마땅하다고 생각되는지 살펴보십시오. 이를테면 제욱시스[41]가 화가들 가운데서 무슨 화가인지 제가 당신에게 묻는다고 해 봅시다. 그림을 그리는 자라고 저에게 대답하신다면, 그가 무슨 그림을 어디에다[42] 그리는지 제가 당신에게 묻는 것이 마땅하지 않겠습니까?

고르기아스 물론이지요.

소크라테스 그건 여러 가지 다른 그림을 그리는 다른 화가들도 d
있기 때문이지요?

고르기아스 그렇지요.

소크라테스 하지만 만약 제욱시스 외에는 다른 어떤 사람도 그
림을 그리지 않았다면, 당신의 대답이 옳겠지요?

고르기아스 왜 아니겠습니까?

소크라테스 자, 그러면 연설술에 대해서도 말해 주십시오. 연설
술만 설득을 한다고 생각하십니까, 아니면 다른 기술들도 하나
요? 제 질문은 이런 뜻입니다. 가르치는 사람은 누구나 무슨 내
용을 가르치든 가르치는 내용에 관해 설득을 하지요? 아니면 하
지 않나요?

고르기아스 안 하다니요, 소크라테스, 무엇보다도 설득을 합니다.

소크라테스 그렇다면 조금 전에 말했던 그 기술들에 대해 다시 e
말해 보십시다. 수론은 우리에게 수에 관한 모든 것을 가르치지
않습니까? 수론에 능한 사람도 그렇지요?

고르기아스 물론이지요.

소크라테스 그렇다면 설득도 하겠지요?

고르기아스 그렇습니다.

소크라테스 따라서 수론도 설득의 장인이지요?

고르기아스 그런 것 같구려.

소크라테스 그렇다면 만약 누군가가 우리에게 그것이 어떤 종류의 설득이며 무엇에 관한 설득인지 묻는다면, 우리는 짝수와 홀수가 얼마나 큰지에 관한 가르침이 만들어 내는 설득이라고 그에게 대답할 겁니다. 그리고 우리는 방금 우리가 말한 다른 모든 기술들 역시 설득의 장인이며, 그것들이 어떤 종류의 설득이고, 무엇에 관한 설득인지 보여 줄 수 있을 겁니다. 그렇지 않습니까?

고르기아스 그렇습니다.

소크라테스 따라서 연설술만이 설득의 장인은 아닙니다.

고르기아스 맞는 말씀이오.

소크라테스 따라서 연설술뿐 아니라 다른 기술들도 그런 일을 해내기 때문에 우리는 그렇게 말하는 사람에게 마땅히 그 다음 질문을, 조금 전에 화가에 관해 질문했던 것처럼, 다시 이렇게 던질 수 있겠지요. "그렇다면 연설술은 어떤 종류의 설득술이며 무엇에 관한 설득술입니까?" 아니면 당신은 이 질문이 마땅하지 않다고 생각하십니까?

고르기아스 마땅하다고 생각합니다.

소크라테스 자, 그럼 고르기아스, 당신도 그렇게 생각하신다니 대답해 주십시오.

고르기아스 그러니까 소크라테스, 내가 말하는 이 설득은, 조금 전에도 말했듯이, 법정에서나 그 밖의 군중들 앞에서 하는 설득이며, 정의로운 것들과 부정의한 것들에 관한[43] 설득입니다.

소크라테스 실은 저도 당신이 말하는 설득이 그것이고, 그것들
에 관한 설득일 거라고 짐작하고 있었습니다, 고르기아스. 하지
만 조금 후에 제가 당신에게 이런 식의 질문을 다시 하더라도 놀
라지 않으셨으면 합니다. 뻔한 질문이라고 생각되시겠지만 저는
되풀이해서 하겠습니다. 앞서 말씀드렸듯이, 제가 그런 식의 질   c
문을 하는 것은 당신을 위해서가 아니라 우리의 논의를 끝까지
순서에 따라 마무리하기 위한 것입니다. 우리가 서로의 주장을
추측해서 성급하게 미리 단정하는 버릇을 따르지 않고 당신이
원하는 방식으로 자신의 주장을 전제에 맞게 마무리하실 수 있
도록 말입니다.

고르기아스 정말 올바른 조처인 것 같습니다, 소크라테스.

소크라테스 자 그러면 이 점에 대해서도 자세히 살펴봅시다. 당
신이 "배워서 알고 있다"[44]고 말할 때, 그 말이 가리키는 무엇인
가가 있지요?

고르기아스 그렇습니다.

소크라테스 "확신하고 있다"는 어떻습니까?

고르기아스 마찬가지지요.   d

소크라테스 그러면 "배워서 알고 있다"와 "확신하고 있다", 즉
"배움"과 "확신"[45]이 같다고 생각하십니까, 아니면 어떤 점에서는
다르다고 생각하십니까?

고르기아스   나는 다르다고 생각합니다, 소크라테스.

소크라테스   옳은 생각입니다. 그 차이는 이렇게 이해하실 수 있을 겁니다. 누군가가 당신에게 "고르기아스, 거짓된 어떤 확신과 참된 어떤 확신이 있습니까?"라고 묻는다면, 제가 생각하기에 당신은 "나는 있다고 생각합니다."라고 대답하실 겁니다.

고르기아스   그렇습니다.

소크라테스   어떻습니까? 거짓된 앎과 참된 앎이 있습니까?

고르기아스   없지요.

소크라테스   따라서 그것들은 분명히 같은 것이 아닙니다.

고르기아스   맞는 말입니다.

e   소크라테스   그렇지만 배워서 알고 있는 자들과 확신하고 있는 자들은 설득된 자들이기도 합니다.

고르기아스   그건 그렇지요.

소크라테스   그렇다면 우리가 설득의 종류를 둘로 놓아도 될까요? 하나는 앎 없는 확신을 가져다주는 설득이고, 다른 하나는 앎을 가져다주는 설득으로.

고르기아스   물론이오.

소크라테스   그렇다면 연설술은 법정에서나 그 밖의 군중들 앞에서 정의로운 것들과 부정의한 것들에 관해 두 가지 설득 중에서 어떤 설득을 합니까? 앎 없는 확신이 생기는 설득입니까, 아니면 앎이 생기는 설득입니까?

고르기아스 분명히 확신이 생기는 설득이겠지요. 소크라테스.

소크라테스 그렇다면 연설술은 정의로운 것들과 부정의한 것들에 관해 확신을 갖게 하는 설득의 장인이지 가르칠 수 있는 설득 455a 의 장인은 아닌 것 같습니다.

고르기아스 그렇지요.

소크라테스 따라서 연설가는 정의로운 것과 부정의한 것에 관해 법정이나 그 밖의 군중들에게 가르침을 줄 수 있는 자는 결코 아니고 그들을 설득할 수 있는 자일 뿐입니다. 실로 그처럼 큰일에 관해서 그렇게 많은 군중을 짧은 시간에[46] 가르칠 수는 없을 테니까요.

고르기아스 당연히 없지요.

소크라테스 자, 그럼, 연설술에 관해 우리가 대체 무슨 말을 하고 있는지 보십시다. 실은 나 자신도 내가 무슨 말을 하고 있는 b 지 아직 이해할 수가 없으니까요. 나라에서 의사[47]나 조선공, 또는 다른 종류의 어떤 장인 집단을 선발하기 위해 집회가 열릴 때, 당연히 그때 연설술의 전문가가 조언을 하지는 않겠지요? 각각의 선발에서 기술에 가장 정통한 자를 뽑아야 한다는 점은 분명하니까요. 성벽 축조나 항구와 조선소의 건설에 관해서도 조언은 연설가가 아니라 건축가들이 할 겁니다. 그런가 하면 장군의 선출이나 적을 상대로 한 병력의 배치, 또는 영토의 점령에 관해 조언을 할 때도, 병력 지휘에 유능한 자들이 조언을 하 c

지 연설가가 하지는 않을 겁니다. 아니면 고르기아스, 이런 것들에 대해서 당신은 어떻게 말씀하십니까? 당신은 자신이 연설가이면서 다른 사람들도 연설술에 유능한 자로 만들 수 있다고 하시니까, 당신의 기술에 관한 것은 당신에게 알아보는 것이 적절하기에 묻는 겁니다. 저도 지금 당신이 하는 일을 열심히 장려하고 있다고 생각하십시오. 아마 이 안에 있는 사람들 중에도 당신의 제자가 되고 싶어 하는 이가 있을 겁니다. 제 감으로도 몇 명이 됩니다만, 실제로는 수가 꽤 될 것 같습니다. 이들이 당신에게 질문하는 걸 아마도 부끄러워하는 것 같습니다. 그러니까 당신이 저한테서 질문을 받을 때, 저들한테서도 이런 질문을 받았다고 생각하십시오. "고르기아스, 우리가 당신과 같이 지내면 무엇을 얻게 됩니까? 우리가 어떤 문제들에 관해서 나라에 조언해 줄 수 있을까요? 정의로운 것과 부정의한 것에 관해서만 그럴 수 있습니까, 아니면 방금 소크라테스가 말한 것들에 관해서도 그렇습니까?" 어서 그들에게 대답해 보십시오.

고르기아스 그러지요, 소크라테스, 연설술의 힘 전체를 당신에게 적나라하게 벗겨 보이겠습니다. 안내는 당신이 스스로 잘 해 주었으니까요. 당연히 알고 있으시겠지만, 아테네인들의 이 조선소와 성벽들, 그리고 항구들의 건설은 테미스토클레스의 조언에 따라 이루어졌고, 다른 것들은 페리클레스의 조언으로 이루어졌지, 장인들의 조언으로 이루어지지는 않았습니다.

소크라테스 테미스토클레스에 대해서 그렇게들 말합니다, 고르기아스. 그리고 페리클레스의 연설은 저도 직접 들었습니다. 그가 중간 성벽[48]에 대해 우리에게 조언했을 때였지요.

고르기아스 당신이 조금 전에 말한 장인들의 선발이 있을 때마다, 아시다시피, 소크라테스, 그 사안에 관해 조언하는 자들과 의결에서 승리를 거두는 자들은 언제나 연설가들입니다.　456a

소크라테스 그렇습니다, 고르기아스. 그게 놀라워서 벌써부터 제가 연설술의 힘이 대체 무엇인지 묻고 있는 겁니다. 그런 점에 주목하자니, 그 대단함이 제게는 신령한 어떤 힘처럼 생각되는군요.

고르기아스 당연하지요, 소크라테스, 그 힘의 모든 것을 안다면! 그것은 모든 힘을 끌어모아서 자신의 지배 아래 둔다고 해도 과언이 아니지요. 그에 대한 커다란 증거를 당신에게 말해 드리지　b
요. 나는 나의 형제[49]를 포함해서 다른 의사들과 함께 어떤 환자에게 갔던 적이 여러 번 있었지요. 약을 마시려 하지 않거나, 의사에게 몸을 맡겨 자르고 지지는 치료[50]를 받지 않으려고 하는 환자였는데, 의사가 그를 설득할 수가 없어서 내가 설득을 했지요. 다른 기술이 아니라 연설술로 말이오. 그리고 단언하건대, 연설술에 능한 사람과 의사가 당신이 원하는 어떤 나라에 가더라도, 둘 중에 누가 의사로 선발되어야 하는지를 놓고 민회나 다른 어떤 집회에서 말로 경쟁을 해야 한다면, 의사는 어디에도 보

c   이지 않고,[51] 말하는 데 유능한 자가 원하기만 한다면 선발될 겁
    니다. 그리고 다른 장인을 상대로 경쟁한다면, 다른 어떤 장인
    보다도 오히려 연설술에 능한 자가 자신을 선발하도록 사람들을
    설득할 수 있을 겁니다. 연설술에 능한 자는 다른 어떤 장인들
    보다도 대중 앞에서 무엇에 대해서건 더 설득력 있게 말하지 못
    할 것이 없으니까요. 그러므로 그 기술의 힘은 그만큼 크고 대단
    한 것이지요. 그렇지만, 소크라테스, 연설술을 사용할 때는[52] 승

d   부를 다투는 다른 모든 기술을 사용할 때처럼 해야 합니다. 사실
    승부를 다투는 다른 기술들도 아무나 상대해서 사용해서는 안
    되지요. 권투나 종합격투기,[53] 그리고 중무장 전투를 배워서 친
    구든 적이든 이길 수 있게 되었다고 해서 친구들을 때리거나 찔
    러 죽여서는 안 되니까요. 제우스께 맹세컨대,[54] 어떤 사람이 레
    슬링 도장에 다녀서 몸이 좋아지고 권투를 잘하게 된 후에 아버

e   지나 어머니, 또는 가족들이나 친구들 중 누군가를 때린다면, 그
    것 때문에 체육 선생들이나 중무장 전투를 가르친 선생들을 미
    워하고 그들을 나라 밖으로 내쫓아서는 안 됩니다. 저들은 적들
    이나 불의를 행하는 자들을 상대로 정당하게 사용하라고 그 기
    술들을 전해 주었으니까요. 싸움을 걸 때가 아니라 방어를 할 때

457a 사용하라고 말이오. 그런데 이들이 엉뚱한 방향으로 그 힘과 기
    술을 옳지 않게 사용하는 겁니다. 그러므로 가르친 사람들이 몹
    쓸 자가 아니며 그런 일 때문에 기술이 비난받을 것도 아니고 몹

쓸 것도 아니지요. 오히려 올바르지 않게 사용하는 자들이 몹쓸 자이고 비난받아야 한다고 생각합니다. 똑같은 말을 연설술에 대해서도 할 수 있습니다. 연설가는 온갖 것에 관해 누구라도 상대해서 말할 수 있고, 그래서 한마디로 그가 원하는 어떤 것에 관해서든 대중들 앞에서 더 설득력 있게 말할 수 있습니다. 그러 b 나 연설가는 의사들에게서든 다른 장인들에게서든, 그럴 수 있는 능력이 있다는 이유로, 그들의 평판을 빼앗아서는 절대 안 됩니다. 오히려 그는 연설술도 승부를 다투는 기술을 사용할 때처럼 정당하게 사용해야 합니다. 그래서 어떤 사람이 연설술에 유능해진 후에 이 힘과 기술로 불의를 저지른다면, 그것을 가르친 사람을 미워하거나 나라 밖으로 내쫓아서는 안 된다고 생각합니다. 가르친 자는 올바르게 사용하라고 그것을 전해 주었지만, 배 c 운 자가 반대로 사용했기 때문이지요. 그러므로 미워하고 내쫓고 죽여야 마땅한 사람은 잘못 사용하는 자이지 가르친 자가 아닙니다.

소크라테스 고르기아스, 당신도 많은 논의들을 경험하시면서 그 과정에 이런 걸 깨달으셨으리라고 생각합니다. 논의해 보고자 하는 것들에 대해 참석자들이 서로 동의할 수 있는 규정을 내리고 그렇게 해서 서로 배우고 가르치는 방식으로 모임을 끝내 d 기가 쉽지 않다는 것을 말이지요. 그러기보다는 어떤 문제에 대해 서로 이견이 있어서 한 사람이 다른 사람에게 잘못된 주장을 한다고 말하거나 주장이 분명하지 않다고 말하면, 그들은 화를 내고 자신들에게 악의를 품고 하는 말로 생각합니다. 논의에서 제기되는 문제는 탐구하지 않고 상대를 이기는 데만 연연하기 때문이지요. 심지어 어떤 사람들은 서로 욕을 하고, 참석자들조차 이런 인간들의 방청자가 되는 걸 가치 있게 여겼던 자기 자신에게 화가 날 정도로, 심한 말을 서로에 대해 하기도 하고 듣기도 하다가 결국에는 아주 부끄럽게 헤어지고 맙니다. 제가 이런 말을 하는 까닭이 무엇이겠습니까? 지금 제가 보기에 당신은 연설술에 관해 처음에 하셨던 말[55]과 완전히 일관되고 앞뒤가 꼭 들어맞게 말하고 있지 않기 때문입니다. 게다가 당신을 논박하기가 두렵기도 하고요. 문제를 명료하게 드러내기 위해서가 아니라 당신을 상대로 이기기에 연연해서 하는 말로 여기시지 않을까 해서지요. 그래서 저는, 당신도 저와 같은 부류의 사람이라면, 기꺼이 당신에게 질문을 계속하겠습니다만 그렇지 않다면 그만두겠습니다. 제가 어떤 부류의 사람이냐구요? 저는, 만약 제가 참이 아닌 어떤 말을 한다면 논박을 달게 받고, 누가 참이 아닌 무슨 말을 한다면 기꺼이 그를 논박할, 정말이지 논박하는 것보다 논박당하는 것을 더 흔쾌히 여길, 그런 부류의 사람입니다. 논박당하는 것이 더 크게 좋은 것이라고 믿으니까요.[56] 가장 큰 악에서 다른 사람을 벗어나게 하는 것보다 자신이 벗어나는 것이 더 크게 좋은 한에서는 말입니다. 왜냐하면 지금 우리의

e

458a

52

논의가 다루고 있는 문제에 관한 거짓된 의견만큼이나 사람에게
나쁜 것은 없다고 저는 생각하기 때문입니다. 그러므로 당신도   b
그런 부류의 사람이라 자처하신다면, 논의를 계속하십시다. 하
지만 그래도 그만두어야 한다고 생각하신다면, 바로 논의와 작
별하고 끝내십시다.

고르기아스 아니오, 소크라테스, 나도 당신이 말하는 그런 부류
의 사람이라 자처하고 있습니다. 그렇지만 아마 여기 있는 사람
들의 사정도 고려해야 할 것 같습니다. 아시다시피 나는 당신들
이 오기 오래 전부터 여기 있는 사람들에게 아주 긴 강연을 했습
니다. 그리고 지금 우리가 논의를 계속한다면 아마 집회가 너무
길어질 것 같습니다. 그러니까 이들 중에 다른 것을 하고 싶어   c
하는 사람들이 있다면, 우리가 막지 않도록 이들의 사정도 살펴
야 합니다.

카이레폰 고르기아스, 그리고 소크라테스, 두 분은 이 사람들의
환호[57]를 듣고 있습니다. 이들은 두 분이 하는 말이면 무엇이든
듣고 싶어 합니다. 아무튼 저 자신도 이런 방식으로 진행되는 이
만한 논의를 제쳐 놓고 더 중요한 다른 무슨 일을 해야 할 만큼
그렇게 분주해지고 싶지는 않습니다.

칼리클레스 신들께 맹세컨대, 물론입니다, 카이레폰. 저 역시 이   d
제껏 많은 논의에 참여했지만, 지금처럼 이렇게 즐거웠던 적이
있었는지 모르겠습니다. 그러니 설령 두 분께서 온종일 대화를

나누고 싶어 하시더라도 두 분의 대화는 저를 기쁘게 해 줄 겁니다.

소크라테스 좋습니다, 칼리클레스. 고르기아스 선생이 원한다면 저로서도 마다할 이유가 전혀 없습니다.

고르기아스 마다하면 결국 내가 부끄러워지겠구려, 소크라테스. 누구든지 하고 싶은 질문은 아무거나 해 보라고 자진해서 공언

e 을 했으니 말이오. 좋습니다, 여기 있는 사람들이 괜찮다면, 논의를 계속하고 원하는 질문을 하시구려.

소크라테스 그러시다면 고르기아스, 당신이 하신 말씀 중에서 제가 무엇을 놀랍게 여기는지 들어 보십시오. 당신은 제대로 말씀하셨는데, 어쩌면 제가 제대로 이해하지 못했을 수도 있으니까요. 누가 당신에게서 배우기를 원하면 당신은 그를 연설술에 유능한 자로 만들어 줄 수 있다고 하셨지요?

고르기아스 그렇지요.

소크라테스 그렇다면 그는 군중 앞에서 모든 것에 관해 설득력을 가질 수 있게 됩니까? 가르침을 통해서가 아니라 설득을 통해서 말입니다.

459a 고르기아스 물론이오.

소크라테스 조금 전에 당신은 건강에 관해서조차도 연설가가 의사보다 더 설득력이 있을 거라고 말했습니다.

고르기아스 그래요, 적어도 군중 앞에서는 그렇다고 했지요.

소크라테스 그렇다면 "군중 앞에서"는 "모르는(무지한) 자들 앞에 서"이겠군요? 아는(유식한) 자들 앞에서라면 당연히 의사보다 더 설득력이 있지 않을 테니까요.

고르기아스 맞는 말씀이오.

소크라테스 따라서 만약 그가 의사보다 더 설득력이 있게 된다면, 그는 아는 자보다 더 설득력이 있게 되는 셈이지요?

고르기아스 물론이오.

소크라테스 그는 의사가 아닌데도, 그렇지요?   b

고르기아스 그렇지요.

소크라테스 그러나 의사가 아니라면 당연히 그는 의사가 정통한 것들에 문외한이겠지요?

고르기아스 분명히 그렇지요.

소크라테스 따라서 연설가가 의사보다 더 설득력이 있을 때마다 모르는 자가 모르는 자들 앞에서 아는 자보다 더 설득력이 있을 겁니다. 이런 결과가 나오지 않습니까? 아니면 다른 결과가 나오나요?

고르기아스 적어도 이 경우는 결과가 그렇게 되는구려.

소크라테스 그렇다면 다른 모든 기술들과 관련해서도 연설가와 연설술의 사정은 마찬가집니다. 연설술은 사실 자체가 어떤지에 대해서는 알 필요가 전혀 없지만, 대신에 설득의 어떤 계책을 찾아내어 모르는 자들 앞에서 아는 자들보다 더 많이 알고 있는 것   c

처럼 보일 수 있게 해야 합니다.

고르기아스 아니, 소크라테스, 그렇게 하면 엄청나게 편리해지지 않습니까? 다른 기술들을 배우지 않고 이것 하나만 배워도 장인들에게 조금도 뒤지지 않을 테니 말이오.

소크라테스 사정이 그렇기 때문에 연설가가 다른 누구에게도 뒤지지 않는지 뒤지는지에 대해서는, 우리의 논의와 어떤 관련이 있다면, 곧 살펴볼 겁니다.[58] 지금은 먼저 이 문제에 주목해 봅시

d 다. 연설가가 정의로운 것과 부정의한 것, 부끄러운 것과 훌륭한 것, 좋은 것과 나쁜 것에 관한 문제를 다룰 때의 사정은 건강에 관해서나 그 밖의 기술들이 관계하는 문제들을 다룰 때와 마찬가지인가요? 그는 그것들 자체는 모르지만, 즉 좋은 것이 무엇인지, 나쁜 것이 무엇인지, 훌륭한 것이 무엇인지, 부끄러운 것, 정의로운 것, 부정의한 것이 무엇인지 모르지만, 모르면서도 모르는 자들 앞에서 아는 자보다 더 많이 아는 것처럼 보이도

e 록 그것들에 관하여 설득할 계책을 마련해 놓고 있습니까? 아니면, 연설가는 반드시 그것들을 알고 있어야 하고, 연설술을 배우려는 자는 그것들을 미리 알고 당신에게 와야 하나요? 만약 배우러 온 자가 미리 알고 있지 않다면, 연설술의 선생인 당신은 그에게 그것들을 전혀 가르쳐 주지는 않지만—그것이 당신의 일은 아니므로—그런 것들을 모르는데도 그를 많은 사람들 앞에서는 아는 것처럼 보이게 만들어 주고, 훌륭하지 않은데도 그를 훌륭

한 것처럼 보이게는 만들어 줄 겁니까? 아니면, 만약 그가 그것
들에 관한 진실을 미리 알고 있지 않다면, 당신은 그에게 연설술
을 아예 가르칠 수 없습니까? 아니면 이런 문제들은 어떻게 되나
요, 고르기아스? 제우스의 이름으로 부탁드리건대, 당신이 조금   460a
전에 말씀하신 대로, 연설술의 베일을 벗겨서 그 힘이 대체 무엇
인지 말해 주십시오.

고르기아스 글쎄요, 소크라테스, 내 생각에는 그가 마침 그것들
을 모르고 있다면 나한테서 그것들도 배우게 될 겁니다.

소크라테스 잠깐만! 말씀 잘하셨습니다. 그렇다면 당신이 누군
가를 연설술에 유능한 자로 만들어 준다면, 그가 당신에게 오기
전에 미리 그것들을 알고 있든 나중에 당신에게서 배워서 알든,
그는 정의로운 것들과 정의롭지 못한 것들을 알고 있을 수밖에
없습니다.

고르기아스 물론이지요.   b

소크라테스 그렇다면 어떻습니까? 목공 일을 배운 자는 목공에
능합니다, 아닌가요?

고르기아스 맞습니다.

소크라테스 그리고 시가에 관한 것을 배운 자는 시가에 능하지요?

고르기아스 그렇지요.

소크라테스 그리고 의료에 관한 일을 배운 자는 의술에 능하지
요? 그리고 그 밖의 경우도 마찬가지로 같은 논리에 따르자면 각

각 관련 분야의 것을 배운 자는 그 분야의 앎이 각자에게 부여하는 그런 능력을 가진 자지요?

고르기아스 물론이오.

소크라테스 그러니까 이 논리에 따르면 정의로운 것들을 배운 자는 정의로운 자이기도 하지요?[59]

고르기아스 틀림없이 그럴 겁니다.

소크라테스 그리고 정의로운 자는 정의로운 것들을 행하겠지요?

고르기아스 그렇지요.

c 소크라테스 그렇다면 연설술에 유능한 자는 정의로울 수밖에 없고, 정의로운 자는 정의로운 것들을 행하고 싶어 할 수밖에 없지 않습니까?

고르기아스 아무튼 그런 것 같소.

소크라테스 따라서 정의로운 자는 절대로 불의를 행하고 싶어 하지 않을 겁니다.

고르기아스 그럴 수밖에 없소.

소크라테스 그리고 이 논변에 따르면 연설술에 능한 자는 정의로울 수밖에 없습니다.

고르기아스 그렇지요.

소크라테스 따라서 연설술에 능한 자는 절대로 불의를 행하고 싶어 하지 않을 겁니다.

고르기아스 아무튼 그럴 것 같군요.

소크라테스 그러면 조금 전에 했던 말을 기억해 보십시오. 당신 d
은 권투 선수가 권투 기술을 사용해서 불의를 저지를 경우에 체
육 선생에게 책임을 묻거나 그를 나라 밖으로 내쫓아서는 안 된
다고 하셨지요. 마찬가지로 연설가가 연설술을 부당하게 사용할
경우에도 가르친 자에게 책임을 묻거나 나라 밖으로 몰아내서는
안 되고, 오히려 불의를 행하고 연설술을 올바르지 않게 사용한
자를 그렇게 해야 한다고 하셨습니다. 그렇게 말씀하셨지요? 아
닌가요?

고르기아스 그렇게 말했지요.

소크라테스 그런데 지금 바로 이 사람, 즉 연설술에 능한 자는 e
결코 불의를 저지르지 않을 것으로 보입니다. 아닌가요?

고르기아스 그래 보이는군요.

소크라테스 그리고 논의 초반에 연설술은 홀수와 짝수에 관한
말이 아니라 정의로운 것과 부정의한 것에 관한 말에 관계한다
고 했습니다. 그렇지요?

고르기아스 그렇습니다.

소크라테스 따라서 당신이 그때 그렇게 말했을 때, 저는 연설술
은 언제나 정의(正義)에 관한 말을 생산하기 때문에 절대 부정의
한 것이 아닐 거라고 받아들였습니다. 그러나 조금 후에 당신이
연설가가 연설술을 부당하게 사용할 수도 있다고 하셨기 때문 461a
에, 제가 그처럼 놀랐고 당신의 말이 앞뒤가 안 맞는다[60]는 생각

이 들어서 그렇게 말했지요. 제가 그렇게 여기듯이, 논박당하는 것을 이득이라고 여기신다면 논의를 계속하시고, 그렇지 않다면 논의와 작별하시는 것이 좋겠다고. 그러고 나서 이 문제를 살펴 보는 과정에서, 아시다시피 이번에는 반대로, 연설술에 능한 자 는 연설술을 부당하게 사용할 수 없고 불의를 저지르고 싶어 할 수 없다는 데 동의가 이루어졌습니다. 그렇다면 도대체 이 문제

b 가 어떻게 되는 것인지, 이를 충분히 잘 살펴보기 위해서는, 그 개에게 맹세컨대,[61] 고르기아스, 적지 않은 대화가 필요합니다.

폴로스 뭐라고요, 소크라테스? 당신은 연설술에 대해 정말 방금 말씀하신 바와 같은 의견을 가지고 계신 겁니까? 이렇게 생각하 진 않으시나요? 고르기아스 선생님으로서는, 연설술에 능한 사 람은 정의로운 것, 훌륭한 것, 좋은 것이 무엇인지 알고 있으며, 만약에 학생이 그것들을 알지 못한 채로 자신에게 온다면 직접 가르쳐 줄 거라는 걸 당신 앞에서 인정하지 않는 게 부끄러우셨 기 때문에, 아마도 그걸 인정하다 보니 그 다음에 그의 말에 다 소 모순된 결과가 나온 것 같다고. —바로 이런 걸[62] 즐기시는 군

c 요. 그를[63] 그런 질문들로 이끌어 간 건 바로 당신입니다.—정의 로운 것이 무엇인지 자신이 알고 있을 뿐만 아니라 그것들을 다 른 사람들에게 가르칠 수도 있다는 걸 누가 부인할 거라고 생각 하십니까? 오히려 논의를 그런 방향으로 이끌어 가는 것이 굉장 히 무례한 거죠.

소크라테스 지극히 훌륭한 폴로스, 우리가 동료들이나 아들들을
두는 데는 그만한 이유가 있네. 우리 자신이 나이가 더 들어서
넘어질 때마다 더 젊은 자네들이 곁에서 행동에서나 말에서나
우리의 삶을 다시 바로 세우게 하기 위해서지. 그러니 지금 나와   d
고르기아스 선생이 논의 중에 무언가에 걸려 넘어졌다면, 곁에
있는 자네가 다시 바로 세워 주게. 그렇게 해야 마땅하네. 나도
우리가 동의한 것들 중에 자네가 잘못됐다고 생각하는 것이 있
으면, 자네가 원하는 대로 기꺼이 물러 주겠네,[64] 자네가 한 가지
만 나를 위해 지켜 준다면.

폴로스 무엇을 말입니까?

소크라테스 폴로스, 처음에 자네가 사용하려 들었던 길게 말하
는 방식을 피해 준다면.

폴로스 뭐라고요? 제가 원하는 만큼 길게 말할 수 없는 겁니까?

소크라테스 지극히 훌륭한 이여, 그리스에서 말하는 자유가 가   e
장 많은 아테네에 와서 자네만 이곳에서 그 기회를 얻지 못한다
면 실로 끔찍한 일을 겪는 걸 테지. 하지만 상대편 입장에서 생
각해 보게. 자네가 길게 말하면서 질문받는 것에 대답하려 하지
않을 경우에 이번에는 내가 끔찍한 일을 겪지 않겠나? 자네가 하   462a
는 말을 듣지 않고 가 버릴 자유가 내게 허락되지 않는다면 말일
세. 그러나 우리가 했던 논의에서 자네가 꺼림칙하게 여기는 데
가 있고 그걸 다시 바로잡기 원한다면, 방금 내가 말했듯이, 자

네가 무르는 것이 좋겠다고 생각하는 것은 무르기로 하고, 나와 고르기아스 선생이 했던 것처럼, 번갈아 가며 질문을 주고받는 방식으로 논박하고 논박받도록 하게. 분명 자네는 고르기아스 선생이 알고 있다고 주장하는 것은 모두 자신도 알고 있다고 주장하는 것 같으니까. 그렇지 않나?

폴로스 그렇죠.

소크라테스 그렇다면 자네도 누구든지 질문하고 싶은 것은 무엇이건 자신에게 하라고 매번 사람들에게 청하겠군? 뭘 대답할지 알고 있다고 생각하니까.

폴로스 물론이죠.

b 소크라테스 그러면 이제 이 두 가지 중에서 자네가 원하는 쪽을 하게. 질문을 하든지 아니면 대답을 하든지.

폴로스 좋습니다, 그렇게 하겠습니다. 제게 대답해 주시죠, 소크라테스. 당신은 연설술에 관하여 고르기아스 선생님이 곤란에 처해 있다고 생각하시는데, 그럼 당신은 그것을 무엇이라고 말합니까?

소크라테스 내가 그것을 무슨 기술이라고 주장하는지 묻는 건가?

폴로스 그렇습니다.

소크라테스 폴로스, 자네에게 진실을 말하자면, 나는 아무 기술도 아니라고 생각하네.

폴로스 아니라면 연설술을 무엇이라고 생각하시죠?

소크라테스   내가 최근에 읽은 글[65]에서 자네가 주장하는 바에 따   c
르면 기술을 만들어 낸 어떤 것[66]이지.

폴로스   어떤 것이란 무엇을 말씀하시는 거죠?

소크라테스   내가 말하는 그것은 일종의 익숙한 경험[67]이네.

폴로스   그렇다면 당신은 연설술을 익숙한 경험으로 보시는군요?

소크라테스   나는 그렇게 보네. 자네가 다른 뜻으로 말하지 않았
다면.

폴로스   무엇을 하는 경험인가요?

소크라테스   일종의 기쁨이나 즐거움을 만들어 내는 경험이지.

폴로스   그렇다면 당신은 연설술을 훌륭한 것으로 보시는 거죠?
그것이 사람들을 기쁘게 해 줄 수 있으니까.

소크라테스   뭐라고, 폴로스? 내가 그것을 무엇이라고 주장하는
지 나한테서 벌써 알아듣고서는, 그것을 훌륭한 것으로 보느냐
고 그 다음 질문을 하는 건가?   d

폴로스   그것을 일종의 익숙한 경험이라고 말씀하시는 걸 제가
듣고 알았잖습니까?

소크라테스   그렇다면, 자네는 기쁘게 해 주는 걸 중요하게 여기
니까 나에게 작은 기쁨을 좀 주지 않겠나?

폴로스   좋습니다, 그러죠.

소크라테스   어서 내게 물어보게, 내가 요리술을 무슨 기술로 여
기는지.

폴로스 묻겠습니다. 요리술은 무슨 기술입니까?

소크라테스 아무 기술도 아니네, 폴로스. "아니면 무엇이지요?" 라고 물어보게.

폴로스 물었습니다.

소크라테스 일종의 익숙한 경험이네. "무엇을 하는 경험인가 요?"라고 물어보게.

폴로스 물었습니다.

e 소크라테스 기쁨과 즐거움을 만들어 내는 경험이네, 폴로스. [68]

폴로스 그렇다면 요리술과 연설술은 같은 겁니까?

소크라테스 전혀 아니지만, 같은 활동의 일부이기는 하네.

폴로스 무슨 활동의 일부라는 말씀인가요?

소크라테스 사실대로 말하면 좀 무례하지 않을까 싶은데, 고르 기아스 선생 때문에 말하기가 좀 그렇다네. 자신이 종사하는 일 을 내가 비꼰다고 생각하시지 않을까 해서. 게다가 나는 이것이

463a 고르기아스 선생이 종사하는 연설술인지도 모르겠네. 조금 전의 논의에서 그가 연설술을 무엇이라고 생각하는지가 우리에게 조 금도 명확해지지 않았으니까. 그러나 내가 '연설술'이라고 부르는 것은 훌륭한 것들 축에는 전혀 들지 않는 어떤 것의 일부이네.

고르기아스 그 어떤 것이란 무엇이오, 소크라테스? 말해 주시 오. 내 앞에서 조금도 부끄러워하지 말고.

소크라테스 그러시면 말씀드리지요, 고르기아스. 제가 보기에

그것은 기술로 하는 활동의 일종은 아니고, 어림잡는 데 능숙하고 용감하며 사람들과 교제하는 재주를 타고난 혼의 활동입니다. 저는 한마디로 그것을 아첨[69]이라고 부르지요. 이 활동에는 여러 다른 부분들이 있으며 요리술도 그중 하나라고 생각합니다. 그것은 기술처럼 보이지만, 제 주장에 따르면, 기술이 아니라 익숙한 경험이자 숙달된 솜씨[70]입니다. 저는 연설술뿐만 아니라 치장술도 소피스트술도 이것의 부분이라고 부릅니다. 이 네 부분들은 네 가지 것에 관계합니다. 폴로스가 이것을 알고 싶어 한다면 그렇게 해 주지요. 그는 내가 연설술을 아첨의 어떤 부분이라고 주장하는지 미처 알아듣지 못했으니까요. 그는 내가 아직 그 물음에 대답하지 않았는데도 그걸 간과하고 연설술을 훌륭한 것으로 생각하지 않는지 계속해서 묻고 있으니까요. 저는, 연설술이 무엇인지 먼저 대답하기 전에는, 내가 그것을 훌륭한 것으로 생각하는지 부끄러운 것으로 생각하는지 그에게 미리 대답하지 않겠습니다. (폴로스를 향하며) 그렇게 하는 것은 옳지 않네, 폴로스. 하지만 자네가 알고 싶다면, 아첨의 어떤 부분을 연설술이라고 내가 주장하는지 물어보게.

폴로스 그럼 묻겠습니다. 그것이 어떤 부분인지 대답해 주시죠.

소크라테스 대답하면 자네가 이해할 수 있을까? 연설술은, 내 주장에 따르면, 정치술의 부분에 관한 모상(模像)이네.

폴로스 그래서 뭐죠? 그것이 훌륭한 것이라는 말입니까, 아니면 부끄러운 것이라는 말입니까?

소크라테스 부끄러운 것이네.—나는 나쁜 것들을 부끄러운 것이라고 부르기 때문이지.—내 말이 무슨 뜻인지 자네가 이미 알았다고 보고 대답하는 거네.

고르기아스 아니 소크라테스, 제우스께 맹세컨대, 나도 당신이 하는 말을 이해하지 못하겠어요.

e 소크라테스 당연히 그럴 만합니다, 고르기아스. 아직 분명하게 말한 것이 아무것도 없으니까요. 그런데 여기 있는 폴로스는 젊고 성급하군요.

고르기아스 그럼 이 젊은이는 놓아두고 나한테 말해 보구려. "연설술은 정치술의 부분에 관한 모상"이라고 한 말이 무슨 뜻인가요?

소크라테스 좋습니다, 연설술이 무엇인지 제 생각을 말해 보겠습니다. 연설술이 그런 것이 아니라면, 여기 있는 폴로스가 논박

464a 하겠지요. 당신이 '몸'이라고 부르는 것이 있고, '혼'이라고 부르는 무언가가 있겠지요?

고르기아스 왜 아니겠습니까?

소크라테스 그렇다면 이 둘 각각에 좋은 어떤 상태가 있다고 역시 생각하시지요?

b 고르기아스 그렇지요.

소크라테스 어떻습니까? 좋은 상태에 있는 것처럼 보이지만 실

제로는 그렇지 않은 상태가 있습니까? 제 말은 이를테면 이런 뜻입니다. 몸 상태가 좋아 보이지만 실은 좋지 않은 사람들이 많은데, 의사나 체육 선생 외에는 아무나 그것을 쉽게 알아차리지 못할 겁니다.

고르기아스 맞는 말씀이오.

소크라테스 저는 그런 것이 몸에도 있고 혼에도 있다고 주장합니다. 몸과 혼을 좋은 상태에 있는 것처럼 보이게 해 주지만 실제로는 나아진 것이 전혀 없는 상태로 있게 하는 그런 것 말입니다.

고르기아스 그렇지요.

소크라테스 자 그럼, 제가 할 수 있을지 모르겠습니다만, 더 분명하게 제 주장을 당신에게 입증해 보이겠습니다.[71] 저는 이 대상들이 두 가지이므로 그것들에 관한 기술도 두 가지라고 주장합니다. 혼을 위한 기술은 제가 정치술이라고 부릅니다만, 몸을 위한 기술은 한 가지 이름을 즉석에서 당신에게 말씀드릴 수가 없군요. 그러나 몸을 보살피는 활동은 하나지만 그것의 부분들은 두 가지라고 하겠습니다. 하나는 체육술이고 다른 하나는 의술이지요. 그리고 정치술에서, 체육술에 대응하는 부분은 입법술이고 의술에 대응하는 부분은 사법술[72]입니다. 이 두 쌍들 각각은 같은 것에 관계하기 때문에 당연히 서로 통하는 면이 있습니다. 의술은 체육술과 통하는 면이 있고, 사법술은 입법술과 통

c

하는 면이 있지요. 그러나 그럼에도 불구하고 어떤 면에서는 서로 차이가 있습니다. 그래서 이것들은 넷이며, 언제나 가장 좋은 것을 목표로 둘은 몸을 보살피고 다른 둘은 혼을 보살피지요. 그런데 아첨술이 이를 감지하고—알고가 아니라 어림잡고라는 뜻입니다—자신을 네 부분으로 나누어 이 부분들 각각의 탈을 쓰

d 고[73] 자신이 바로 그것인 양 행세합니다. 그리고 가장 좋은 것에는 조금도 주의를 기울이지 않고 언제나 가장 즐거운 것을 미끼로 우매함을 사냥하고 속여서 자신이 가장 존경받을 만한 자처럼 보이게 합니다. 요리술은 의술의 탈을 쓰고 몸에 가장 좋은 음식을 알고 있는 것처럼 행세하지요. 그래서 만일 아이들 앞에서나 아이들처럼 몰지각한 사람들 앞에서 유익한 음식과 몹쓸 음식에 관해 의사가 전문가인지 요리사가 전문가인지를 놓고 의

e 사와 요리사가 서로 경쟁해야 한다면, 의사가 굶어 죽을 수도 있을 겁니다. 그렇기에 나는 그것을 아첨이라고 부르고 그런 것은 부끄러운 것이라고 주장하네, 폴로스.—이건 자네에게 하는 말이네[74]—왜냐하면 그것은 가장 좋은 것에 대한 고려 없이 즐거

465a 운 것을 어림잡기 때문이지. 그리고 나는 그것을 기술이 아니라 익숙한 경험이라고 말하네. 왜냐하면 그것은 조처를 취할 때 따라야 할 설명, 즉 자신이 취하는 조처의 본성이 어떠한지에 대한 설명을 가지고 있지 않으며, 그래서 그 각각의 원인을 말해 줄 수가 없기 때문이지.[75] 그리고 나는 설명이 따르지 않는 것[76]을

기술이라고 부르지 않네. 그러나 만약 자네가 이것들에 대해 이의를 제기한다면, 기꺼이 설명해 주겠네.

그러므로 요리술은, 내가 말했듯이, 의술의 탈을 쓴 아첨술이 b 네. 마찬가지 방식으로 치장술은 체육술의 탈을 쓴 아첨술로서, 해롭고 기만적이고 비천하며 노예적인 것이지. 그것은 모양, 색깔, 매끈함,[77] 옷차림으로 속여서 외적인[78] 아름다움에는 매력을 느끼고 체육술을 통해 얻는 자신의 고유한 아름다움은 무시하게 만들기 때문이네. 길게 말하지 않기 위해 기하학자들처럼 자네에게 말했으면 하네.—아마 자네는 바로 따라올 테니까—"체육 c 술에 대한 치장술의 관계는 의술에 대한 요리술의 관계와 같다"라고. 더 정확하게 이렇게 말하겠네. "체육술에 대한 치장술의 관계는 입법술에 대한 소피스트술의 관계와 같고, 의술에 대한 요리술의 관계는 사법술에 대한 연설술의 관계와 같다"[79]라고. 그렇기는 하나, 내가 말했듯이,[80] 이것들이 본성에 따라 이렇게 나뉘지만, 소피스트들과 연설가들은 가까운 관계이기 때문에,[81] 같은 분야에 서로 섞여 있고 같은 것들에 관계하네. 그래서 그들 자신도 서로를 어떻게 생각해야 할지 모르고, 다른 사람들도 그들을 어떻게 생각해야 할지 모른다네. 아닌 게 아니라 혼이 몸을 감독하지 않고 몸이 자신을 감독한다면, 그래서 혼이 요리술과 d 의술을 주의 깊게 살펴서 그것들을 구별하지 않고, 몸 자체가 자신에게 주어지는 기쁨을 기준으로 헤아려서 판정한다면, 아낙사고라스가 말하는 상황이 만연하게 될 걸세. 친애하는 폴로스, 자네는 그가 한 말을 익히 알고 있을 테니까 하는 말인데, "모든 것들이 함께"[82] 같은 것 안에 섞여서 의술과 건강, 그리고 요리에 관한 것들 사이에 구별이 없을 것이네.

이렇게 해서 자네는 내가 연설술을 무엇이라고 주장하는지 들 e 었네. 요리술이 몸에서의 연설술에 해당하듯이, 연설술은 혼에서의 요리술에 해당하네. 그러고 보니 아마도 내가 이상한 짓을 한 것 같군. 자네에게는 길게 말하는 걸 허락하지 않으면서 나 자신이 말을 길게 늘어놓았으니. 하지만 나는 용서받을 만하지. 내가 짧게 말했을 때 자네가 내 말을 이해하지 못했고, 내가 자네에게 제시한 대답에 전혀 대응할 수도 없었으며, 오히려 자네 466a 는 자세한 설명을 필요로 했으니까. 그러니 자네가 대답할 때 나도 대응을 못 하면 자네도 말을 길게 하게. 그러나 내가 대응할 줄 알면 하도록 허락해 주게. 그렇게 하는 것이 마땅하네. 자 그럼 자네가 이 대답에 대응할 수 있으면 해 보게.

폴로스 무슨 말씀이십니까? 연설술을 아첨이라고 생각하신다고요?

소크라테스 나는 아첨의 부분라고 말했네. 아니 그 나이에 그걸 기억 못 하나, 폴로스? 머지않아 어쩌려고?

폴로스 그럼 당신은 훌륭한 연설가들이 그들의 나라에서 하찮은 아첨꾼으로 여겨진다고 생각하십니까?

소크라테스 자네가 그렇게 묻는 것은 질문을 하는 건가, 아니면   b
무슨 주장을 펴기 시작하는 건가?

폴로스 저는 질문을 하는 겁니다.

소크라테스 나는 그들이 전혀 주목받지 못한다고 생각하네.

폴로스 주목받지 못한다니요? 그들은 나라에서 가장 큰 힘을 행
사하지 않습니까?

소크라테스 아니네, 적어도 자네가 말하는 '힘을 행사하는 것'이
힘을 행사하는 자에게 좋은 어떤 것을 뜻한다면.

폴로스 당연히 그런 뜻으로 말한 겁니다.

소크라테스 그렇다면 나는 연설가들이 나라에서 누구보다도 가
장 작은 힘을 행사한다고 보네.

폴로스 뭐라고요? 그들은 참주들[83]처럼 죽이고 싶은 자는 누구
라도 죽일 수 있고, 재물을 빼앗을 수도 있으며, 내쫓는 것이 좋   c
겠다고 생각되는 자는 누구든지 나라 밖으로 내쫓을 수도 있지
않습니까?

소크라테스 그 개에게 맹세컨대, 폴로스, 정말이지 나는 자네가
하는 말마다 그것이 자네 자신이 하는 말이고 자신의 생각을 밝
히는 것인지, 아니면 나에게 내 생각이 어떤지를 묻는 것인지 갈
피를 못 잡겠네.

폴로스 당연히 저는 당신에게 묻고 있는 겁니다.

소크라테스 알았네, 친구여. 그렇다면 자네는 나에게 두 가지[84]

를 같이 묻고 있는 건가?

폴로스 두 가지라니요?

d 소크라테스 방금 자네가 대략 이렇게 말하지 않았나? "연설가
는, 참주들이 그렇듯이, 죽이고 싶은 자들은 누구든지 죽이고,
재물을 빼앗고, 몰아내는 것이 좋겠다고 생각되는 자는 누구든
나라 밖으로 몰아내지 않습니까?"라고.

폴로스 그랬지요.

소크라테스 그래서 그것이 두 가지 질문이라고 자네에게 말하는
거네. 물론 그 두 가지 모두 대답해 주겠네, 폴로스. 방금 말했
듯이, 나는 연설가들도 참주들도 나라에서 가장 작은 힘을 행사
e 한다[85]고 주장하네. 그들은 자신들이 원하는 것을 거의 아무것도
하지 못하니까. 비록 자신들이 최선이라고 생각하는 것을 하기
는 하지만 말일세.

폴로스 그게 큰 힘을 행사하는 것 아닌가요?

소크라테스 아니지, 적어도 폴로스가 말한 대로라면.

폴로스 제가 아니라고 했다고요? 저는 분명히 행사한다고 했습
니다.

소크라테스 … 에 맹세컨대[86] 자네는 아니라고 했네. 큰 힘을 행
사하는 것이 힘을 행사하는 자에게 좋은 것이라고 자네가 말했
으니까.

폴로스 당연히 그렇게 말했죠.

소크라테스 그런데 지성을 갖지 못한 자가 자신이 최선이라고 생각하는 것을 한다면, 자네는 그것이 좋다고 생각하나? 그리고 그것을 두고 자네는 큰 힘을 행사한다고 말하나?

폴로스 아니요, 저는 그러지 않습니다.

소크라테스 그렇다면 나를 논박해서 연설가는 지성을 지녔으며, 연설술은 기술이지 아첨이 아니라는 걸 보여 줄 텐가? 만약 자네 467a 가 나를 논박하지 않고 놓아둔다면, 나라에서 자신들이 좋다고 생각하는 것을 하는 연설가들과 참주들은 그렇게 해서는 좋은 것을 아무것도 얻지 못할 거네. 자네 말대로 힘은 좋은 것이지. 그러나 지성을 지니지 않은 채 자신이 좋다고 여기는 것을 하는 건 나쁘다는 데는 자네도 동의하고 있네, 그렇지 않나?

폴로스 그렇습니다.

소크라테스 그렇다면 어떻게 연설가들이나 참주들이 나라에서 큰 힘을 행사할 수가 있겠나? 소크라테스가 폴로스에게 논박당하여 그들은 자신이 원하는 것을 한다고 밝혀지지 않는다면 말일세.

폴로스 이 양반이 … ! b

소크라테스 나는 그들이 자신이 원하는 것을 한다는 걸 부정하네. 어서 나를 논박하게.

폴로스 조금 전에 그들은 자신이 최선이라고 여기는 것을 한다는 데 당신이 동의하셨잖습니까?

소크라테스 물론이지, 지금도 동의하고.

폴로스 그렇다면 그들은 자신들이 원하는 것을 하는 거잖아요?

소크라테스 나는 아니라고 주장하네.

폴로스 자신들이 좋다고 여기는 것을 하는데도요?

소크라테스 그렇네.

폴로스 정말 고약하고도 해괴한 주장을 하십니다, 소크라테스.

소크라테스 험하게 말하지[87] 말게, '훌륭한 폴로스',[88]—자네가 즐
c 겨 쓰는 표현법으로 불러 봤네—그러지 말고 자네가 내게 질문
을 할 수 있으면, 내 말이 틀렸다는 걸 보여 주게. 그럴 수 없다
면 대답을 하고.

폴로스 그러죠, 기꺼이 대답하겠습니다. 당신이 무슨 말을 하는
지 알기 위해서라도요.

소크라테스 자네는 사람들이 그때그때 자신들이 하는 바로 그
행위를 원한다고 생각하나, 아니면 하는 행위의 목적이 되는 그
것을 원한다고 생각하나? 이를테면 자네는 의사들한테서 약을
처방받아 마시는 자들이 자신들이 하는 바로 그 행위, 즉 약을
마시고 고통스러워하기를 원한다고 생각하나, 아니면 약을 마시
는 목적인 건강하기를 원한다고 생각하나?

폴로스 그야 건강하기를 원하죠.

d 소크라테스 그렇다면 배를 타거나 다른 방법으로 돈벌이를 하는
자들도, 내가 생각하기에, 그들이 원하는 것은 자신들이 그때그

때 하는 바로 그 행위가 아니고―배를 타고 위험을 무릅쓰며 고생을 하고 싶어 하는 자가 누가 있겠나?―배를 타는 목적인 부유해지는 것이네. 그들이 배를 타는 것은 부(富)를 위해서니까.

폴로스 물론이죠.

소크라테스 그렇다면 모든 경우에도 마찬가지가 아니겠나? 만일 누군가가 무엇인가를 위해서 어떤 행위를 한다면, 그는 자신이 하는 바로 그 행위를 원하는 것이 아니라 그 행위의 목적이 되는 e 그걸 원하네.

폴로스 그렇습니다.

소크라테스 그런데 있는 것들 중에 도대체 좋지도 않고 나쁘지도 않고 그 사이도 아닌 것, 즉 좋지도 나쁘지도 않은 것이 있나?[89]

폴로스 없는 게 너무 당연하죠, 소크라테스.

소크라테스 그리고, 자네는 지혜나 건강이나 부(富), 그리고 그 밖에 이런 종류의 것들은 모두 좋은 것이고, 이와 반대되는 것들은 나쁜 것이라고 말하지?

폴로스 그렇습니다.

소크라테스 그리고 좋지도 않고 나쁘지도 않은 것들이란 이런 것들을 말하나? 어떤 때는 좋은 것에 참여하고[90] 어떤 때는 나쁜 468a 것에 참여하며 어떤 때는 어느 쪽에도 참여하지 않는 것들, 이를테면 앉는 것이나 걷는 것, 달리는 것, 항해하는 것, 그리고 다른 한편으로 돌이나 나무 등과 같은 그런 것들. 이런 것들을 말하는 것 아닌가? 아니면, 자네가 좋지도 않고 나쁘지도 않은 것이라고 부르는 다른 것들이 있나?

폴로스 아니요, 그런 것들입니다.

소크라테스 그러면 사람들이 이런 중간적인 것들을 행할 때, 좋은 것들을 위해서 그것들을 행할까, 아니면 중간적인 것들을 위해서 좋은 것들을 행할까?

b 폴로스 당연히 좋은 것들을 위해서 중간적인 것들을 행하겠죠.

소크라테스 따라서 우리는 좋은 것을 추구하기 때문에,[91] 걸을 때도 걷는 것이 더 좋다고 생각하기에 걷네. 반대로 서 있을 때도 우리는 같은 것, 즉 좋은 것을 위해서 서 있는 것이네. 그렇지 않은가?

폴로스 그렇죠.

소크라테스 그렇다면 우리는, 그렇게 하는 것이 하지 않는 것보다 우리에게 더 좋다고 생각해서, 누군가를 죽이기도 하고―만약 죽인다고 한다면―내쫓기도 하고 재물을 빼앗기도 하는 것이지?

폴로스 틀림없습니다.

소크라테스 따라서 그런 행위를 하는 자들은 좋은 것을 위해서 그런 모든 행위를 하네.

폴로스 동의합니다.

소크라테스 그렇다면 무엇인가를 위해서 어떤 행위를 할 때 우
리는 바로 그 어떤 행위를 원하는 것이 아니라 그 행위의 목적이   c
되는 그걸 원한다는 데 동의한 거지?

폴로스 분명히 했죠.

소크라테스 따라서 우리가 누군가를 살해하거나 나라 밖으로 내
쫓거나 재물을 빼앗는 것도 무조건 그렇게 하기를 원해서가 아
니라, 그게 이로우면 그렇게 하기 원하지만, 해로우면 하지 않기
를 원하네. 자네 말대로 우리는 좋은 것들을 원하지, 좋지도 나
쁘지도 않은 것들을 원하지 않으며, 나쁜 것들을 원하지도 않으
니까. 그렇지? 폴로스, 내 말이 맞다고 생각하나, 틀리다고 생각
하나? 왜 대답이 없지?

폴로스 맞습니다.

소크라테스 그러므로 우리가 이 결과에 동의한다면, 만약 어떤   d
사람이, 그가 참주든 연설가든, 사실은 더 나쁜데도 자신에게 더
좋다고 생각해서 누군가를 죽이거나 나라 밖으로 내쫓거나 재물
을 빼앗을 경우에, 물론 이 사람은 자신이 좋다고 여기는 것을
하는 거겠지. 그렇지?

폴로스 그렇죠.

소크라테스 그렇다면 그는 자신이 원하는 것도 하는 건가? 그렇
게 하는 것이 사실은 나쁘다면. 왜 대답이 없지?

폴로스 아니요, 그는 자신이 원하는 것을 하지 않는다고 생각합

니다.

소크라테스 그렇다면 그런 사람이 이 나라에서 큰 힘을 행사할

e 방법이 있나? 자네가 동의한 대로 큰 힘을 행사하는 것이 좋은

거라면.

폴로스 없죠.

소크라테스 따라서 나는 맞는 말을 한 거네. 나라에서 자신이 좋

다고 여기는 것을 하는 사람이 큰 힘을 행사하지 못할 수가 있

고, 원하는 것을 하지 못할 수도 있다고 했을 때 말일세.

폴로스 정말이요, 소크라테스? 마치 나라에서 자신이 좋다고 여

기는 것을 할 수 있는 쪽이 아니라 오히려 할 수 없는 쪽을 택하

실 것처럼, 그리고 누군가가 죽였으면 좋겠다고 여겼던 자를 죽

이거나 재물을 빼앗거나 가두는 걸 보셔도 부러워하지 않으실

것처럼 말씀하시는군요.

소크라테스 정당하게 그렇게 한다는 말인가, 아니면 부당하게

그렇게 한다는 말인가?

469a 폴로스 정당하게든 부당하게든 그렇게 하는 것은 모두 부러워할

만하지 않습니까?

소크라테스 말조심하게,[92] 폴로스.

폴로스 왜요?

소크라테스 부러워할 만하지 않은 자들이나 비참한 자들을 부러

워해서는 안 되고 오히려 가엾게 여겨야 하니까.

78

폴로스 뭐라고요? 제가 말하는 사람들이 그런(가엾은) 처지에 있다고 생각하십니까?

소크라테스 물론이지.

폴로스 그렇다면 당신은 죽이는 것이 좋겠다고 생각되는 자는 누구든지 죽이는 사람을, 그가 정당하게 죽일 경우에도, 비참하고 가엾은 자라고 생각하십니까?

소크라테스 나는 그렇게 생각하지 않네. 그렇지만 부러워할 만한 자도 아니지.

폴로스 방금 비참한 자라고 하셨잖아요?

소크라테스 친구여, 그건 부당하게 죽이는 자를 말한 거네. 덧붙여서 '가엾은 자'[93]라고도 했고. 그리고 정당하게 죽이는 자라 해도 부러워할 만한 자는 아니라고 했네. b

폴로스 당연히 부당하게 죽임을 당하는 자가 가엾고 비참한 자겠죠.

소크라테스 죽이는 자보다는 덜하네, 폴로스. 정당하게 죽임을 당하는 자보다도 덜하고.

폴로스 아니 어째서 그렇죠, 소크라테스?

소크라테스 불의를 저지르는 것이 나쁜 것들 중에서도 가장 큰 것이니까.

폴로스 정말 그게 가장 큰가요? 불의를 당하는 게 더 크지 않습니까?

소크라테스　전혀.

폴로스　그렇다면 당신은 불의를 저지르기보다 오히려 불의를 당하고 싶어 하시겠군요?

c　소크라테스　나는 어느 쪽도 원하지 않을 거네. 하지만 불의를 저지르거나 불의를 당하는 것이 불가피하다면, 나는 불의를 저지르기보다는 차라리 불의를 당하는 쪽을 선택할 거네.[94]

폴로스　그렇다면 당신은 참주 노릇 하는 쪽을 택하지는 않으시겠죠?

소크라테스　안 하지. 적어도 자네가 말하는 참주 노릇이 내가 말하는 바로 그것이라면.

폴로스　그렇습니다, 제가 말하는 참주 노릇이란 조금 전에[95] 말했던 그것입니다. 나라에서 자신이 좋다고 여기는 것을 할 수 있는 것, 죽이든 내쫓든 무엇을 하든 자신의 판단대로 하는 것 말이죠.

소크라테스　복된 친구여, 내가 예를 들 테니 말로 공격해 보게.

d　내가 북적거리는 시장에서 겨드랑이에 단검을 품고 자네에게 이렇게 말한다고 해 보세. "폴로스, 나는 방금 어떤 힘, 즉 놀라운 참주 권력을 갖게 됐네. 만약에 자네가 보고 있는 이 사람들 가운데 누군가가 바로 그 자리에서 죽어야 한다고 내가 생각한다면, 죽는 것이 좋다고 생각되는 자는 누구든지 당장 죽을 거네. 그리고 만약 내가 그들 중에 누군가는 머리가 부서져야 한다고

생각한다면, 바로 그 자리에서 부서질 거고. 외투가 찢어져야 한
다고 생각한다면, 바로 찢어질 거네. 이렇게 큰 힘을 나는 이 나
라에서 행사하네." 그러자 자네가 내 말을 믿지 않아서 내가 자   e
네에게 단검을 보여 준다고 해 보세. 아마 자네는 그걸 보고 이
렇게 말할 테지. "소크라테스, 그런 식이라면 누구나 큰 힘을 행
사할 수 있을 겁니다. 당신이 불태웠으면 좋겠다고 여기는 집은
어떤 집이든지 그런 식으로 불태워질 수 있고, 물론 아테네인들
의 조선소도 삼단선[96]도, 공적인 배, 사적인 배 할 것 없이 어떤
배라도 불태워질 수 있을 테니까요." 이렇다고 하면 자신이 좋다
고 여기는 일을 하는 게 큰 힘을 행사하는 것은 아니네. 자네는
행사한다고 생각하나?

폴로스 아니요, 당연히 그렇게는 아닙니다.

소크라테스 그렇다면 그런 힘을 무엇 때문에 비난하는지 말해   470a
줄 수 있나?

폴로스 할 수 있죠.

소크라테스 어째서지? 말해 주게.

폴로스 그런 행위를 하는 사람은 처벌받을 수밖에 없기 때문
이죠.

소크라테스 처벌받는 건 나쁜 것 아닌가?

폴로스 물론입니다.

소크라테스 그렇다면, 놀라운 폴로스, 이번에는 다시 이렇게 생

각하는군. 자신이 좋다고 여기는 것을 행하는 자에게 그 행위가 이로운 결과를 가져오면 좋은 것이고 그건 큰 힘을 행사하는 것이지만, 그렇지 않으면 나쁜 것이고 작은 힘을 행사하는 것 같다

b 고 말이네. 이것도 살펴보세. 방금 우리가 말한 행위들을 하는 것, 즉 사람들을 죽이거나 몰아내거나 재산을 빼앗는 것이 어떤 때는 더 좋지만 어떤 때는 그렇지 않다는 데 우리는 동의하지?

폴로스 물론입니다.

소크라테스 그렇다면 분명히 그 점에는 나도 자네도 동의하는 것 같네.

폴로스 그렇습니다.

소크라테스 그러면 자네는 그 행위들을 언제 하는 것이 더 좋다고 주장하나? 그것에 대해 자네는 어떤 기준을 정해 놓고 있는지 말해 보게.

폴로스 아니요, 소크라테스, 그건 당신이 대답해 주시죠.

c 소크라테스 그렇다면 내가 말하지, 폴로스. 나한테서 들어야 자네가 더 즐겁다면. 누구라도 정당하게 그런 행위들을 할 때는 더 좋지만, 부당하게 할 때는 더 나쁜 것이네.

폴로스 당신을 논박하기가 얼마나 어려운지, 소크라테스! 그러나 아이조차 당신이 하는 말이 참이 아니라고 논박할 수 있지 않을까요?

소크라테스 그렇게 되면 나는 그 아이에게 크게 고마워하겠네.

자네가 나를 논박해서 실없는 소리에서 벗어나게 해 준다면, 자네에게도 똑같이 고마워할 거고. 자 어서 친한 사람에게 선행을 베푸는 일에 싫증 내지 말고 논박하게.

폴로스 좋습니다, 소크라테스, 오래전의 일들을 가지고 당신을 논박할 필요도 없죠. 바로 어제나 그제 있던 일을 가지고도 당신을 논박해서 불의를 저지르면서도 행복한 사람들이 많다는 걸 보여 주기에 충분하니까요.

소크라테스 그게 어떤 일이지?

폴로스 페르딕카스의 아들 아르켈라오스,[97] 이자가 마케도니아를 다스리는 걸 물론 보고 계시겠죠?

소크라테스 보지는 못해도 듣고는 있지.

폴로스 그렇다면 그가 행복하다고 생각하나요, 아니면 비참하다고 생각하나요?

소크라테스 모르겠네, 폴로스. 그 사람과 같이 지낸 적이 없어서.

폴로스 뭐라고요? 같이 지내면 알 수 있지만, 그렇지 않으면 그가 행복하다는 걸 금방 알지 못합니까?

소크라테스 제우스께 맹세컨대, 당연히 모르지.

폴로스 그러시면 소크라테스, 당신은 대왕[98]이 행복하다는 것조차도 모른다고 하실 게 뻔합니다.

소크라테스 물론이지, 나는 진실을 말하고 있네. 그의 교육 상태[99]와 정의로움의 상태가 어떤지 모르니까.

폴로스 뭐라고요? 행복 전체가 거기에 있나요?

소크라테스 적어도 내가 주장하는 대로라면 그렇네, 폴로스. 훌륭하고 좋은[100] 남자와 여자는 행복하지만 부정의하고 몹쓸 자는 비참하다고 나는 주장하니까.

471a 폴로스 그러니까 당신 주장에 따르면 아르켈라오스, 이자는 비참하군요?

소크라테스 친구여, 정말 그가 부정의하다면.

폴로스 하기야 그가 왜 부정의하지 않겠습니까? 지금 그가 장악하고 있는 통치권은 결코 그의 것이 아니죠. 그는 페르딕카스의 형제인 알케타스의 여자 노예에게서 태어났으니까요. 그래서 마땅히[101] 그는 알케타스의 노예여야 했습니다. 그가 정의로운 행위를 하길 원했다면 알케타스의 노예 노릇을 했을 것이고, 당신 주장에 따르면 그는 행복한 사람이겠죠. 그러나 지금 그는 놀랍게도 얼마나 비참하게 되었는지! 그는 가장 큰 불의를 저질렀으b 니까요. 먼저, 그는 자신의 주인이자 삼촌인 알케타스를 초대했습니다. 페르딕카스가 그에게서 빼앗은 통치권[102]을 되찾아 주기라도 할 것처럼 말이죠. 그리고는 그와 그의 아들 알렉산드로스를—그는 자신의 이 사촌과 거의 같은 나이였지요—잘 대접하면서 술에 취하게 한 다음, 마차에 던져 넣고 밤중에 밖으로 데리고 나가 목을 따서 둘 다 없애 버렸습니다. 그는 이런 불의를 저지름으로써 자신도 모르게 가장 비참한 자가 되었을 뿐 아니

라 뉘우치지도 않았습니다. 오히려 얼마 후에는 페르딕카스의
적법한 아들을, 그러니까 자신의 형제로서 마땅히 통치권을 가   c
지게 되어 있었던 일곱 살가량의 그 아이[103]를, 길러서 그에게 통
치권을 돌려주는 정의로운 행위를 함으로써 행복해지기를 바라
지 않고, 그를 우물에 던져 넣어 익사시키고는 그의 어머니 클레
오파트라에게 그가 거위를 쫓다가 빠져 죽었다고 말했지요. 따
라서 이제 그는 마케도니아인들 중에서 가장 큰 불의를 저질렀
으므로 어떤 마케도니아인보다도 가장 비참한 자이지 가장 행복
한 자는 아닙니다. 그래서 아마도 아르켈라오스가 되느니 차라   d
리 아무 마케도니아인이나 되는 쪽을 택할 사람이 당신을 비롯
해서 아테네인들 중에 누군가는 있겠죠.

소크라테스 논의를 시작할 때도[104] 폴로스, 나는 자네가 연설술
에 대해서는 교육을 잘 받았다고 생각해서 칭찬했지만, 문답식
대화를 무시한다는 생각이 들었네. 방금 한 연설도 그렇다네. 이
연설을 두고 이것이면 어린아이도 나를 논박할 수 있을 거라는
말이었나? 그렇다면 내가, 자네가 믿는 것처럼, 지금 이 연설로
자네에게 논박당한 건가, 불의를 저지르는 자는 행복하지 않다
는 내 주장이? 훌륭한 친구여, 어째서 그렇지? 천만에, 나는 자
네가 말하는 것들에 조금도 동의하지 않네.

폴로스 동의하고 싶지 않으신 거죠, 제가 말하는 대로 그렇게   e
생각하시면서도.

소크라테스 복된 친구여, 자네가 연설로 나를 논박하려 들고 있 군, 자신들이 법정에서 논박하고 있다고 생각하는 자들처럼. 거 기서도, 한쪽은 자신들이 주장하는 것에 대해 이름 있는 사람들 을 증인으로 많이 내세우고, 반대 주장을 하는 쪽은 한 명만 내 세우거나 아예 증인을 내세우지 못할 때는, 한쪽이 다른 쪽을 논 박했다고 생각하니까. 그러나 이런 논박은 진실을 위해서는 아

472a 무 가치가 없네.[105] 경우에 따라서는 한 사람이 평판 높은 많은 사람들[106]의 거짓 증언에 의해 제압당할 수도 있기 때문이지. 지 금 자네가 주장하는 것에 대해서도, 자네가 나를 상대로 내 말 이 참이 아니라는 걸 입증해 줄 증인들을 내세우고자 한다면, 거 의 모든 아테네인들과 외국인들이 같은 말로 자네에게 동의해 줄 거네. 자네가 원한다면 니케라토스의 아들 니키아스가 그의 형제들과 함께 자네를 위해 증언해 줄 거고. ─디오뉘소스 신전 경내에는 그들의 세발솥들[107]이 줄지어 서 있지.─또 자네가 원

b 한다면, 스켈리아스의 아들 아리스토크라테스도 있네.─퓌토 신전[108] 경내의 그 훌륭한 봉헌물은 그가 바친 것이지.─또 자네 가 원한다면 페리클레스의 집안 전체[109]나, 아니면 이곳 주민들 가운데서 자네가 선택하길 원하는 다른 어떤 가문이든 자네를 위해 증인이 되어 줄 거네. 그러나 나는 비록 혼자지만 자네에게 동의하지 않네. 자네가 나를 굴복시키지는[110] 않고, 나에게 불리 한 많은 거짓 증인들을 내세우면서 나의 재산[111]인 진실로부터 나

를 내쫓으려 들기 때문이지. 그러나 비록 한 명이지만 바로 자네를 내가 주장하는 것들의 증인으로 내세우지 못한다면, 나는 우리의 논의가 다루고 있는 문제들에 대해 이렇다 할 어떤 것도 성취하지 못했다고 생각하네. 자네도 사정은 마찬가지네. 비록 나는 한 사람에 불과하지만 내가 자네의 증인이 되지 않고, 그 밖의 모든 이들과 자네가 작별하지 않는다면 말일세.   c

그러니까 자네를 포함해서 많은 사람들이 생각하는 이와 같은 방식의 논박이 있는가 하면, 내가 생각하는 다른 방식도 있네. 그러므로 둘을 비교해서 그것들이 서로 차이점이 있는지 살펴보기로 하세. 그리고 정말이지, 우리가 논란을 벌이고 있는 문제는 결코 사소한 것이 아니고, 그것에 대해 알면 가장 훌륭하지만, 모르면 가장 부끄러운 거의 정확히 그 문제이네. 이 문제의 핵심은 누가 행복하고 누가 행복하지 않은지를 아느냐 모르느냐[112]이기 때문이지. 지금 당장, 우리의 논의가 조금 전에 다루었   d
던 문제부터 먼저 시작해 보세. 정말 자네가 아르켈라오스는 부정의하지만 행복하다고 생각한다면, 자네는 불의를 저지르고 정의롭지도 않은 사람이 복된 자일 수 있다고 생각하는 거네. 자네는 그렇게 믿고 있다고 우리가 생각해야 되지 않겠나?

폴로스   물론입니다.

소크라테스   그러나 나는 그럴 수 없다고 주장하네. 이것이 우리가 논란을 벌이는 한 가지 쟁점이네. 여기까지는 됐네. 그런데 불의를 저지르고도 행복할까, 만약 심판을 받고 형벌을 받는다면?

폴로스　천만에요. 그렇게 되면 가장 비참하겠죠.

e　소크라테스　그런데 만약에 불의를 저지르는 자가 대가를 치르지 않는다면, 자네 말대로 행복할까?

폴로스　저는 그렇다고 주장합니다.

소크라테스　그러나 내 의견으로는, 폴로스, 불의를 저지르는 자도 부정의한 자도 전적으로 비참하네. 불의를 저지르고도 대가를 치르지 않고 형벌을 받지도 않는다면 정말이지 더욱 비참하고, 하지만 대가를 치르고 신들과 사람들로부터 처벌을 받는다면 덜 비참하네.

473a　폴로스　참 이상한 주장을 하시려 드는군요, 소크라테스.

소크라테스　하지만 친구여, 나는 자네도 나와 같은 주장을 하게 만들려고 노력해 보겠네. 나는 자네를 친구로 생각하니까. 아무튼 지금 우리가 의견을 달리하는 점은 이것이네. 자네도 살펴보게. 앞 어딘가에서 나는 불의를 저지르는 것이 불의를 당하는 것보다 더 나쁘다고 말했었네.

폴로스　틀림없습니다.

소크라테스　그러나 자네는 불의를 당하는 게 더 나쁘다고 했지.

폴로스　그렇습니다.

소크라테스　그리고 나는 불의를 행하는 자들은 비참하다고 말했고. 그래서 자네한테 논박당했지.

폴로스 제우스께 맹세컨대, 그랬죠.   b

소크라테스 자네 생각대로라면 그렇다는 말이네, 폴로스.

폴로스 맞는 생각이죠.

소크라테스 그럴지도 모르지. 그러나 다시 자네는 그들이 불의를 저질러도 대가를 치르지 않으면 행복하다고 말했네.

폴로스 물론입니다.

소크라테스 그러나 나는 그들이 가장 비참하지만 대가를 치르면 덜 비참하다고 주장했네. 이것도 논박해 주면 어떻겠나?

폴로스 글쎄요. 앞에 것보다 논박하기가 훨씬 더 어렵습니다, 소크라테스.

소크라테스 어려운 게 아니라 불가능하지, 폴로스. 참된 것은 절대 논박당하지 않는 법이니까.

폴로스 무슨 말씀이십니까? 어떤 사람이 불의를 저지르다가—참주 자리에 앉으려는 음모를 꾸미다가—붙잡혔다고 해 보세요. 그가 붙잡혀서는 주리를 틀리고 거세를 당하고 불로 눈이   c
지져지고, 다른 온갖 종류의 수많은 큰 고문을 자신이 당할 뿐 아니라 처자식들도 고문당하는 걸 지켜보면서 결국에는 책형(磔刑)을 받거나 타르를 뒤집어쓰고 화형에 처해진다면, 도망쳐서 참주 자리에 앉아 나라에서 통치자 노릇을 하며 원하는 것은 무엇이든 하면서 평생을 보내며 시민들뿐 아니라 외국인들로부터도 부러움을 사고 행복하다는 말을 듣는 것보다 더 행복할까요?

d 이걸 두고 논박이 불가능하다고 그러셨나요?

소크라테스 이번에는 도깨비로 겁을 주는군,[113] 고귀한 폴로스,
나를 논박하지는 않고. 방금 자네는 증인들을 내세웠네. 하지만
내 기억을 조금 되살려 주게. "부당하게 참주 자리에 앉으려는
음모를 꾸민다면"이라고 했나?

폴로스 그랬죠.

소크라테스 그렇다면 당연히 그 둘 중 어느 쪽도 더 행복하지 못
할 거네. 부당하게 참주 자리를 차지하는 자나 대가를 치르는
자나 비참한 두 사람 중에 더 행복한 자가 있을 수는 없을 테니

e 까. 그렇다고 하더라도 도망쳐서 참주 노릇 하는 자가 더 비참
하네. 그건 뭐지, 폴로스? 비웃고 있나? 이번에는 또 다른 종류
의 논박[114]인가? 누가 무슨 말을 할 때 논박은 안 하고 비웃는 것
말일세.

폴로스 사람들 중에서는 아무도 하지 않을 그런 주장을 하실
땐, 소크라테스, 아예 논박당했다는 생각이 들지 않으세요? 여
기 있는 사람들 아무한테나 물어보시죠.

소크라테스 폴로스, 나는 정치가들 축에 들지 않네.[115] 게다가 내
가 작년에 추첨으로 평의회 의원으로 뽑혔을 때 내가 속한 부
족[116]이 회의를 주관하고 있었는데, 내가 의제를 표결에 붙여야

474a 했지만 웃음거리만 제공했고 표결을 진행할 줄 몰랐다네. 그러

니 지금 여기서도 나더러 참석한 사람들의 표를 표결에 붙이라고 요구하지 말게. 오히려 자네가 이[117]보다 더 좋은 논박의 방법을 가지고 있지 않다면, 조금 전에 내가 말한 대로, 순서에 따라 논박의 기회를 나한테 넘기고, 내가 마땅하다고 생각하는 종류의 논박을 자네가 시험해 보게. 나는 내가 하는 주장에 대해 한 명—나와 대화하는 바로 그 사람—을 증인으로 내세울 줄은 알지만, 다수의 사람들은 제쳐 놓기 때문이네. 그리고 나는 한 사람의 표를 표결에 붙일 줄은 알지만 다수의 사람들을 상대로 해서는 결코 문답식 대화를 나누지 않네. 그러므로 자신의 차례가 되면 질문받은 것에 대답하는 방식으로 자네가 나에게 논박의 기회를 주길 원하는지 생각해 보게. 당연히 나는, 나와 자네뿐 아니라 다른 모든 사람들도 불의를 저지르는 것이 불의를 당하는 것보다 더 나쁘다고 여기며, 대가를 치르지 않는 것을 치르는 것보다 더 나쁘게 여긴다고 믿네.

폴로스   하지만 저는 저뿐 아니라 사람들 중에서는 아무도 그렇게 여기지 않는다고 생각합니다. 과연 당신이 불의를 저지르는 쪽보다 불의를 당하는 쪽을 택하실까요?

소크라테스   물론이지, 자네도 다른 사람들도 모두 택할 거네.

폴로스   택하기는커녕 저도 당신도 다른 아무도 택하지 않을 겁니다.

소크라테스   그럼 자네가 대답하기로 하는 거지?

폴로스 물론입니다. 당신이 도대체 무슨 말씀을 하실지 몹시 알고 싶으니까요.

소크라테스 그럼 내가 자네에게 처음부터 묻는다고 생각하고 나에게 대답하게. 그래야 자네가 알게 될 테니까. 폴로스, 자네는 불의를 저지르는 것과 불의를 당하는 것, 어느 쪽이 더 나쁘다고 생각하나?

폴로스 저는 불의를 당하는 쪽이라고 생각합니다.

소크라테스 그렇다면 어떤가? 불의를 저지르는 것과 불의를 당하는 것, 어느 쪽이 더 부끄러운가? 대답하게.

폴로스 불의를 저지르는 쪽이죠.

소크라테스 그렇다면 그것은 더 나쁜 것이기도 하네. 정말 그것이 더 부끄럽다면.

폴로스 전혀 그렇지 않습니다.

d   소크라테스 알겠네. 자네는 훌륭한[118] 것과 좋은 것, 그리고 나쁜 것과 부끄러운 것이 같다고 생각하지 않는 것 같군.

폴로스 당연히 같지 않죠.

소크라테스 이건 어떤가? 온갖 훌륭한 것들, 이를테면 몸, 색깔, 모양, 소리, 관행들을 훌륭한 것이라고 부를 때마다 자네는 아무것도 주목하지 않나? 먼저 훌륭한 몸들을 예로 들면, 그것들이 훌륭하다고 말할 때, 자네는 각각의 몸이 어디에 쓸모 있는가에 따른 사용의 측면[119]에서 훌륭하다고 말하거나, 아니면 그것들이

보는 사람에게 보는 기쁨을 줄 경우에 어떤 즐거움의 측면에서 훌륭하다고 말하지 않나? 몸의 훌륭함에 관해서 자네는 이 두 측면[120] 외에 말할 수 있는 것이 있나?

폴로스 없습니다.

e

소크라테스 그렇다면 다른 모든 것에 대해서도 마찬가지겠지? 모양이든 색깔이든 자네가 그것들을 훌륭한 것이라고 부르는 이유는 어떤 즐거움 때문이거나 이로움 때문이거나, 아니면 둘 다 때문이지?

폴로스 그렇습니다.

소크라테스 소리나 시가(詩歌)와 관련된 모든 것도 마찬가지지?

폴로스 그렇습니다.

소크라테스 나아가서 법이나 관행에 속하는 훌륭한 것들 역시 당연히 이롭거나 즐겁거나 양쪽 다 이거나, 이 세 측면을 넘어서지 않을 거네.

폴로스 저도 그렇게 생각합니다.

475a

소크라테스 그렇다면 학문들의 훌륭함도 마찬가지지?

폴로스 틀림없습니다. 방금 정말 훌륭하게 규정을 내리셨습니다, 소크라테스. 즐거움과 좋음을 가지고[121] 훌륭함을 규정하신 것 말입니다.

소크라테스 그렇다면 부끄러움은 이와 반대인 것, 즉 고통과 나쁨에 의해 규정되지?

폴로스 그럴 수밖에요.

소크라테스 따라서 훌륭한 것 둘 중에 어느 하나가 더 훌륭할 때는, 이 두 측면 중에서 어느 한 측면에서나 두 측면 모두에서, 그러니까 즐거움과 이로움 가운데 한 측면에서, 아니면 두 측면 모두에서 월등하기 때문에 더 훌륭한 것이네.

폴로스 틀림없습니다.

소크라테스 그리고 부끄러운 것들 둘 중 어느 하나가 더 부끄러

b 울 때는 고통이나 나쁨의 측면에서 월등하기 때문에 더 부끄러운 거네. 그럴 수밖에 없지 않나?

폴로스 그렇습니다.

소크라테스 자, 그러면 불의를 저지르는 것과 불의를 당하는 것에 대해서 조금 전에 우리가 어떻게 말했지? 자네는 불의를 당하는 게 더 나쁘고, 불의를 저지르는 것은 더 부끄럽다고 말하지 않았나?

폴로스 말했죠.

소크라테스 따라서 불의를 저지르는 게 불의를 당하는 것보다 더 부끄럽다면, 그건 고통이나 나쁨의 측면에서 월등하거나, 아니면 두 측면 모두에서 월등하기 때문에 더 고통스러운 것이고 더 부끄러울 것이네. 이것 역시 그럴 수밖에 없지 않나?

폴로스 왜 아니겠습니까?

c 소크라테스 그러면 먼저 이걸 살펴보세. 불의를 저지르는 것이

불의를 당하는 것보다 고통의 측면에서 월등하며 그래서 불의를
저지르는 자들이 불의를 당하는 자들보다 더 고통을 겪나?

폴로스 천만에요, 소크라테스, 그렇지는 않습니다.

소크라테스 그렇다면 그건 고통의 측면에서는 월등하지 않네.

폴로스 당연히 안 그렇죠.

소크라테스 따라서 그것이 고통의 측면에서 월등하지 않다면,
더 이상 두 가지 측면 모두에서 월등하지 않겠지.

폴로스 그런 것 같습니다.

소크라테스 그렇다면 다른 측면에서 월등한 게 남아 있네.

폴로스 그렇죠.

소크라테스 나쁨의 측면에서.

폴로스 그런 것 같네요.

소크라테스 그러므로 불의를 저지르는 것은 나쁨의 측면에서 월
등하기 때문에 불의를 당하는 것보다 더 나쁘겠지.

폴로스 분명히 그렇죠.

소크라테스 그리고 대다수 사람들과 자네는 불의를 저지르는   d
것이 불의를 당하는 것보다 더 부끄럽다고 앞서 우리에게 동의
했지?

폴로스 그렇죠.

소크라테스 그런데 지금은 그게 더 나쁘다고 밝혀졌네.

폴로스 그런 것 같습니다.

소크라테스 그렇다면 덜 나쁘고 덜 부끄러운 것 대신에 오히려 더 나쁘고 더 부끄러운 것을 자네가 택할까? 주저하지 말고 대답하게, 폴로스. 조금도 해를 입지 않을 테니까. 의사에게 맡기듯이 논의에 품위 있게 자신을 맡기고 대답하게. 그리고 내 질문에 그렇다고 하거나 아니라고 대답하게.

e 폴로스 아니요, 택하지 않을 겁니다, 소크라테스.

소크라테스 사람들 중에서 아무도?

폴로스 적어도 이 논변에 따르면 택하지 않을 거라고 생각합니다.

소크라테스 그렇다면 나는 맞는 말을 했네. 나도 자네도 다른 어떤 사람도 불의를 당하는 쪽보다 불의를 저지르는 쪽을 택하지 않을 거라고 했던 것 말이네. 왜냐하면 불의를 저지르는 것이 더 나쁘니까.

폴로스 그런 것 같습니다.

소크라테스 그러니까 폴로스, 자네가 보다시피 두 가지 논박을 비교할 때 닮은 점이 전혀 없네. 그러나 나를 제외한 모든 사람이 자네에게 동의하더라도 자네만 나에게 동의하고 증언해 준다

476a 면 나는 자네 하나로 족하네. 나도 자네의 표만 표결에 붙이고 다른 사람들은 모두 제쳐 놓겠네. 이 문제와 관련해서 우리의 사정은 이렇다고 해 두세. 그 다음에, 우리가 논란을 벌였던 두 번째 문제를 다시 살펴보세. 불의를 저지르는 자가 대가를 치르는

것이, 자네가 생각했던 것처럼, 나쁜 것들 중에서 가장 큰 것인가, 아니면, 내가 생각했던 것처럼, 대가를 치르지 않는 것이 더 큰 것인가 하는 문제였지. 이렇게 생각해 보세. 자네는 불의를 저지르는 자가 대가를 치르는 것과 정당하게 응징받는 것이 같다고 말하나?

폴로스 저는 같다고 말합니다.

소크라테스 그러면 자네는 정의로운 것들이, 그것들이 정의로운 b 한에서, 모두 훌륭하지는 않다고 말할 수 있나? 잘 생각해 보고 말하게.

폴로스 아니요, 제가 보기에는 모두 훌륭합니다, 소크라테스.

소크라테스 그러면 이것도 살펴보게. 누군가가 어떤 행위를 할 경우에, 이 행위자가 가하는 것을 겪는 쪽이 있을 수밖에 없지?

폴로스 저는 그렇다고 생각합니다.

소크라테스 이 겪는 쪽은 가하는 쪽이 가하는 것을, 그것도 가하는 쪽이 가하는 것을 그대로 겪지?[122] 내 말은 이런 뜻이네. 만약 누군가가 때린다면, 맞는 쪽이 있을 수밖에 없지?

폴로스 있을 수밖에요.

소크라테스 그리고 때리는 쪽이 심하게 때리거나 빠르게 때리면 맞는 쪽도 그렇게 맞을 수밖에 없지?   c

폴로스 그렇죠.

소크라테스 따라서 맞는 쪽의 상태는 때리는 쪽이 가하는 대로의 상태이지?

폴로스 틀림없죠.

소크라테스 그리고 누군가가 지진다면,[123]지져지는 쪽이 있을 수밖에 없지?

폴로스 왜 아니겠습니까?

소크라테스 그리고 아주 심하게 지지거나 고통스럽게 지진다면, 지져지는 쪽은 지지는 쪽이 지지는 대로 지져질 수밖에 없지?

폴로스 틀림없죠.

소크라테스 누군가가 자를 경우에도 같은 말을 할 수 있겠지? 잘리는 쪽이 있으니까.

폴로스 그렇죠.

소크라테스 그리고 잘리는 부위가 크거나 깊거나 고통스러울 경
d 우에, 잘리는 쪽은 자르는 쪽이 자르는 대로 잘리는 부위를 잘리지?[124]

폴로스 그런 것 같습니다.

소크라테스 그렇다면 한마디로 말해 모든 것과 관련해서 자네는 방금 내가 한 말에 동의하는지 생각해 보게. 겪는 쪽은 가하는 쪽이 가하는 것을 그대로 겪는다는 것 말일세.

폴로스 물론 동의합니다.

소크라테스 이 점에는 동의가 이루어졌네. 그러면 대가를 치르는 것은 무엇인가를 겪는 것인가, 아니면 어떤 행위를 가하는 것

인가?

폴로스　겪는 것일 수밖에 없죠, 소크라테스.

소크라테스　그렇다면 행위를 가하는 어떤 것에 의해서지?

폴로스　왜 아니겠습니까? 응징하는 자에 의해서죠.

소크라테스　그리고 올바르게 응징하는 자는 정당하게 응징하는 　e
거지?

폴로스　그렇죠.

소크라테스　그는 정의로운 것을 행하는 것인가, 아닌가?

폴로스　정의로운 것을 행하는 거죠.

소크라테스　그렇다면 응징당하는 자는 대가를 치름으로써 정의
로운 것을 겪지?

폴로스　그런 것 같네요.

소크라테스　그리고 정의로운 것은 훌륭한 것이라는 데 아마 우
리가 동의했지?

폴로스　틀림없습니다.

소크라테스　따라서 이 둘 중에 한쪽은 훌륭한 것을 행하고, 다른
쪽, 즉 응징받는 자는 훌륭한 것을 겪네.

폴로스　그렇죠.

소크라테스　그러므로 정말 그게 훌륭한 것이라면 좋은 것이지?　477a
왜냐하면 그것은 즐거운 것이거나 이로운 것이니까.

폴로스　그럴 수밖에요.

소크라테스 따라서 대가를 치르는 자는 좋은 것을 겪는 거지?

폴로스 그런 것 같네요.

소크라테스 따라서 그는 이로움을 얻지?

폴로스 그렇죠.

소크라테스 그 이로움은 내가 생각하는 바로 그것이지? 그는 혼이 더 훌륭한 자가 되지? 정말 그가 정당하게 응징받는다면.

폴로스 그런 것 같네요.

소크라테스 그러므로 대가를 치르는 자는 혼의 나쁜 상태에서 벗어나게 되지?

폴로스 그렇죠.

소크라테스 그렇다면 그는 가장 큰 악에서 벗어나는 거지? 이렇게 생각해 보게. 사람의 재산 상태에서 가난 외에 다른 어떤 나쁜 상태를 자네는 알고 있나?

b

폴로스 아니요, 가난이죠.

소크라테스 몸의 상태에서는 어떤가? 거기서 나쁜 상태는 허약함, 질병, 추함 등등이라고 자네는 말하지?

폴로스 그렇죠.

소크라테스 그렇다면 혼에도 어떤 몹쓸 상태가 있다고 생각하지?

폴로스 왜 아니겠습니까?

소크라테스 자네는 그것을 불의, 무지, 비겁 등등으로 부르지 않나?

폴로스   물론이죠.

소크라테스   그렇다면 재산, 몸, 혼, 세 가지가 있으므로 자네는   c
이것들의 몹쓸 상태 세 가지를 가난, 질병, 불의라고 말한 거지?

폴로스   그렇죠.

소크라테스   그러면 이 몹쓸 상태들 중에서 무엇이 가장 부끄러
운 것인가? 불의와 혼의 몹쓸 상태 전체 아닌가?

폴로스   당연하죠.

소크라테스   그게 가장 부끄러운 것이라면 가장 나쁜 것이기도
하지?

폴로스   무슨 뜻이죠, 소크라테스?

소크라테스   이런 뜻이네. 앞에서 우리가 동의한 바에 따르면 가
장 부끄러운 것은 가장 큰 괴로움을 주거나 가장 큰 해를 끼치
거나, 이 두 가지를 모두 주기 때문에 언제나 가장 부끄러운 것
이네.

폴로스   당연하죠.   d

소크라테스   그리고 우리는 혼의 불의와 몹쓸 상태 전체가 가장
부끄럽다는 데 방금 동의했네.

폴로스   동의했죠.

소크라테스   그렇다면 그건 괴로움이나 해로움의 측면에서 월등
하거나 아니면 이 두 가지 측면에서 모두 월등하기 때문에 이것
들 중에서도 가장 괴롭고 가장 부끄러운 것이지?

폴로스 그럴 수밖에요.

소크라테스 그러면 부정의하고 무절제하고 비겁하고 무지한 것이 가난한 것과 병드는 것보다 더 고통스러운가?

폴로스 저는 그렇지 않다고 생각합니다, 소크라테스. 적어도 우리가 말한 바에 따르면요.

소크라테스 따라서 혼의 몹쓸 상태가 무엇보다도 가장 부끄러운 이유는 그것이 엄청나게 큰 어떤 해로움과 놀랄 만한 나쁨의 측면에서 다른 모든 것보다 월등하기 때문이네. 자네 주장대로 그것이 고통의 측면에서는 월등하지 않으니까.

e

폴로스 그런 것 같네요.

소크라테스 나아가서 가장 큰 해로움의 측면에서 월등한 것이야말로 있는 것들 가운데서 가장 큰 악[125]일 것이네.

폴로스 그렇죠.

소크라테스 따라서 불의와 무절제, 그리고 혼의 다른 몹쓸 상태는 있는 것들 중에서 가장 큰 악이지?

폴로스 그런 것 같습니다.

소크라테스 그러면 무슨 기술이 가난에서 벗어나게 하지? 돈 버는 기술 아닌가?

폴로스 그렇죠.

소크라테스 질병에서 벗어나게 하는 것은? 의술 아닌가?

폴로스 의술일 수밖에요.

소크라테스 몹쓸 상태와 불의에서 벗어나게 하는 것은? 대답이
그리 쉽지 않다면, 이렇게 생각해 보게. 몸이 아픈 자들을 우리
는 어디로, 그리고 누구에게 데려가지?

폴로스 의사들에게요, 소크라테스.

소크라테스 불의를 저지르는 자들과 무절제한 자들을 우리는 어
디로 데려가지?

폴로스 재판관들에게 데려간다는 말씀이시죠?

소크라테스 그건 그들이 대가를 치르게 하기 위해서지?

폴로스 그렇죠.

소크라테스 그런데 올바르게 응징하는 자들은 일종의 사법술로
써 응징하지 않나?

폴로스 분명히 그렇죠.

소크라테스 따라서 돈 버는 기술은 가난에서 벗어나게 하고, 의   b
술은 질병에서 벗어나게 하며, 재판술[126]은 무절제와 불의에서
벗어나게 하네.

폴로스 그런 것 같네요.

소크라테스 그러면 이것들 중에서 무엇이 가장 훌륭한 것이지?

폴로스 어떤 것들 중에서 말인가요?

소크라테스 돈 버는 기술, 의술, 재판술 중에서.

폴로스 소크라테스, 재판술이 단연 두드러지죠.

소크라테스 그렇다면 역시 그게 가장 많은 즐거움을 주거나 가

장 많은 이로움을 주거나, 아니면 두 가지를 모두 주는 거지? 정말 그게 가장 훌륭하다면.

c 폴로스 그렇죠.

소크라테스 그렇다면 치료를 받는 것은 즐거운 일인가? 그래서 치료를 받는 자들은 기뻐하나?

폴로스 저는 아니라고 생각합니다.

소크라테스 그러나 이롭기는 하네, 그렇지?

폴로스 그렇죠.

소크라테스 치료를 받는 자는 큰 악에서 벗어나게 되며,[127] 따라서 고통을 견디고 건강해지는 것이 그에게 득이 되기 때문이네.

폴로스 왜 그렇지 않겠습니까?

소크라테스 그렇다면 몸에 관한 한 사람은 이렇게 하는 것, 즉 치료를 받는 게 가장 행복할까, 아니면 처음부터 아예 아프지 않은 게 가장 행복할까?

폴로스 분명히 아예 아프지 않은 것이죠.

소크라테스 왜냐하면 행복은 나쁜 것으로부터 벗어나는 데 있는 것이 아니라 처음부터 나쁜 것을 아예 갖지 않는 데 있으니까.

폴로스 그렇죠.

d 소크라테스 어떤가? 몸에든 혼에든 나쁜 것을 지니고 있는 두 사람 중에서 치료를 받고 나쁜 것에서 벗어나는 자가 더 비참한가, 아니면 치료를 받지 않고 나쁜 것을 지니고 있는 자가 더 비

참한가?

폴로스 치료를 받지 않은 자인 것 같은데요.

소크라테스 그렇다면, 대가를 치르는 것은 가장 큰 악에서 벗어나는 것이었지? 몹쓸 상태에서.

폴로스 그랬죠.

소크라테스 왜냐하면 재판술은 사람들을 절제 있게 하고 더욱 정의롭게 만들어 주며, 몹쓸 상태를 치료하는 의술이기 때문인 것 같네.

폴로스 그렇죠.

소크라테스 따라서 혼 속에 나쁜 상태를 가지고 있지 않은 자가 가장 행복하네. 그게 나쁜 것들 중에서 가장 큰 것으로 드러났으니까.   e

폴로스 분명히 그렇죠.

소크라테스 그리고 그것으로부터 벗어나는 자가 두 번째로 행복할 거네.

폴로스 그렇겠죠.

소크라테스 그리고 그는 훈계받고 질책받고 대가를 치르는 자였네.

폴로스 그렇죠.

소크라테스 따라서 불의[128]를 지닌 채 거기서 벗어나지 않는 자는 최악의 삶을 사네.

폴로스 그런 것 같네요.

소크라테스 그렇다면 이 사람은 가장 큰 일에 불의를 저지르고 가장 큰 불의를 행사하면서도 훈계를 받지도 않고 응징을 당하지도 않고 대가를 치르지도 않는 데 성공하는 자이지? 아르켈라오스나 다른 참주들, 연설가들, 그리고 권력자들[129]이 자네 말대로 수단과 방법을 가리지 않고 그렇게 했던 것처럼 말일세.

폴로스 그렇겠죠.

소크라테스 지극히 훌륭한 이여, 사실 이자들이 해낸 성공이란 가장 위중한 질환들을 앓는 사람이, 마치 아이처럼, 지지거나 자르는 것이 고통스럽다는 이유로 두려워하여 몸에 범한 잘못들에 대해 의사에게 대가를 치르지 않고 치료조차 받지 않는 데 성공하는 것과 거의 다를 바가 없는 것 같네. 자네도 그렇게 생각하지 않나?

폴로스 저도 그렇게 생각합니다.

소크라테스 그들은 몸의 건강과 덕[130]이 어떤 건지 모르기 때문인 것 같네. 사실, 조금 전에 우리가 동의한 바에 따르면, 처벌을 피하는 자들도 그와 같은 행위를 하는 것 같네, 폴로스. 그들은 몸의 고통스러운 면은 보고 이로운 면에는 눈이 멀어 있으며, 건강한 혼이 아니라 상하고 부정의하고 불경한 혼과 같이 사는 것이 건강하지 않은 몸과 같이 사는 것보다 얼마만큼 더 비참한지를 모르는 것 같단 말일세. 그렇기 때문에 그들은 대가를 치르지도 않고 가장 큰 악에서 벗어나지도 않으려고 무슨 짓이든 하며, 재물이든 친구든 가능한 한 가장 설득력 있게 말할 수 있는 방법은 뭐든지 마련하네. 그런데 폴로스, 우리가 동의했던 것들이 참이라면, 이 논변에서 어떤 귀결이 나오는지 알 수 있겠나? 아니면 우리가 그것을 요약해 주길 원하나?

폴로스 당신이 괜찮으시다면 어떡하든 상관없습니다.

소크라테스 그렇다면, 불의와 불의를 저지르는 행위가 가장 큰 악이라는 귀결이 나오지?

폴로스 그런 것 같네요.

소크라테스 그리고 대가를 치르는 것은 이 악으로부터 벗어나는 d 것으로 드러났지?

폴로스 그런 것 같네요.

소크라테스 그러나 대가를 치르지 않는 것은 그 악에 머물러 있는 것이지?

폴로스 그렇죠.

소크라테스 따라서 불의를 저지르는 것은 나쁜 것들 중에서 두 번째로 큰 것이네. 불의를 저지르고도 대가를 치르지 않는 것은 본성상 모든 나쁜 것 중에서 가장 큰 것이자 첫 번째이네.

폴로스 그런 것 같네요.

소크라테스 그렇다면 친구여, 우리가 이 문제를 두고 서로 논란을 벌이지 않았나? 자네는 아르켈라오스가 가장 큰 불의를 저질

럿음에도 아무런 대가도 치르지 않아서 행복하다고 생각했고,

e 나는 그 반대로 생각했지. 아르켈라오스든 다른 어떤 사람이든 불의를 저지르고 대가를 치르지 않는 자에게는 다른 누구와도 비교할 수 없을 정도로 비참한 상태가 어울리며, 불의를 저지르는 자가 불의를 당하는 자보다, 그리고 대가를 치르지 않는 자가 대가를 치르는 자보다 언제나 더 비참하다고 말이네. 그게 내 주장이었지?

폴로스 그렇죠.

소크라테스 그렇다면 내가 했던 주장이 참이라고 입증되었지?

폴로스 그런 것 같네요.

480a 소크라테스 됐네. 이 결과가 참이라면, 폴로스, 연설술은 무엇에 크게 쓸모가 있나? 방금 우리가 동의한 결과에 따르면, 불의를 저지르면 나쁜 것을 충분히 갖게 된다[131]고 믿고 각자는 불의를 저지르지 않도록 무엇보다도 자신을 지켜야 하네, 그렇지 않나?

폴로스 틀림없습니다.

소크라테스 그러나 자신이든 자신이 돌보는 다른 어떤 사람이든 불의를 저지른다면, 그는 자진해서 최대한 빨리 대가를 치를 곳

b 으로 가야 하네. 불의라는 질환이 고질이 되어 혼을 속으로 곪게 해 치료 불가능하게 만들지 않도록, 의사에게 가듯이, 재판관에게 서둘러 가야 하네. 아니면 우리가 어떻게 말할까, 폴로스? 앞서 우리가 동의한 결과가 계속 유효하다면 말일세. 지금 이 결과

가 앞서 동의했던 것들과 이런 식으로 일치할 수밖에 없지 않나?
다른 식으로는 아니지?

폴로스 그렇죠, 우리가 달리 무슨 말을 할 수 있겠습니까, 소크
라테스?

소크라테스 따라서 자신이나 부모나 동료나 자식이나 조국이 불
의를 저지를 때, 그 불의를 변호하기 위해서라면 연설술은 우리
에게 아무 쓸모가 없네, 폴로스. 그것이 정반대 방향으로 쓸모가   c
있다고 생각하는 경우가 아니라면 말이네. 그러니까 불의를 저
지르면 무엇보다도 먼저 자신을 고발하고, 그 다음에는 가족이
든 다른 어떤 친구든 언제라도 고발하여 그 부정의한 행위를 감
추지 말고 백일하에 드러내, 그가 대가를 치르고 건강해지도록
해야 하며, 자신은 물론이고 다른 사람들도 겁먹지 않고, 의사에
게 몸을 맡겨 자르고 지지게 하듯이, 눈을 질끈 감고 선선히 그
리고 용감하게 자신을 내맡기도록 강제해야 하네. 훌륭하고 좋
은 것은 추구하고 고통스러운 것은 무시하면서 매 맞을 만한 불
의를 저질렀으면 매질하라고, 구속당할 만한 불의를 저질렀으면   d
구속하라고 자신을 내맡겨야 하며, 벌금을 물어야 할 만한 일이
라면 물고, 추방당할 만한 일이라면 추방당하고, 사형당할 만한
일이라면 사형당해야 하네. 그는 자신뿐만 아니라 가족의 첫 번
째 고발자가 되어야 하며, 연설술은 부정의한 행위들을 백일하
에 드러내고 가장 큰 악인 불의에서 그들을 벗어나게 하는 데 사

용해야 하네. 그렇다고 우리가 동의할까, 아니면 아니라고 부정할까, 폴로스?

e 폴로스 제가 보기에는 이상합니다, 소크라테스. 물론 의도하신 대로 결과가 앞에서 동의한 것들과 일치할지는 모르겠지만요.

소크라테스 그렇다면 앞에서 동의한 것들도 포기해야 하거나, 아니면 이런 귀결이 나올 수밖에 없지 않나?

폴로스 그렇죠, 그건 그렇습니다.

소크라테스 그러나 이번에는 사정을 정반대로 바꾸어서,[132] 적(敵)에게든 누구에게든 나쁜 짓을 해야 한다고 해 보세. 적으로부터 자신이 불의를 당하지 않는 한에서―이건 분명 조심해야

481a 하니까―그 적이 다른 누군가에게 불의를 저지른다면 무슨 수를 써서라도 적이 대가를 치르거나 재판관에게 가지 못하게 말로나 행동으로 조처를 취해야 하네. 그리고 그가 재판관에게 갈 경우에는, 어떻게 하면 그의 적이 도망쳐서 대가를 치르지 않을 수 있는지 계책을 강구해야 하네. 그가 황금을 많이 강탈했더라도 그걸 돌려주지 않고 가지고 있으면서 자신과 자신의 가족들을 위해 부정의하고 불경스럽게 써 버리게 해야 하며, 그가 사형을 당할 만한 불의를 저질렀어도 사형을 당하지 않게 해야 하네. 무엇보다도, 절대로 죽지 않게 해서 몹쓸 자로 영원히 있도록 해야 하네. 그게 여의치 않다면, 되도록 오랜 기간 동안 그런 자로

b 살게 해야 하네. 폴로스, 나는 연설술이 이런 일에 쓸모가 있다

고 생각하네. 불의를 저지르지 않을 자에게는 그것이, 앞에서 했던 논의 어디에서도 쓸모 있음이 밝혀지지 않았으므로, 설사 어떤 쓸모가 있다 해도 크진 않다고 생각하기 때문이네.

칼리클레스 제게 말해 주십시오, 카이레폰, 소크라테스 선생이 이 말씀을 진지하게 하고 있습니까, 아니면 농담으로 하고 있습니까?

카이레폰 내가 보기에는 굉장히 진지하게 하고 있는 것 같네, 칼리클레스. 하지만 그에게 직접 물어보는 것이 상책이지.

칼리클레스 신들께 맹세컨대, 그건 제가 간절히 원하는 겁니다. 제게 말해 주십시오, 소크라테스. 지금 당신이 진지한 말을 한 c 다고 생각해야 합니까, 아니면 농담을 한다고 생각해야 합니까? 만약 진지하게 말하고 있고, 하는 말이 맞다면, 우리 인간들의 삶은 뒤엎어져 있고 우리는 모든 것을 마땅히 해야 할 바와는 정반대로 하고 있지 않겠습니까?

소크라테스 칼리클레스, 만약 사람들이 같은 어떤 경험[133]을 가지고 있지 않다면, 그러니까 어떤 사람들은 이런 경험을 가지고 있고 다른 사람들은 뭔가 다른 경험을 가지고 있다면, 그래서 우리 중 한 사람이 다른 사람들이 겪은 것과는 다른 자신만의 어떤 경험을 했다면, 자신이 경험한 그것을 다른 사람에게 알려 주기가 쉽지 않을 걸세. 요즘 나와 자네가 공교롭게도 같은 경험을 d 하고 있다는 생각이 들어서 하는 말이네. 두 사람이 제각기 사랑을 하고 있고 그 대상이 둘이니까. 나는 클레이니아스의 아들 알키비아데스[134]와 철학을, 자네는 아테네의 민중과 퓌릴람페스의 아들,[135] 이 둘을 사랑하고 있지. 그래서 나는 자네가 재주가 뛰어남에도 불구하고 자네 애인[136]이 무슨 말을 하건, 그리고 사정 이야기를 어떻게 하건, 그때마다 자네가 그 말을 반박하지 못하

e   고 자신의 생각을 이리저리 바꾼다는 걸 알게 되었네. 민회에서 자네가 어떤 주장을 할 때, 아테네의 민중이 그렇지 않다고 하면, 자네는 마음을 바꾸어 민중이 바라는 말을 하네. 그리고 퓌릴람페스의 아들인 이 아름다운 젊은이에 대해서도 그런 경험을 하고 있지. 자네는 애인의 제안이나 주장에 반대할 수가 없기 때문이지. 그래서 이 애인들 때문에 자네가 무슨 말을 할 때마다 그 말이 얼마나 이상한지 놀라워하는 사람이 있다면, 아마 자네는 그에게—자네가 사실대로 말하고자 한다면—이렇게 말해야 할 걸세. 누군가가 자네 애인이 이렇게 말하는 것을 멈추게 해

482a 주지 않으면, 자네도 이렇게 말하기를 멈추지 않을 거라고. 그러므로 나한테서도 그와 같은 말을 들어야 한다고 생각하게. 그리고 내가 그런 말을 하더라도 놀라워하지 말고, 나의 애인인 철학이 그런 말을 하는 것을 멈추게 해 주게. 나의 소중한 친구여, 철학은 자네가 지금 나한테서 듣고 있는 말을 언제나 하고 있을 뿐 아니라 다른 애인보다 나에게 훨씬 덜 변덕스러우니까. 클레이니아스의 아들인 이 사람은 그때그때 다른 말을 하지만, 철학은

언제나 한결같은 말을 하네. 지금 자네가 놀라워하는 말도 철학 b
이 하는 것이며, 그 말을 하는 동안 자네도 직접 곁에 있었네. 그
러니 방금 내가 말했듯이 철학을 논박하게. 그래서 불의를 저지
르는 것이, 그리고 불의를 저지르고도 대가를 치르지 않는 것이
모든 나쁜 것의 극단이 아니라는 걸 보여 주게. 만약 자네가 논
박하지 않고 그냥 놓아둔다면, 이집트인들의 신인 그 개에게 맹
세컨대 칼리클레스, 칼리클레스는 자네와 일치하지 않고 생애
내내 틀린 음을 낼 거네.[137] 그렇지만, 지극히 훌륭한 이여, 나는
비록 혼자지만 내가 나 자신과 맞지 않는 음을 내고 모순된 말을
하는 것보다는 차라리 나의 뤼라도, 내가 이끌었으면 하는 합창
단도 어울리지 않는 음을 내고 틀린 음을 내는 것이 더 낫고, 대
다수 사람들이 나에게 동의하지 않고 모순되는 말을 하는 것이 c
더 낫다고 생각하네.

칼리클레스 소크라테스, 정말 대중연설가라도 되신 것처럼 호기
를 부리며[138] 말씀하시는 것 같습니다. 지금 당신이 이렇게 대중
연설을 하시는 것은 고르기아스 선생이 당신에게 당했다고 폴로
스가 비난했던 바로 그 일을 폴로스 자신도 당했기 때문입니다.
그는 이렇게 말했던 것 같습니다. 연설술을 배우고자 하는 자가
정의로운 것이 무엇인지 알지 못한 채로 온다면 그를 가르칠 것 d
인지 당신이 고르기아스 선생에게 물었을 때, 그가 부끄러워하
며 가르칠 거라고 대답하신 것은 사람들의 습성 때문인데―가르

칠 수 없다고 하면 노여워할 수 있으니까요—이 동의로 인해 그
는 자기모순적인 말을 하실 수밖에 없게 되었고, 당신은 바로 그
걸 즐긴다고 말입니다. 그리고 그때 폴로스가 당신을 비웃었던
건 제가 보기에는 옳았습니다. 그런데 조금 전에 폴로스 자신이
다시 똑같은 일을 당했지요. 그리고 제가 폴로스를 못마땅해하
는 점은 불의를 저지르는 것이 불의를 당하는 것보다 더 부끄러
e 운 일이라고 인정한 것, 바로 그 점입니다. 왜냐하면 이 동의로
말미암아 이번에는 폴로스 자신이 당신에게 걸려들어 자신이 생
각하는 것을 말하기가 부끄러워진 나머지 논의 중에 재갈이 물
리고 말았으니까요. 소크라테스, 당신은 진실을 추구한다고 주
장하시면서도 실제로는 저속하고 대중연설에나 어울리는 것들
로 논의를 끌고 가십니다. 자연적으로 훌륭한 것이 아니라 법적
으로[139] 훌륭한 그런 것들로 말입니다. 그러나 자연과 법, 이것들
은 대부분 서로 대립하는 것[140]입니다. 그래서 누구라도 부끄러
움을 느껴 자신이 생각하는 것을 말할 엄두를 못 내면 자기모순
483a 적인 말을 하도록 강요받게 되지요. 바로 이 지혜를 당신이 터득
하시고서는 논의에 패악을 부리고 있습니다. 누가 법의 측면에
서 말하면 당신은 자연의 측면에서 질문하고, 자연에 속하는 것
을 말하면 법에 속하는 것을 질문하신단 말입니다. 바로 코앞의
예를 들자면, 불의를 저지르는 것과 불의를 당하는 것의 문제에
서, 폴로스는 법의 측면에서 더 부끄러운 것을 말하는데, 당신은

자연의 측면에서 그 말을 몰아갔습니다. 왜냐하면 자연에서는, 불의를 당하는 경우가 그렇듯이, 더 나쁜 것은 모두 더 부끄러운 것이지만, 법에서는 불의를 저지르는 게 더 부끄러운 것이기 때문이지요. 불의를 당하는 것, 이 불행한 일은 사람이 겪을 일이 아니라, 사는 것보다 죽는 게 더 나은 어떤 노예[141]나 겪을 일이니까요. 불의를 당하고 진창에 짓밟혀도 자기 자신과 자신이 돌보는 자를 스스로 도와줄 수 없는 그런 자 말입니다. 그러나 저는 법을 제정하는 자들은 힘없는 대다수 사람들이라고 생각합니다.[142] 그래서 그들은 자신들과 자신들의 이익을 위해 법을 제정하며 칭찬도 하고 비난도 합니다.[143] 그들은 사람들 가운데 더 힘 있는 자들이나 더 많이 가질 능력이 있는 자들이 자신들보다 더 많이 갖지 못하도록 그들에게 겁을 주면서 더 많이 가지는 것은 부끄럽고 부정의한 일이며, 다른 사람들보다 더 많이 가지려고 애쓰는 것, 바로 그것이 불의를 저지르는 행위라고 말합니다. 그들은 더 열등한 자들이기에 자신들이 동등한 몫을 가지면[144] 만족하기 때문이라고 저는 생각합니다.

바로 이런 이유 때문에 대다수의 사람들보다 더 많이 가지려고 애쓰는 것은 법적으로 부정의하고 부끄러운 일로 간주되며, 이를 두고 사람들은 불의를 저지르는 행위라 일컫는 겁니다. 하지만 제가 생각하기에 자연 자체는 더 나은 자가 더 못한 자보다, 그리고 더 유능한 자가 더 무능한 자보다 더 많이 갖는 것,

바로 그게 정의로운 것임을 보여 주고 있습니다. 자연은 사실이

d 그렇다는 걸 여러 방면에서 보여줍니다. 다른 동물들 사이에서

도 인간들의 모든 나라와 모든 종족들 사이에서도 말입니다. 더

강한 자가 더 약한 자를 다스리며 더 많은 몫을 갖는 것이 정의

라고 그렇게 결정되어 있다는 것이지요. 크세륵세스[145]가 그리스

로 군대를 이끌고 쳐들어왔을 때나, 그의 아버지가 스퀴티아인

들에게 쳐들어갔을 때, 그들은 과연 어떤 종류의 정의(正義)에 의

e 지했던가요? 누구라도 이와 같은 사례들을 수없이 말할 수 있을

겁니다. 그렇습니다, 나는 이들이 정의로운 것의 본성에 따라,

즉 제우스께 맹세컨대, 바로 자연의 법에 따라 이런 일들을 행했

다고 생각합니다―비록 우리가 제정하는 법에 따라서는 당연히

아니겠지만. 우리는 우리 자신들 가운데서 가장 훌륭하고 가장

강한 자들을 빚어내는 과정에, 사자들을 그렇게 하듯이, 그들을

어릴 때부터 붙잡아 동등한 몫을 가져야 하며 그게 훌륭한 것이

고 정의로운 것이라는 말로 주문과 마법을 걸어 노예로 만들지

484a 요. 하지만 충분히 강한 본성을 지닌 사람이 태어나면, 그는 이

모든 것을 떨쳐 내고[146] 부서트리며 벗어날 거라고 저는 믿습니

다. 그 노예는 자연에 반하는 우리의 기록,[147] 마술, 주문, 법들을

모두 짓밟고 들고일어나 자신이 우리의 주인임을 드러냅니다.

b 그리고 거기서는 자연의 정의가 빛을 발합니다. 핀다로스도 송

가에서 저의 이런 주장을 표현하고 있다고 저는 생각합니다. 그

는 이렇게 말합니다.

   법은 모든 것의 왕이네
   사멸하는 것과 불멸하는 모든 것의

그리고는 이제 이렇게 말합니다. 이것은,

   가장 난폭한 것을 가져다가 정의롭게 만드네
   지극히 높은 손으로. 나의 이 판단은 헤라클레스의 행위에
   근거하고 있네, 왜냐하면 그는 … 구입하지 않고 …[148]

   그의 말은 대충 이렇습니다.─내가 그 송가에 정통하지는 못
하니까요─그러나 그는 헤라클레스가 그것들을 구입하지도 않
았고 게뤼온[149]이 주지도 않았는데 그 소들을 몰고 갔다고 말합니
다. 소들이건 다른 무엇이건 더 못하고 더 약한 자들의 소유물은   c
더 낫고 더 강한 자에게 속한다는 것, 이것이 자연에서의 정의
(正義)라는 이유로 말입니다.
   그러므로 진실은 이와 같습니다. 당신이 당장 철학을 포기하
고 더 큰 일[150]에 발을 들여놓으시면 알게 될 겁니다. 하기야 소
크라테스, 누구든 적절한 나이에 알맞게 손을 댄다면 철학은 분
명히 고상한 것이지요. 그러나 필요 이상으로 거기에 남아 시간

을 보내면,[151] 그것이 사람들을 못쓰게 만듭니다.[152] 아주 좋은 자질을 타고났어도 적절한 나이를 훨씬 지나도록 철학을 할 경우

d   에는, 훌륭하고 좋은 사람이 되고 명망 있는 사람이 되려는 자가 반드시 경험해야 하는 모든 것에 미숙해질 수밖에 없기 때문입니다. 그는 나라의 법에도 미숙한 자가 되고, 공적 사적 거래에서 사람들과 어울릴 때 사용해야 하는 말에도, 인간적인 즐거움들과 욕구들에도, 한마디로 말해 인간적인 관행들에 완전히 미숙한 자가 됩니다. 그래서 어떤 실천적인 활동—사적인 활동이나 정치 활동—을 하게 될 때 그들은 언제나 웃음거리가 되지요.

e   반대로 정치가들이, 제가 생각하기에, 당신들의 담론과 논의에 뛰어들 때면 언제나 웃음거리가 되는 것과 꼭 마찬가지로 말입니다. 결과적으로 에우리피데스의 말[153]이 맞습니다.

각 사람은 거기서 빛을 발하고, 그쪽으로 매진하네.
자신이 가장 뛰어난
그 방면에 하루의 대부분을 할애하면서.

485a   그러나 각 사람은 어디든 자신이 열등한 방면이면 피하고 그것을 욕하며 다른 것을 칭찬합니다. 그렇게 하면 스스로 자신을 칭찬하는 거라고 믿고 자신을 위하는 마음에서지요. 하지만 나는 양쪽에 모두 참여하는 것이 가장 옳다고 생각합니다. 교양에

필요한 정도로 철학에 관여하는 것은 좋은 일이며, 청소년 시절에 하는 철학 활동은 부끄러운 것이 아닙니다. 하지만 소크라테스, 사람이 나이가 이미 꽤 들었는데도 계속해서 철학을 하게 되면, 그 일이 웃음거리가 됩니다. 저 역시도 철학을 하는 사람들과 마주하면 웅얼거리고 장난하는 사람들을 대하는 것과 아주 비슷한 느낌을 받습니다. 어린아이가 웅얼거리고 장난하는 것을 볼 때마다 그런 식의 대화가 아직은 그에게 어울리기 때문에 나는 반가워하고 그게 고상하고 자유인다우며 어린 나이에 어울린다는 생각이 듭니다. 그러나 어린애가 명료하게 대화하는 걸 들을 때는 좀 거슬리고 내 귀를 괴롭히며 노예스럽다[154]고 여겨집니다. 그리고 성인 남자가 웅얼거리는 소리를 듣거나 장난하는 걸 누가 보게 되면 우스꽝스럽고 사내답지 못하며 맞아도 싸다는 인상을 받게 됩니다. 그런데 나는 이와 똑같은 느낌을 철학하는 자들에 대해서도 받습니다. 어린 청소년에게서 철학을 볼 때면 나는 감탄하며 그것이 어울려 보이고 이 사람이 자유인답다고 생각되지만, 철학을 하지 않는 청소년은 자유인답지 않을 뿐 아니라 자신에 대해서 훌륭한 일이나 고귀한 일을 할 만하다고 여기지 않을 자라고 생각되니까요. 그러나 나이가 꽤 든 사람이 여전히 철학을 하고 있고 거기서 벗어나지 않는 걸 볼 때마다, 소크라테스, 이 사람은 당장 매가 필요하다는 생각을 하게 됩니다. 방금 말했다시피 이 사람은 아주 좋은 자질을 타고났어도 사내답지 못한 자가 되고, 사내들이 "두각을 나타내는 곳"이라고 시인[155]이 말하는 도시의 중심지와 시장을 피해 움츠러든 채 서너 명의 청소년들과 구석에서 쑥덕공론이나 하며 여생을 보내면서 자유인다운 중요하고 번변한 말 한마디조차 입 밖에 내지 못할 수가 있으니까요.

e

그러나 소크라테스, 저는 당신에게 상당한 친근감을 가지고 있습니다. 그래서 조금 전에 언급한 에우리피데스의 제토스가 암피온에 대해 받았던 바로 그 느낌을 지금 제가 받는 것 같습니다. 그가 자신의 형제에게 했던 그런 말을 당신에게 해 주어야겠다는 생각이 저한테도 문득 떠올랐으니까요. "소크라테스, 당신은 돌보아야 할 것들을 소홀히 하고 있습니다. 그리고 이렇게 고귀한 혼의 자질을 청소년 같은 모습을 보이며 구부러뜨리고[156] 있습니다. 그래서 당신은 재판을 위한 평의회에서 자신의 주장을 제대로 내놓지도 못할 것이고, 그럴듯하고 설득력 있는 발언을 목청껏 하지도[157] 못할 것이며, 다른 사람을 위해 패기 있는 제안을 내놓지도 못할 겁니다." 그런데도 친애하는 소크라테스, ─제게 성내지 마십시오. 당신을 위하는 마음에서 드리는 말씀이니까요. ─당신은 물론이고 철학 속으로 계속 멀리 질주하는 모든 사람들이 제가 믿고 있는 바와 같은 그런 무기력한 상태에 있다는 사실이 당신은 부끄럽게 생각되지 않습니까? 실제로 누군가가 당신이나 당신 같은 부류의 사람을 아무나 붙잡아 불의를 전

486a

혀 저지르지 않았는데도 불의를 저질렀다고 주장하면서 감옥으로 끌고 간다면, 알고 계실 테지만, 당신은 자신이 어떻게 해야 b 할지 모를 겁니다.[158] 당신은 현기증을 일으키며 무슨 말을 해야 할지 몰라 입을 쩍 벌리고 있겠지요. 그리고 재판정에 나가서 아주 열등하고 사악한 고발자를 만나 그가 당신에게 사형을 선고 하길 원한다면[159] 당신은 죽게 될 겁니다. 그런데도 어떻게 이것이 지혜로운 것입니까, 소크라테스? **그것이 좋은 자질을 타고난 사람**[160]**을 붙잡아 더 못한 자로 만들어서** 스스로 자신을 도울 수도 없고 크나큰 위험들로부터 자신은 물론이고 다른 어느 누구도 구해 낼 수 없으며, 적들에게 재산을 모두 빼앗기고 자신의 c 나라에서 그야말로 치욕적인[161] 삶을 살게 하는 기술이라면 말입니다. 그런 자라면, 좀 거칠게 표현해서, 아무나 그의 턱을 갈겨도 대가를 치르지 않을 수 있습니다. 훌륭한 분이여, 차라리 제 말을 따르십시오. 논박은 그만하시고 **세상 물정을 잘 읽는 기예를 익히십시오.** 그것도 당신이 슬기롭다는 평판을 얻을 수 있는 방면에서 익히십시오. **이 미묘한 것들은,** 그것들을 허튼소리라고 해야 하든 실없는 소리라고 해야 하든 간에, **다른 사람들에게 보내 버리시고요. 그것들로 인해 당신은 빈집에서 살게 될 겁니다.** 이 사소한 것들을 논박하는 사람들을 부러워하지 말고, 생계 d 와 평판과 다른 여러 가지 좋은 것들을 가진 사람들을 부러워하십시오.

소크라테스 공교롭게도 내가 금으로 된 혼을 가졌다면, 칼리클레스, 사람들이 금을 시험하는 데 사용하는 저 돌들 가운데 하나를, 그것도 가장 좋은 것을 내가 발견하게 되어 좋아할 거라고 생각하지 않나? 그래서 그것에다 나의 혼을 갖다 대고 시험했을 때, 혼이 보살핌을 잘 받았다고 그것이 나에게 동의해 주면, 나는 만족스러운 상태에 있으며 더 이상 다른 시험이 전혀 필요 없다는 것을 마침내 내가 잘 알게 될 거라고 생각하지 않는가?

e 칼리클레스 왜 그런 질문을 하십니까?

소크라테스 자네에게 말하지. 지금 나는 자네를 만나 그런 종류의 횡재를 했다고 믿네.

칼리클레스 어째서요?

소크라테스 나의 혼이 의견을 갖는 것들에 대해 자네가 나에게 동의해 준다면, 그것이 분명 참이라는 것을 내가 잘 알기 때문이지. 올바르게 사는 혼과 그렇지 않은 혼을 충분히 시험하고자

487a 하는 자는 자네가 가진 지식과 호의와 솔직함, 이 세 가지를 모두 가져야 한다는 생각에서 하는 말이네. 사실, 자네만큼 지혜롭지가 않아서 나를 시험하지 못하는 자들을 나는 많이 만난다네. 그리고 다른 사람들은 지혜롭기는 하나 자네만큼 나에게 관심을 갖지 않기 때문에 진실을 내게 말해 주려고 하지 않네. 또 여기 있는 외국인 두 분, 고르기아스와 폴로스는 지혜로운 분들

b 이고 나의 친구들이지만 솔직함이 지나치게 부족하고 부끄러움

을 많이 탄다네. 왜 그렇지 않겠나? 두 사람은 여러 사람들 앞에서, 그것도 가장 중요한 문제들에 대해, 각자가 부끄러움 때문에 감히 자기모순적인 말을 할 정도로[162] 부끄러움에 빠졌으니 말일세. 그러나 자네는 다른 사람들이 가지고 있지 않은 이 모든 걸 가지고 있네. 자네는 교육을 충분히 받았고—많은 아테네인들이 그렇게 말할 거네—나에게 호의를 가지고 있으니까. 무슨 증거가 있느냐고? 자네에게 말하지. 칼리클레스, 나는 자네들 네 사람이 지혜를 함께 나누는 사이라는 걸 알고 있네. 자네와 아피드나이[163] 출신 테이산드로스와 안드로티온의 아들 안드론, 그리고 콜라르고스 출신 나우시퀴테스[164]가 바로 그들이네. 언젠가 나는 지혜를 어디까지 익혀야 하는지에 관해 자네들이 심사숙고하는 걸 귓결에 듣고, 세밀한 정도까지 철학 연구에 열의를 쏟아서는 안 된다[165]는 의견이 자네들 사이에 지배적이라는 걸 알았네. 그래서 자네들은 필요 이상으로 지혜로워져서 자신도 모르게 못쓰게 되지 않도록 조심하라고 서로 권하고 있었네. 그러니까 자네는 자신의 절친한 동료들에게 했던 그 충고를 나한테 하고 있고, 그걸 내가 듣고 있으므로 자네가 참으로 나에게 호의를 가지고 있다는 충분한 증거가 내게 있는 셈이네. 그리고 자네는 솔직하게 말하면서도 부끄러워하지 않을 수 있는 사람이라는 점에 대해서는, 자네 스스로 그렇게 말하고 있을 뿐 아니라,[166] 조금 전에 자네가 했던 말도 자네와 일치하네.

그렇다면 이 문제[167]와 관련해서 지금의 사정은 분명히 이러하

e 네. 만약 자네가 논의 중에 나에게 동의하는 것이 있다면, 그건
나와 자네로부터 마침내 충분히 시험받은 것이고, 그래서 우리
는 그것을 더 이상 다른 시험에 부칠 필요가 없을 거네. 자네가
그걸 인정했다면 그것은 결코 지혜가 모자라서도 아니고 부끄러
움이 지나쳐서도 아닐 테니까. 더구나 나를 속이려고 인정했을
리도 없네. 바로 자네 스스로 말하고 있듯이 자네는 나의 친구니
까. 따라서 사실상 나와 자네 사이의 동의가 마침내 최종적인 진
실을 얻는 것이 될 거네. 그리고 칼리클레스, 자네가 나를 질책
했던 그 문제에 대한 탐구는 무엇보다도 가장 훌륭한 것이네. 나

488a 이가 많든 적든 우리는 어떤 사람이 되어야 하며, 무엇을, 그리
고 어느 정도까지 실천해야 하는지에 대한 탐구 말일세. 나 자신
의 생애에서 내가 그릇된 어떤 행위를 한다면, 그건 일부러 잘못
하는 게 아니라 나의 무지 때문이라는 걸 알아 두게. 그러므로
자네가 나에게 충고를 하기 시작했을 때처럼 물러서지 말고 내
가 실천해야 할 것이 무엇이며 어떻게 해야 그것을 얻을 수 있는
지 나에게 충분히 보여 주게. 그리고 만약 내가 지금 자네에게
동의해 놓고, 나중에 가서 지금 동의한 것을 그대로 실행하지 않

b 는다는 걸 발견하면, 나를 아주 멍청한 자로 여기게. 그리고 이
후로는 나를 아무 쓸모없는 자로 여기고 더 이상 나에게 충고를
절대 하지 말게.

124

이제 나를 위해 처음부터 다시 해 보게. 자네와 핀다로스가 말하는 자연에서 정의로운 것이란 무엇을 뜻하나? 더 강한 자가 더 약한 자들의 것을 강제로 가져가고, 더 훌륭한 자가 더 못한 자들을 다스리며, 더 나은 자가 더 열등한 자보다 더 많이 갖는 것인가? 자네가 말하는 정의로운 것이 다른 무엇을 뜻하지는 않겠지? 내가 제대로 기억하고 있는 건가?

칼리클레스 물론입니다, 그때도 그런 뜻으로 말했고 지금도 그렇습니다.

소크라테스 그리고 자네는 동일한 사람을 더 훌륭한 자라고도 부르고 더 강한 자라고도 부르나? 실은 조금 전에[168] 자네가 하는 말이 도대체 무슨 뜻인지 이해할 수 없었네. 자네는 더 힘센 자들을 더 강한 자들이라고 부르나? 그래서 더 힘없는 자들이 더 힘센 자들에게 복종해야 하나? 이것이 그때 자네가 내보였던 생각인 것 같네. 더 강한 것과 더 힘센 것과 더 훌륭한 것[169]이 같은 것이기라도 한 듯이 큰 나라들은 더 강하고 더 힘이 세기 때문에 자연에서의 정의(正義)에 따라 작은 나라들을 쳐들어가는 것이라고 했을 때 말이네. 아니면, 더 훌륭하지만 더 약하고 더 힘없는 자일 수가 있고, 더 강하지만 더 사악한 자일 수가 있나? 아니면 더 훌륭한 것과 더 강한 것의 의미 규정이 같은가? 바로 이것의 의미 규정을 나에게 명확히 해 주게. 더 강한 것과 더 훌륭한 것과 더 힘센 것은 같은 것인가, 아니면 다른 것인가?

칼리클레스 제가 명확하게 말씀 드리지요. 같습니다.

e 소크라테스 그렇다면 대다수 사람들이 한 사람보다 자연의 측면에서는 더 강하지 않나? 그래서, 자네가 조금 전에[170] 직접 말했듯이, 개인에게 법을 부과하는 것도 바로 그들이고.

칼리클레스 왜 아니겠습니까?

소크라테스 따라서 대다수 사람들의 법규는 더 강한 자들의 법규네.

칼리클레스 틀림없습니다.

소크라테스 그렇다면 그것은 더 훌륭한 자들의 법규지? 자네 주장에 따르면, 더 강한 자들은 더 훌륭한 자들일 테니까.[171]

칼리클레스 그렇습니다.

소크라테스 그렇다면 이들의 법규는 자연의 측면에서 훌륭한 것이지? 그들은 더 강한 자들이니까.

칼리클레스 그렇습니다.

소크라테스 그렇다면 대다수 사람들은, 자네가 방금 다시 말했듯이, 동등한 몫을 갖는 것이 정의로우며, 불의를 저지르는 것이 불의를 당하는 것보다 더 부끄럽다고 여기지 않나? 그런가, 그
489a 렇지 않은가? 여기서 이번에는 자네가 부끄러워하다 들키지 않도록 조심하게. 대다수 사람들은 더 많이 갖는 것이 아니라 동등하게 갖는 것이 정의롭다고 생각하며, 불의를 저지르는 것이 불의를 당하는 것보다 더 부끄럽다고 생각하지? 아니라고 생각하

나? 이 물음에 대해 나에게 대답하기를 꺼리지 말게, 칼리클레스. 그래야 자네가 나에게 동의해 줄 경우에, 판단할 만한 능력이 있는 사람이 동의한 것이므로, 비로소 나는 자네한테서 확증을 얻게 될 테니까.

칼리클레스 그렇습니다, 대다수 사람들은 그렇게 생각하지요.

소크라테스 그렇다면 법에서뿐 아니라 자연에서도 불의를 저지르는 것이 불의를 당하는 것보다 더 부끄러운 일이며, 동등하게 갖는 것이 정의로운 것이네. 따라서 자네는 앞에서 맞는 말을 한 것 같지 않네. 법과 자연은 대립하는 것이라고 하면서, 그걸 내가 알면서도 누가 자연의 측면에서 말하면 법으로 끌고 가고 법의 측면에서 말하면 자연으로 끌고 가는 식으로 논의에 패악을 부린다고 나를 비난한 것도 옳지 않은 것 같네.

b

칼리클레스 이 양반이 실없는 소리를 멈추지 않으시는군요! 말씀해 보십시오, 소크라테스, 당신은 그 나이에도 말꼬리를 잡으며[172] 누가 표현에 실수라도 하면 그걸 횡재로 여기는 게 부끄럽지 않으십니까? 제가 더 강한 자들을 더 훌륭한 자들이라는 뜻 말고 다른 뜻으로 말한다고 생각하십니까? 저는 더 훌륭한 것과 더 강한 것을 같은 것으로 여긴다고 당신에게 이미 말하지 않았나요? 아니면, 노예들이나 아마도 몸이 강건한 것 말고는 아무 쓸모없는 각양각색의 잡다한 사람들의 무리가 모여서 무슨 주장을 하면, 그 주장이 법규가 된다는 말을 제가 하고 있다고 생각

c

하십니까?

소크라테스 알겠네, 지극히 지혜로운 칼리클레스. 그게 자네 주장이지?

칼리클레스 물론입니다.

d 소크라테스 신령한 칼리클레스, 실은 나 자신도 벌써부터 자네가 말하는 '더 강한 것'이 그런 어떤 뜻일 거라고 짐작하면서도, 그 말을 무슨 뜻으로 사용하는지 명확하게 알고 싶어서 묻는 거라네. 분명 자네는 두 사람이 한 사람보다 더 훌륭하다고 여기지 않으며, 자네의 노예들이 자네보다 더 힘이 세다고 해서 자네보다 더 훌륭하다고 여기지도 않을 테니까. 그렇다면 처음부터 다시 말해 주게. 대체 '더 훌륭한 자들'이란 말을 무슨 뜻으로 사용하고 있나? '더 힘센 자들'이라는 뜻이 아니라고 하니까 묻는 걸세. 그리고 놀라운 친구여, 좀 더 부드럽게 나를 가르쳐 주게. 내가 자네한테서 배우는 걸 그만두지 않도록 말일세.

e 칼리클레스 비꼬시는군요, 소크라테스.

소크라테스 제토스에게─조금 전에 자네가 나에게 비꼬는 말을 길게 하면서 끌어들였던 이에게─맹세컨대,[173] 아닐세, 칼리클레스. 자, 어서 말해 주게. 더 훌륭한 자들이란 어떤 자들을 말하지?

칼리클레스 저는 더 나은 자들을 말합니다.

소크라테스 자네는 자신이 단어들만 들먹이고 아무것도 밝혀 주

지는 않는다는 걸 알고 있나? '더 훌륭한 자들'과 '더 강한 자들'
이란 더 슬기로운 자들을 뜻하거나 아니면 다른 어떤 자들을 뜻
한다고 말하려 하지 않았나?

칼리클레스 물론입니다, 제우스께 맹세컨대, 그들을 뜻합니다,
단연코 말입니다.

소크라테스 그러니까 자네 말대로라면, 슬기로운 한 사람이 슬 490a
기롭지 못한 무수한 사람들보다 더 강한 경우가 종종 있으며, 더
강한 이 사람이 다스리고 저들은 다스림을 받아야 하며, 다스리
는 자가 다스림 받는 자들보다 더 많이 가져야 하네. 자네는 이
말을 하고 싶어 하는 것 같군. —지금, 표현[174]을 꼬투리 삼아 자
네를 사냥하고 있는 게 아니네. —한 사람이 무수히 많은 사람들
보다 더 강하다면 말일세.

칼리클레스 그렇습니다, 그게 제가 말하려고 하는 겁니다. 저는
더 훌륭하고 더 슬기로운 자가 더 열등한 자들을 다스릴 뿐 아니
라 더 많이 갖는 것이 자연에서의 정의라고 믿으니까요.

소크라테스 여기서 잠깐만! 지금 다시 한 그 말이 대체 무슨 뜻 b
이지? 우리가 지금처럼 여럿이 한곳에 모여 있고 먹을 것과 마실
것을 공동으로 많이 가지고 있다고 해 보세. 그리고 우리는 각양
각색의 사람들이라 어떤 이들은 힘이 세고 어떤 이들은 힘이 약
한데, 우리들 중에 의사가 한 사람 있어서, 그는 먹을 것과 마실
것에 관해서는 더 슬기롭지만, 그가 어떤 사람들보다는 힘이 더

세고 어떤 사람들보다는 힘이 더 약할 가능성이 있다고 해 보세. 그랬을 때 이 사람은 우리들보다 더 슬기로우니까, 그 점에서는 더 훌륭하고 더 강하지 않은가?

칼리클레스 틀림없습니다.

c 소크라테스 그렇다면 그는 더 훌륭하다는 이유로 우리들보다 먹을 것을 더 많이 가져야 하나? 아니면 그것들을 모두 그가 통제하여 나누어 주어야 하나? 그래서 그는 그것들을 모두 자신의 몸을 위해 소비하고 써 버리는 식으로 더 많이 갖는 것[175]이 아니라—벌을 받지[176] 않으려면—어떤 사람들보다는 더 많이 갖고 어떤 사람들보다는 더 적게 가져야 하지만, 마침 그가 누구보다도 가장 허약하다면 가장 훌륭한 자이면서도 누구보다도 가장 적게 가져야겠지, 칼리클레스? 훌륭한 이여, 그래야 되지 않겠나?

칼리클레스 먹을 것, 마실 것, 의사들, 그리고 시시한 것들을 말
d 씀하시는군요. 그것들은 제가 말하려고 하는 것이 아닙니다.

소크라테스 더 슬기로운 자를 더 훌륭한 자라는 뜻으로 말하고 있는 것 아닌가? 그렇다고 하든지, 아니면 아니라고 하게.

칼리클레스 그렇습니다.

소크라테스 하지만 더 훌륭한 자가 더 많이 가져야 하지 않나?

칼리클레스 먹을 것을 더 많이 가져서는 안 되지요. 마실 것도 안 되고.

소크라테스 알겠네. 하지만 아마도 옷은? 그러니까 베 짜는 기술이 가장 뛰어난 자가 가장 큰 옷을 가져야 하고, 옷을 가장 많이 그리고 가장 멋진 옷들을 차려입고 다녀야 하나?

칼리클레스 옷들이라니요?

소크라테스 아니면, 신발의 경우는 분명히 그 방면에 가장 슬기롭고 가장 훌륭한 자가 더 많이 가져야겠지. 아마도 제화공이 가 e
장 큰 신발을, 그리고 가장 많은 신발을 신고 다녀야 할 테지.

칼리클레스 신발이라니요? 실없는 소리를 계속하시는군요.

소크라테스 자네가 말하고자 하는 게 그런 것들이 아니라면, 아마 이런 것들이겠군. 이를테면 땅에 관해서 슬기로우며 훌륭하고 좋은 농사꾼 말이네. 아마도 이 사람이 씨앗들을 더 많이 가져야 하고 자신의 땅에 씨앗들을 최대한 많이 사용해야겠지.

칼리클레스 어쩌면 그렇게 번번이 같은 것들을 말씀하실까, 소크라테스!

소크라테스 그뿐만이 아니고, 칼리클레스, 나는 같은 것들에 관해서[177] 그렇게 한다네.

칼리클레스 아이고 신들이시여! 그야말로 매번 제화공, 축융공, 491a
요리사, 의사들을 들먹이길 조금도 멈추지 않으시네요.[178] 우리의 논의가 그들을 다루고 있기라도 한 듯이.

소크라테스 그럼 자네는 어떤 것들과 관련해서 더 강하고 더 슬기로운 자가 더 많이 가져야 정당하게 더 많이 갖는다고 말할 건가? 아니면, 자네는 내가 제시하는 걸 참지도 않고 자신이 직접 말하지도 않을 셈인가?

칼리클레스 아니, 저는 벌써부터[179] 말하고 있습니다. 먼저, 제가 말하는 더 강한 자들이란 제화공들도 요리사들도 아니고, 나랏일에, 즉 어떻게 하면 나랏일을 잘 경영할 수 있는지에 관해

b   슬기로운 자들[180]입니다. 슬기로울 뿐만 아니라 용감하기도 해서 마음먹은 일들을 능히 이루어 낼 수 있으며 혼의 유약함 때문에 병들지 않는 자들이지요.

소크라테스 지극히 훌륭한 칼리클레스, 자네가 나를 비난하는 이유와 내가 자네를 비난하는 이유가 같지 않다는 걸 알고 있나? 자네는 내가 번번이 같은 것들을 말한다고 주장하며 나를 책망하지만, 나는 정반대 이유로 자네를 책망하네. 자네는 같은 것들

c   에 관해 같은 것들을 말하는 일이 없고, 어느 때는 더 훌륭한 자들과 더 강한 자들을 더 힘센 자들로 규정했다가, 다시 더 슬기로운 자들로 규정하는가 하면, 지금은 또 다른 규정을 들고 나왔으니까. 자네는 더 강한 자들과 더 훌륭한 자들을 더 용감한 어떤 자들이라 말하고 있네. 그러지 말고, 훌륭한 친구여, 자네가 말하는 더 훌륭한 자들과 더 강한 자들이 대체 누구인지, 그리고 어떤 점에서 그런지 마지막으로 한 번 더 말해 보게.

칼리클레스 글쎄 저는 말했다니까요, 나랏일에 슬기롭고 용감한

d   자들이라고. 이들이 나라를 다스리는 것이 적절하며, 이들이 다

른 사람들보다 더 많이 갖는 것, 그러니까 다스리는 자들이 다스림을 받는 자들보다 더 많이 갖는 것, 그게 정의로운 것이란 말입니다.

소크라테스 그런데 친구여, 자신들에 대해서는 어떤가?[181]

칼리클레스 대체 무슨 말씀이신지?

소크라테스 다스리는가, 아니면 다스림을 받는가?

칼리클레스 무슨 뜻이지요?

소크라테스 개개인은 자기가 자신을 다스린다는 말을 하고 있네. 아니면 자기가 자신을 다스릴 필요는 전혀 없고 다른 사람들을 다스려야 하나?

칼리클레스 자신을 다스린다는 말이 무슨 뜻인데요?

소크라테스 복잡한 뜻은 전혀 아니고 대다수 사람들이 생각하는 그대로네.[182] 절제 있으며 자기가 자신의 주인이 되어 자신 속의 e 쾌락들과 욕구들을 다스린다는 뜻이지.

칼리클레스 참 재미있는 분이셔! 우둔한 자들을 두고 절제 있는 자들이라고 하시니.[183]

소크라테스 어째서지? 내 말이 그런 뜻이 아니라는 걸 모를 사람은 아무도 없는데.

칼리클레스 아니요, 틀림없습니다, 소크라테스. 누구에게든 노예 노릇 하는 사람이 어떻게 행복할 수 있겠습니까? 오히려 제가 지금 당신에게 솔직하게 말하는 이것이 자연에 따른 훌륭하

고 정의로운 것입니다. 올바르게 삶을 살아가려는 자는 자신의

욕구들이 최대한 커지도록 놓아두고 응징해서는 안 되며, 욕구
들이 최대한 커졌을 때 용기와 슬기로써 능히 그것들을 섬길 수
있어야 하며, 매번 욕구가 원하는 것들로 그 욕구들을 충족시킬
수 있어야 한다는 말이지요. 하지만, 제가 믿기로는, 대다수 사
람들에게는 그럴 능력이 없습니다. 그래서 그들은 부끄러움 때
문에 그럴 능력이 있는 자들을 비난하며 자신들의 무능함을 감
춥니다. 그리고 그들은, 제가 앞서[184] 말했듯이, 무절제는 정말
부끄러운 것이라고 주장하며 더 훌륭한 자질을 타고난 사람들을
노예로 만듭니다. 그리고 용기가 부족하기 때문에 스스로 쾌락

들을 충족시킬 수가 없어서 절제와 정의를 칭찬하지요. 처음부
터 왕의 아들이거나, 참주 권력이든 소수자 독재 권력이든[185] 어
떤 형태의 통치권을 스스로 손에 넣을 수 있는 충분한 능력을 타
고난 자들을 생각해 보십시오. 아무런 방해도 받지 않고 좋은 것
들을 마음대로 누릴 수 있는 이 사람들에게 정말이지 절제와 정
의보다 더 수치스럽고 더 나쁜 것이 무엇이겠습니까? 대다수 사
람들의 법과 말과 비난을 이들이 자신들의 주인으로 모실 경우

에는 말입니다. 설령 이들이 자신의 나라에서 다스리는 위치에
있다 한들, 적들보다 자신의 친구들에게 아무것도 더 많이 나누
어 주지 못하는데, 어찌 이들이 이 훌륭한 것―정의와 절제―으
로 말미암아 비참해져 있지 않겠습니까? 소크라테스, 오히려 진

실은—당신이 추구한다고 주장하는 진실 말입니다—이렇습니다. 사치와 무절제와 자유, 이것들이 지원을 받으면 그것들이 덕이고 행복입니다. 그 밖의 이 모든 것들은 말만 번듯한 장식들이며, 사람들 간의 자연에 반하는 협약들로서 실없는 소리이자 전혀 무가치한 것들입니다.

소크라테스 거리낌 없이 말하면서도 품위 있게 주장을 개진하는 d 군, 칼리클레스. 다른 사람들은 마음에 있어도 말하고 싶지 않은 것을 지금 자네가 분명하게 말하고 있으니. 그래서 내가 자네에게 부탁하는 거네. 우리가 어떻게 살아야 하는지 분명히 밝혀질 수 있도록 여세를 늦추지 말아 달라고. 자 내게 말해 주게. 자네는, 누구든 마땅히 되어야 할 부류의 사람이 되려면, 자신의 욕구들을 응징해서는 안 된다고 주장하지? 욕구들이 최대한 커지게 놓아두고 어디로부터든 그것들을 채울 준비가 되어 있어야 한다고, 그것이 바로 덕이라고 주장하지 않나? e

칼리클레스 저는 그렇게 주장합니다.

소크라테스 그렇다면 아무것도 필요하지 않은 자들이 행복하다[186]고 말하는 것은 옳지 않겠지?

칼리클레스 그렇습니다, 그렇게 되면 돌과 송장이 가장 행복할 테니까요.[187]

소크라테스 하지만 자네가 말하는 식의 삶 역시 끔찍하네. 알고 있겠지만, 에우리피데스가 여기 이 구절에서[188] 하는 말이 참이라 해도 나는 놀라지 않을 걸세. 그는 이렇게 말하네.

누가 알리요. 사는 것은 죽는 것이고
죽는 것은 사는 것인지.

493a   어쩌면 우리도 사실은 죽어 있는지 모르네. 이전에 나는 어떤 현자로부터[189] 이런 이야기를 들은 적이 있네. 지금 우리는 죽어 있고 몸은 우리의 무덤[190]이며, 욕구들이 들어 있는 혼의 그 부분은 설득당하고 이리저리 변하는 성질의 것이라는 이야기였네. 그래서, 아마 시켈리아인이거나 이탈리아인이지 싶은, 이야기 작가인 어떤 재치 있는 사람[191]이 이 부분을 '항아리'라고 불렀다네. 그것이 쉽게 설득당하고 쉽게 믿는다는 이유에서 그 이름을 조금 고쳐서 그렇게 불렀던 거지.[192] 그리고 그는 몰지각한 자

b   들을 '입문하지 않은 자들'[193]이라고 불렀으며, 몰지각한 자들의 혼에서 욕구들이 속하는 이 부분, 즉 무절제하고 새는 부분을 '구멍 난 항아리'라고 말했네. 만족할 줄 모른다는 점 때문에 비유로 그렇게 표현한 거라네. 그러므로 이 사람은, 자네와는 정반대로, 하데스[194]—그는 이 말을 '보이지 않는'의 뜻으로[195] 사용하네—에 있는 자들 중에서 이 입문하지 않은 자들이 가장 비참한 자들이며, 이들은 구멍 난 항아리에다 그처럼 구멍 난 다른 것으로, 즉 체로 물을 나른다는 것을 보여 주고 있네.[196] 그러니까 그

가 말하는 체는, 나에게 이야기를 해 준 그 사람 말에 따르면, 혼 　c
을 뜻하네. 몰지각한 자들의 혼은 구멍이 난 것과도 같다고 해서
체에 비유한 것이지. 그들의 혼은 불신과 망각으로 인해[197] 무얼
붙잡아 둘 수 없다는 이유로 말일세.

　물론 이 이야기에는 이상한 구석이 더러 있을 걸세. 하지만 내
가 자네에게 보여 주고자 하는 바는 분명히 밝혀 주고 있네. 어
떻게든 할 수만 있다면 내가 자네를 설득해서, 탐욕스럽고 무절
제한 삶 대신에 절도 있는 삶, 언제나 곁에 있는 것들로 충분하
고 흡족한 삶을 선택하기로 마음을 바꿀 수 있도록 말이네. 그런 　d
데 절도 있는 자들이 무절제한 자들보다 더 행복하다고 믿기로
마음을 바꾸도록 내가 자네를 조금이라도 설득한 건가? 아니면
내가 이런 종류의 다른 이야기들을 많이 하더라도 여전히 마음
을 조금도 바꾸지 않을 텐가?

칼리클레스　두 번째가 더 맞는 말씀입니다, 소크라테스.

소크라테스　자, 그렇다면 자네에게 다른 비유를 들겠네. 조금 전
에 말한 바로 그 학파[198]에서 나온 거네. 절제 있는 자와 무절제
한 자, 두 사람 각각의 삶에 대해 자네가 주장하는 바가 이런 것
은 아닌지 살펴보게. 이를테면 두 사람이 제각기 많은 항아리들
을 가지고 있다고 해 보세. 한 사람의 항아리들은 멀쩡하고 가
득 차 있네. 어떤 것은 포도주로, 어떤 것은 꿀로, 어떤 것은 우 　e
유로, 그리고 다른 여러 항아리들은 여러 가지 것들로 가득 차

있네. 그리고 이 액체들 각각은 드물고 구하기가 어려워서 많은 노고와 어려움을 겪어야 얻을 수가 있네. 이제 한 사람은 자신의 항아리들을 가득 채웠기에 더 가져다 붓지도 않고 신경 쓸 일도 없어서 이 일에 관한 한 편히 쉴 수 있는 반면에, 다른 한 사람은, 그 역시 저 사람과 마찬가지로 곤란을 겪기는 하지만, 그 액체들을 얻을 수는 있는데, 그러나 그릇들이 구멍 나 있고 상해 있어서 밤낮으로 줄곧 그것들을 채울 수밖에 없거나, 그렇지 않으면 극단적인 고통을 겪을 수밖에 없다[199]고 해 보세. 두 사람의 삶이 이런데도 자네는 무절제한 자의 삶이 절도 있는 자의 삶보다 더 행복하다고 주장할 텐가? 이 이야기를 통해서 절도 있는 삶이 무절제한 삶보다 더 낫다는 걸 인정하도록 내가 자네를 조금이라도 설득하고 있는 건가? 아니면 못 하고 있는 건가?

칼리클레스 설득 못 하고 있습니다, 소크라테스. 항아리를 채운 저 사람에게는 더 이상 아무런 즐거움도 없고, 조금 전에 제가 말했듯이, 돌과 같은 삶이 있을 따름이니까요. 항아리가 채워지고 나면 더 이상 기쁨도 느끼지 못하고 고통도 느끼지 못합니다. 오히려 즐거운 삶은 최대한 많이 흘러드는 데 있습니다.

소크라테스 그렇지만 흘러드는 것이 많으면 나가는 것도 많을 수밖에 없고, 흘러 나가는 것들을 위한 큰 구멍 같은 것들도 있어야 하지 않나?

칼리클레스 물론입니다.

소크라테스   송장의 삶이나 돌의 삶도 아니고, 이번에는 게걸스러운 어떤 새[200]의 삶을 말하는군. 자, 내게 말해 주게. 자네가 말하고자 하는 것이 배고픔과 배고플 때 먹는 행위 같은 건가?

칼리클레스   그렇습니다.

소크라테스   목마름과 목마를 때 마시는 것도?   c

칼리클레스   그런 걸 말합니다. 그리고 다른 욕구들도 모두 가지고 있으면서 그것들을 채울 수 있는 사람이 기쁨을 얻고 행복하게 산다고 말하겠습니다.

소크라테스   훌륭하네, 지극히 뛰어난 이여, 방금 시작한 대로 계속 그렇게 하고, 부끄러워서 움츠러들지 않도록 하게. 나 역시 부끄러워서 움츠러들지 말아야 할 것 같네. 그럼 먼저, 가려운 데가 있는 사람이 긁고 싶어서 마음껏 긁는다고 할 때, 평생을 계속 긁으면서 행복하게 살 수 있는지 말해 주게.

칼리클레스   참 엉뚱하시네요, 소크라테스, 그야말로 철저한 대   d
중연설가이십니다.

소크라테스   바로 그 때문에 내가 폴로스와 고르기아스를 경악케 하고 부끄러워하게 만들었다네, 칼리클레스. 그런데 자네는 경악하지 않고 부끄러워하지도 않는군, 용감하니까. 자 어서 대답이나 해 주게.

칼리클레스   그렇다면 저는 긁는 사람도 즐겁게 살 거라고 말하겠습니다.

소크라테스 즐겁게 산다면 행복하게 사는 것이기도 하지 않은가?

칼리클레스 당연하지요.

e 소크라테스 그가 머리를 긁을 경우에만 그런가? 아니면 … 계속해서 자네에게 무엇을 더 물어볼까? 칼리클레스, 만약 누가 자네에게 이와 관련 있는 것들을 모두 차례로 묻는다면 무엇이라고 대답할지 생각해 보게. 그리고 이와 같은 것들의 절정인 비역질 하는 자들[201]의 삶, 그것은 끔찍하고 부끄럽고 비참하지 않겠나? 아니면 자네는 이들이, 필요한 것을 마음껏 갖는 한에서는, 행복하다고 감히 주장할 텐가?

칼리클레스 논의를 그런 것들로 끌고 가시는 게 부끄럽지 않으십니까?

소크라테스 고귀한 친구여, 정말 내가 그쪽으로 끌고 가는 건가? 아니면 어떻게 해서든 기쁨을 누리는 자들이 행복하다고 무495a 조건 주장하며 즐거움들 가운데 어떤 것들이 좋고 어떤 것들이 나쁜지 구별하지 않는[202] 사람이 그쪽으로 끌고 가는 건가? 그러지 말고 계속해서, 자네는 즐거운 것과 좋은 것이 같다고 주장하는지, 아니면 즐거움들 중에는 좋지 않은 것이 있다고 주장하는지 지금 말해 주게.

칼리클레스 제 주장이 일관성을 잃지 않기 위해서라도, 같다고 주장합니다.[203] 다르다고 하면 일관성을 잃을 테니까요.

소크라테스 처음에 했던 말[204]을 망쳐 놓는군, 칼리클레스. 정말 자네가 자신의 생각에 어긋나는 말을 하겠다면, 나와 함께 사실들[205]을 충분히 잘 검토할 수가 없을 걸세.

칼리클레스 당신도 그러시면서, 소크라테스.

b

소크라테스 정말 내가 그렇게 하고 있다면, 물론 나도 잘못하는 거네, 자네도 잘못하고 있는 거고. 하지만 복된 친구여, 어떻게 해서든 기쁨을 누리는 것, 그것이 좋지 않은 것은 아닌지 잘 생각해 보게. 사실이 그렇다면, 조금 전에 내가 열거한 여러 가지 부끄러운 결과들 외에도 다른 많은 부끄러운 결과들이 분명히 뒤따르기 때문에 하는 말이네.

칼리클레스 그건 당신 생각이지요, 소크라테스.

소크라테스 자네는 정말로 이 주장을 고집하나, 칼리클레스?

칼리클레스 그렇습니다.

소크라테스 그렇다면 자네가 진지하게 주장하고 있는 것으로 간주하고, 논의를 계속해 보기로 할까?

c

칼리클레스 그럼요, 물론입니다.

소크라테스 자네가 그렇게 생각하니까, 자, 그러면 이것을 구별해 보게. 자네가 앎이라고 부르는 무엇인가가 있지?

칼리클레스 그렇습니다.

소크라테스 조금 전에[206] 자네는 앎이 함께하는 어떤 용기가 있다는 말도 하지 않았나?

칼리클레스 했지요.

소크라테스   그렇다면 용기는 앎과 다르다는 생각에서 그것들은 둘이라고 말한 거지?

칼리클레스   그렇고말고요.

소크라테스   어떤가, 즐거움과 앎은 같은가? 아니면 다른가?

d 칼리클레스   분명히 다를 겁니다, 지극히 지혜로운 당신이여!

소크라테스   분명히 용기도 즐거움과 다르지?

칼리클레스   왜 그렇지 않겠습니까?

소크라테스   자, 그러면 이것을 기억해 두세. 아카르나이 주민 칼리클레스는[207] 즐거운 것과 좋은 것은 같지만 앎과 용기는 서로 간에도 다르고 좋은 것과도 다르다고 말했다는 것을.

칼리클레스   그렇지만 알로페케 출신 소크라테스는 그 점에 대해서 우리에게 동의하지 않습니다. 아니면 동의하십니까?

e 소크라테스   그는 동의하지 않네. 칼리클레스도 자신을 올바로 관찰할 때는 동의하지 않을 거라고 나는 믿네. 내게 말해 주게. 잘 지내는 자들은 못 지내는 자들과 반대되는 경험을 한다고 생각하지 않나?

칼리클레스   그렇게 생각합니다.

소크라테스   그리고 이 경험들이 서로 반대된다면, 그것들에 관한 사정은 건강과 질병의 경우와 마찬가지일 수밖에 없지 않나? 분명히 사람은 건강하면서 동시에 아프지 않으며, 건강과 질병으로부터 동시에 벗어나지도 않을 테니까.

칼리클레스 무슨 뜻입니까?

소크라테스 이를테면, 몸의 어떤 부분이든 자네가 원하는 부분을 취해서 살펴보게. 사람은 눈이 아플 수가 있는데, 이것의 이름은 '안질'이지? 496a

칼리클레스 왜 아니겠습니까?

소크라테스 당연히 아픈 눈이 동시에 건강하지는 않겠지?

칼리클레스 물론이지요, 절대로.

소크라테스 안질에서 벗어났을 때는 어떤가? 그때 눈의 건강으로부터도 벗어나서 결과적으로 양쪽으로부터 동시에 벗어난 건가?

칼리클레스 전혀요.

소크라테스 그렇게 되면, 내가 생각하기에, 말도 안 되는 놀라운 일이 일어나는 거니까. 그렇지 않나?

칼리클레스 그렇고말고요. b

소크라테스 그러나, 내가 생각하기에, 그는 그 둘 각각을 차례로 갖기도 하고 벗어나기도 하네.

칼리클레스 맞습니다.

소크라테스 그렇다면 힘셈과 힘없음도 마찬가지 아니겠나?

칼리클레스 그렇습니다.

소크라테스 빠름과 느림도?

칼리클레스 물론입니다.

소크라테스 좋은 것들과 행복, 그리고 이와 반대되는 나쁜 것들과 비참함도 차례로 가지고, 각각으로부터 차례로 벗어나지 않겠나?

칼리클레스 틀림없이 그렇겠지요.

c 소크라테스 따라서 만약 사람이 동시에 벗어나기도 하고 동시에 갖기도 하는 어떤 것들을 우리가 발견한다면, 그것들은 분명히 좋은 것과 나쁜 것은 아닐 거네. 여기에 우리가 동의하나? 주의 깊게 잘 생각해 보고 대답하게.

칼리클레스 물론 전적으로 동의합니다.

소크라테스 자, 그러면 앞서 동의했던 것들[208]로 돌아가세. 자네는 배고픔을 말하고자 했는데, 그것이 즐거운 것이라는 뜻인가, 아니면 괴로운 것이라는 뜻인가? 배고픔 자체를 두고 묻는 걸세.

칼리클레스 저는 괴로운 것을 뜻합니다. 그렇지만 배고플 때 먹는 것은 즐겁다고 말하지요.

d 소크라테스 알겠네. 아무튼 배고픔 자체는 괴로운 것이네. 그렇지 않나?

칼리클레스 그렇습니다.

소크라테스 그렇다면 목마름도 그렇지?

칼리클레스 당연하지요.

소크라테스 그러면 계속해서 질문을 더 할까? 아니면, 결핍과 욕구는 모두 괴로운 것이라는 데 동의하나?

칼리클레스 동의합니다. 그러니 질문하지 마십시오.

소크라테스 여기까진 됐네. 그런데 자네는 목마를 때 마시는 것
이 즐겁다고 말하지 않나?

칼리클레스 하지요.

소크라테스 그리고 자네가 한 말에서 '목마를 때'는 분명히 '고통
스러울 때'이지?

칼리클레스 그렇습니다.

소크라테스 그리고 마시는 것은 결핍의 채움[209]이자 즐거움이지?

칼리클레스 그렇습니다.

소크라테스 그렇다면 마시는 한에서 기뻐한다는 말이지?

칼리클레스 그럼요.

소크라테스 그건 목마를 때지.

칼리클레스 그렇습니다.

소크라테스 고통스러울 때이기도 하지?

칼리클레스 그렇습니다.

소크라테스 따라서 결과적으로, 목마를 때 마신다고 자네가 말
할 때마다, 자네는 고통스러워할 때 동시에 기뻐한다고 말하는
셈이네. 이해가 가나? 아니면, 이런 일이 같은 시간에, 그리고
같은 곳에서, 즉 몸이든 혼이든 자네가 원하는 곳에서, 동시에
일어나지 않나? 나는 어느 쪽이든 아무런 차이가 없다고 생각하
네. 그렇지? 안 그런가?

칼리클레스 그렇습니다.

소크라테스 게다가 자네는 잘 지낼 때 동시에 못 지낼 수는 없다고 했네.

칼리클레스 그렇습니다.

497a 소크라테스 하지만 자네는 괴로워할 때 기뻐할 수 있다는 데 동의했네.

칼리클레스 그런 것 같습니다.

소크라테스 그렇다면 기뻐하는 것은 잘 지내는 것이 아니고, 괴로워하는 것은 못 지내는 것이 아니네. 따라서 즐거운 것은 좋은 것과 다른 것이네.

칼리클레스 무슨 교묘한 논변을 펼치시는지 모르겠습니다, 소크라테스.

소크라테스 알면서 모르는 체하는군, 칼리클레스. 어서 앞으로 더 나가 보게.

칼리클레스 왜 실없는 소리를 계속하십니까?[210]

소크라테스 자네가 얼마나 지혜롭기에 나를·훈계하는지 일깨우기 위해서라네. 우리들 각자는 마심으로써 목마름에서 벗어남과 동시에 즐거움에서도 벗어나지 않나?

b

칼리클레스 무슨 말씀인지 모르겠습니다.

고르기아스 그러지 말게, 칼리클레스. 우리를 위해서라도 논의가 끝까지 마무리될 수 있도록 대답해 주게.

칼리클레스 하지만 고르기아스 선생님, 소크라테스는 늘 이런

146

식입니다. 작고 별 가치도 없는 것들을 캐묻고 논박합니다.

고르기아스 하지만 그게 자네에게 무슨 문제가 되나? 평가는 전적으로 자네 소관이 아닐세, 칼리클레스. 그러지 말고 소크라테스 선생에게 원하는 대로 논박하게 해 드리게.

칼리클레스 그럼, 고르기아스 선생께서 그렇게 생각하시니, 이 작고 시시한 것들을 물어보십시오. c

소크라테스 자넨 행복한 사람이네, 칼리클레스. 작은 것들[211]보다 큰 것들에 먼저 입문했으니.[212] 그런 일은 허락되지 않는 걸로 나는 믿고 있었다네. 아무튼 자네가 그만두었던 데서부터 대답해 주게, 우리들 각자는 목마름과 즐거움으로부터 동시에 벗어나는 건 아닌지에서부터.

칼리클레스 벗어납니다.

소크라테스 그렇다면 배고픔뿐 아니라 다른 모든 욕구들과 즐거움들로부터도 동시에 벗어나지? d

칼리클레스 그렇습니다.

소크라테스 그렇다면 고통들과 즐거움들로부터도 동시에 벗어나지?

칼리클레스 그렇습니다.

소크라테스 하지만, 자네가 동의하는 대로라면, 좋은 것들과 나쁜 것들로부터는 동시에 벗어나지 않네. 그런데 지금은 동의하지 않나?

칼리클레스 　동의합니다. 그래서 어떻다는 건가요?

소크라테스 　친구여, 좋은 것들은 즐거운 것들과 같은 것이 아니며, 나쁜 것들도 괴로운 것들과 같은 것이 아니라는 결과가 나왔다는 거네. 왜냐하면 우리는 즐거운 것들과 괴로운 것들로부터는 동시에 벗어나지만 좋은 것들과 나쁜 것들로부터는 그렇지 않기 때문이지. 그것들은 다르니까. 그렇다면 즐거운 것들이 좋은 것들과 어떻게 같을 수가 있으며, 괴로운 것들이 나쁜 것들과 어떻게 같을 수가 있겠나? 하지만 자네가 원한다면 이런 식으로도—그렇게 하더라도 자네는 동의하지 않을 거라고 생각하지만—살펴보게. 자네가 좋은 자들을 '좋은[213] 자들'이라고 부르는 이유는 좋은 것들이 그들과 함께하기[214] 때문이지? 아름다움이 함께하는 자들을 '아름다운 자들'이라고 부르는 것과 마찬가지로 말일세.

칼리클레스 　그렇습니다.

소크라테스 　어떤가? 자네는 어리석고 비겁한 자들을 좋은 사람들이라고 부르나? 적어도 조금 전에[215] 자네는 그렇게 말하지 않았네. 오히려 용감하고 슬기로운 자들을 좋은 자들이라는 뜻으로 말했네. 자네는 이들을 '좋은 자들'이라고 부르지?

칼리클레스 　물론입니다.

소크라테스 　어떤가? 몰지각한 아이가 기뻐하는 걸 본 적이 있나?

칼리클레스 　있습니다.

소크라테스 몰지각한 어른이 기뻐하는 걸 본 적은 전혀 없고?

칼리클레스 저는 있다고 생각합니다. 아니 그게 어떻다는 겁니까?

소크라테스 아무것도 아니네. 그냥 대답이나 해 주게.   498a

칼리클레스 봤습니다.

소크라테스 어떤가? 지각 있는 자가 고통스러워하는 것과 기뻐하는 걸 본 적이 있나?

칼리클레스 있습니다.

소크라테스 그런데 더 많이 기뻐하고 고통스러워하는 쪽은 슬기로운 자들인가, 아니면 어리석은 자들인가?

칼리클레스 저는 별로 큰 차이가 없다고 생각합니다.

소크라테스 됐네, 그것으로 충분하네. 그런데 전쟁에서 비겁한 사람을 본 적이 있나?

칼리클레스 왜 없겠습니까?

소크라테스 그렇다면 어떤가? 적들이 물러갈 때, 더 많이 기뻐하는 쪽은 자네가 생각하기에 비겁한 자들이었나, 아니면 용감한 자들이었나?

칼리클레스 제가 생각하기에는 양쪽 다 기뻐했습니다만, 아마 비겁한 자들이 더 많이 기뻐했던 것 같습니다. 그렇지 않다면 거의 비슷했겠지요.   b

소크라테스 그건 다를 게 없다네. 어쨌거나 비겁한 자들도 기뻐하지?

칼리클레스   그럼요.

소크라테스   어리석은 자들 역시 그런 것 같네.

칼리클레스   그렇습니다.

소크라테스   그러나 적들이 전진해 올 때는 비겁한 자들만 고통
스러워하나? 아니면 용감한 자들도 그런가?

칼리클레스   양쪽 다 그렇습니다.

소크라테스   같은 정도로?

칼리클레스   아마 비겁한 자들이 더 많이 그러겠지요.

소크라테스   그러나 적들이 물러갈 때는 그들이 더 많이 기뻐하
지 않나?

칼리클레스   아마 그렇겠지요.

소크라테스   그렇다면 어리석은 자들이나 슬기로운 자들이나 비
겁한 자들이나 용감한 자들이나 거의 비슷하게 고통스러워하고
기뻐하지만, 자네가 말한 대로라면, 비겁한 자들이 용감한 자들
보다 더 많이 그렇지?

칼리클레스   그렇습니다.

소크라테스   당연히 슬기로운 자들과 용감한 자들은 좋은 자들이
지만, 비겁한 자들과 어리석은 자들은 나쁜 자들이지?

칼리클레스   그렇습니다.

소크라테스   따라서 좋은 자들과 나쁜 자들은 거의 비슷하게 기
뻐하고 고통스러워하지?

칼리클레스　그렇습니다.

소크라테스　그렇다면 좋은 자들과 나쁜 자들이 거의 비슷하게 좋고 나쁜 건가? 아니면 나쁜 자들이 훨씬 더 많이 좋은 건가?

칼리클레스　아이고, 제우스여, 무슨 말씀을 하시는지 모르겠습 　　d 니다.

소크라테스　자네가 좋은 자들을 '좋은 자들'이라고 말하는 건 그들에게 좋은 것들이 함께하기 때문이고, 나쁜 자들은 나쁜 것들이 함께하기 때문이며, 즐거운 것들은 좋은 것들이고 괴로운 것들은 나쁜 것들이라는 걸 자네는 알고 있지 않은가?

칼리클레스　알지요.

소크라테스　그렇다면 기뻐하는 자들에게는, 정말 그들이 기뻐한다면, 좋은 것들, 즉 즐거운 것들이 함께하지?

칼리클레스　왜 그렇지 않겠습니까?

소크라테스　그렇다면 기뻐하는 자들은 그들에게 좋은 것들이 함께하므로 좋은 자들이지?

칼리클레스　그렇지요.

소크라테스　어떤가? 괴로워하는 자들에게는 나쁜 것들이, 즉 고통들이 함께하지 않나?

칼리클레스　함께하지요.

소크라테스　그리고 나쁜 자들은, 그들에게 나쁜 것들이 함께하 　　e 므로, 나쁘다고 자네는 말하지? 아니면 이제는 그렇게 말하지 않나?

칼리클레스 그렇게 말합니다.

소크라테스 따라서 기뻐하는 자들은 좋은 자들이고, 괴로워하는
자들은 나쁜 자들이지?

칼리클레스 틀림없습니다.

소크라테스 그리고 더 많이 기뻐하거나 괴로워하는 자들은 더
많이 좋거나 나쁜 자들이고, 더 적게 기뻐하거나 괴로워하는 자
들은 더 적게 좋거나 나쁜 자들이며, 거의 비슷하게 기뻐하거나
괴로워하는 자들은 거의 비슷하게 좋거나 나쁜 자들이지?

칼리클레스 그렇습니다.

소크라테스 그렇다면 자네는 슬기로운 자들이나 어리석은 자들
이나 비겁한 자들이나 용감한 자들이나 거의 비슷하게 즐거워하
고 고통스러워한다고 말하는 거네. 아니면, 비겁한 자들이 훨씬
더 많이 그렇다고까지 말하나?

칼리클레스 그렇습니다.

소크라테스 그러면 앞서 동의했던 것들로부터 우리에게 어떤 결
과가 나오는지 나와 함께 결론을 내려 보세. '아름다운 것들은 두
번 세 번 말하고[216] 살펴보는 것이 아름답다'는 말도 있으니까. 우
리는 슬기롭고 용감한 자는 좋은 자라고 말했네. 그렇지?

칼리클레스 그렇습니다.

소크라테스 그리고 어리석고 비겁한 자는 나쁜 자라고 했지?

499a

칼리클레스 틀림없습니다.

소크라테스 그리고 다시, 기뻐하는 자는 좋은 자라고 했지?

칼리클레스 그렇습니다.

소크라테스 그리고 괴로워하는 자는 나쁜 자라고 했지?

칼리클레스 그럴 수밖에요.

소크라테스 그리고 좋은 자와 나쁜 자는 비슷하게 괴로워하고 기뻐하지만, 아마 나쁜 자가 더 많이 그럴 거라고 했지?

칼리클레스 그렇습니다.

소크라테스 그렇다면 나쁜 자는 좋은 자와 비슷하게 나쁘게 되고 좋게 되거나, 아니면 나쁜 자가 더 많이 좋게 되지? 만약 누군 b 가가 즐거운 것과 좋은 것이 같다고 주장한다면, 앞의 저것들[217] 과 함께 이런 결과가 나오지 않겠나? 나올 수밖에 없지, 칼리클레스?

칼리클레스 보세요, 소크라테스, 아까부터 저는 당신 말씀에 귀를 기울이고 동의하면서 이런 생각을 했습니다. 누가 당신에게 장난삼아 무엇을 인정해 주면 당신은 마치 청소년들처럼 좋아라 하며 그것에 매달리는구나 하고 말입니다. 당신은 저를 포함해서 다른 사람들은 아무도 어떤 즐거움들은 더 좋지만 어떤 즐거움들은 더 나쁘다고 믿지 않는 것처럼 생각하시는 모양입니다.

소크라테스 이런! 이런! 칼리클레스, 참 못됐군. 나를 마치 아이 c 다루듯 하다니. 같은 것들을 놓고 어떤 때는 이렇게 말하고 다른 때는 저렇게 말하면서 나를 속였군. 그렇지만 처음에는 자네가 일부러 속일 거라고 생각지는 않았네. 자네를 친구로 여겼으니까. 그러나 사실은 속은 거로군. 나로서는 옛 속담대로 주어진 것을 선용하여[218] 자네가 제공한 것을 받아들일 수밖에 없네. 하지만 자네가 방금 한 말은 좋은 즐거움들이 있는 반면에 나쁜 즐거움들이 있다는 뜻인 것 같은데, 그렇지?

d 칼리클레스 그렇습니다.

소크라테스 그렇다면 이로운 즐거움들은 좋지만,[219] 해로운 즐거움들은 나쁘지?

칼리클레스 틀림없습니다.

소크라테스 하지만 무엇인가 좋은 것을 생기게 하는 즐거움들은 이로운 것이지만, 무엇인가 나쁜 것을 생기게 하는 즐거움들은 나쁜 것이지?

칼리클레스 그렇습니다.

소크라테스 그렇다면 자네가 말하는 즐거움들은 우리가 조금 전에[220] 말했던 그런 것들인가? 이를테면 먹고 마심에서 얻는 몸에 관련된 즐거움들 말이네. 이 즐거움들 가운데 몸 안에 건강을 생기게 하거나 몸의 힘, 또는 몸의 다른 어떤 덕을 생기게 하는 즐거움들, 그것들은 좋지만, 이와 반대되는 것들을 생기게 하는 즐거움들은 나쁘지?

칼리클레스 틀림없습니다.

소크라테스 그렇다면 고통들도 그와 마찬가지로 어떤 것들은 쓸   e
모가 있지만 어떤 것들은 몹쓸 것들이지?

칼리클레스 왜 그렇지 않겠습니까?

소크라테스 그렇다면 즐거움이든 고통이든 쓸모 있는 것들을 선
택하고 행해야 하지?

칼리클레스 틀림없습니다.

소크라테스 그러나 몹쓸 것들은 그러지 말아야 하지?

칼리클레스 분명히 그렇습니다.

소크라테스 기억하겠지만,[221] 나와 폴로스는 좋은 것들을 위해서
모든 것을 행해야 한다고 생각했던 것 같네. 자네도 그렇게 생각
하나? 모든 행위의 목적은 좋은 것이고, 우리는 그것을 위해 다
른 모든 것을 행해야 하며 그것 아닌 다른 것들을 위해 그것을
행해서는 안 된다고 말일세. 자네도 세 번째 찬성표를 우리에게   500a
던질 텐가?

칼리클레스 그러겠습니다.

소크라테스 그렇다면 즐거운 것들을 위해서 좋은 것들을 행해서
는 안 되고 좋은 것들을 위해서 즐거운 것들과 그 밖의 것들을
행해야 하네.

칼리클레스 틀림없습니다.

소크라테스 그러면, 즐거움들 중에 어떤 것들이 좋고 어떤 것들
이 나쁜지 가려내는 것은 누구나 다 하는 일인가, 아니면 그것들

각각에 대해 전문가[222]를 필요로 하는 일인가?

칼리클레스 전문가를 필요로 합니다.

소크라테스 그러면, 내가 또 폴로스와 고르기아스 선생에게 했

b 던 말[223]을 기억해 보세. 기억하겠지만, 즐거움에만 관여하고 오

로지 그것만을 제공할 뿐 더 좋은 것과 더 나쁜 것에 관해서는

무지한 활동들[224]이 있는가 하면, 무엇이 좋은 것이고 무엇이 나

쁜 것인지를 아는 활동들이 있다고 말했네. 그리고 나는 기술이

아니라 익숙한 경험인 요리술을 즐거움들에 관계하는 활동들 속

에 놓았고, 의술은 좋은 것에 관계하는 활동들 속에 놓았었네.

우정의 신[225] 앞에서 부탁하건대, 칼리클레스, 자네가 나에게 농

담을 해야 한다고 생각하지도 말고, 자신이 생각하는 바를 거슬

러 아무렇게나 대답하지도 말게. 그리고 내가 말하는 것을 농담

c 처럼 받아들이지도 말게. 알다시피 우리의 논의는 우리가 어떤

방식으로 살아야 하는가에 관한 것이네.[226] 누구라도 조금이나마

지각 있는 사람이라면 이보다 더 진지하게 대해야 할 문제가 무

엇이겠나? 자네가 나에게 권하는 삶, 그러니까 남자가 할 이 일

들[227]을 행하고 연설술을 익혀 민중 앞에서 연설하며 현재 자네들

이 하는 그런 방식으로 정치 활동을 하면서 살아야 하는지, 아니

면 철학에 몰두하는 이 삶을 살아야 하는지, 그리고 이 삶은 저

d 삶과 대체 어떤 점에서 차이가 있는지 하는 문제 말이네. 그렇다

면 그것들[228]을 방금 내가 구별하려 들었던 것처럼 구별하는 것

이, 그리고 구별하고 서로 동의한 후에 이 두 가지 삶이 있다면 이 둘이 어떤 점에서 서로 차이가 나고, 둘 중 어떤 쪽의 삶을 우리가 살아야 하는지 살펴보는 것이 아마도 최선인 것 같네. 그러나 자네는 아마 내 말이 무슨 뜻인지 아직 모를 걸세.

칼리클레스　당연히 모르지요.

소크라테스　그럼 내가 자네에게 더 분명히 말해 주겠네. 무엇인가 좋은 것이 있는 반면에 즐거운 무엇인가가 있고, 즐거운 것은 좋은 것과 다르며, 이 두 가지 각각을 얻기 위한 어떤 연습과 활동이 있는데, 한쪽은 즐거운 것을 추구하는 활동이고, 다른 쪽은 좋은 것을 추구하는 활동이라는 점에 대해 자네와 내가 동의했으니까.―우선 이것부터 인정하든지 하지 않든지 하게. 인정　e 하나?

칼리클레스　그렇다고 인정합니다.

소크라테스　자, 그러면 내가 여기 이분들에게 말했던 것들에 대해서도, 자네가 그때 내가 한 말이 참이라고 생각했다면, 나에게 동의해 주게. 나는 요리술은 기술이 아니라 익숙한 경험인 반면, 의술은 기술로 생각한다고 주장했을 걸세. 그러니까 한쪽은, 즉　501a 의술은 자신이 보살피는 것의 본성과 자신이 하는 행위들의 원인을 살피고 그것들 각각에 대해 설명을 제시할 수 있지만, 다른 쪽은 즐거움에 관계하는 바, 그것의 보살피는 활동 전체가 즐거움을 지향하는데, 기술이 전혀 없는 상태로 즐거움을 향해

가면서 즐거움의 본성도 원인도 살피지 않고, 완전히 불합리하
게[229]—말하자면 하나하나 따져서 구별하는 것 전혀 없이—습관
적으로 이루어지는 것에 대한 기억을 숙달과 경험을 통해 보존
b 하며, 그렇게 해서 즐거움들을 제공한다는 주장이었네.

　그렇다면 먼저, 자네가 보기에 이 주장이 충분히 제시된 것
인지, 그리고 혼에 대해서도 그런 종류의 어떤 활동들이 있는
지, 그래서 어떤 활동들은 기술에 의해 이루어지며 혼에 가장 좋
은 것을 내다보는 어떤 통찰력을 가지고 있지만, 다른 활동들은
요리술처럼 가장 좋은 것은 대수롭지 않게 여기고 혼의 즐거움
만—어떻게 하면 혼이 즐거움을 가질 수 있는지만—살필 뿐 즐
거움들 중에 어떤 것이 더 좋은지 더 나쁜지는 살피지도 않고,
c 더 좋든 더 나쁘든 상관없이 기쁘게 하는 것 말고 다른 것에는
관심을 기울이지도 않는지 살펴보게. 칼리클레스, 나는 그런 활
동들이 있다고 생각하네. 그리고 그것이 몸에 대해서든 혼에 대
해서든 다른 무엇에 대해서든 더 좋고 더 나쁜 것은 살피지 않고
즐거움만 보살필 경우에 나는 그런 것을 아첨이라고 주장하네.
자네는 이 문제에 대해 우리와 같은 의견을 지지하나? 아니면 반
대하나?

칼리클레스　아닙니다, 저는 찬성합니다. 당신의 논의가 끝까지
진행되게 하고, 여기 계신 고르기아스 선생도 기쁘게 해 드리기
위해서라면요.

소크라테스 하지만 이 결과가 하나의 혼에만 적용되고 둘이나   d
여러 혼들에는 적용되지 않는 것인가?

칼리클레스 아닙니다. 둘에도 적용되고 여럿에도 적용됩니다.

소크라테스 그렇다면 가장 좋은 것을 전혀 살피지 않으면서도
혼들을 무리로 한꺼번에 기쁘게 해 줄 수도 있나?

칼리클레스 저는 가능하다고 생각합니다.

소크라테스 그럼 그렇게 해 주는 활동들이 무엇인지 말할 수 있
나? 아니 그보다는, 자네가 원한다면 내가 자네에게 물어볼 테
니, 그것이 이 활동들에 속한다고 생각되면 그렇다고 하고, 아니
라고 생각되면 아니라고 하게. 먼저, 아울로스[230] 연주를 살펴보   e
세. 자네는 이것이 그런 종류의 한 가지 활동, 즉 우리들의 즐거
움만 추구하고 다른 것은 전혀 신경 쓰지 않는 활동이라고 생각
하지 않나, 칼리클레스?

칼리클레스 저는 그렇게 생각합니다.

소크라테스 그렇다면 이런 종류의 활동들도 모두 그렇겠지? 이
를테면 경연 대회에서 하는 키타라[231] 연주 같은 것도.

칼리클레스 그렇습니다.

소크라테스 또 합창단들의 연습이나 디튀람보스[232]의 창작은 어
떤가? 이것이 그런 종류의 활동임이 분명해 보이지 않나? 아니
면, 자네는 멜레스의 아들 키네시아스[233]가 청중들을 더 훌륭하
게 만들어 줄 수 있는 종류의 어떤 말을 하기 위해 조금이라도

502a 신경을 쓴다고 생각하나? 아니면 그가 관중들의 무리를 기쁘게 해 주려 한다고 생각하나?

칼리클레스 키네시아스의 경우야 분명히 기쁘게 해 주는 쪽이지요.

소크라테스 그리고 그의 아버지 멜레스[234]는 어떤가? 자네는 그가 과연 최선의 것에 주의를 기울이며 키타라 노래를 연주했다고 생각하나? 아니면 그는 가장 즐거운 것조차도 목표로 하지 않았다고 생각하나? 사실 그의 노래는 관중들에게 괴로움을 주었다네. 하지만 잘 생각해 보게. 모든 키타라 노래 연주와 디튀람보스의 창작이 즐거움을 위해 발견됐다고 생각하지 않나?

칼리클레스 저는 그렇게 생각합니다.

b 소크라테스 그러나 이 장엄하고 경이로운 활동인 비극의 창작은 어떤가? 그것은 무엇에 진지하게 관심을 기울이지? 그것이 애쓰는 일이나 진지한 관심사가, 자네가 생각하는 것처럼, 오로지 관중들을 기쁘게 하는 것뿐인가? 아니면 어떤 것이 관중들에게 즐거움이 되고 기쁨을 주더라도 몹쓸 것이라면 그것을 말하지 않기 위해 싸우지만, 어떤 것이 즐겁지는 않으나 이롭다면 관중들이 기뻐하든 안 하든 그것을 말하고 노래하기 위해 싸우는가? 자네는 비극의 창작이 이 둘 중에서 어느 쪽을 목표로 이루어지고 있다고 생각하나?

c 칼리클레스 그것이 관중들에게 즐거움을 주고 기쁨을 주는 쪽으

로 더욱 매진한다는 점은 분명합니다, 소크라테스.

소크라테스   그렇다면 칼리클레스, 그런 것은 아첨이라고 방금 우리가 말했지?

칼리클레스   틀림없습니다.

소크라테스   자, 그렇다면, 만약 누군가가 모든 시(詩)에서 가락과 리듬 내지는 운율[235]을 제거하면, 말만 남지 않겠나?

칼리클레스   그럴 수밖에요.

소크라테스   그리고 이 말은 대규모 군중이나 민중에게 전달되지?

칼리클레스   그렇습니다.

소크라테스   그러므로 시 창작술은 일종의 대중연설이네.

칼리클레스   그런 것 같습니다.

소크라테스   그렇다면 그것은 수사적 대중연설일 걸세. 자네는 시인들이 극장에서 연설을 한다[236]고 생각하지 않나?

칼리클레스   저는 그렇게 생각합니다.

소크라테스   따라서 우리는 지금 노예니 자유인이니 할 것 없이 아이들, 여자들, 남자들이 함께 모인 그런 민중을 상대하는[237] 어떤 연설술을 찾아낸 것이네. 우리가 전혀 감탄하지 않는 연설술을 말일세. 우리는 그것을 아첨이라고 말하니까.

칼리클레스   틀림없습니다.

소크라테스   됐네. 하지만 아테네나 그 밖의 여러 나라에서 자유인 남자들로 이루어진 민중들[238]을 상대하는 연설술은 어떤가?

e 이 기술을 우리는 어떻게 생각하고 있지? 자네는 연설가들이 언제나 최선의 것을 목표로 연설한다고 생각하나? 그들은 언제나 자신들의 연설을 통해 시민들이 가능한 한 가장 훌륭한 자들이 되게 하는 것을 목표로 하나? 아니면, 그들 역시 시민들을 기쁘게 하는 쪽으로 매진하고[239] 있고, 그래서 자신의 사적인 것을 위해 공적인 것은 대수롭지 않게 여기면서 마치 아이들과 사귀듯이 민중들과 사귀며 그들을 기쁘게 하려고만 들지, 그 때문에 민중들이 더 훌륭한 자들이 될지 더 못한 자들이 될지에 대해서는
503a 전혀 신경 안 쓰나?

칼리클레스 지금 하신 이 질문은 더 이상 단순하지가 않습니다. 시민들에게 관심을 기울이면서 그들이 말하는 대로 말하는 자들이 있는가 하면, 당신이 방금 말한 그런 자들도 있으니까요.

소크라테스 만족스러운 대답이네. 그것이 이중적이라면, 그것의 한쪽은 아첨이자 부끄러운 대중연설이지만, 다른 쪽은 훌륭한 것이겠지. 시민들의 혼이 가능한 한 최선의 상태가 되도록 해 주는 활동으로, 듣는 사람들에게 더 즐겁든 더 불쾌하든 상관없이
b 최선의 것들을 말하기 위해 애써 싸우는 일 말일세. 그러나 자네는 이 연설술을 본 적이 없네. 그렇지 않고, 만약 자네가 연설가들 중에 그런 사람 하나를 댈 수 있다면, 그가 누구인지 왜 나한테 알려 주지 않았지?[240]

칼리클레스 아닙니다, 제우스께 맹세코, 저로서는 오늘날의 연

설가들 중에서는 당신에게 한 사람도 말씀드릴 수가 없습니다.

소크라테스 뭐라고? 이전 사람들 중에서는 말할 수 있는 자가 c
있나? 아테네인들이 그전에는 더 못한 자들이었으나 그가 대중
연설을 시작한 후로 더 나아졌다는 평을 듣게 한 그런 사람 말이
네. 나는 그가 누군지 알지 못한다네.

칼리클레스 뭐라고요? 테미스토클레스와 키몬과 밀티아데스,[241]
그리고 최근에 죽었고[242] 당신도 그의 연설을 들은 적이 있는[243] 이
페리클레스가 훌륭한 인물이었다는 말[244]을 듣고 계시잖습니까?

소크라테스 그렇다네, 칼리클레스, 적어도 자네가 더 앞서 말했
던 그것이, 그러니까 자신의 욕구든 다른 사람들의 욕구든 욕구
들을 충족시키는 것이 참된 덕이라면, 그렇겠지. 그러나 그게 아
니고, 그 다음 논의에서[245] 우리가 동의할 수밖에 없었던 그것이,
즉 욕구들 중에서 채워지면 사람을 더 낫게 만드는 욕구들은 가
득 채우고 더 못하게 만드는 욕구들은 채우지 않는 것이 참된 덕 d
이라면, 그리고 그것이 일종의 기술이라는 데[246] 우리가 동의한
다면, 이들 가운데 그런 덕을 가진 사람이 있었다고 우리가 어떻
게 말할 수 있는지 나로서는 모르겠네.

칼리클레스 하지만 잘 찾아보면 발견하실 겁니다.

소크라테스 그렇다면 이 문제를 찬찬히 살펴보면서 이들 중에
그런 사람이 있었는지 보기로 하세. 자, 훌륭한 사람은, 그러니
까 최선의 것을 목표로 말하는 사람은 무슨 말을 하든 아무렇게

e   나 하지 않고 무엇인가에 주의를 기울이며[247] 말하지 않나? 다른
모든 장인들이, 그들 각자가 자신의 작업에 사용하는 것들[248]을
아무렇게나 골라서 사용하지 않고 제작하는 물건이 어떤 형상을
가질 수 있도록 골라서 사용할 때, 자신들의 작업[249]에 주의를 기
울이듯이 말이네. 예를 들어, 자네가 원한다면, 화가들, 집 짓는
사람들, 조선공들, 그리고 그 밖의 장인들을 모두 보게. 그들 중
에 자네가 원하는 아무 장인이든 상관없네. 이들이 저마다 자신

504a   의 각 제작물에 어떻게 일정한 짜임새를 부여하는지, 그리고 제
작물 전체가 짜임새와 질서를 갖춘 것으로 구성될 때까지 한 부
분이 다른 부분과 어울리고 잘 들어맞도록 어떻게 강제하는지를
보게. 다른 장인들은 물론이고 조금 전에[250] 우리가 말한 몸에 관
계하는 장인들, 즉 체육 선생들과 의사들도 몸에 질서와 짜임새
를 갖게 하는 것 같네. 사실이 그렇다는 데 우리는 동의하지? 안
하나?

칼리클레스   하는 걸로 해 두세요.

소크라테스   따라서 집이 짜임새와 질서를 갖추었을 때는 쓸모가
있지만 짜임새를 갖추지 못했을 때는 열악하겠지?

칼리클레스   그렇습니다.

소크라테스   그렇다면 배도 마찬가지지?

b   칼리클레스   그렇습니다.

소크라테스   그리고 당연히 우리의 몸도 그렇다고 우리는 말하지?

칼리클레스   물론입니다.

소크라테스   혼은 어떤가? 그것이 짜임새를 갖추지 못했을 때 쓸모가 있나? 아니면 일정한 짜임새와 질서를 갖추었을 때 쓸모가 있나?

칼리클레스   앞서 했던 말에 따르면, 역시 후자에 동의할 수밖에 없습니다.

소크라테스   그러면 짜임새와 질서로부터 몸 안에 생긴 것의 이름은 무엇이지?

칼리클레스   아마도 건강과 체력을 말씀하시는 것 같습니다.

소크라테스   그렇다네. 더 나아가, 짜임새와 질서로부터 혼 안에 생기는 것의 이름은 무엇이지? 몸의 경우처럼 그것의 이름을 찾아내 말해 보게.   c

칼리클레스   왜 직접 말씀하시지 않으십니까, 소크라테스?

소크라테스   자네에게 더 즐거움이 된다면, 내가 말하겠네. 내 말이 옳다고 생각되면 그렇다고 하게. 그러나 아니라고 생각되면 논박하고 그냥 두지 말게. 몸의 짜임새들에 대한 이름은 '건강함'이고, 그것으로부터 건강과 몸의 다른 모든 덕이 몸 안에 생기는 것 같네. 그런가, 아니면 그렇지 않은가?

칼리클레스   그렇습니다.

소크라테스   그런가 하면, 혼의 짜임새들과 질서 정연한 상태들에 대한 이름은 '준법'과 '법'이며, 이것으로 말미암아 사람들이   d

준법적이고 절도 있는 자들이 되네. 그리고 이것들이 정의와 절제라네. 그렇다고 할 텐가, 아니라고 할 텐가?

칼리클레스   그렇다고 해 두시지요.

소크라테스   그렇다면 저 연설가, 즉 기술을 가진 훌륭한 연설가는 자신이 하는 연설들과 모든 행위들을 사람들의 혼에 적용할 때나 무엇을 선물로 주거나 무엇을 빼앗을 경우에나[251] 이것들을 주목하며 그렇게 할 것이네. 어떻게 하면 그의 시민들의 혼 속에 정의가 생기고 불의는 제거될 수 있는지, 그리고 절제가 생기고 무절제는 제거될 수 있는지, 그리고 다른 덕들은 모두 생기고 나쁜 것들은 사라질 수 있는지에 늘 주의를 기울이면서 말일세. 동의하는가? 아니면 동의하지 않나?

e

칼리클레스   동의합니다.

소크라테스   먹을 것이든 마실 것이든 다른 무엇이든 맛이 아무리 좋아도 몸에 유익을 조금도 더 많이 주지 않거나, 정확히 계산했을 때 반대로 유익이 오히려 더 적기까지 하다면, 병들고 열악한 상태에 있는 몸에 그런 것들을 많이 제공하는 게 무슨 유익이 되겠나, 칼리클레스?[252] 그렇지 않나?

505a   칼리클레스   그렇다고 해 두세요.

소크라테스   왜냐하면 열악한 몸으로 사는 것은, 내가 생각하기에, 사람에게 득이 되지 않기[253] 때문이네. 그런 상태로는 삶도 열악할 수밖에 없으니까. 그렇지 않나?

칼리클레스 그렇습니다.

소크라테스 그래서 의사들은 건강한 사람이 욕구들을 충족시키는 것은 대체로 허락하지만, 이를테면 배고플 때 원하는 만큼 먹거나 목마를 때 마시는 것을 허락하지만, 환자에게는 욕구하는 것들로 자신을 충족시키는 것을 거의 허락하지 않는 것이네. 이 것만큼은 자네도 인정하지?

칼리클레스 인정합니다.

소크라테스 지극히 훌륭한 이여, 같은 방식이 혼에도 적용되지 않나?[254] 혼이 몰지각하고 무절제하며 부정의하고 불경하여 몹쓸 상태에 있는 한 혼을 욕구들로부터 떼어 놓아야 하고, 자신을 더 훌륭하게 만들어 주는 것들 외에는 다른 것들을 하도록 허락해서는 안 되네. 그렇다고 하겠나, 아니라고 하겠나?   b

칼리클레스 그렇다고 하지요.

소크라테스 그렇게 해야 혼 자체를 위해 더 좋겠지?

칼리클레스 물론입니다.

소크라테스 그렇다면 혼이 욕구하는 것들로부터 떼어 놓는 것은 응징하는 것이지?

칼리클레스 그렇습니다.

소크라테스 따라서 응징받는 것이 혼을 위해서는 더 좋은 것이네. 자네가 조금 전에 더 좋다고 믿었던 무절제보다 말일세.

칼리클레스 무슨 말씀을 하시는지 모르겠군요, 소크라테스. 다   c

른 사람 아무한테나 물어보십시오.

소크라테스   이 양반[255]은 이익 보는 걸 못 견디는군. 지금 우리의 논의가 다루고 있는 바로 이것을 자신이 직접 겪는 걸, 즉 응징 당하는 걸 못 견딘다 그 말이네.

칼리클레스   저는 당신이 하는 말에 아무 관심 없습니다. 이렇게 당신에게 대답하고 있는 것도 고르기아스 선생을 위한 겁니다.

소크라테스   여기까진 됐네. 그러면 어떻게 할까? 중간에 논의를 그만둘까?

칼리클레스   본인이 알아서 하십시오.

소크라테스   하지만 옛날이야기도 중간에 그만두는 건 옳지 않다

d 고들 하네. 머리를 얹어서[256] 이야기가 머리 없이 떠돌지 않게 해야 한다는 말이지. 그러니 우리의 논의가 머리를 가질 수 있도록 나머지 질문들에 대답해 주게.

칼리클레스   참, 억지가 대단하십니다, 소크라테스! 그러나 제 말을 따르신다면 이 논의와 작별하시거나, 아니면 다른 누군가와 대화를 나누셔야 합니다.

소크라테스   다른 사람 누가 하려고 하겠나? 제발 논의를 마무리하지 않은 채로 그만두지 않도록 하세.

칼리클레스   스스로 논의를 끝까지 해 나갈 수 있잖습니까? 혼자서 다 말하거나, 아니면 자신에게 대답하는 식으로요.

e 소크라테스   나더러 에피카르모스[257]의 말대로 하라는 거로군.

앞서 두 사람이 말하고 있었던 것을 나 혼자서도
감당할 수 있을 것이네.

　하지만 그렇게 할 수밖에 없는 것 같네. 그렇더라도 이렇게 하
세. 나는 우리가 논의하고 있는 문제에 대해 무엇이 참이고 무엇
이 거짓인지 아는 일에 우리 모두가 승부욕을 가져야 한다고 생
각하네. 그게 분명해지면, 모두에게 다 같이 좋은 일이니까. 그 　　506a
렇다면 이제 내가 생각하는 대로 논의를 끝까지 진행하겠네. 당
신들 중에 누구라도 내가 나 자신에게 동의하는 것들이 참이 아
니라고 생각되면 붙잡아서 나를 논박해야 합니다. 아시다시피
나는 내가 말하는 것들에 대해 아무것도 모르면서 말하고 있으
니까요. 하지만 나는 당신들과 함께 공동 탐구를 하고 있습니다.
그러니까 이의를 제기하는 사람의 말이 분명히 일리가 있다면,
내가 제일 먼저 그걸 인정하겠습니다. 그렇다고 해도 논의를 끝
까지 마무리해야 한다고 당신들이 생각할 경우에만 이것들[258]을
말하겠습니다. 그러나 당신들이 원하지 않는다면, 곧바로 논의
와 작별하고 떠나도록 합시다.

고르기아스　아니오, 소크라테스, 아직 떠나서는 안 되고 당신이 　　b
논의를 끝까지 해 나가야 한다고 생각합니다. 그리고 내가 보기
에 다른 사람들도 모두 그렇게 생각하는 것 같습니다. 실은 나

자신이 당신이 직접 나머지 논의를 끝까지 해 나가는 걸 듣고 싶군요.

소크라테스 좋습니다, 고르기아스. 저는 제토스의 말에 대한 답으로 암피온의 말을 여기 있는 칼리클레스에게 되돌려 줄 때까지 그와 계속 대화를 나누었으면 좋겠습니다만, 그렇게 하지요. 하지만 칼리클레스, 논의를 끝까지 다 마치는 데 자네가 동참하지 않겠다면, 그 대신 내 말을 듣다가 잘못 말하는 게 있다고 생각되면 참견을 하게. 나를 논박하더라도 자네가 나에게 그랬듯이 자네를 고깝게 여기지 않겠네. 오히려 자네는 나의 가장 큰 은인으로 기록될 거네.[259]

칼리클레스 말씀하십시오, 훌륭한 분이여, 마무리까지 직접 하시고요.

소크라테스 그럼 내가 논의를 처음부터 다시 할 테니 들어 보게.[260] 즐거운 것과 좋은 것은 같은 것인가?

    ―나와 칼리클레스가 동의했듯이[261] 같은 것이 아니네.

    ―우리는 좋은 것을 위해 즐거운 것을 행해야 하나? 아니면 즐거운 것을 위해 좋은 것을 행해야 하나?

    ―좋은 것을 위해 즐거운 것을 행해야 하네.

    ―즐거운 것이란 그것이 함께하게 되면 우리를 즐겁게 해 주는 것이고, 좋은 것이란 그것이 함께하면 우리를 좋게 해 주는 것이지?

—틀림없네.

—나아가서 어떤 덕이 함께하게 되면 우리는 물론이고 다른 모든 좋은 것들도 좋게 되지?

—나는 그럴 수밖에 없다고 생각하네, 칼리클레스.

—그렇다면 당연히 도구든 몸이든 혼이든, 나아가서 살아 있는 것은 무엇이든[262] 그것들 각각의 덕이 가장 훌륭하게 함께하게 되는 것은 아무렇게나 되는 것이 아니라, 그것들 각각에 부여되는 짜임새와 올바름과 기술에 의해서 그렇게 되네. 그렇지?

—당연히 그렇다고 할 걸세.

—따라서 그것들 각각의 덕은 짜임새에 의해 적절하게 짜이고 질서를 갖춘 어떤 것이지?   e

—그렇겠지.

—따라서 그것은 있는 것들 각각 안에 생겨남으로써 그 각각을 좋게 만들어 주는 어떤 질서, 즉 그 각각에 고유한 질서이지?

—내가 보기에는 그렇네.

—따라서 자신의 질서를 가진 혼도 무질서한 혼보다 더 좋지?

—그럴 수밖에.

—나아가서 질서를 가진 혼은 절도가 있지?

—왜 그렇지 않겠나?

—그리고 절도 있는 혼은 절제가 있지?   507a

—당연히 그럴 수밖에.

—따라서 절제 있는 혼은 좋은 혼이네. 나는 이렇게 말고는 달리 말할 수가 없네, 친애하는 칼리클레스. 자네가 말할 수 있으면 가르쳐 주게.

칼리클레스 말씀하십시오, 훌륭한 분이여.

소크라테스 그래서 나는, 절제 있는[263] 혼이 좋은 혼이라면, 절제 있는 혼과 반대 상태에 있는 혼은 나쁜 혼이라고 말하네. 그리고 이 혼은 어리석고 무절제한 혼이네.

—틀림없네.

—그리고 당연히, 절제 있는 자는 신들에 대해서나 인간들에 대해서나 적합한 것을 행할 걸세. 적합하지 않은 것을 행한다면 절제 있는 행위를 하는 것이 아닐 테니까.

—그건 그럴 수밖에 없지.

b   —나아가서, 인간들에 대해 적합한 것을 행하면 정의로운 것을 행하는 것이고, 신들에 대해 적합한 것을 행하면 경건한 것을 행하는 것이겠지.[264] 그리고 정의로운 것과 경건한 것을 행하는 자는 정의롭고 경건할 수밖에 없네.

—그렇다네.

—더 나아가 절제 있는 자는 또한 용감할 수밖에 없네. 절제 있는 자의 행위는 적합하지 않은 것을 추구하거나 피하는 것이 아니라, 사물[265]이든 사람이든 즐거운 것이든 고통스러운 것이든 피해야 하거나 추구해야 할 것들은 피하거나 추구하고, 남아

서 버텨야 하는 곳에서는 남아서 버티는 것[266]이니까. 따라서 칼 c
리클레스, 절제 있는 자는, 우리가 자세히 언급했듯이, 정의롭고
용감하며 경건하기 때문에[267] 그는 완벽하게 좋은 사람일 수밖에
없으며, 좋은 사람은 무엇을 하든지 훌륭하게 잘 행하며, 잘 행
하는 사람은 복되고 행복한 자이지만,[268] 나쁜 행위를 하는 몹쓸
사람은 비참한 자일 수밖에 없다는 것은 지극히 당연한 일이네.
그리고 이 사람은 절제 있는 사람과는 반대 상태에 있는 자로서
자네가 칭찬했던[269] 무절제한 자이겠지.

　그러므로 이것이 내가 취하는 입장이며, 나는 이것이 참이라
고 주장하네. 이것이 참이라면, 행복하기를 원하는 사람은 절제 d
는 추구하고 익혀야 하지만, 무절제는 우리 각자가 발걸음이 허
락하는 한 빨리 피해야 하며, 무엇보다도 응징받을 필요가 전혀
없도록 준비해야 할 것 같네. 그러나 자기 자신이나 자신의 가
족 중 누군가가, 그것이 개인이 됐든 나라가 됐든, 응징을 받아
야 할 경우에는, 그가 행복하고자 한다면 대가를 치르고 응징을
받아야 할 것이네. 나는 이것이 그가 살아가는 동안 주목해야 할
목표라고 생각하네. 자신의 것과 나라의 것 모두를, 장차 복된
자가 되려는 사람에게 정의와 절제가 함께하도록 하는 것, 바로 e
이 목표에 집중하고 그렇게 되도록 행동해야 하며, 욕구들을 무
절제한 상태로 방치하고 그것들을 채우려 애쓰면서―이것은 끝
없는 악[270]이네―강도의 삶을 살아서는 안 되네. 사실, 그런 자

는 다른 사람과도 친해질 수 없고 신과도 친해질 수 없네.[271] 그
는 함께 나눌 수 없는 자이며, 함께 나눔이 속에 없는 자에게는
우애가 없을 테니까.[272] 칼리클레스, 현자들[273]은 함께 나눔과 우
애[274]와 절도 있음과 절제와 정의로움이 하늘과 땅과 신들과 인간

508a 들을 함께 묶어 준다[275]고 말하네. 그렇기 때문에, 친구여, 그들
은 이 전체를 세계 질서라 부르며[276] 무질서나 무절제라고 부르지
않는 것이네. 그런데 자네는 지혜로운데도 불구하고 여기에 주
의를 기울이지 않는 것 같네. 오히려 자네는 기하학적 동등[277]이
신들 사이에서나 인간들 사이에서나 큰 힘을 발휘한다는 걸 간
과하고 있네. 그러면서 자네는 더 많이 갖는 연습을 해야 한다고
믿고 있네. 그건 자네가 기하학을 소홀히 하기 때문이네.

b   여기까진 됐네. 우리가 이 주장을 논박해서 행복한 자들이 행
복한 것은 정의와 절제의 소유로 인해서가 아니며, 비참한 자들
이 비참한 것은 악의 소유로 인해서가 아님을 보여 주든가, 그렇
지 않고 이 주장이 참이라면, 그 귀결들이 무엇인지 살펴봐야 하
네. 칼리클레스, 내가 앞에서 한 말이 모두 바로 그 귀결들이네.
자네는 그 말을 진지하게 하고 있는지 나에게 물었지. 자기 자신
이든 아들이든 동료든, 어떤 불의를 저지를 경우에는, 고발해야
하며 연설술은 여기에 사용해야 한다고 내가 말했을 때 말이네.
그리고 폴로스가 부끄러움 때문에 인정했다고 자네가 생각했던
것, 즉 불의를 저지르는 것이 불의를 당하는 것보다 더 부끄러운

정도만큼 더 나쁘다는 것도 결과적으로 참이었네. 그리고 올바   c
른 연설가가 되려는 자는 따라서 정의로워야 하며 정의로운 것
들이 무엇인지 알고 있어야 하네. 이 주장에 대해 이번에는 고르
기아스 선생이 부끄러움 때문에 동의했다고 폴로스가 말했지.

　사정이 이러하므로, 자네가 나를 비난하는 이유가 대체 무엇
인지, 그리고 자네가 한 말이 옳은지 옳지 않은지 살펴보세. 자
네는, 내가 나 자신은 물론이고 친구들이나 가족들 누구에게
도 도움을 줄 수 없고 크나큰 위험들로부터 구해 낼 수도 없으
며—자네의 그 호기로운 표현을 빌리자면—누가 턱을 갈기고   d
싶어 하거나 재산을 빼앗고 싶어 하거나 나라 밖으로 쫓아내고
싶어 하거나 극단적으로는 죽이고 싶어 하더라도 나는 그의 처
분에 내맡겨져 있다고 말했네. 시민의 자격을 박탈당한 자들이
자신들과 마주치는 자의 처분에 맡겨져 있는 것처럼 말일세. 그
리고 자네 주장대로라면, 그런 처지에 놓이는 것은 무엇보다도
가장 부끄러운 일이네. 그러나 내 주장은 이렇네.—이미 여러
차례 밝혔지만 다시 또 말하지 못할 이유는 없지—칼리클레스,
나는 턱을 부당하게 얻어맞거나 나의 몸이나 지갑이 잘리는 것[278]
조차도 가장 부끄러운 일은 아니며, 오히려 나와 나의 것들을 부   e
당하게 때리고 자르는 것이 더 부끄럽고 더 나쁘다고 주장하네.
아울러 나는 훔치거나 노예로 만들거나 가택을 침입하는 등, 한
마디로 나와 내가 가진 것들에 대해 어떤 불의든 불의를 저지르

는 것이, 불의를 당하는 나에게보다 불의를 저지르는 그자에게,
더 나쁘고 더 부끄러운 일이라고 주장하네. 이것들[279]은 논의 저
앞부분에서 참이라고 우리에게 밝혀졌으며, 무쇠 같고 아다마
스[280] 같은 논변들에 의해—좀 무례한 주장일지라도[281] 나는 이렇

509a 게 주장하겠네—단단히 고정되고 묶여져 있다네. 적어도 현재로
서는 그렇게 생각할 수 있을 걸세. 이 논변들을 자네나 자네보다
더 호기 있는 누군가가 풀지 않은 채로[282] 지금 내가 하는 주장과
다른 주장을 한다면, 그것은 훌륭한 주장일 수 없네. 내가 매번
되풀이하는 말이 있네. 그건 나는 이것들이 어떻게 되는 건지는
모르지만, 그럼에도 불구하고 지금의 경우를 포함해서 내가 만
난 사람들 중에 웃음거리가 되지 않고 다른 말을 할 수 있는 사
람은 아무도 없었다는 것이네.

　그래서 다시 나는 이것들이 지금까지 밝혀진 대로 그렇다고

b 놓겠네. 이것들이 그러하다면, 그래서 나쁜 것들 중에서 가장 큰
것은 불의를 저지르는 자의 그 불의[283]이며, 가장 큰 이것보다 훨
씬 더 큰 것이—그런 것이 가능하다면—불의를 저지르고도 대
가를 치르지 않는 것이라면, 자신에게 도움을 줄 능력이 없는 사
람이 어떤 도움을 줄 수 없어야 정말로 웃음거리가 되겠나? 그
도움이란 가장 큰 해악으로부터 우리를 돌아서게 하는 것 아니
겠나? 그렇네, 친구들이나 가족들은 물론이고 자기 자신에게조

c 차 도움을 주지 못하는 것이 가장 부끄러운 도움이요, 두 번째로

부끄러운 것은 두 번째로 나쁜 것에 대한 도움을 주지 못하는 것
이며, 세 번째로 부끄러운 것은 세 번째로 나쁜 것에 대한 도움
을 주지 못하는 것이며, 나머지 것들도 이와 마찬가지일 수밖에
없다는 건 지극히 당연할 것이네. 나쁜 것들 각각의 크기가 본래
어떠하냐에 따라 그 각각에 대해 도움을 줄 수 있음의 훌륭한 정
도와 도움을 줄 수 없음의 부끄러운 정도도 다른 법이지. 사실이
그렇지? 아니면 다른가, 칼리클레스?

칼리클레스 다르지 않습니다.

소크라테스 그렇다면 우리는 불의를 저지르는 것과 불의를 당하
는 것, 이 두 가지 중에서 불의를 저지르는 것이 더 나쁘고, 불
의를 당하는 것은 덜 나쁘다는 주장을 하고 있는 거네. 그렇다면
사람은 무엇을 갖추어야 자신에게 도움을 줄 수 있겠나? 그 결과   d
로서 불의를 저지르지 않음으로부터 얻는 이익과 불의를 당하지
않음으로부터 얻는 이익, 이 두 가지 이익을 모두 가질 수 있으
려면 말이네. 힘을 갖추어야 하나, 아니면 바라는 마음을 갖추어
야 하나? 내 말은 이런 뜻이네. 불의를 당하고 싶어 하지 않으면
불의를 당하지 않는 건가? 아니면 불의를 당하지 않을 힘을 갖추
면 불의를 당하지 않는 건가?

칼리클레스 그야 분명히 힘을 갖추는 쪽이지요.

소크라테스 불의를 저지르는 경우는 어떤가? 불의를 저지르고
싶어 하지 않으면, 불의를 저지르지 않을 것이므로, 그것으로 충

분한가? 아니면, 불의를 저지르지 않기 위해서는 어떤 힘과 기술을 갖추어야 하나? 그것을 배우고 익히지 않으면 불의를 저지를 거라는 이유에서 말이네. 이 물음에 왜 대답하지 않았나, 칼리클레스?[284] 우리가 앞선 논의에서[285] 불의를 저지르고 싶어 하는 사람은 아무도 없고 불의를 저지르는 자들은 모두 본의 아니게 불의를 저지른다는 데 동의했을 때, 폴로스와 내가 동의할 수밖에 없었던 것을 자네는 옳았다고 생각하나, 아니면 그렇지 않다고 생각하나?

510a 칼리클레스 옳았다고 해 두세요, 소크라테스. 당신이 논의를 끝까지 마치시려면요.

소크라테스 그렇다면 우리는 불의를 저지르지 않기 위해서도 어떤 힘과 기술을 갖추어야 할 것 같네.

칼리클레스 당연합니다.

소크라테스 그러면 불의를 전혀 당하지 않거나 최대한 적게 당하게 해 주는 기술이란 대체 무엇인가? 자네가 생각하는 기술이 내가 생각하는 바로 그것인지 살펴보게. 내가 생각하는 기술은 이것이네. 나라에서 자신이 통치자가 되거나 참주가 되거나 현 정권의 일원이 되는 데 필요한 기술이네.

칼리클레스 소크라테스, 당신이 무슨 말씀이든 훌륭하게 하시면 제가 칭찬할 준비가 되어 있다는 건 알고 계시지요? 지금 하신 말씀은 아주 훌륭하다고 생각됩니다.

소크라테스   그렇다면 이 말도 훌륭하다고 생각되는지 살펴보게. 내가 생각하기에 각자는 각자와, 옛 현인들의 말처럼 "닮은 자가 닮은 자와"[286] 친구가 될 때, 가장 확실하게 친구가 될 수 있네. 자네도 그렇게 생각하지 않나?

칼리클레스   저도 그렇게 생각합니다.

소크라테스   그렇다면 야만적이고 배우지 못한 참주가 통치자일 경우에 그 나라에 이 참주보다 훨씬 더 훌륭한 자가 있다면, 분명 참주는 그를 두려워할 것이고 이 사람과 결코 마음을 다하는 친구가 될 수 없겠지? c

칼리클레스   그렇습니다.

소크라테스   훨씬 더 열등한 자가 있을 경우에도 그 사람 역시 마찬가지일 거네. 참주는 그를 깔보고 결코 친구에게 하듯이 진지하게 대하지 않을 테니까.

칼리클레스   그것도 맞는 말씀입니다.

소크라테스   그렇다면 그런 자의 친구로서 언급할 만한 자는 성품이 같고 같은 것을 비난하거나 칭찬하며 그 통치자에게 다스림 받고 복종하길 원하는 사람만 남아 있네. 그는 이 나라에서 d 큰 힘을 행사할 것이며 그에게 불의를 저지르고선 그 누구도 무사하지 못하겠지. 그렇지 않나?

칼리클레스   그렇습니다.

소크라테스   따라서 이 나라에서 젊은이들 중에 누군가가 "어떻게 하면 내가 큰 힘을 행사하여 아무도 나에게 불의를 저지르지 못하게 할까?" 하고 궁리한다면, 그에게 이런 길이 있을 것 같네. 젊어서부터 곧바로 주인과 같은 것들을 좋아하고 싫어하는 습관을 들이고, 최대한 주인과 닮은 자가 되도록 자신을 갖추는 것이네. 그렇지 않나?

칼리클레스 그렇습니다.

소크라테스 그렇게 하면 당신들의 주장대로 그 사람은 불의를
e 당하지 않고 나라에서 큰 힘을 행사하는 데 성공할 걸세.

칼리클레스 물론입니다.

소크라테스 그렇다면 그는 불의를 저지르지 않는 데도 성공할까? 아니면 그건 어림없는 일인가? 정말 그가 부정의한 통치자와 닮게 되어 그 곁에서 큰 힘을 행사할 경우에는 말이네. 어림없는 것이 아니라 오히려 정반대라고 생각하네. 그런 식으로 자신을 갖추는 것은 불의를 최대한 많이 저지를 수 있고 불의를 저지르고도 대가를 치르지 않을 수 있기 위한 갖춤이 될 거네. 그렇지 않나?

칼리클레스 그런 것 같습니다.

511a 소크라테스 그렇다면 주인에 대한 모방과 그 힘으로 인해 그의 혼이 사악하고 불구가 되어 있을 때 그는 가장 큰 악을 갖게 될 거네.

칼리클레스 소크라테스, 어째서 논의를 번번이 뒤집으시는지 모

르겠습니다. 모방하는 이 사람이 마음만 먹는다면 모방하지 않는 저 사람을 죽이고 가진 것들을 빼앗아 갈 거라는 걸 모르십니까?

소크라테스 내가 귀머거리가 아닌 바에야 알지, 훌륭한 칼리클 b 레스. 조금 전에 자네한테서도, 그리고 폴로스한테서도 여러 차례[287] 들었고, 나라 안의 거의 모든 사람들한테서 들었으니까. 하지만 이제 자네가 내 말을 들어 보게. 그가 마음만 먹는다면 죽이겠지만, 그건 몹쓸 자가 훌륭하고 좋은 자를 죽이는 거네.

칼리클레스 그것이야말로 정말 분통 터질 노릇 아닙니까?

소크라테스 적어도 지각 있는 사람이 할 짓은 아니지, 이 논의가 알려 주는 대로라면 말일세. 아니면, 사람은 최대한 오래 살 수 있도록 자신을 갖추어야 하며, 자네가 내게 익히라고 권하는 그 기술—재판정에서 우리를 끝까지 지켜 주는 연설술—처럼, 언 c 제나 우리를 위험들로부터 구해 내는 이 기술들을 익혀야 한다고 생각하나?

칼리클레스 물론이지요, 제우스께 맹세컨대, 그건 당신을 위해 드리는 정말 올바른 조언입니다.

소크라테스 지극히 훌륭한 이여, 이건 어떤가? 자네는 헤엄칠 줄 아는 앎[288]도 굉장한 어떤 것이라고 생각하나?

칼리클레스 제우스께 맹세컨대, 저는 전혀 그렇게 생각하지 않습니다.

소크라테스 그렇지만 분명히 이것도 사람들이 이 앎을 필요로

하는 그런 어떤 상황에 처했을 때는 죽음으로부터 사람들을 구
해 낸다네. 자네가 이것을 하찮게 여긴다면, 이보다 더 대단한

d 것을 말해 주겠네. 연설술처럼 목숨들뿐만 아니라 몸들과 소유
물들도 극단의 위험들로부터 구해 내는[289] 조타술을 말이네. 이
기술도 겸손하고 절도 있으며, 무슨 엄청난 일이라도 해내는 것
처럼 폼 잡으며 거들먹거리지 않네. 오히려 사람들을 아이기나
에서 여기까지 무사히 데려다 주면, 법정 변론술과 똑같은 일들
을 해내는 셈인 데도, 내가 믿기로는, 2오볼로스를 받네. 이집트

e 나 폰토스[290]로부터라면, 이 대단한 선행의 대가로, 그러니까 내
가 방금 말했던 것들을—그 사람 자신과 아이들과 재물들과 여
자들[291]을—무사히 데려와 항구에 내려 준 대가로, 기껏해야 2드
라크마[292]를 받지. 그리고 이 기술을 가지고 이 모든 일을 완수한
사람 자신은 배에서 내려와 겸손한 태도로 바다와 배 곁을 거닌
다네. 그는, 내가 믿기에, 같이 항해하는 사람들을 바다에 빠지
지 않게 함으로써 그들 중 어떤 이들에게 이익을 주고 어떤 이들
에게 해를 주었는지 분명하지 않다는 걸 헤아릴 줄 알기 때문이

512a 네. 그는 그들을 배에 태웠을 때보다 몸과 혼의 측면에서 더 나
은 상태로 배에서 내려놓지 못했다는 걸 알고 있으니까. 따라서
그는 이렇게 판단하네. 몸에 불치의 큰 병이 들어 있는데 빠져
죽지 않은 자가 있다면, 그는 죽지 않아서 비참하며 선장인 자신
으로부터 아무런 유익도 얻지 못한 것이라고, 그러므로 만약 몸

보다 더 귀한 것 속에, 즉 혼 속에 불치의 병을 많이 가진 자가 있다면, 이 사람은 살아서는 안 되며, 바다든 법정이든 다른 어디에서든 그를 구해 준다면 그에게 유익을 주지 못할 것이라고 말일세. 그렇다네, 사악한 사람은 나쁜 삶을 살[293] 수밖에 없으므 b 로 살지 않는 게 더 낫다는 걸 그는 알고 있는 것이지.

이 때문에 조타수(선장)는 우리를 구해 주면서도 거들먹거리지 않는 것이 보통이네. 놀라운 이여, 조타수는 말할 것도 없고 때로는 장군이나 다른 누구 못지않게 우리를 구해 줄 수 있는 기계 제작자도 마찬가지네. 그가 나라 전체를 구해 줄 때가 있기 때문이지. 자네는 그가 법정 변론가와 대등하다고 생각하지 않겠지? 하지만 칼리클레스, 그가 자신의 일을 과장하여 당신들이 하는 말을 그대로 하려고 마음먹는다면, 그는 다른 것들은 아무것도 c 아니므로 기계 제작자가 되어야 한다고 주장하고 권하면서 말로 당신들을 묻어 버릴 것이네. 그의 주장은 근거가 충분할 테니까. 그러나 그럼에도 불구하고 자네는 그 사람과 그의 기술을 깔보고 모욕적인 투로[294] 그를 '기계 제작자'[295]라 부르며, 그의 아들에게 딸을 주고 싶어 하지도 않고 자신이 그의 딸을 취하지도 않겠지. 하지만 자네가 자신의 일을 칭찬하는 근거들에 따르자면, 내가 방금 말한 기계 제작자나 다른 이들을 자네가 깔볼 무슨 정당한 이유라도 있나? 내가 알거니와 자네는 자신이 더 훌륭한 자 d 이고 더 훌륭한 가문 출신이라고 말하겠지. 그러나 더 훌륭함이 내가 말하는 그것이 아니라면, 그래서 어떤 종류의 사람이건 상관없이 그 사람 자신과 그에게 딸린 것들을 구해 주는 것, 바로 그것이 덕(德)이라면, 기계 제작자나 의사, 그리고 그 밖에 우리를 구하기 위해 고안된 모든 기술들에 대한 자네의 비난은 웃음거리가 되고 마네. 그렇다면 복된 친구여, 구조하고 구조받는 것

e 외에 고귀하고 좋은 다른 무엇은 없는지 생각해 보게. 왜냐하면 참된 사람은 얼마나 오래 사느냐에 마음을 두어서는 안 되고 삶에 애착을 가져서도 안 되기 때문이네.[296] 그것에 관해서는 신께 맡기고 정해진 운명은 아무도 벗어날 수 없다는 여인들의 말을 확실히 믿으면서,[297] 그 다음 것을 살펴봐야 하네. 앞으로 살아가는 동안 어떻게 하면 가능한 한 최선의 삶을 살 수 있는가 하는

513a 문제 말일세. 그는 어떤 정치체제 아래에서 삶을 꾸려 가든 그 정치체제에 자신을 동화시켜야 하는가? 따라서 지금 자네도 민중의 사랑을 받으며 나라 안에서 큰 힘을 행사하려면, 아테네의 민중과 가능한 한 가장 닮은 자가 되어야 하나? 신령한 친구여, 그렇게 하는 것이 자네와 나에게 득이 되는지 생각해 보게. 달을 끌어 내린 여인들, 즉 테살리아 여인들[298]이 겪었다고 하는 일을 우리가 겪지 않으려면 말이네. 나라 안에서 행사하는 이 힘의 선택은 가장 소중한 것을 대가로 치러야[299] 우리에게 주어질 테니까.

그러나 더 좋은 쪽으로든 더 나쁜 쪽으로든 자네가 이 나라의

정치체제와 닮지 않았음에도 불구하고 이 나라에서 자네가 큰
힘을 행사할 수 있게 해 줄 그런 어떤 기술을 사람들 중에 누가
자네에게 전수해 줄 거라고 믿는다면, 내가 보기에 칼리클레스,   b
자네는 조언을 잘못 받고 있는 거네. 왜냐하면 자네가 아테네 민
중과의―제우스께 맹세컨대, 당연히 덤으로 퓌릴람페스의 아들
과도―우애를 위해 무엇인가 참된 것을 성취하려 한다면, 흉내
만 내는 자가 아니라 본성에서 그들과 닮아야 하기 때문이지. 그
러므로 누구든 자네를 이들과 가장 닮게 만들어 줄 사람은 자네
를 자네가 원하는 방식의 정치가―정치가이자 연설가―로 만들
어 줄 거네. 청중들의 무리는 저마다 자신들의 성미에 맞는 말은   c
좋아하지만 성미에 맞지 않는 말은 싫어하니까,―자네는 나와
생각이 좀 다를지도 모르지만,―소중한 사람이여.[300] 지금 한 말
에 우리가 반대할 것이 있나, 칼리클레스?

칼리클레스 어떻게 되는 건지는 모르지만 말씀은 잘하신 것 같
습니다, 소크라테스. 하지만 제가 받는 느낌은 대다수 사람들이
느끼는 것과 같습니다. 당신에게 완전히 설득당하고 있지는 않
다는 말씀이지요.

소크라테스 칼리클레스, 그건 자네 혼 안에 들어 있는 민중에 대
한 사랑[301]이 나에게 저항하기 때문이네. 하지만 우리가 이것들
을 자주 그리고 철저하게 더 잘 살펴본다면 납득하게 될 거네.
아무튼 이제, 몸이든 혼이든 각각을 보살피기 위한 활동들이 둘   d

이라고 우리가 말했던 걸[302] 기억해 보게. 하나는 즐거움을 위해 사귀는 활동이고, 다른 하나는 최선의 것을 위한 활동으로서 영합하지 않고 싸우는 것이었지. 그때 우리가 이렇게 규정하지 않았나?

칼리클레스 틀림없습니다.

소크라테스 그렇다면 한쪽, 즉 즐거움을 위한 활동은 태생이 천하고 아첨에 지나지 않네. 그렇지?

e 칼리클레스 원하신다면 그렇다고 해 두세요.

소크라테스 반면에 다른 한쪽은 우리가 보살피는 것이 몸이든 혼이든 가능한 한 가장 훌륭해지도록 하는 활동이지?

칼리클레스 틀림없습니다.

소크라테스 그렇다면 우리는 시민들 자체를 가능한 한 가장 훌륭하게 만든다는 생각으로 나라와 시민들을 보살피는 일에 나서야 하지 않겠나? 그렇게 하지 않으면, 앞선 논의[303]에서 우리가 알게 되었듯이, 다른 이로운 행위를 제공해 주더라도 아무런 유

514a 익이 없기 때문이네. 많은 재물이나 다른 사람들을 다스리는 통치권이나 다른 어떤 형태의 권력이든 권력을 가지려는 사람들의 사고가 훌륭하고 좋은 상태에 있지 않다면 말일세. 사실이 그렇다고 우리가 간주해도 될까?

칼리클레스 물론입니다, 당신에게 더 즐거움이 된다면요.

소크라테스 그렇다면 칼리클레스, 규모가 아주 큰 건축물인 성

벽이나 조선소나 신전들의 건축과 관련된 나랏일에 공인으로 활동하라고 우리가 서로 권한다고 해 보세. 우리는 먼저 우리 자신을 살펴보고 우리가 그 기술, 즉 건축술에 정통한지 정통하지 않은지, 그리고 누구에게서 그것을 배웠는지 면밀히 검토해야겠지? 그럴 필요가 있지? 아닌가? b

칼리클레스   당연히 그래야겠지요.

소크라테스   그렇다면 두 번째로 이번에는 이 점을 살펴봐야 할 거네. 우리가 언젠가 어떤 건축물을 친구들 중 누군가를 위해서나 아니면 우리 자신을 위해서 사적으로 지은 적이 있는지, 그리고 그 건축물이 아름다웠는지 흉했는지를 말이네. 그리고 살펴보는 과정에서 우리의 선생들이 훌륭하고 명성이 높았으며, 그 선생들과 함께 우리가 많은 아름다운 건축물들을 짓기도 했고, c 그 선생들을 떠난 이후에 우리 스스로 많은 사적인 건물들을 짓기도 했다는 사실을 알아냈다면, 우리가 그런 조건을 갖추고 있으므로, 공적인 일에 발을 들여놓는 것은 지각 있는 일이겠지. 그러나 드러내 놓고 과시할 만한 우리 자신의 선생도 없고, 그럴 만한 건축물들도 전혀 없거나 많이 있다 해도 아무 가치도 없는 것들뿐이라면, 우리가 공적인 일들을 하려고 나서며 서로에게 권하는 것은 분명 몰지각한 일일 것이네. 이 말이 옳다고 해도 되겠지? 안 되나? d

칼리클레스   물론 해도 되지요.

소크라테스 그리고 이것은 모든 경우에 해당되지 않나? 이를테면 만약에 우리가 공적인 일을 하려고 나서며 서로를 유능한 의사라고 믿고 그 일을 서로 권했다면, 당연히 나는 자네를, 자네는 나를 자세히 살펴봤을 거네. "자, 신들께 맹세컨대, 소크라테스 자신은 건강과 관련해서 몸이 어떤 상태에 있는가? 또는, 지금까지 소크라테스로 인해 노예든 자유인이든 다른 누군가가 질병에서 벗어난 적이 있는가?" 나 역시 자네에 관하여 이런 점들을 살펴봤을 거라고 생각하네. 그래서 만약에 우리가 외국인들 중에서나 아테네인들 중에서나, 남자든 여자든, 그의 몸이 우리로 인해 더 나아진 사람을 아무도 발견하지 못했다면, 칼리클레스, 제우스께 맹세컨대, 우리가 사적인 작업을 하는 과정에 실패도 많이 하고 성공도 많이 하면서 기술을 충분히 단련하기도 전에, 속담처럼 "포도주 항아리로 도기 만드는 법을 배우려 들고",[304] 자신들도 공적인 일을 하려고 나설 뿐 아니라 그런 상태에 있는 다른 이들에게도 권하려 들 정도로 사람들[305]이 우매함에 빠지는 것은 참으로 우스꽝스럽지 않겠나? 자네는 그렇게 행동하는 것이 몰지각하다고 생각하지 않나?

칼리클레스 그렇게 생각합니다.

515a 소크라테스 그런데 지금, 사람들 중에 가장 훌륭한 친구여, 자네는 자신이 나랏일을 이제 막 하기 시작했고 나에게 그걸 권하면서 하지 않는다고 나를 비난하고 있으므로, 우리가 서로를 살펴

봐야 하지 않겠나? "자, 칼리클레스는 지금까지 시민들 가운데 누군가를 더 훌륭하게 만든 적이 있는가? 외국인이든 아테네인 이든, 노예든 자유인이든, 이전에는 몹쓸 자, 즉 부정의하고 무 절제하며 어리석은 자였으나 칼리클레스로 인해 훌륭하고 좋아 진 사람이 있는가?" 내게 말해 보게. 누군가가 자네를 상대로 이 b
런 것들을 자세히 살핀다면, 칼리클레스, 자네는 뭐라고 말할 건 가? 어떤 사람을 자네와의 교제를 통해 더 훌륭하게 만들었다고 말할 건가? 대답하기가 망설여지나? 공적인 일에 나서기 전 아 직 사적인 일을 하는 동안에 자네가 이루어 놓은 일이 있는지 묻 는 거네.

칼리클레스 이기기를 좋아하시는군요, 소크라테스.

소크라테스 천만에, 이기기를 좋아해서 묻는 게 아닐세. 그보다 는 정치 활동이 우리 시민들 사이에서 어떻게 이루어져야 하는 지 자네 생각을 정말 알고 싶어서 묻는 거네. 아니면 자네는 나 랏일에 발을 들여놓고서 다른 일을 돌보기라도 할 건가? 어떻 게 하면 우리가 시민으로서 가능한 한 가장 훌륭해질 수 있는지 를 돌보아야 하는 것 아닌가? 그것이 정치가가 해야 할 일이라는 c
데 우리는 이미 여러 차례 동의하지 않았던가? 동의했나, 안 했 나? 대답하게. 우리는 동의했네. 자네 대신에 내가 대답하는 거 네. 그러므로 이것이 훌륭한 사람이 자신의 나라에 갖추어 주어 야 할 일이라면, 이제 기억을 되살려서 조금 전에 자네가 언급했

d 던 저 사람들에 대해 나에게 말해 주게. 여전히 자네는 페리클레
스, 키몬, 밀티아데스, 테미스토클레스가 훌륭한 시민이라고 생
각하나?

칼리클레스 저는 그렇게 생각합니다.

소크라테스 정말 그들이 훌륭하다면, 그들은 제각기 시민들을
더 못하게가 아니라 더 낫게 만들었음이 분명하네. 만든 거지?
아닌가?

칼리클레스 만들었습니다.

소크라테스 그렇다면 페리클레스가 민중 앞에서 연설하기 시작
했을 때 아테네인들은 그가 마지막으로 연설했을 때보다 더 못
한 자들이었나?

칼리클레스 아마도.

소크라테스 지극히 훌륭한 친구여, 우리가 동의했던 대로라면
'아마도'가 아니라 '반드시'네. 과연 그가 훌륭한 시민이었다면 말
이네.

e 칼리클레스 그래서 무슨 문제라도 있나요?

소크라테스 전혀, 하지만 덧붙여서 이것도 내게 말해 주게. 아테
네인들이 페리클레스 때문에 더 나아졌다고 사람들이 말하는지,
아니면 정반대로 그로 말미암아 못쓰게 되었다고 말하는지. 실
제로 나는 이렇게 들었다네. 페리클레스는 일당을 지급하는 제
도[306]를 처음으로 시행함으로써 아테네인들을 게으르고 비겁하고

수다스럽고 돈을 좋아하게 만들었다[307]고.

칼리클레스 귀가 뭉개진 자들[308]한테서 그렇게 들었군요, 소크라테스.

소크라테스 하지만 다음 이야기는 내가 들은 정도가 아니라 자네도 나도 분명히 알고 있는 사실이네. 처음에 페리클레스는 명성을 얻었고, 아테네인들은 그에 대한 어떤 수치스러운 판결에도 표를 던지지 않았지. 그들이 더 못한 자들이었을 때 말이네. 그러나 그들이 페리클레스 때문에 훌륭하고 좋은 자들이 되고 나서 그의 생애 끝 무렵에 그에게 횡령죄를 선고하는 데 표를 던졌고[309] 사형선고까지 내릴 뻔했네. 분명히 그들은 그가 몹쓸 자라고 생각해서 그렇게 했던 거네.

516a

칼리클레스 뭐라고요? 그것 때문에 페리클레스는 나쁜 자였다는 겁니까?

소크라테스 나귀나 말, 소를 돌보는 자가 그와 같았다면 어쨌든 나쁜 자라고 여겨질 걸세. 그것들을 넘겨받을 때는 자신을 걷어차지도 않고 들이받지도 않고 물지도 않았지만, 야생성 때문에 그런 모든 행동을 그것들로 하여금 드러내게 했다면 말이네. 어떤 동물이든 매우 온순한 동물을 넘겨받고는 넘겨받았을 때보다 더 야성적인 모습을 드러내게 한다면, 그것을 돌보는 자가 누구든 간에 자네는 그를 나쁜 자라고 생각하지 않나? 그렇게 생각하지? 안 하나?

b

칼리클레스 당연하지요, 당신을 기쁘게 해 드리기 위해서라면.

소크라테스 그렇다면 이 질문에도 대답해서 나를 기쁘게 해 주게. 사람도 동물들 가운데 하나지? 아닌가?

칼리클레스 왜 아니겠습니까?

소크라테스 페리클레스는 사람들을 돌본 것이지?

칼리클레스 그렇습니다.

소크라테스 어떤가? 조금 전에 우리가 동의한 대로라면 그들은 그 사람에 의해 더 부정의하게가 아니라 더 정의롭게 되었어야 하지 않나? 정말 그 사람이 나랏일에 훌륭한 능력을 가진 자로서 그들을 돌보았다면.

칼리클레스 물론입니다.

소크라테스 그런데 정의로운 자들은, 호메로스가 말했듯이,[310] 온순하네. 자네는 어떻게 말하나? 그렇지 않나?

칼리클레스 그렇습니다.

소크라테스 하지만 페리클레스는 아테네인들로 하여금, 그가 그들을 넘겨받았을 때보다, 더 야성적인 모습을 드러내게 했네, 그것도 자신에 대해서—그걸 그는 조금도 바라지 않았겠지만.

칼리클레스 제가 당신에게 동의하기를 원하십니까?

소크라테스 내 말이 참이라고 자네가 생각한다면.

칼리클레스 그럼 그렇다고 해 두세요.

소크라테스 그러니까 정말 그들이 더 야성적이라면 더 부정의하

192

고 더 못한 자들이지?

칼리클레스 그렇다고 해 두세요.

소크라테스 따라서 이 논변에 따르면, 페리클레스는 나랏일에 훌륭한 자가 아니네.

칼리클레스 아니라고 부정하는 건 당신입니다.

소크라테스 제우스께 맹세컨대 자네가 동의한 대로라면 자네도 부정하는 거네. 키몬[311]에 대해서도 다시 내게 말해 주게. 그가 보살폈던 사람들이 그의 목소리를 십 년 동안 듣지 않으려고 그를 도편추방하지 않았나? 그들은 테미스토클레스[312]에게도 이와 똑같은 짓을 해서 추방형을 처벌로 부가했지? 또한 그들은 마라톤의 밀티아데스[313]를 구덩이에 처넣는 데 표를 던졌지? 그래서 평의회 의장[314]이 아니었더라면 그는 구덩이 속에 던져졌을[315] 거네. 그렇지만 자네 주장대로 이들이 훌륭한 자들이었다면 그런 일은 결코 겪지 않았을 거네. 아무튼 훌륭한 전차 몰이꾼이 처음에는 전차에서 떨어지지 않다가 말들을 보살피면서 더 훌륭한 전차 몰이꾼이 되고 난 후에 전차에서 떨어지는 법은 없네. 전차 경주에서든 다른 일에서든 그런 일은 없다네. 자네는 있다고 생각하나? e

칼리클레스 아니요, 없다고 생각합니다.

소크라테스 그렇다면 앞에서 한 말[316]이 맞는 것 같네. 우리는 이 나라에서 나랏일에 훌륭한 인물이 된 자를 아무도 알지 못한다[317] 517a

고 말했지. 자네는 요즘 사람들 중에는 아무도 없다고 동의했지만, 이전 사람들 중에는 있다고 하면서 이 사람들을 꼽았네. 그러나 이들도 요즘 사람들과 마찬가지임이 드러났네. 따라서 이들이 연설가라면 이들은 참된 연설술을 사용하지도 않았고—사용했다면 내던져지지 않았을 테니까—아첨술을 사용하지도 않은 것이네.[318]

칼리클레스 하지만 소크라테스, 정말이지 이들 중에서 당신이 누구를 꼽더라도 그가 해낸 그만한 일을 요즘 사람들 중에 누가

b 해낸다는 건 어림없는 일입니다.

소크라테스 신령한 친구여, 나도 이들이 나라의 하인들이었다는 점에서는 이들을 비난하지 않네. 오히려 나는 그들이 요즘 사람들보다 하인 노릇을 더 잘했고 나라가 욕구하는 것들을 공급하는 능력이 더 뛰어났다고 생각하네. 그러나 시민들에게 장차 자신들을 더 낮게 만들어 주는 것, 그것을 갖추라고 설득하고 강제함으로써, 그들의 욕구에 굴복하지 않고 그 욕구들의 방향을 바

c 꾸는 일에서 저들은 요즘 사람들과 거의 차이가 없었네. 그렇게 하는 것만이 훌륭한 시민이 해야 할 일인데도 말일세. 배, 성벽, 조선소,[319] 그리고 그런 종류의 많은 것들을 공급하는 재주가 저들이 요즘 사람들보다 더 뛰어났다는 데는 나도 자네에게 동의하네.

그러고 보니 자네와 나는 논의 과정에 우스운 짓을 하고 있군.

대화를 나누는 시간 내내 우리는 서로가 무슨 말을 하는지도 모르면서 매번 같은 논점으로 돌아오기를 멈추지 않고 있으니. 어쨌든 내가 믿기에 자네가 여러 차례 동의하고 인정한 바는 이것이네. 이 활동은 이중적인 어떤 것으로 몸에도 관계하고 혼에도 관계하며, 그것의 한쪽은 시중드는 활동인데, 이 활동을 통해 우리는 몸이 허기를 느끼면 음식을, 갈증을 느끼면 마실 것을, 추위를 느끼면 옷, 이불, 신발을, 그리고 몸이 욕구하게 되는 다른 것들을 공급할 수 있다는 것이지.—나는 자네가 쉽게 이해하라고 일부러 같은 비유들[320]을 사용해서 말하고 있네—이것들을 공급할 수 있는 자는 소매상이거나 무역상이거나,[321] 그것들[322] 중 어떤 것의 장인, 즉 제빵사거나 요리사, 직조공, 제화공, 제혁공이네. 이들이 이런 일들을 하는 까닭에, 본인도 자신을 몸을 보살피는 자라고 생각하고 다른 사람들도 그들을 그렇게 생각하지만 놀랄 일은 결코 아니네. 이 모든 기술들 외에 정말로 몸을 보살피는 어떤 기술, 즉 체육술과 의술이 있다는 걸 알지 못해서 모두들 그렇게 생각하는 것이네. 이 체육술과 의술이야말로 그 모든 기술들을 다스리고 그것들의 성과를 사용할 자격이 있네. 이 기술들은 먹을 것이나 마실 것들 중에서 몸의 덕을 위해 쓸모 있는 것과 몹쓸 것이 무엇인지 알지만, 다른 모든 기술들은 그걸 모르기 때문이지. 그렇기 때문에 몸을 다루는 활동에 다른 기술들은 노예적이고, 하인적이며, 자유인답지 않게 관계하지만, 저

d

e

518a

기술들은, 즉 체육술과 의술은 이 기술들의 주인으로서 관계하는 것이 마땅하네.

그런데 이와 똑같은 사정이 혼에도 적용된다고 내가 말할 때, 때로는 자네가 내 말을 이해한다는 생각이 들기는 하네. 자네도 내가 무슨 말을 하는지 알았다는 듯이 동의하고. 그러나 조금 뒤에 가서 자네는 훌륭하고 좋은 시민들이었던 사람들이 이 나라에 있었다고 말했네. 그래서 내가 그들이 누구냐고 묻자 자네는 나랏일에 관여하는 사람들을 제시했는데, 내가 보기에 이것은 체육과 관련해서 "몸을 훌륭하게 보살피는 자들이 누구였나?" 또는 "누구인가?"라고 내가 물었을 때, 자네가 아주 진지하게 "그들은 제빵사 테아리온과 요리법에 관한 책을 쓴 시켈리아의 미타이코스와 소매상 사람보스[323]지요. 그들은 놀랄 만큼 몸을 잘 보살피는 자들이었으니까요. 한 사람은 놀랄 만한 빵을, 다른 한 사람은 요리를, 나머지 한 사람은 포도주를 제공했지요."라고 내게 대답하는 것과 아주 유사하네. 그래서 만약 내가 자네에게 이렇게 말하면 아마 자네는 화를 낼 거네. "이보게, 자네는 체육술에 관해 아는 것이 전혀 없군. 자네는 욕구들의 하인이자 제공자 노릇 하는 사람들을 나에게 말하고 있네. 그들은 그것들에 관해 훌륭하고 좋은 것을 아무것도 알지 못하네. 그들은 기회가 주어지면 사람들의 몸을 가득 채우고 살찌게 하여 그들로부터 칭찬을 받으면서 그것으로 그치지 않고 그들의 원래 살마저 망가

뜨릴 거네. 그런가 하면 제공받는 사람들은 미숙하기 때문에 진   d
수성찬을 차려 주는 자들에 대해 그들이 질병을 앓게 하고 원래
의 살을 잃게 하는 원인이라며 탓하지 않을 거네. 오히려 그들은
이전에 양껏 먹었던 것이 시간이 한참 지난 후에 질병을 불러일
으키게 되었을 때, 건강을 고려하지 않고 먹었기 때문임에도, 때
마침 곁에 있다가 자신들에게 무언가 조언해 주는 사람들을 탓
하고 비난하며[324] 할 수만 있다면 그들에게 무슨 해코지든지 할
것이고, 반대로 나쁜 것들의 원인들이었던 이전의 저들을 칭송
할 거네."

  칼리클레스, 자네도 지금 이와 아주 비슷한 행위를 하고 있네.   e
자네는 아테네인들에게 호화로운 잔치를 베풀고, 그들이 욕구해
온 것들로 진수성찬을 차려 준 사람들을 칭송하고 있네. 그리고
그들은 저들이 나라를 위대하게 만들었다고 말하네. 그러나 이
전의 저 사람들 때문에 나라가 붓고 속으로 곪아 있다는 걸 그들
은 깨닫지 못하네. 저들이 절제와 정의를 갖추지 않은 채[325] 항구   519a
들과 조선소들, 성벽들, 공물들, 그리고 그런 종류의 하찮은 것
들로 나라를 가득 채웠기 때문이지. 그러므로 이 질환의 발작[326]
이 일어날 때, 그들은 곁에 있는 조언자들은 탓하고 나쁜 것들의
원인들인 테미스토클레스와 키몬과 페리클레스는 칭송할 거네.
조심하지 않으면 아마 그들이 자네를 공격할지도 모르네. 그들
이 내 동료인 알키비아데스도 공격할지 모르고.[327] 당신들이 나   b

쁜 것들의 원인이 아니고 어쩌면 보조 원인에 불과할지라도, 그들은 자신들이 획득한 것들뿐 아니라 원래부터 가지고 있던 것들마저 잃을 경우에는[328] 그렇게 할 가능성이 있네. 더군다나 나는 몰지각한 일이 현재 일어나고 있는 것을 보고 있고, 이전 사람들에 대해서도 그런 이야기를 듣고 있네. 불의를 저질렀다는 이유로 나라가 정치인들 중에 누군가를 손보게 되면, 그들은 끔찍한 일을 당한다며 노여워하고 분개한다는 걸 내가 알았으니까. 이들의 주장에 따르면, 나라에 좋은 일을 많이 해 주고 나서 바로 그 나라에 의해 자신들이 부당하게 죽임을 당한다고 하네. 그러나 그건 모두 거짓이네. 나라의 지도자는 단 한 명도 결코 자신이 이끄는 바로 그 나라에 의해 부당하게 죽임을 당할 수
c   는 없기 때문이지. 사실, 정치가로 자처하는 자들이나 소피스트로 자처하는 자들이나 모두 마찬가지인 것 같네. 소피스트들 역시 다른 것들에는 지혜로우면서도 터무니없는 짓을 하고 있으니까. 그들은 자신들이 덕을 가르치는 선생[329]이라고 공언하면서도 학생들이 자신들에게 불의를 저지른다고 종종 비난한단 말일세. 학생들이 자신들로 인해 득을 보고도 보수를 떼먹고 달리 보답
d   조차 하지 않는다는 것이지. 도대체 선생에 의해 불의가 제거되고 정의를 갖게 되어 훌륭하고 정의로워진 사람들이 자신이 갖지 않은 것 때문에 불의를 저지른다는 이 주장보다 더 말이 안되는 것이 무엇이겠나? 친구여, 자네는 이것이 터무니없다고 생

각하지 않나? 자네가 대답을 안 하려고 하니까 내가 어쩔 수 없이 정말 대중연설을 하고 말았군, 칼리클레스.

칼리클레스 누가 대답을 안 해 준다고 당신이 말을 못 하실 분인가요?

소크라테스 할 수야 있겠지. 어쨌거나 자네가 대답을 거부하니 e 까 방금 내가 말을 길게 늘어놓은 걸세. 하지만 훌륭한 친구여, 우정의 신[330] 앞에서 부탁하건대, 말해 주게. 누군가를 훌륭하게 만들었다고 주장하는 사람이 자기로 인해 훌륭해졌고 여전히 훌륭한 상태에 있는 그를 나중에 몹쓸 자라고 책망하는 건 말이 안 된다고 생각하지 않나?

칼리클레스 그렇게 생각합니다.

소크라테스 그러면, 자네는 사람들에게 덕을 갖도록 교육한다고 주장하는 자들이 그렇게 말하는 걸 듣고 있겠지?

칼리클레스 그렇습니다. 하지만 하잘것없는 사람들[331]은 왜 거론 520a 하십니까?

소크라테스 자네는 저들에 대해서 뭐라고 말할 건가? 가능한 한 가장 훌륭한 나라가 되도록 나라를 이끌며 보살핀다고 주장하면서도 기회 있을 때마다 아주 몹쓸 나라라고 다시 비난하는 사람들에 대해서 말이네. 자네는 이들이 저들과 다른 점이 있다고 생각하나? 복된 친구여, 소피스트와 연설가는 똑같거나, 내가 폴로스에게 말했듯이, 어떤 점에서는 가깝고 아주 비슷하네. 그런

데 자네는 무지한 탓에 한쪽은, 즉 연설술은 아주 훌륭하다고 믿
b 지만 다른 쪽은 깔보고 있네. 그러나 사실은 입법술이 사법술보
다, 체육술이 의술보다 더 훌륭한[332] 정도만큼 소피스트술이 연
설술보다 더 훌륭하네. 그리고 내가 생각하기에 바로 대중연설
가들과 소피스트들만이 자신들에게 몹쓸 짓을 한다는 이유로 자
기들이 교육하는 이것[333]을 책망할 수 있는 입장에 있지 않거나,
아니면 같은 논리로[334] 그들은 자신들이 이롭게 해 주었다고 주
장하는 자들에게 전혀 이로움을 주지 않았다고 동시에 자신들을
비난하는 것이네. 사실이 그렇지 않나?

c 칼리클레스 틀림없습니다.

소크라테스 그리고 내 말이 맞다면, 이들만이 보수를 받지 않고
이로운 행위를 제공해 줄 수 있는 입장에 있을 것 같네. 다른 종
류의 이로운 행위는—이를테면 누군가가 체육 선생으로 인해 달
리는 속도가 빨라졌다면—그걸 제공받는 사람이 어쩌면 보답을
떼먹을지도 모르네. 체육 선생이 그에게 그걸 제공해 줄 때 미리
보수에 관한 계약을 하고 빠름을 나누어 주는 시점과 최대한 가
d 깝게 돈을 받지 않는다면 말이네. 나는 사람들이 느리기 때문에
불의를 저지르는 것이 아니라 정의롭지 못하기 때문에 불의를
저지른다고 믿네. 그렇지 않나?

칼리클레스 그렇습니다.

소크라테스 그러므로 누구라도 바로 이것을, 즉 불의를 제거한

다면 불의를 당하지 않을까 하는 두려움을 전혀 가질 필요가 없을 걸세. 오히려 사람들을 훌륭하게 만들 수 있는 능력을 실제로 가진 자가 있다면, 그 사람만이 이 이로운 행위를 안전하게 제공해 줄 수 있네. 그렇지 않나?

칼리클레스 그렇습니다.

소크라테스 따라서 이런 이유 때문에 다른 조언들, 예컨대 건축이나 그 밖의 기술들에 관한 조언들을 해 주면서 돈을 받는 것은 조금도 부끄러운 일이 아니라고 여겨지네.

칼리클레스 그럴 것 같습니다.

소크라테스 하지만 어떻게 하면 자신의 가정이나 나라를 될 수 있는 대로 가장 훌륭하게 그리고 가장 잘 관리할 수 있을지,[335] 그 관리 행위에 관해, 자신에게 돈을 주지 않으면, 조언하지 않겠다고 거절하는 것은 부끄러운 일로 간주되네. 그렇지?

칼리클레스 그렇습니다.

소크라테스 그 까닭은 분명히 이렇네. 이로운 행위들 가운데 이것[336]만이 이로움을 입은 자가 그 보답으로 이롭게 해 준 자에게 잘해 주고 싶어 하게 만들며, 따라서 이 이로운 행위를 잘해 준 후에 상대방도 잘해 주는 것으로 보답한다면 그 표시는 아름답지만, 그렇지 않다면 아름답지 않게 여겨지기 때문이지. 그렇지 않나?

칼리클레스 그렇습니다.

소크라테스 그렇다면 자네는 나라를 보살피는 두 가지 방식 중에서 어느 쪽을 나에게 권하는지 결정해 주게. 의사가 그렇게 하듯이 아테네인들이 가능한 한 가장 훌륭한 자들이 되게 하기 위해 그들과 싸우는 쪽의 보살핌인가, 아니면 기쁨을 주려고 그들과 사귀며 하인 노릇을 하기 위한 보살핌인가? 칼리클레스, 내게 진실을 말해 주게. 나에게 거리낌 없이 말하기 시작했을 때처럼, 자네가 마음에 두고 있는 것을 계속 끝까지 말해야 마땅하네. 지금 어서 품위 있게 잘 말해 주게.

칼리클레스 그러시다면 하인 노릇 하기 위한 쪽이라고 말하겠습니다.

b 소크라테스 지극히 고귀한 친구여, 그렇다면 자네는 나에게 아첨을 하라고 권하는 거네.

칼리클레스 '뮈시아인'[337]이라고 불러야 당신이 더 즐거우시다면, 소크라테스. 왜냐하면 당신이 그렇게 하지 않으면, ….

소크라테스 자네가 여러 차례 했던 말,[338] 누구든 원하기만 하면 나를 죽일 거라는 그 말은 하지 말게, 그것은 몹쓸 자가 훌륭한 자를 죽이는 거라고 재차 내가 말하지 않도록. 누구라도 원하기만 하면 내가 가진 것을 빼앗을 거라고 말하지도 말게. 빼앗더라도 그는 그걸 어떻게 사용할지 모를 것이고, 그걸 가진다 해도 나한테서 부당하게 빼앗았던 것처럼 역시 부당하게 사용할 것이

c 며, 부당하게 사용한다면 부끄럽게 사용하는 것이고, 부끄럽게

사용한다면 나쁘게 사용하는 것이라고 내가 다시 말하지 않도록 말이네.

칼리클레스 이런 일들을 하나도 당하지 않을 거라고 아주 확신하시는 것 같군요, 소크라테스. 자신은 안전한 곳에 거주하고 있고, 그래서 아주 사악하고 열등한 사람에 의해 법정으로 끌려가는 일은 아마 없을 것처럼 말입니다.

소크라테스 그렇다면 나는 정말로 몰지각한 거지, 칼리클레스. 이 나라에서는 누구나 무슨 일이든 당할 수 있다고 생각하지 않는다면 말일세. 하지만 나는 잘 알고 있네. 자네가 말하는 이 위험들 중 하나에 연루되어 내가 법정에 서게 된다면, 나를 법정으 d
로 끌고 가는 자는 어떤 몹쓸 자일 거네. 훌륭한 자는 아무도 불의를 저지르지 않은 사람을 법정으로 끌고 가지 않을 테니까. 그리고 내가 죽는다 해도 이상할 게 하나도 없네. 내가 무슨 이유로 이런 예상을 하는지 자네에게 말해도 되겠나?

칼리클레스 물론입니다.

소크라테스 내가 믿건대, 나는 참된 정치술을 시도하며 정치를 하는 몇몇 아테네인들 가운데 한 사람이네. 나 혼자뿐이라고 말하지 않으려고 몇몇이라고 했지만, 요즘 사람들 중에는 내가 유일하다고 믿네. 내가 매번 하는 발언들은 보답을 목적으로 하지 않고 최선의 것을 목적으로 하며 가장 즐거운 것을 목적으로 하지 않기 때문이네. 그리고 나는 자네가 권하는 이 세련된 것들[339] e

을 하려고 하지 않기 때문에 재판정에서 무슨 말을 해야 할지 모를 거네. 내가 폴로스에게 했던 말[340]이 그대로 나에게 적용되는 셈이지. 나는 의사가 요리사의 고발을 받아 아이들 앞에서 재판을 받듯이 재판을 받을 테니까. 누군가가 이런 말로 그를 고발한다면, 그런 사람이 이 아이들 앞에 붙잡혀서 무슨 변론을 할 수 있을지 생각해 보게. "아이들이여, 여기 이 사람은 바로 여러분들에게 나쁜 짓을 많이 저질렀습니다. 특히 여러분들 중에서

522a 도 가장 어린 아이들을 자르고 지져서 망가뜨립니다. 그리고 당혹스럽게 만들기도 하지요.[341] 배고픔과 갈증을 강요하여 여위게 하고 쓰디쓴 물약으로 사레들게 함으로써 말입니다. 그는 내가 온갖 종류의 많은 즐거운 것들로 여러분에게 호화로운 잔치를 베풀어 왔던 것처럼 하지 않습니다." 이런 나쁜 상황에 걸려든 의사가 무슨 말을 할 수 있을 거라고 생각하나? 아니면, 그가 "아이들이여, 나는 이 모든 일을 건강을 생각해서 해 왔습니다." 라고 진실을 말하면, 이런 부류의 재판관들이 얼마나 크게 아우성을 칠 거라고 생각하나? 아우성 소리가 크지 않겠나?

칼리클레스 아마도요. 그럴 거라고 생각해야지요.

소크라테스 그렇다면 그는 아주 곤란한 처지에 놓이게 되어 무

b 슨 말을 해야 할지 모를 거라고 생각하지 않나?

칼리클레스 물론입니다.

소크라테스 하지만 나 역시 내가 법정에 서게 된다면 같은 일을

당하리라는 걸 알고 있네. 나는 내가 제공한 어떤 즐거움들도 그들에게 말할 수 없을 거네. 그들이 이로운 행위로 생각하고 이익으로 여기는 즐거움들 말이네. 왜냐하면 나는 그런 것을 제공하는 자들도 제공받은 자들도 부러워하지 않기 때문이지. 그리고 누군가가 내가 젊은이들을 당혹스럽게 하여 망쳐 놓는다거나, 나이 든 사람들에게 공적으로나 사적으로 가시 돋친 말로 비난한다고 주장한다면, 나는 "내가 말하고 행하는 그 모든 것은 정당합니다. '재판관 여러분들이여'—당신들의 표현을 빌리자면[342]—"라고 진실을 말할 수도 없을 것이며, 달리 아무 말도 할 수 없을 거네. 그러니 아마도 나는 무슨 일을 만나든 그대로 당하게 될 거네.

칼리클레스 그렇다면 소크라테스, 자기 나라에서 그러한 상황에 처해 있는데도 자신을 도울 수 없는 사람이 좋은 처지에 있다고 생각하십니까?

소크라테스 물론이지, 적어도 저 한 가지 조건만 그가 갖추고 있다면, 칼리클레스. 자네가 여러 차례 동의했던 것으로, 인간들에 대해서나 신들에 대해서나 부정의한 것을 말하지도 않고 행하지도 않음으로써 자신을 돕는다는 조건 말일세. 이것이 자신을 돕는 가장 강력한 방법이라는 데 우리가 여러 차례 동의했으니까. 그러므로 만약 누군가가 나를 논박하여 이것으로는 내가 나 자신과 다른 사람을 도와줄 수 없다는 걸 보여 준다면, 많은 사람

들 앞에서든 몇몇 사람들 앞에서든 일대일로든 나는 논박당하
는 걸 부끄러워할 거네. 그리고 이 무능함으로 인해 죽게 된다
면 나는 원통하겠지. 그러나 아첨하는 연설술을 가지고 있지 않
아서[343] 삶을 마감하게 된다면, 내가 확신하거니와 자네는 내가

e   그 죽음을 쉽게 감내하는[344] 걸 보게 될 거네. 사실, 완전히 무분
별하고 비겁한 자가 아니라면 누구나 죽는 것 자체는 두려워하
지 않고 불의를 저지르는 것을 두려워하네. 혼이 여러 부정의한
행위들로 가득 차서 하데스에 이르는 것은 모든 나쁜 것들 중에
서도 가장 극단적인 것이니까. 원한다면 이것이 어째서 그런지
자네에게 이야기해 주었으면 하네.

칼리클레스   당연히 다른 것들도 마무리하셨으니까 이것도 마무
리를 하셔야지요.

523a   소크라테스   그러면, 그들[345] 말마따나 아주 훌륭한 이야기를 들
어 보게. 나는 자네가 이 이야기를 설화로 여길 거라고 믿지만,
나는 근거 있는 이야기로 여기네. 나는 내가 이야기할 내용을 참
이라 믿고[346] 자네에게 이야기하겠네. 호메로스의 말대로[347] 제우
스와 포세이돈과 플루톤은 아버지로부터 통치권을 물려받고서
그것을 서로 나누었네. 그런데 크로노스 시대에는 인간들에 대
하여 다음과 같은 법이 있었네. 그 법은 그때부터 줄곧 그리고
오늘날까지도 계속해서 신들 사이에 존재한다네. 그 법이란 인
간들 가운데 정의롭고 경건하게 일생을 산 자는 삶을 마감한 후

에 축복받은 자들의 섬들[348]로 가서 나쁜 것들로부터 벗어나 완   b
전한 행복 속에서 살아가지만, 부정의하고 신을 믿지 않는 삶을
산 자는 타르타로스[349]라 일컫는 응보와 심판[350]의 감옥으로 가야
한다는 것이네. 그런데 크로노스 시대와 제우스가 통치권을 장
악한 지 아직 얼마 되지 않았던 시기에는 인간들이 살아 있을 때
심판을 받았고 심판관들도 살아 있는 상태로 인간들이 삶을 마
감하게 되어 있는 날에 심판을 하였네. 그래서 판결들이 나쁘게
내려졌지. 그러자 플루톤과 축복받은 자들의 섬들의 감독자들이
제우스에게 와서 합당하지 않은 인간들이 자신들의 지역으로 빈
번하게 오고 있다고 말했네. 그랬더니, 그의 이야기에 따르면,[351]   c
제우스가 말했네. "그렇다면 내가 그런 일이 일어나는 걸 멈추
게 하겠다. 지금은 심판이 잘못 내려지고 있기 때문이다." 그의
이야기에 따르면, "심판받는 자들이 옷을 입고 있어서 그렇다.
살아 있을 때 그들이 심판을 받기 때문이다." 그의 이야기에 따
르면, "그래서 몹쓸 혼을 가진 많은 인간들이 아름다운 몸과 좋
은 혈통과 부(富)를 걸친 채로[352] 있고, 게다가 판결이 있을 때 많
은 증인들이 그들을 위해 와서 그들이 정의롭게 살았다고 증언
한다. 그러다 보니 심판관들은 이런 것들 때문에 갑자기 혼미해
지게 된다. 뿐만 아니라 같은 시간에 심판관들 자신도 옷을 입은   d
채로 자신들의 혼 앞을 눈과 귀와 온몸으로 덮어 가리고서 심판
한다. 이것들이 모두 그들에게 방해가 되고 있다. 자신들이 입은

것들도 그렇고 심판받는 자들이 입은 것들도 그렇다." 그의 이야기에 따르면, "그러니 먼저, 그들이 죽음을 미리 아는 것을 멈추게 해야 한다. 지금은 그들이 미리 알고 있기 때문이다. 그래서 그들에게서 그것을 멈추게 하라는 지시를 프로메테우스[353]에게 이미 내려 놓았다. 그 다음에, 그들은 입은 것을 모두 벗고 판결을 받아야 한다. 죽은 후에 판결을 받아야 한다는 말이다. 심판관도 벗은 상태, 즉 죽은 상태여야 하며, 자신의 혼 자체로써 각 사람의 혼 자체를, 그가 죽자마자 모든 일가친척들로부터 고립되고 저 모든 장식들을 지상에 남기고 떠났을 때, 관찰해야 한다.[354] 그래야 심판이 정의로울 수 있다. 그래서 나는 너희들보다 먼저 이런 사정을 알고 나의 아들들을 심판관으로 임명해 두었다. 둘은 아시아에서 택한 미노스와 라다만튀스이고, 하나는 유럽에서[355] 택한 아이아코스[356]이다. 이들은 삶을 마감한 후에 세 갈래 길이 만나는 초원[357]에서 심판을 할 것이다. 그곳에서 두 갈래 길이 시작되는데, 하나는 축복받은 자들의 섬들로 가는 길이고, 다른 하나는 타르타로스로 가는 길이다. 아시아에서 오는 자들은 라다만튀스가 심판하고, 유럽에서 오는 자들은 아이아코스가 심판할 것이다. 그리고 미노스에게는, 다른 두 심판관이 해결하기 곤란한 문제가 있을 경우에, 확정판결을 내릴 수 있게 연장자의 권한을 줄 것이다. 그렇게 해서 인간들이 가야 할 길에 대한 판결이 가능한 한 가장 정의로울 수 있도록 하겠다."

칼리클레스, 이것이 내가 듣고 참이라고 확신하는 이야기네. 그리고 나는 이 이야기에 근거하여 다음과 같은 일이 뒤따를 것 b 이라고 추정하네. 내가 생각하기에 죽음이란 혼과 몸, 두 가지 것이 서로로부터 풀려나는 것[358]에 지나지 않네. 그러므로 그 둘 이 서로로부터 풀려났을 때, 둘 각각은 그 사람이 살아 있을 때 유지했던 자신의 상태를 그때 못지않게 많이 유지하네. 몸은 자 신의 본성과 보살핌의 결과들과 겪은 내용들을 모두 뚜렷하게 유지하네. 이를테면 누군가의 몸이 살아 있을 때 본래부터 컸거 c 나 양육에 의해 컸거나 두 가지 모두에 의해서 컸다면 죽은 후 에도 그의 시신은 크네. 그리고 뚱뚱했다면 죽어서도 뚱뚱하고, 그 밖의 경우들도 마찬가지네. 그리고 또 그가 머리털을 늘 길 게 길렀다면 그의 시신도 머리털이 기네. 또 누군가가 살아 있 을 때 불량배여서 매를 맞거나 다른 부상으로 인해 가격당한 흔 적을 몸에 흉터로 갖고 있었다면, 삶을 마감한 후에도 그의 몸 이 그 흔적을 지니고 있는 것을 볼 수 있네. 또는 누군가의 사지 가 살아 있을 때 부러졌거나 뒤틀렸다면 죽어서도 그것이 같은 상태로 뚜렷하게 유지되네. 한마디로 말해, 살아 있을 때 갖추고 d 있던 몸의 상태는 삶을 마감한 후에도 일정 시간 동안 모두 또는 대부분 뚜렷하게 유지된다는 것이지. 따라서 칼리클레스, 나는 이것이 혼에도 똑같이 적용된다[359]고 생각하네. 혼 안의 모든 것 은 혼이 몸을 벗은 후에 뚜렷이 드러난다네. 본래부터 가지고 있

던 상태들뿐만 아니라 각각의 활동을 지속적으로 수행함으로써

e 그 사람이 혼 안에 갖게 된 상태들도 말이네. 그리하여 그들이 심판관 앞에 도착했을 때, 아시아에서 오는 자들은 라다만튀스 앞에 도착했을 때, 라다만튀스는 그들을 멈춰 세우고 누구의 혼인지 모르는 상태에서 각자의 혼을 관찰한다네. 그러나 종종 대왕이나 다른 어떤 왕 또는 권력자를 붙잡았을 때, 그는 그의 혼에서 건강한 것은 전혀 보지 못하고 거짓 맹세와 부정의한 행위로 인해 심하게 매질을 당하여 흉터들로 가득한 것을 보게 되네. 그 흉터들은 그의 행위 하나하나가 혼에 도장을 찍듯 찍은 것이

525a 지. 그리고 모든 것이 거짓과 허영으로 말미암아 구부러져 있고, 진실성 없는 양육을 받은 까닭에 전혀 반듯하지 않다네. 그리고 그는 그 혼이 방종과 사치, 그리고 행동의 방자함과 무절제로 인해 불균형과 추함으로 가득 차 있는 것을 보게 됐네. 그는 이 혼을 보고 치욕스럽게도 곧바로 그것을 감옥으로 보내 버렸지. 가서 응분의 수난을 견뎌 내야 할 곳으로.

b 형벌을 받는 모든 자들에게는 다른 이로부터 올바르게 형벌을 받음으로써 유익을 얻고 더 나은 자가 되는 것이 적절하네. 아니면 다른 사람들에게 본보기가 되어야 하네. 어떤 응분의 고초를 겪는지를 보고 두려워하여 다른 사람들이 개선될 수 있도록 말이네. 신들과 사람들에 의해 대가를 치르고 이롭게 되는 자들은 치료가 가능한 잘못을 저지르는 자들이네. 그렇기는 하지만 그

이로움은 여기서나 하데스에서나 고통과 괴로움을 통해서 그들에게 주어지네. 다른 방법으로는 불의에서 벗어날 수 없기 때문이지. 본보기들은 극단적인 불의를 저질러서 그 부정의한 행위로 인해 치료가 불가능해진 자들에게서 나오네. 그리고 이들은 치료 불가능한 자들[360]이기 때문에 자신들은 더 이상 유익을 전혀 얻지 못하지만, 다른 사람들은 이들이 잘못으로 인해 가장 크고 가장 고통스럽고 가장 무서운 수난을 영원히 겪는 것을 보면서 유익을 얻네. 이들은 저곳 하데스의 감옥에 그야말로 본보기로 매달린 채 끊임없이 도착하는 부정의한 자들에게 경고성 구경거리가 된다네. 폴로스의 말이 참이라면,[361] 나는 아르켈라오스뿐만 아니라 그런 참주라면 누구라도 이 본보기들 가운데 하나가 될 거라고 주장하네. 나는 이 본보기들의 대다수가 참주들과 왕들과 권력자들[362]과 나랏일을 하는 사람들에게서 나왔다고 생각하네. 이들은 권세를 남용하여 가장 크고 가장 불경한 잘못들을 저지르기 때문이지. 호메로스[363]도 이에 대해 증언하고 있다네. 그는 왕들과 권력자들을 하데스에서 영원한 시간 동안 형벌을 받고 있는 자들로 묘사해 놓았으니까. 탄탈로스와 시쉬포스와 티튀오스가 그들이네. 그러나 테르시테스[364]의 경우는, 그리고 다른 어떤 몹쓸 자가 평범한 사람일 경우에는, 아무도 그를 치료 불가능한 자로서 큰 형벌에 붙잡혀 있는 것으로 묘사해 놓지 않았네. 내가 생각하기에 그는 권세를 부릴 수 있는 위치에 있지 않았기 때문이네. 그렇기 때문에 그는 권세를 부릴 수 있는 자들보다 더 행복했던 것이지. 그러나 실은 칼리클레스, 대단히 526a 몹쓸 자가 되는 사람들도 힘 있는 자들 가운데서 나오네.[365] 물론 이들 중에서도 훌륭한 사람들이 나지 말라는 법은 없네. 그리고 그런 자들이 나온다면, 그들은 대단히 감탄할 만한 인물이네. 불의를 저지를 수 있는 큰 권세를 가졌는데도 평생 정의롭게 산다는 건 대단히 칭찬받을 만한 일이니까. 그러나 그런 사람들은 몇 안 되네. 하지만 그런 사람들이 이곳에서도 나왔고 다른 곳에서도 나왔기 때문에 앞으로도 있을 거라고 생각하네. 누가 무엇을 맡겨도 그것을 정의롭게 처리해 내는 능력으로서의 덕이 훌륭하 b 고 뛰어난 자들 말이네. 뤼시마코스의 아들 아리스테이데스[366]가 바로 그런 사람들 가운데 하나로 다른 모든 그리스인들 사이에서도 명성이 높았지. 그러나, 지극히 훌륭한 친구여, 권력자들의 대다수는 나쁜 자들이 되네. 그래서, 내가 말했듯이, 저 라다만튀스가 그런 자를 하나 붙잡으면, 그에 관해서 다른 것은—그가 누구이며 누구의 아들인지는—전혀 몰라도 그가 몹쓸 자라는 것은 안다네. 그는 이것을 알아보고서 치료가 가능해 보이는지 불가능해 보이는지를 표시해서 타르타로스로 보낸다네. 그리고 그 c 곳에 도착하면 응분의 고초를 겪게 되네. 그러나 때때로 그는 경건하게 진리와 함께 살았던 다른 혼, 그러니까 평범한 사람의 혼이나 다른 누군가의 혼, 특히 사는 동안 자신의 일을 행하고 다른 일에 참견하지 않았던[367] 철학자의 혼을—어쨌거나 나는 이렇게 주장하네, 칼리클레스—알아보고서, 감탄하며 축복받은 자들의 섬들로 보내기도 하네. 아이아코스도 이와 똑같은 일을 하네. 이 둘은 각자 지팡이[368]를 지니고 심판을 하네. 그리고 미노스만이 황금 홀을 가지고[369] 앉아서 지켜본다네. 호메로스의 오뒤세우스가 "황금 홀을 가지고 죽은 자들에게 정의의 판결을 내리는" 그를 보았다고 말하고 있듯이 말이네.

  그러므로 칼리클레스, 나는 이 이야기를 믿고 있네. 그래서 나는 어떻게 하면 심판관에게 되도록 가장 건강한 혼을 보여 줄 수 있을지 살피고 있다네. 나는 많은 사람들로부터 얻는 명예들과는 작별하고, 진리를 연마하면서 내가 할 수 있는 한 참으로 가장 훌륭한 자로 살고 죽을 때도 그렇게 죽으려고 노력할 거네. 그리고 나는 내 능력이 닿는 데까지 다른 모든 사람에게도 이 삶과 이 경쟁[370]을 권하며, 무엇보다도 자네에게 자네가 권한 것[371]에 대한 대답으로서 권하는 바이네. 나는 그것이 이승의 어떤 경쟁보다도 가치 있다고 주장하네. 그리고 나는 자네를 비난하네. 왜냐하면 내가 조금 전에 말한 심판과 판결을 받을 때 자네는 자신을 도울 수 없을 테니까. 자네가 아이기나[372]의 아들인 저 심판관 앞에 갔을 때, 그리고 그가 자네를 붙잡아 재판에 붙일 때, 자네는 여기서 내가 그랬던 것 못지않게 입을 쩍 벌리고 현기증을 일으킬 것이며, 어쩌면 누군가가 치욕스럽게도 자네의 턱을 갈

d

e

527a

기고 진창에 밟아 뭉갤지도 모르네.

그런데도 아마 자네는 내가 말한 이것들을 마치 노파의 이야기인 양[373] 설화로 여기고 깔보겠지. 물론 이보다 더 훌륭하고 더 참된 것들을 어떻게든 뒤져서 찾아낼 수만 있다면, 이것들을 깔보더라도 조금도 놀랍지 않겠지. 그러나 사실은, 자네가 알다시피, 자네와 폴로스와 고르기아스, 이렇게 당신들은 셋이고 요즘 그리스인들 중에서 가장 지혜로운 자들이지만, 저승에서도 분명히 이익이 되는 이 삶이 아닌 다른 어떤 삶을 살아야 한다는 것을 당신들은 입증해 보일 수 없네. 오히려 그렇게 많은 주장들 중에서 다른 것들은 모두 논박당하고, 이 주장만 확고하게 남았네. 불의를 당하는 것보다 불의를 저지르는 것을 더 조심해야 하며, 사람은 사적으로나 공적으로나 훌륭해 보이는 데 주의를 기울일 것이 아니라 실제로 훌륭한 상태에 있도록[374] 하는 데 무엇보다도 주의를 기울여야 하며, 누구든지 어떤 점에서 나빠진다면 응징을 받아야 하고 응징을 받고 대가를 치름으로써 정의로워지는 것이 정의로운 상태에 있는 것 다음으로 두 번째로 좋은 것이며, 모든 아첨은 자신에 대한 것이든 다른 사람들에 대한 것이든 몇몇 사람들에 대한 것이든 많은 사람들에 대한 것이든 피해야 하며, 연설술은 언제나 정의로운 것을 위해 사용해야 하고, 다른 모든 행위도 그렇게 되어야 한다는 주장 말이네.

그러므로 나를 믿고 따라 오게. 자네가 도착하면, 앞서 한 이야기가 알려 주고 있듯이, 살아서나 죽어서나 행복을 누리게 될 곳으로. 그리고 누가 자네를 어리석다고 깔보고 진창에 밟아 뭉개고 싶어 한다면, 그러라고 하게. 그렇다네, 제우스께 맹세컨대, 이 치욕스러운 매를 자네에게 치라고 자신 있게 허락하게. 자네가 덕을 단련함으로써 실제로 훌륭하고 좋은 상태에 있다면 끔찍한 일을 조금도 당하지 않을 테니까. 그리고 나서, 우리가 d 함께 이렇게 덕을 단련한 후에, 그때 비로소 필요하다고 생각되면 나랏일에 나서거나, 아니면 우리가 의미 있게 여기는 일을 하기로 결정해야 할 것이네. 그때는 우리가 지금보다 결정을 더 잘 내릴 수 있는 상태에 있을 테니까. 사실, 지금까지 드러난 바와 같은 상태에 놓여 있으면서 우리가 무슨 대단한 자들이라도 되는 양 호기를 부리는 것은 부끄러운 일이네. 우리는 같은 문제에 대해서, 그것도 가장 큰 문제에 대해서 생각이 전혀 일치하지 않으니까. 우리는 그만큼 교육이 부족한 상태[375]에 있네. 그러므로 e 지금 우리에게 드러난 이 주장을 인도자로 이용하세. 살아서나 죽어서나 정의는 물론이고 다른 덕을 모두 단련하는 것, 이것이 가장 좋은 삶의 방식임을 우리에게 지시해 주는 주장을 말이네. 그리하여 이 주장을 따르세. 그리고 다른 사람들에게도 권하세. 자네가 확신을 가지고 나에게 권하는 그 주장은 따르지 마세. 그것은 아무런 가치도 없으니까, 칼리클레스.

주석

1   **속담** : 정확한 표현은 우리에게 알려져 있지는 않지만 "잔치에는 제일 먼저, 전투에는 제일 늦게"라는 뜻의 속담인 듯하다. 소크라테스는 칼리클레스가 '전투'라고 말한 것을 '잔치'로 바꾸어 놓고 있다. 고르기아스의 연설회를 말잔치로 표현한 것이다. '말잔치'라는 표현은 플라톤의 다른 대화편에도 나온다(『파이드로스』 227b, 『뤼시스』 211c, 『국가』 352b, 354a~b). 소크라테스가 고르기아스의 연설회장에 늦게 도착하는 장면은 『향연』에서 아가톤의 집에서 열린 만찬회에 소크라테스가 늦게 도착하는 대목(175c)을 연상케 한다.

2   **훌륭한**(kalos) : 'kalos'는 모양이나 생김새가 '아름답다'라는 뜻과, 성능이나 품질, 자질, 능력이 '우수하고 좋다'는 뜻으로 쓰이고, 사람에게 사용될 때는 '도덕적으로 훌륭하고 존경할 만하다'는 뜻으로 쓰인다. 본문 번역에서는 주로 '아름다운'과 '훌륭한'으로 옮겼으며, 비슷한 뜻으로 쓰이는 'agathos'는 '훌륭한'과 '좋은'으로 옮겼다.

3   **강연을 우리에게 해주셨습니다**(epideiknynai) : 칼리클레스는 고르기아스의 연설(또는 강연) 활동을 'epideiknynai'라는 동사로 표현한다. 이 동사의 일반적인 뜻은 '무엇을 전시하다', '보여 주다', '자신의 생각, 솜

씨, 재능을 과시하다'이다. 이 동사는 이런 일반적이고 중립적인 뜻으로 플라톤과 여러 작가들의 작품들에서 많이 쓰이며, 법정 연설에서는 주로 '입증하다', '증거를 대다'라는 뜻으로 사용된다. 특히 플라톤은 이 동사와 이것의 명사형(epidexis)을 소피스트들의 연설회나 강연 행사를 표현하는 말로 자주 사용한다(『히피아스 II』 363c~d, 364b, 『에우튀데모스』 274a~d, 275a, 278c~d, 282d~e, 『프로타고라스』 328d, 『이온』 530d). 이를테면 히피아스는 올림피아에서 경기가 있을 때마다 연설회(epideixis)를 열고, 자신이 준비한 범위 내에서 청중들이 원하는 대로 연설하고 무슨 질문이든 대답해 준다고 자랑한다(『히피아스 II』 363c~d). 그리고 고르기아스와 프로디코스는 공적인 일로 아테네에 왔을 때 사적인 연설회(epideixis)를 개최하여 큰 돈을 벌었다고 하는데(『히피아스 I』 282b~c), 『크라튈로스』 384b에 따르면 프로디코스는 자신의 전문 분야인 언어 용법에 관하여 50드라크마짜리 강연(epideixis)과 1드라크마짜리 강연을 개최했다고 한다. 소피스트들이 자신의 박학다식함을 화려한 말솜씨(수사적 기교)로 풀어내며 과시하는 행사를 가리켜 플라톤이 '에피데익시스'라고 표현할 때는 빈정거림과 비꼬는 분위기가 들어 있다. 마치 대중들을 상대로 흥행성 쇼를 한다는 말처럼 들린다. 다른 저자들에게서도 이 용어가 부정적인 뉘앙스로 사용되는 사례가 없지 않다. 크세노폰은 『향연』 2.1에서 아울로스, 곡예, 춤, 키타라 등의 예능인들이 보여 주는 버라이어티 쇼를 'epideixis'로 표현한다. 투퀴디데스는 정치적인 맥락에서 'epideixis' 개념의 가치를 폄하하며 재정적인 관심사와 결부시킨다(3.42.3). 뤼시아스는 자신의 정치적 영향력을 사람들 앞에 입증한다는 뜻으로 이 말을 사용한다(18.13). 연설가 알키다마스는 소피스트들을 비판하는 연설에서 글로 미리 써서 잘 다듬어 놓은 연설에 비해 즉석에서 구두로 하는 연설이 우월하다는 것을 입증하고자 하면서 직접 군중 앞에서 에피데익시스를 행하지만, 그 목적은 오로지 미리 준비해 놓은 연설로 사람들에게 자신을 나타내고 알리기 위한 것이었다(『소피스트들에 관하여』 29). 이소크라테스의 『헬레네』 10.9에서도

'epideixis'가 식견이 있음을 드러내 보이는 문맥에서 사용된다("무엇보다도 가장 웃기다고 생각되는 일은, 자신들이 공언하는 바로 그 주제들을 가지고 'epideixis'를 펼칠 수 있을 때 그들은 자신들이 정치 분야에 식견이 있다는 걸 우리에게 믿게 하려고 애쓴다는 것입니다.").

4 광장(agora) : 아고라는 보통 도시의 중앙에 위치하고 있거나 아테네의 아크로폴리스처럼 중심부가 다른 지형에 의해서 점유되었을 경우에는 거리의 중심부에 위치하고 있었고, 그 영역은 신성시되었다. 초기에는 주로 시민들이 정치적인 집회를 갖는 장소로 사용되었으나 나중에는 상인들이 물건을 사고파는 시장의 기능도 하게 된다. 'agorazein'(물건을 사다)와 'agoreuein'(대중연설을 하다)는 'agora'의 이러한 이중적인 기능으로부터 유래한 것이다.

5 문답식 대화를 나누려고(dialegesthai) : '문답식 대화를 나누다', '논의하다'로 옮긴 'dialegesthai'는 이 대화편에서 고르기아스를 포함해서 소피스트들의 장기인 'epideixsis'(혼자서 길게 하는 과시 연설이나 강연)와 대비되는 말로 사용된다.

6 기술(technē) : 'technē'는 폭넓게 쓰이는 말이다. 뤼라 연주법, 의술, 장기 두는 법(450d7), 천문학(451c5) 등, 생산적 지식이나 실천적 지식, 그리고 이론적인 지식에 이르기까지 가르칠 수 있게 정리된 지식 체계 전반에 두루 쓰이며 이 대화편에서 'epistēmē'(지식, 앎)와 같은 뜻으로 사용된다.

7 그의 연설 솜씨는 … 다음에 펼쳐 보이시게 하고 : 소크라테스는 과시 연설을 듣는 걸 좋아하지 않는다. 왜냐하면 연설에 방해가 될까 질문하기도 곤란할 뿐더러(『히피아스 II』 364b) 연설을 잘하는 사람들은 작은 질문에도 길게 이야기를 늘어놓기 일쑤이기(『프로타고라스』 329a, 『히피아스 II』 364b) 때문이다. 그래서 소크라테스는 대화 상대자가 이야기를 길게 하려 들면 한가할 때 짬을 내어 들어 보겠다고 피하며 대신에 문답식 대화에 응할 것을 요구한다(『이온』 530d, 『에우튀프론』 6c). 『프로타고라스』 347b에서도 히피아스가 시모니데스의 송가에 대한 새로운 해석을

연설(epideixis)로 보여 주겠다고 제안하자, 알키비아데스는 단호하게 뿌리치며 소크라테스가 원하는 문답식 대화에 응하라고 요구한다.

8 **안에 있는** : 이 말로 미루어 볼 때, 최초의 만남은 바깥에서, 그러니까 체육관이나 고르기아스가 연설을 한 공공건물의 입구에서 있었던 것으로 보인다. 그리고 447d6에서 카이레폰이 고르기아스에게 질문을 했을 때는 일행들이 건물 안으로 들어간 상태라고 봐야 한다. 조금 뒤에 가서 고르기아스가 청중들의 사정을 감안해서 소크라테스와 논의를 계속할 것인지 결정하자고 제안하자 청중들이 환호하는 장면(458c)이 나오는데, 이것을 고려하면 이 대화의 나머지는 고르기아스가 소크라테스 일행이 오기 전에 연설을 했던 청중들 앞에서 이루어졌다고 볼 수 있다. 건물 바깥에서 안으로 바뀌는 식의 이와 유사한 장면 전환은 『뤼시스』 206d~e와 『테아이테토스』 143b에서 볼 수 있다.

9 **무슨 질문이든 대답해 주겠다고** : 청중들이 즉석에서 하는 질문에 답하는 고르기아스의 관행은 『메논』 70c에서도 언급된다. 히피아스도 강연(epideixis)을 할 때 청중들의 질문을 받고 즉석에서 답하는 순서를 언제나 마련했던 것 같다(『히피아스 II』 363d, 『프로타고라스』 315c).

10 **신발**(hypodēma) : 'hypodēma'는 끈으로 밑창을 발바닥과 묶어서 신는 신발로 샌들과 같은 것이다.

11 **장인**(dēmiourgos) : 데미우르고스는 의사, 화가, 건축가, 조선공(503e5) 등 어떤 종류의 전문적인 지식이나 기술을 가진 사람을 말한다. 이미 호메로스의 『오뒤세이아』 17.383 이하에서 예언가들, 의사들, 목수들, 그리고 음유시인들이 데미우르고스들로 분류되고 있다. 플라톤은 '데미우르고스'를 매우 폭넓게 사용하는데, 본문에서는 돈 버는 기술을 가진 사업가를 '부(富)의 장인'(452c)으로, 연설술을 가진 자를 '설득의 장인'(453a)으로 일컫는가 하면, 『국가』 500d에서는 시민들에게 절제와 정의 같은 덕들을 갖추게 하는 철학자에 대해 '데미우르고스'라는 말을 사용하고, 『티마이오스』에서는 우주의 창조자를 '데미우르고스'로 지칭한다.

12 헤로디코스(Hērodikos) : 이 헤로디코스에 관해서는 전해지는 정보가 없다. 플라톤이 다른 대화편에서(『프로타고라스』316e, 『국가』406a, 『파이드로스』227d) 몇 차례 언급하는 셀륌브리아 출신의 의사 헤로디코스와 혼동해서는 안 된다. 셀륌브리아의 헤로디코스는 의학사에서 식이요법이 건강과 질병에 어떻게 영향을 미치는지 연구했으며 고대 치료법의 세 분야(식이요법, 약물치료법, 수술법) 중 하나를 개척한 사람으로 꼽힌다.

13 그의 형제 : 아리스토폰의 형제는 유명한 화가 폴뤼그노토스이다(『이온』532e). 이들의 아버지 아글라오폰도 화가였다.

14 경험으로부터 경험에 의해 (ek empeiriōn empeirōs) : 기술이 유래한 기원과 획득하게 되는 방법을 동시에 표현하고 있는 것으로 보인다.

15 많은 기술들이 … 가장 훌륭한 기술들에는 가장 훌륭한 자들이 관여합니다 : 폴로스는 연설의 수사적 기법을 동원하고 있다. '경험(empeiria)/미숙(apeiria)' 및 '기술(technē)/요행(tychē)'의 대비가 그렇고, "경험으로부터 경험에 의해"(ek tōn empeiriōn empeirōs)와 "다른 사람들이 제각기 다른 방식으로"(alloi allōn allōs)라는 강조적 되풀이 기법도 그렇다. 같은 단어를 반복하는 이 기법은 아마도 플라톤이 『파이드로스』267b~c에서 "반복법"(diplasiologia)을 폴로스의 장기라고 말했을 때 염두에 두었던 기법일 것이다. 이 대목은 폴로스가 고르기아스의 연설 기술을 전수받은 모범적인 제자임을 잘 보여 준다. 본문의 구절은 462b에서 언급되는 폴로스의 책에서 부분적으로 인용한 것일 수도 있지만, 고르기아스류의 수사법을 플라톤이 풍자했을 가능성도 있다. 경험과 기술의 관계는 462c, 501a에서 다시 언급된다.

16 기술들 중에서도 가장 훌륭한 것(tēs kallistēs tōn technōn) : 『필레보스』58a에서는 고르기아스 자신이 본인의 기술에 대해 "모든 기술 가운데 단연 최고"(makrōi aristē pasōn tōn technōn)라고 사람들에게 언제나 자부했던 것으로 그려진다.

17 연설술(rhētorikē) : 레토리케(rhētorikē)는 레토르(rhētōr)의 기술(technē)을 이르는 말이다. 'rhētōr'는 일차적으로 '연설에 관한 지식을 가진 사

람' 또는 '연설술을 가르치는 교사'를 뜻한다. 그러나 이 용어는 많은 사람들 앞에서 연설을 솜씨 있게 하는 사람, 특히 의회에서 연설을 하는 사람을 가리키는 말로 더 자주 사용되었고, 그래서 'rhētōr'는 466d에서 보듯이 사실상 '정치가'와 같은 뜻으로 사용되었다(이를테면 아이스키네스는 페리클레스, 테미스토클레스, 아리스티데스를 "hoi archaioi ekeinoi rhētores"(저 옛 연설가들)이라고 말한다(『티마르코스에 대항하여』 25). '레토르'와 '레토리케'의 번역어로서 '연설가'와 '연설술'은 충분하지 않다. '연설가'라고 하면 우선 연설을 잘하는 사람으로 읽히지, 이소크라테스처럼 직접 연설을 하지는 않고 대신에 연설문을 써 주거나 연설술을 가르치는 선생으로는 잘 읽히지 않는다. 게다가 말이나 글들을 다듬고 꾸미는 기법이 부각되는 대목에서 '연설가'라고 하면 더 어색하게 들린다. 이런 문맥에서는 '수사가', '수사술'이라는 번역어가 더 자연스럽다. 그렇다고 '수사술', '수사가'로 통일하는 것도 문제가 수월하지 않다. '수사'라는 번역어는 말이나 글의 표현을 다듬고 꾸민다는 뜻으로 읽히고 '연설'과는 무관하게 들린다는 것이 가장 큰 약점이다. 레토리케와 레토르의 어원적 의미에 해당되는 연설은 글로 표현하는 작문 행위가 아닐 뿐더러(연설문도 글이기는 하지만 어디까지나 연설을 전제로 한 글이다), 입말이라 하더라도 담론이나 내레이션과는 다른 언어 행위이다. 연설은 화자가 자신의 생각이나 주장을 상대방에게 단순히 전달하는 데 그치지 않고 그것을 받아들이도록 적극적으로 설득하는 행위이다. 이 핵심적인 의미를 표현해 주지 못한다는 점에서 '수사술'–'수사가'는 '연설술'–'연설가'보다 나아 보이지 않는다. '레토리케'를 '설득술'이라 번역하는 것도 하나의 대안일 수 있지만, 그럴 경우는 '레토르'를 '설득가'라고 하거나, 아니면 분리해서 '설득술'–'연설가'로 번역해야 하는데, 별로 좋아 보이지 않는다. 게다가 본 대화편 내에서는 사정이 더 어려워진다. 고르기아스와 소크라테스의 대화에서 '레토리케'에 대한 정의를 얻어 내는 과정이 있는데, '레토리케'를 미리 '설득술'로 번역해 놓으면 '설득의 기술'이라는 규정에 이르는 대목이 무의미해진다. 적절한 다른 번역어를 찾기가 어려운 상황에서는 현실적으로 '레토르'와 '레토리케'를 하나의 번역어로 통일하기는 어렵고 맥락에 따라 번갈아 사용할 수밖에 없는데, 일단 본 대화편에서는 한 군데를 제외하면(502d '수사적 대중연설') '연설술' – '연설가'로 번역어를 일치시켰다. '수사가'보다는 확실히 '연설가'가 전체적으로 문맥에 더 잘 맞는 부분들이 많다. '연설술'은 우리말 어감이 좋지 않다는 점에서 '수사술'이 조금 나아 보이기는 하지만, 449a에서처럼 '레토리케'와 '레토르'가 바로 연결되어 사용되는 대목들이 있어 '수사술' – '연설가'로 분리해서 번역하기는 어려웠다.

18 **어떤 것인지 … 무엇인지** : 소크라테스는 '그것이 어떤 것인지(또는 어떠한지)'(poion esti)와 '그것이 무엇인지'(ti estin)의 물음을 구별하고 있다. 앞의 것은 어떤 특징이나 성질을 묻는 물음이고, 뒤의 것은 정의를 요구하는 물음이다. 『메논』 71b에서도 소크라테스는 두 가지 물음을 구별하고 그것이 무엇인지(ti esti)를 알기 전에는 그것이 어떤 것인지(또는 어떠한지)를 알 수 없다고 말한다. 그리고 『프로타고라스』는 덕(aretē)이 무엇인지를 알기 전에는 그것이 가르쳐질 수 있는지 어떤지를 알 수 없다는 결론(360e, 361c)으로 끝나는데, 이것 역시 이 구별을 반영하는 것이라 할 수 있다.

19 **호메로스가 말했듯이** : 『일리아스』 6.211, 14.113을 가리킨다. 이 표현을 한 사람은 글라우코스와 디오메데스이며 각자 자신의 영광스러운 조상들에 대해 이야기하는 대목에서 이 표현을 사용한다.

20 **약속하셨던 건** : 448a에서 무슨 질문을 하든 대답해 주겠다고 공언한 것을 가리킨다.

21 **내가 내세우는 것들 중의 하나** : 『파이드로스』 267a~b에서 테이시아스와 고르기아스가 "모든 주제에 관해서 간결하게 말하는 법과 한없이 길게 말하는 법을 창안했다"고 한다. 『프로타고라스』 334e에서 프로타고라스는 "동일한 주제에 대해 밑천이 조금도 떨어지지 않을 정도로 길게 말할 수도 있고, 아무도 더 짧게 말할 수 없을 정도로 짧게 말할 수도

있는" 능력을 가진 자로 묘사된다.

22 헤라께 맹세컨대 : 이 맹세의 표현은 보통 여자들이 사용하지만, 플라톤의 대화편들에서 소크라테스가 이 표현을 종종 사용하는데(『변명』 24e, 『테아이테토스』 154d, 『히피아스 I』 291a), 언제나 감탄의 표현을 동반한다.

23 모든 기술들 중에는 … : 『카르미데스』 165e에도 이와 비슷한 기술들의 분류가 나온다. 거기서는 건축술이나 직조술처럼 물질적인 결과물(집, 옷감)을 산출하는 기술들과 그렇지 않은 기술, 즉 산술(logistikē)이나 기하학(geōmetrikē) 같은 기술들로 나뉜다. 이 구별은 『정치가』 258d~e에서 다시 나오며 두 부류의 기술들은 각각 "실천적 기술"(praktikē)과 "인식적 기술"(gnōstikē)로 불린다. 『필레보스』 55d~56b에서는 분류가 더욱 세밀하게 이루어진다. 수학적 계산과 측정을 기준으로 여기에 합치하는 정도에 따라 수공 기술들(cheirourgiai)이 "앎(epistēmē)과 더 밀접한 기술과 그렇지 못한 기술"로 구분되며, 지적인 기술들은 "아주 순수한 것"(katharōtata)과 "덜 순수한 것"(akatharotera)으로 나뉜다.

24 말(logos)이 전혀 필요 없고 : 여기서 소크라테스는 'logos'를 '입으로 하는 말'이라는 좁은 뜻으로 사용하고 있지만, 바로 아래 450d에서 기하학이나 장기술이 'logos'로만 일을 모두 해낸다고 말할 때, 그 'logos'는 단순히 '목소리로 발화되는 말'만 뜻하지 않는다(본문의 번역은 이 대목에서 '말'로 통일할 수밖에 없었다). 'logos'는 의미의 폭이 넓다. 일반적으로 'logos'는 말해지거나 생각된 것(내용), 말, 문장, 대화, 특히 이치에 맞는 생각의 표현, 따라서 근거, 논증, 설명, 정의를 가리킨다. 이 대화편에서도 소크라테스는 'logos'를 여러 가지 의미로 사용하고 있는데, 그 용법을 간추려서 보면 다음과 같다. 1)이야기나 진술 일반, 2)토론이나 연설가들의 연설처럼 체계적으로 짜임새 있게 이루어지는 일련의 말, 그리고 주고받는 문답식 대화, 3)신화, 전설, 지어낸 이야기와 대비되는 근거 있는 이야기(505c, 523a), 4)습관적이거나 무반성적이거나 이성적 사유에 근거를 두지 않은 행위와 대비되는 추론이나 근거, 이유, 설명의 제시(465a, 500e~501a).

25 회화나 조각 : 입으로 하는 말만 고려하고 예술가의 머릿속에서 일어나는 지적인 활동은 무시되고 있다. 당시 그리스인들이 그렇게 생각했듯이 플라톤은 재현적 예술을 단순히 기계적인 모방술로만 이해한다. 『정치가』 277c에서 플라톤은 "그림(graphē)과 수작업(cheirourgia)보다는 말(lexis)과 연설(logos)로 살아 있는 것을 표현하는 것이 더 적절하다"고 말한다.

26 수론(arithmētikē)이나 산술(logistikē) : 451b의 구별에 따르자면 '아리트메티케'(arithmētikē)는 정수에 속하는 수열들의 성질을 다루는 수학의 분과이고, '로기스티케'(logistikē)는 '오 곱하기 구는 사십오'와 같은 개별적인 수들의 양적인 관계를 다루는 분과라고 규정할 수 있다. 즉 아리트메티케는 수에 대한 이론을 다루고 로기스티케는 실용적인 셈을 다룬다고 할 수 있겠다.

27 장기술(petteutikē) : '페테우티케'(petteutikē)는 서양 주사위 놀이(back-gammon)처럼 선이 그어진 판 위에 주사위와 말을 가지고 두 사람이 겨루는 게임인 것 같다(『국가』 333d). 『법률』 819d~820d에서도 페테우티케가 산술, 기하학과 함께 언급된다. 『파이드로스』 274d에도 기술들의 목록에 'petteia'(장기 놀이)가 포함되어 있으며, 『카르미데스』 174b, 『알키비아데스 I』 110e에도 기술적 활동의 사례로 인용된다. 장기 놀이에서 로고스(logos)적인 요소는 주사위를 던져서 나온 숫자들을 가지고 말들을 어떻게 움직일 것인가를 결정하는 측면일 것이다. "장기 놀이에 능해지려면 어려서부터 배워야 하고 진지하게 대해야 하는데"(『국가』 374c), 그래서 "뛰어난 장기 선수들"(akroi petteutai)은 많지가 않다고 한다(『정치가』 292e).

28 무엇과 관련하여 효과를 거두나요? : 생략된 표현을 보충해서 직역하면, "그것은 무엇과 관련하여 말로써 효과를 거두는 기술들 가운데 하나인가요?"이다.

29 짝수 및 홀수와 관련하여 : 『테아이테토스』 198a에서 수론(arthmētikē)은 "모든 짝수와 홀수에 관한 앎들의 사냥"(thēra epistēmōn artiou te kai

perittou pantos)으로 묘사된다.

30 무엇과 관련하여 효과를 거두나요? : 생략된 표현을 보충해서 직역하면, "그것은 무엇과 관련하여 말로써 효과를 거두는 기술인가요?"이다.

31 의회에서 결의안을 기초하는 자들처럼 : "다른 모든 점에서는 … 같다"(ta men alla kathaper …)는 의회에서 법안이나 의안을 제출할 때 불필요한 반복을 피하기 위해 쓰는 공식화된 표현이다. 이 표현은 이미 제출된 결의안의 수정안을 제출할 때 바꾸어야 할 대목만 적시하기 위해 흔히 사용된다. 예를 들면 "클레이토폰은, 다른 모든 점에서는 퓌토도로스가 말했던 것과 같고, … 라는 의안을 제출했다"(Kleitophōn de ta men alla kathaper Pythodōros eipen, … egrapsen)(아리스토텔레스 『아테네의 정치체제』 29.3). 이 문장은 "클레이토폰은 퓌토도로스의 결의안에 대해 … 라는 수정안을 제출했다" 정도로 줄여서 번역할 수 있다.

32 산술은 짝수와 홀수가 자신들과 관련해서뿐만 아니라 서로와 관련해서 크기가 어떠한지를 살펴보는 정도 : 『카르미데스』 166c에 나오는 '산술'(logistikē)에 대한 규정도 거의 비슷하다. "산술은 짝수와 홀수가 자신들과 관련해서 그리고 서로와 관련해서 수적인 크기가 얼마나 되는지를 다루는 것이네." 『히피아스 II』 366c에서도 '로기스티케'는 "칠백의 세 배는 얼마"라는 식의 계산술을 가리키는 말로 사용된다.

33 주연(symposion) : 고전기 그리스의 쉼포시온(symposion)은 오늘날의 사적인 만찬회에 가깝지만 중요한 차이가 있다. 쉼포시온은 무엇보다도 그리스 사회의 남성 지배적 특징을 반영하는데, 주인과 손님들이 모두 남자였고 안드론에서 열렸다. 안드론은 주택에서 남자들의 영역에 속하는 중요한 방으로 한옥의 사랑(舍廊)과 같은 곳이었다. 식사와 그에 뒤따르는 술자리가 분명하게 분리되어 있었다는 점도 오늘날의 만찬회와는 다르다. 특히 술자리는 격식을 갖추어 진행되었다. 식사가 치워진 후에 참석자들은 손을 씻었고 경우에 따라서는 화관을 썼으며 향내나는 기름을 바르기도 했다. 그런 다음 신에게 헌주를 하고 찬가를 부른 후에 물로 희석된 포도주를 시음하는 것으로 본격적인 술자리 행사

가 시작되었다. 쉼포시온에 관한 보다 자세한 정보는 플라톤의 『향연』
에서 만날 수 있다.

34 **주연가(scholia)** : 스콜리온(skolion)은 주연에 참석한 사람들이 한 사람씩
즉석에서 뤼라 반주에 맞추어 부르는 노래를 말한다. 순서는 정하지 않
고 나뭇가지를 들고 노래하다가 노래를 마친 후에 다른 사람에게 나뭇
가지를 넘겨주면서 노래를 청하면 그 사람이 받아서 하는 방식으로 진
행된다.

35 **가장 좋은 것은 … 거짓 없는 부(富)이네** : 이 스콜리온은 후대의 다른 저
자에 의해 사행시의 완전한 형태로 다음과 같이 인용되어 전해진다.

> 죽게 마련인 인간에게 가장 좋은 것은 건강이요,
> 두 번째는 아름다운 자로 태어나는 것이요,
> 세 번째는 거짓 없는 부(富)요,
> 그리고 네 번째는 친구들과 함께 젊음의 전성기를 누리는 것이네.

소크라테스는 이 노래의 네 번째 좋은 것을 생략했고, 두 번째 좋은 것
을 인용할 때 'phyan'(태생적으로)을 빠뜨렸다. 아리스토텔레스(『수사학』
1394b11)와 섹스투스 엠피리쿠스(『학자들에 대한 반박』 11.49)는 보통 사
람들은 어디에서나 건강을 첫 번째로 꼽는다고 밝히고 있다. 아름다
움에 관해서, 아이스키네스에 따르면(『티마르코스에 대항하여』 145), 아
테네의 부모들은 자녀들이 아름답고 훌륭한 용모와 나라에 훌륭한 인
물이 되기를 기원했다고 한다. 아리스토텔레스는 『니코마코스 윤리학』
1099b3에서 용모가 아주 추하면 행복할 수 없다고 말한다. 스콜리온이
열거하는 좋은 것들은 아리스토텔레스가 외적인 자산이라 불렀던 것에
국한되어 있지 않다. 정신적 자산이 분명히 빠져 있으며 '거짓 없는'이
라는 표현으로 덕을 암시적으로 중요시하고 있을 뿐이다. 플라톤은 『법
률』 661a에서 이 스콜리온을 다시 언급하면서 건강, 아름다움, 부 같은
물질적, 육체적 자산은 정신적 자산(분별, 절제, 용기, 정의 등)에 좌우된

다는 자신의 신념을 거듭 강조한다(631b~c, 661b). 가장 좋은 세 가지 자산은 정신적으로 건강한 사람에게만 가장 좋은 소유물이 되는 것이며, 정신적으로 건강하지 않은 사람에게는 오히려 가장 나쁜 소유물이 된다는 것이다.

36 다른 사람들을 다스릴 수 있게 하는 : 『메논』 73d에서 고르기아스와 그의 제자들이 주장하는 덕(aretē)은 "사람들을 다스릴 수 있는 능력"이라고 말한다.

37 말로 설득할 수 있는 능력 : 연설술에 대한 고르기아스의 이 설명은 『파이드로스』 261a~c의 설명과 비교해 봄 직하다. 『파이드로스』에서 연설술은 "말을 통해 혼을 이끄는 종류의 기술"로 규정되며, 법정이나 다른 공적인 집회에만 국한되지 않고 "사적인 집회"(idioi)에도 사용된다고 말한다. 『파이드로스』의 이 구절은 고르기아스의 말에서 실제로 빌려 왔는지도 모른다. 『헬레네에 대한 찬사』 13에서 고르기아스는 "혼을 원하는 대로 형성해 내는" 설득의 힘을 찬양하면서 "기교는 있으되 진실이 담기지 않은 일장 연설이 많은 군중을 즐겁게 하고 설득하는 연설회"의 예를 들고 있다.

38 재판관들(dikastēs) : 'dikatēs'를 '재판관들'로 번역하였지만 오늘날의 사법 체제를 기준으로 생각하게 되면 오해의 소지가 있다. 아테네의 재판정은 다수의 시민 재판관들이 판정의 주체로 참여하고, 검사나 변호사가 따로 없이 소송 당사자들이 직접 변론을 했다. 변론 원고를 스스로 준비하기가 어려울 경우에는 직업으로 하는 사람(로고그라포스)에게 원고를 부탁하여 이를 암기했다(뤼시아스, 데모스테네스 등이 고객의 부탁을 받고 쓴 변론문들이 상당수 전해지고 있다). 경우에 따라서는 언변이 뛰어난 친구의 도움을 받거나 대리 변론을 요청할 수도 있었는데, 대리 변론자는 직업적인 변론가여서는 안 되며 대가를 받을 수 없었다. 재판 절차는 추첨으로 뽑힌 관리가 진행하지만 재판에 개입하지는 않았다. 오늘날처럼 배심원단의 의견을 듣고 그것을 법조문으로 설명하고 조정하는 전문적인 재판관이 별도로 없었다는 말이다. 따라서 'dikatēs'는

오늘날의 배심원과도 다르다. 시민 재판관들은 매년 자발적으로 이름을 제출한 서른 살 이상의 시민들 중에서 추첨으로 6,000명이 선발되며(부족당 600명) 여러 법정에 배정되어 1년 동안 재판관으로 활동했다. 6,000명은 다시 추첨으로 500명씩 10개 그룹으로 나뉘며 나머지 1,000명은 예비 인원으로 각 그룹에 결원이 생겼을 때 보충된다. 직무를 수행하기 전에 재판관들은 맹세를 해야 했다. 여러 개의 법정이 동시에 열릴 수도 있었으며 법정의 종류에 따라 재판관들의 수는 그룹 단위로 501명, 1001명, 1501명, 때로는 2001명에까지 이를 수 있었는데, 가장 일반적인 수는 501명이었다. 투표에 의해 과반수가 피고의 유죄를 인정했을 때 형벌이 결정되었다.

39 **정치 집회에 해당하는** : 아테네 민주정에서 시민들의 회의 기관은 민회와 평의회이다. 시민권을 가진 18세 이상의 성인 남자들은 누구나 민회에 참석할 수 있었다. 평의회 의원은 매년 10개의 부족으로부터 추첨으로 500명을 선발하였으며 민회를 준비했다(평의회에 관해서는 473e의 주석 참고). 아테네의 정치체제는 법정을 민주주의의 긴요한 도구로 만들었다. 소크라테스에게 유죄판결을 내렸던 재판관들이 500명이었다는 사실에서 알 수 있듯이 대규모 시민 재판관들로 구성되는 아테네의 법정은 곧 정치 집회의 장이었다.

40 **노예로 삼을 수 있고** : 『필레보스』 58a에서 고르기아스는 "설득의 기술이 다른 모든 기술을 능가하는 이유는 그것이 모든 것을 강제로가 아니라 자발적으로 자신에게 복종하게(노예 노릇 하게) 만들기 때문"이라고 줄곧 주장했던 것으로 그려진다.

41 **제욱시스**(Zeuxis) : 남부 이탈리아의 헤라클레아 출신으로 기원전 5세기 후반에 활동한 유명한 화가이다(플리니우스는 그의 활동 연대를 기원전 397년경으로 본다). 『프로타고라스』 318b에서 말하는 "최근에 아테네에 온 젊은이 헤라클레아 사람 제욱시포스"는 제욱시스를 가리키는 것으로 보인다. 아리스토파네스는 『아카르나이인들』 992에서 제욱시스가 그린 화관을 쓴 에로스를 언급한다. 그는 아폴로도로스의 제자였다고

하며, 기원전 406년 이전에 알크메네(헤라클레스의 어머니)를 그렸고, 기원전 413년과 399년 사이에 아르켈라오스의 궁전을 위해 그림을 그렸다. 제욱시스는 신화의 주인공인 헬레네를 세상에서 가장 아름다운 여인의 모습으로 그리기 위해 모델을 찾았으나 하나의 모델로는 그릴 수가 없어서 다섯 명의 모델로부터 가장 아름다운 특징들을 뽑아내 조합하여 이상적인 아름다움의 형상을 만들어 냈다고 한다. 제욱시스와 그의 동시대인인 파라시오스(에페소스 출신이며 아테네에서 활동함)는, 플리니우스의 『박물학』(기원후 77~79년에 출판)이 전하는 바에 따르면, 두 사람 중에 누가 가장 위대한 화가인지를 결정하는 시합을 했다고 한다. 제욱시스가 포도송이를 그린 그림을 내놓자, 그려진 포도송이들이 너무나 감미롭고 매혹적이어서 새들이 하늘에서 내려앉아 쪼았다. 그러고 나서 제욱시스는 파라시오스에게 그의 그림에서 커튼을 걷어 달라고 요청했다. 그런데 그 커튼은 파라시오스가 그린 그림이었다. 제욱시스는 패배를 인정하며 "나는 새들을 속였지만 파라시오스는 제욱시스를 속였다"고 말했다는 뒷이야기가 있다. 그는 음영법에 강조 기법을 첨가했다. 루키아누스는 켄타우로스 가족(제욱시스가 선호했던 진귀한 주제들 가운데 하나)에서 암컷 켄타우로스의 인간의 몸에서 동물의 몸으로 이어지는 색조의 미묘한 바림을 칭찬했고 한다. 그의 작품 대부분은 로마와 비잔티움으로 옮겨졌으나 파우사니아스 시대에 모두 소실되고 현재는 아무것도 남아 있지 않다.

42 어디에다 : 그림을 벽에다 그리느냐, 항아리에다 그리느냐, 밀랍에다 그리느냐에 따라 화가의 부류가 달랐음을 뜻한다. 벽화를 그리는 화가는 항아리에다 그리는 화가들과 아주 다른 장인으로 취급되었다.

43 정의로운 것들과 부정의한 것들(dikaia te kai adikia)에 관한 : '정의로운 것과 부정의한 것' 즉 옳은 것과 그른 것에 관한 문제는 법정에서 다루는 사안이므로 이 표현에 따르면 연설술은 법정 변론술로 한정된다. 이것은 452e에서 연설술이 법정뿐만 아니라 민회와 평의회 등 모든 정치 집회에서 사용된다는 말과 차이가 있다. 연설술을 법정 변론술로 한정한 것

은 연설술이 애초에 법정 분쟁에서 발달하기 시작했다는 점을 고려했기 때문일 수도 있다. 그러나 본문의 내용에 주목하면, 소크라테스가 연설술의 영역을 이렇게 한정하는 것은 정의를 내림에 있어 각각의 기술을 하나의 영역에 배당하기 위한 도식적인 측면과 함께 연설술을 도덕의 문제와 결부시키고 나아가서 올바른 삶의 방식과 행복의 문제로 논의를 이끌어 가기 위한 방편으로 보인다. 논의 구성상의 도식적인 측면은 폴로스와의 논의에서 입법술과 사법술을 하나로 묶어서 정치술로 명명하고, 입법술에는 소피스트술을 대응시키고 사법술에는 연설술을 대응시키는 대목에서 확인할 수 있으며, 폴로스와의 논의를 매듭짓는 대목(480a~d)에서 연설술을 사법적인 용도로(참된 의미의 법정 변론술로) 사용해야 한다는 결론도 이런 구도의 일환이라 할 수 있다. 한편 『파이드로스』 261c~d에서는 영역 구별이 조금 더 분명하게 언급된다. 법정에서 논쟁하는 자들, 즉 소송 당사자들은 정의와 부정의를 놓고 서로 반론을 펼치며, 대중연설(dēmēgoria)은 더 넓은 범위의 문제, 즉 좋은 것과 나쁜 것에 관해서 다룬다고 말한다. 아리스토텔레스는 수사술(연설술)이 동원되는 연설의 유형을 의회 연설(symbouleutikon), 법정 연설(dikanikon), 예식 연설(epideitikon)로 나누는데(『수사학』 I.3.1358b7~8), 이미 일어난 일의 시비를 가리는 법정 연설은 옳고 그름(정의와 부정의)에 관한 문제를 다루고, 앞으로 할 일을 심의하고 결정하기 위한 의회 연설은 이로운 것과 해로운 것을 다루며, 애국적 행사나 장례 행사에서 행해지는 예식 연설은 주로 현재의 여건과 관련된 칭찬과 비난을 내용으로 한다고 설명한다.

44 배워서 알고 있다(memathēkenai) : 'memathēkenai'는 'manthanein'(배우다, 학습하다)의 현재완료 형태이며 배워서 앎을 가지고 있는 상태를 가리킨다. '확신하고 있다'(pepisteukenai) 역시 마찬가지로 'pisteuein'(믿다, 확신하다)의 현재완료 형태이며 믿음을 가지고 있는 상태를 가리킨다.

45 확신(pistis) : 플라톤의 인식론과 형이상학의 토대가 되는 앎(epistēmē)과 의견 (doxa)의 구별이 처음 언급되는 대목이다. 'pistis'(확신)는 『국

가』 511e에서 'doxa'(의견)에 속하는 두 가지 인식 상태 중 하나로 감각을 통해 지각되는 실제 사물들에 대한 인식 상태를 가리킨다. 다른 하나는 실물들의 영상(eikōn)에 상응하는 인식 상태(eikasia)이다. 연설술이 행하는 설득의 성격에 대한 플라톤의 이러한 생각은 『테아이테토스』 201a에서도 되풀이된다. 거기서 연설가들의 설득은 지식을 갖도록 가르치는 것이 아니라 청중들로 하여금 연설가들이 원하는 대로 판단하게(의견을 갖게) 만드는 것이라고 말해진다. 그리고 『정치가』 304c에서는 연설술이 가르침(didachē)을 통해서가 아니라 설화(mythologia)를 통해서 대중과 군중을 설득하는 기술로 규정된다.

46 **짧은 시간에** : 소크라테스의 이 말은 물시계로 시간을 제한했던 당시 아테네의 법정 연설을 염두에 두고 있는 것 같다. 『테아이테토스』 201a에서 소크라테스는 제한된 시간에 이루어지는 법정 변론에서 연설가들은 진실을 가르쳐서 설득하는 것이 아니라 자신들이 원하는 의견을 주입하는 식으로 설득한다는 취지의 말을 한다. "지혜에 있어 가장 위대한 이들의 기술을 말하는 거네. 사람들이 연설가이자 법정 변론가라 일컫는 이들이 바로 그들이지. 그들은 자신들의 기술로 설득하는데, 가르쳐서 설득하는 것이 아니라 자신들이 원하는 의견을 갖게 만들어서 설득하기 때문이지. 아니면 자네는 목격자가 없는 상태에서 돈을 빼앗기거나 폭행을 당하는 일이 벌어질 때 피해자에게 일어난 일의 진상을 물시계가 허락하는 짧은 시간(pros hydōr smikron)에 충분히 재판관들에게 가르칠 수 있을 만큼 재주가 뛰어난 교사들이 있다고 생각하나?" 『변명』 37a에서 소크라테스는 재판관들을 짧은 시간 안에 설득시킬 수 없었다고 설명하면서 중요한 재판을 위해서는 여러 날을 할애하는 관행을 높이 평가한다. 재판을 진행하는 데 필요한 적절한 시간의 중요성에 관해서 『법률』 766e("쟁점은 언제나 양편 모두에게 분명해져야 합니다. 시간을 가지고 천천히 거듭 심문을 하는 것이 쟁점을 분명히 밝히는 데 도움이 될 것입니다.")를 참조하라.

47 **의사** : 아테네를 비롯한 여러 나라에 일찍부터 공의(公醫)가 있었다. 기

원전 6세기의 데모케데스가 그 사례이다. 그는 처음에 아이기나인들에게 연봉 1탈란톤에 고용되었고, 그 후에 아테네인들에게 100므나에, 마지막으로 사모스의 참주 폴리크라테스(기원전 538~522년 통치)에게 2탈란톤에 고용되었다(헤로도토스, 3.131.2). 공의를 지명하는 일은 의회가 하며, 후보자들은 자신의 능력을 진술하게 되어 있는데, 사적인 개업의로서 성공한 경험들을 내세우는 것이 보통이었다. 이 대화편 514d~e와 크세노폰의 『회상』 4.2.5를 참고하라.

48 **중간 성벽** : 기원전 490년에 테미스토클레스는 정치가로서 아테네의 미래는 해군력에 달려 있음을 내다보았다. 그는 팔레론과 함께 피레우스를 항구로 발전시키고 이 두 항구를 요새화하여 육로를 통한 적의 침입을 막을 수 있게 한다는 계획을 추진했다. 470년에 페르시아를 물리친 후 아테네의 성벽을 다시 쌓은 것도 테미스토클레스가 발의해서 가능했다. 그의 계획은 그가 죽은 후에도 계속되어 450년에 긴 성벽이 축조되었다. 하나는 아테네에서 피레우스 항에 이르는 북쪽 성벽이고 다른 하나는 팔레론에 이르는 남쪽 성벽으로, 그렇게 해서 피레우스의 남쪽, 팔레론 만에 면한 해안 지역 대부분을 방어했다. 그러나 피레우스 항의 중요성이 더욱 커지면서 피레우스 항의 요새화를 강화하고 아테네로 통하는 길의 안전을 도모하기 위해 440년에 페리클레스는 기존의 북쪽 성벽과 나란히 피레우스까지 새로운 성벽을 쌓기에 이른다. 이 것이 바로 '중간 성벽'으로 알려져 있는 성벽이다. 팔레론에 이르는 남쪽 성벽은 곧 무너져 훼손되어 그 경계가 어디였는지 현재는 분명하지 않다.

49 **나의 형제** : 448b에서 말한 헤로디코스를 가리킨다.

50 **자르고 지지는 치료** : 외과 치료법인 수술과 소작(燒灼) 치료를 말한다. 소작 치료란 환부를 태우거나, 그슬거나, 지지거나, 뜸을 떠서 치료하는 방법이다. 수술과 소작 치료는 고대에 주로 사용되었던 외과 치료법으로 보통 이 두 가지가 함께 거론된다(『프로타고라스』 354a, 『국가』 406d, 『정치가』 293b 참조). 히포크라테스의 금언들 중에도 두 가지 치료

법을 간결하게 표현해 놓은 것이 있다. "약이 치료하지 못하는 것은 쇠(수술용 칼)가 치료한다. 쇠가 치료하지 못하는 것은 불이 치료한다. 불이 치료하지 못하는 것은 치료가 불가능하다고 생각해야 한다."(『금언집』 7.87) 헤라클레이토스의 단편들 중에서도 찾아볼 수 있다. "의사들은 자르고 지지며 온갖 방식으로 아픈 사람들을 지독하게 괴롭히면서도, 아픈 사람들로부터 마땅한 보수를 받지 못한다고 불평한다."(단편 58) 플라톤은 훌륭한 의사라면 환자를 연설술로 설득하는 것이 아니라 병의 증세와 그에 대한 처방을 조리 있게 설명해 줌으로써 설득하고 치료를 받게 할 수 있어야 한다고 생각한다(『법률』 720d, 857c~d).

51 **어디에도 보이지 않고** : 경주에서 사용하는 표현을 빌려 왔다. 주자가 처음부터 현격하게 뒤처져서 완패를 당하는 것을 말한다. 『파이돈』 72c에서도 같은 표현이 나온다.

52 **연설술을 사용할 때는** : 다른 기술들과 마찬가지로 연설술이 올바르게 사용될 수도 있고 올바르지 않게 사용될 수도 있다는 이 말은 고르기아스가 다른 소피스트들과는 달리 덕(aretē)을 가르치는 교사로 자처하지 않았으며 그런 주장을 비웃기까지 했다는 보고(『메논』 95c)와 관련지을 수 있을 것 같다. 실제로 고르기아스는 『헬레네에 대한 찬사』 14에서 연설술이 잘못 사용될 수 있음을 인정하는 말을 하고 있다. "나쁜 설득으로 혼에게 약을 먹여서 기만하는" 연설이 있다는 것이다. 이소크라테스도 『교환(Antidōsis)』 252에서 고르기아스와 같은 견해를 표명하는데, 똑같은 예를 사용하고 있는 것으로 봐서 플라톤의 이 구절을 의식한 것으로 보인다. 그는 권투와 종합격투기를 완벽하게 익힌 자가 지나가는 사람을 두들겨 패는 것으로 자신의 기술이 얼마나 훌륭한지를 보여 준다면, 사람들은 그를 가르친 선생에 대해는 잘 가르쳤다고 칭찬하지만 배운 것을 나쁘게 사용한 학생은 사형에 처할 것이라고 말한다.

53 **종합격투기(parnkration)** : 레슬링과 복싱이 결합된 형태의 격투기로, 차기, 비틀기, 조르기가 허용되었다고 한다.

54 **제우스께 맹세컨대(ma Dia)** : 고르기아스가 진지하게 사용한 표현이다.

234

이 대화편에서 그는 점잖은 인물로 그려지고 있어서인지 맹세의 표현을 남용하지 않는데, 여기와 463d(ma ton Dia)에서, 이렇게 두 번 사용한다. 폴로스는 성급한 성격에도 불구하고 473a(nai ma Dia)에서 단 한 차례만 맹세의 표현을 사용한다. 칼리클레스는 대체로 풍부하게 사용한다. 그러나 표현은 'nē tous theous', 'nai ma Dia', 'ma Dia'로 한정해서 사용한다.

55 연설술에 관해 처음에 하셨던 말 : 454b를 가리킨다.

56 논박하는 것보다 논박당하는 것을 … 믿으니까요 : 506c에도 같은 취지의 표현이 나온다. 그리고 『에우튀데모스』 304c~d("그리하여 자신들이 논박당하기보다는 오히려 그와 같은 논의들로 다른 사람들을 논박해 내는 것을 더 부끄러워하리라는 것이 분명하기 때문입니다.")와 데모크리토스의 단편 60("남의 실수보다 자신의 실수를 논박하는 것이 더 낫다.")도 참고하라.

57 환호(thorybos) : 'thorybos'는 군중들이 내는 시끄러운 소리를 뜻하는 말인데, 여기서는 논의를 계속해 달라는 뜻의 박수갈채 내지 환호이다. 하지만 『변명』 17d, 21a, 27b, 29e, 30c에서 소크라테스가 재판정에서 한 말에 대한 군중들의 소란은 비난을 뜻한다. 『프로타고라스』 339d에서는 프로타고라스의 시모니데스의 시에 대한 해설이 '환호와 찬사'를 불러일으킨다.

58 곧 살펴볼 겁니다 : 이 약속은 466a 이하에서 이행된다.

59 정의로운 것들을 배운 자는 정의로운 자이기도 하지요? : 덕(aretē)이 곧 지식(epistēmē)이라는 소크라테스의 유명한 논제를 재현하고 있는 대목이다. 이것은 소크라테스가 실제로 진지하게 가지고 있었던 논제였다. 아리스토텔레스는 『에우데모스 윤리학』 1216b6에서 "그(소크라테스)는 모든 덕을 앎이라고 생각했다. 그래서 정의를 아는 것과 정의로운 상태에 있는 것이 같이 가야 한다고 생각했다. 우리는 기하학과 건축을 배움과 동시에 기하학자이고 건축가이기 때문이다."라고 말하며, 크세노폰은 『회상』 3.9.5에서 "그는 정의를 비롯한 모든 덕이 지혜(sophia)라고 말했다."라고 증언한다.

60 앞뒤가 안 맞는다(ou synāidein) : 소크라테스가 사용하고 있는 'synāidein'은 '같은 음을 낸다'는 뜻의 음악 용어이다. 반주와 노래가 일치하거나, 같은 노래를 여럿이 부를 때 틀린 음을 내지 않는 것을 가리킨다.

61 그 개에게 맹세컨대(ma ton kyna) : 소크라테스가 종종 사용하는 맹세의 표현들 가운데 하나다. 이곳 외에 466c, 482b에서도 사용하며, 『변명』 22a, 『파이돈』 98e, 『카르미데스』 172e, 『국가』 399e, 592a에서도 볼 수 있다. '그 개'는 이집트의 아누비스를 가리킨다. 아누비스는 죽은 자를 보호하는 지역 신들 가운데 하나로, 처음에는 자칼(들개의 일종)의 모습을 하고 있었고, 나중에는 개의 머리를 가진 사람의 모습으로 형상화되었다.

62 이런 걸 : 상대를 모순에 빠뜨리는 것. 바로 뒤의 '그런 질문들'이란 상대를 모순에 빠드리는 질문들을 말한다.

63 그를 : 원문에는 목적어가 빠져 있어서 고르기아스를 목적어로 취하면 현재의 대화 상황에서 소크라테스가 그렇게 하고 있다는 뜻이 되고, 대화 상대자 일반을 목적어로 취하면 소크라테스는 대화에서 보통 그렇게 한다는 뜻이 되는데, 양쪽 다 뜻이 잘 통한다.

64 물러 주겠네(anathesthai) : 장기 게임에 비유한 표현으로 '수를 무르다'라는 뜻이다. 자신이 둔 수를 무른다는 뜻이지만(『카르미데스』 164d, 『파이돈』 87a, 『프로타고라스』 354e), 여기서는 고르기아스가 둔 수를 물러 주겠다는 뜻이다.

65 최근에 읽은 글 : 『파이드로스』 267c에서 폴로스가 쓴 저술의 제목을 암시하는 듯한 표현("폴로스가 확립한 반복법, 격언법, 비유법 같은 수사 용어들의 전당")이 나오지만 글의 존재 유무는 확실하지 않다.

66 자네가 주장하는 바에 따르면 기술을 만들어 낸 어떤 것 : 448c에서 경험이 기술을 '만들어 냈다'고 표현되고 있지 않은 점을 감안해서 이 문장은 도즈의 제안대로(1959) "자네가 그것으로 기술을 만들어 냈다고 주장하는 어떤 것"으로 옮길 수도 있다. 이렇게 옮기면 '어떤 것'이 기술을 만

들어 내는 주체가 아니라 기술을 만드는 데 사용되거나 기여하는 것으로 읽을 수가 있다. 참고로, 아리스토텔레스는 『형이상학』 981a2에서 "지식(epistēmē)과 기술(technē)은 경험(empeiriai)을 통해서 사람들에게 결과로서 주어진다"고 말한다.

67 **익숙한 경험(empeiria)** : 'empeiria'는 시도해 보고 시험해 본다는 뜻의 'peira'에서 나온 말로 원리에 대한 지식이 없이 반복된 연습이나 훈련의 결과로서 익숙해지고 숙달된 상태, 그리고 그렇게 해서 갖게 된 재주나 솜씨를 뜻한다. 이 문장에서는 이런 뜻을 표현해 주는 것이 읽기에 자연스러워서 'empeiria'를 '익숙한 경험'으로 옮겼다. 448b에서 'empeira'의 형용사 형태인 'empeiros'를 '경험을 쌓은'으로 옮긴 것도 같은 이유에서이다. 그리고 448c에서는 문맥상 그런 뜻으로 자연스럽게 읽히기 때문에 그냥 '경험'으로 옮겼다.

68 **아무 기술도 아니네, 폴로스. … 경험이네, 폴로스(462d10~11)** : 이 부분의 텍스트는 도즈(1959, 224쪽)의 편집을 따랐다. OCT를 따를 경우에 소크라테스와 폴로스의 대사는 다음과 같이 배정된다.

소크라테스 아무 기술도 아니네, 폴로스.

폴로스 아니면 뭐죠? 말씀하세요.

소크라테스 말하겠네. 일종의 익숙한 경험이네

폴로스 무슨 경험이죠? 말씀하세요.

소크라테스 말하겠네. 기쁨과 즐거움을 만들어 내는 경험이네, 폴로스.

69 **아첨(kolakeia)** : 'kolakeia'는 '아첨'이라는 우리말의 뉘앙스가 그렇듯이 도덕적으로 상스럽고 천하다는 뜻을 강하게 함축하는 말이다. 테오프라스토스는 이것을 '부끄러운 교제'(homilia aischra)로 규정한다(『성격들』 2.1). 아리스토텔레스는 아첨꾼을 "재물과 관련한 어떤 이득이 생기는 것을 목표로, 혹은 재물을 통해 생길 수 있는 것을 목표로 즐거움을 겨냥하는 자"로 규정한다(『니코마코스 윤리학』 1127a7). 'kolax'는 알랑쇠 내지는 아부꾼을 뜻하며, 소크라테스가 실천했던 말과 행위의 솔직함이나 정직함과는 정반대되는 말이다. 이 대화편의 후반부에 가면

'kolakeia'는 정치적인 측면에서 대중의 취향을 바르게 이끌어 가려고 노력하기보다는 그것을 이용하여 인기를 얻으려는 기회주의적 행태를 뜻하는 말로 사용된다.

70 **숙달된 솜씨(tribē)** : '트리베'(tribē)도 여기서는 'empeiria'와 비슷한 뜻으로 사용되었다. 즉 상투적으로 또는 단순히 정해 놓은 방식으로 행위를 되풀이하는 것, 그리고 그렇게 해서 얻어진 숙달된 상태나 능력을 가리킨다. 『법률』 938a에서도 두 용어가 기술(technē)과 대비되어 함께 사용된다("이것이 기술이든 기술이 아닌 'empeiria'나 'tribē'의 일종이든 가능한 한 우리나라에서 생겨나는 일이 없도록 해야 합니다"). 『파이드로스』 260e에서 연설술은 기술이 아니라 'tribē'라고 말한다("연설술은 사람들을 속이며 기술이 아니라 기술이 없는 'tribē'이네"). 『필레보스』 55e에서 'technē', 'empeiria', 'tribē'의 관계에 대한 더욱 자세한 설명이 나온다. 이 설명에 따르면 기술에서 수론(arithmētikē)과 측정술(metrētikē), 계량술(statikē)을 제거하면 하찮은 것, 즉 'empeiria'와 'tribē'에 의한 감각의 단련과 추측이 남으며 어림잡는 기술이 되는데, 일단 이것이 연습과 노력을 통해 힘을 발휘하게 되면 대중들은 이것을 기술이라 부른다는 것이다.

71 **입증해 보이겠습니다(epideknysthai)** : 여기서 소크라테스는 소피스트들의 '과시 연설'(epideixis)을 가리키는 용어를 사용한다(447a의 주석 참조). 문답식 대화가 아니라 연설하는 식으로 자신의 주장을 펴겠다는 뜻이다. 연설조로 길게 말하지만 내용을 보면 폴로스나 칼리클레스의 연설과는 분명히 다르다. 소크라테스의 의도는 분명하다. 제대로 된 연설조 화법(epideixis)의 모범을 보여주고 있는 것이다. 『파이드로스』에서 소크라테스가 뤼시아스 연설(230e~234c)에 자신의 연설(237a~241d)을 대비시키는 상황과 비슷하다.

72 **사법술(dikaiosynē)** : '디카이오쉬네'(dikaiosynē)는 주로 '정의(正義)'로 번역되는 말인데, 이 대목에서는 정의를 구현하는 행위, 즉 법을 적용하고 집행하는 일이라는 뜻으로 쓰였다(LSJ. A.II 참고). 뿐만 아니라 여

기서 'dikaiosynē'는 기술의 성격을 갖는 것으로 취급되고 있으므로 '사법술'로 옮겼다(기술로서의 디카이오쉬네는 『국가』 332d에서도 볼 수 있다). 478a에도 사법술로서의 '디카이오쉬네'가 나온다. 520b에서는 'dikaiosynē' 대신에 'dikastikē'가 사용된다.

73 **탈을 쓰고**(hypodyesthai) : 'hypodyesthai'는 연극에서 배우가 맡은 역을 실감 나게 연기하기 위해 옷이나 가면으로 분장하여 자신의 본모습을 감추는 행위를 뜻한다.

74 **이건 자네에게 하는 말이네** : 463d4에서 폴로스가 한 질문에 대한 대답이다.

75 **왜냐하면 그것은 조처를 … 때문이지** : 원문 독법과 해석이 분분한 문장이다. 조처(prospherein)는 의학 용어로 어디에(환자, 환부, 질환)에 무엇(약, 치료법)을 사용한다는 뜻이다(『파이드로스』 268a10, 『향연』 189a 참고). 도즈는 같은 내용이 501a에서 되풀이되고 있다고 보고, 여기에 맞추어 본문의 관계대명사 'hō'(환자)와 'ha'(처방) 사이에 'ē'를 넣어서 간접 의문문과 연결시켜 읽는다. 도즈의 수정을 따르면 "왜냐하면 그것은 환자(환부)나 처방(치료법)의 성격이 어떠한지에 관한 설명을 가지고 있지 않기 때문이지요." 정도로 옮길 수 있다. 기술(technē)과 익숙한 경험(empeiria)를 구별하기 위해 기술에 대한 규정을 내리는 이 대목에서 플라톤이 의학 용어를 사용한다는 것은 그가 의술을 염두에 두고 있음을 암시한다. 실제로 플라톤은 『법률』 720c, 857c~d에서 노예 의사와 자유인 의사를 구별할 때 여기서와 마찬가지로 'technē'와 'empeiria' 개념을 사용한다. 즉 노예 의사는 경험(empeiria)에 비추어 판단한 것을 각자에게 처방해 줄 뿐 질병에 대해서 하나하나 설명을 해 주지는 않는다는 것이다. 그래서 'technē'와 'empeiria'의 구별이 고대 그리스 의술 분야에서 처음으로 제시되었을 것이라는 주장이 제시되기도 했는데, 하지만 히포크라테스의 저술들 속에서는 이 구별을 찾아볼 수 없기 때문에 플라톤 자신의 구별로 봐야 할 것이라고 도즈는 말한다(1959, 229쪽).

76 **설명이 따르지 않는 것**(alogon pragma) : 'alogon'는 'logos'에 부정 접두

어 'a-'(not)가 붙은 형용사이다. 이 문맥에서 'logos'는 이치에 맞는 '근거'나 '설명'을 뜻하므로, 'alogon'은 근거가 없거나 설명이 따르지 않는다는 말이 된다. 『향연』 202a에서는 '근거(설명) 없는 것'(alogon)은 앎(epistēmē)일 수가 없다고 한다. 플라톤의 지식론에서 근거(설명)가 따르지 않는 것은, 『향연』 202a에서 말하고 있듯이("옳은 의견을 가지고 있으면서도 근거를 제시할 수 없는 것은 앎이 아니다."), 설사 참이라 하더라도 의견(alethēs doxa)에 불과하다.

77 **모양, 색깔, 매끈함** : 아마도 코르셋이나 패드 등을 사용해서 모양을 내고, 분을 바르거나 눈썹을 그리는 등의 화장을 하고, 피부를 손질하거나 털을 제거하여 매끈하게 다듬는 것을 가리키는 것 같다.

78 **외적인**(allotrion) : 'allotrion'은 'oikeion'(자신에게 속하는, 자신에게 고유한)과 반대되는 말로 '다른 사람에게 속하는', '낯선', '이질적인'을 뜻한다.

79 ··· **사법술에 대한 연설술의 관계와 같다** : 혼을 돌보는 기술들과 몸을 돌보는 기술들에 대한 유비에서 지적할 수 있는 한 가지 약점은 혼을 돌보는 기술들은 공동체 전체에 관심을 갖지만, 몸을 돌보는 기술들은 개인에게 관심을 가진다는 점이다. 그리고 몸을 돌보는 기술들의 직접적인 대응물은 사법술이나 입법술이라기보다는 교육이나 정신의학에 관한 기술이라 할 수 있겠는데, 연설술과 요리술 간의 유비에서 플라톤이 이 차이점을 무시한 것은 아마도 정치술(입법술 + 사법술)의 기본적인 기능은 교육적인 것이어야 한다는 신념 때문일 것이다. 연설술에 대한 플라톤의 유비는 『헬레네에 대한 찬사』 14에서 나오는 고르기아스의 유비와 상반된다. 거기서 고르기아스는 의술과 몸의 관계를 연설술과 혼의 관계와 같은 것으로 간주한다. 이소크라테스도 고르기아스의 생각을 따른다. 그는 『교환』 180~5에서 연설가의 훈련을 '철학'(philosophia)이라고 부르고 운동선수의 훈련을 '체력 단련술'(paidotribekē)이라 부르면서 둘 간의 관계를 유비적으로 표현한다. 한편 『파이드로스』 270b에서 플라톤은 연설술을 의술에 비유하는데, 거기서 연설술은 덕의 산출을 목표로 하는 참된 기술을 의미한다.

80 내가 말했듯이 : 464c를 가리킨다.

81 소피스트들과 연설가들은 가까운 관계이기 때문에 :『소피스트』268b~d에서 나눔의 마지막 단계도 소피스트와 대중연설가(dēmologikos = rhētōr)가 아주 밀접한 관계에 있음을 보여 주는데, 이들 각각은 모방을 통해 모상(eidōlon)을 만들어 내는 자로 규정된다.

82 모든 것들이 함께 : 아낙사고라스(기원전 500~427)의 단편 1("모든 것이 함께 있었다.")을 인용한 것이다. 이 구절은『파이돈』72c에서도 인용되는데, 우주 발생 초기에 지성(nous)이 개입하기 전의 카오스 상태를 가리킨다.

83 참주들(tyranoi) : '튀라노스'(tyranos)는 원래 법의 제한을 받지 않는 절대 권력을 가진 지도자를 가리키는 말이지만, 반드시 '폭군'을 뜻하지는 않았다. 참주들 중에도 아테네의 페이시스트라토스처럼 존경받는 인물들이 있었다. 그러다가 독단적이고 잔인하며 권력을 남용하는 자로 생각되는데, 특히 기원전 5~4세기의 문학에서 그렇다. 이를테면 아이스퀼로스의『결박당한 프로메테우스』에서 제우스, 소포클레스의『오이디푸스 왕』에서 오이디푸스,『안티고네』에서 크레온, 그리고 에우리피데스의『메데이아』에서 이아손이 모두 그런 참주들이다.

84 두 가지 : 소크라테스는 폴로스의 말에서 'boulesthai'와 'dokein'을 구별하지만, 폴로스는 얼른 알아채지 못한다. 'boulesthai'와 'dokein'의 구별이 논점이 되고 있는 이 부분에서 'dokein'은 '~하는 것이 좋다고 생각하다'와 '~을(를) 좋다고 여기다'로 옮겼고, 'boulesthai'는 '~하고 싶다'와 '~하기를 원하다'로 옮겼다. 플라톤은 다른 대화편들에서도 여기서처럼 'boulesthai'를 '참된 의도'라는 제한된 뜻으로 일관성 있게 사용하지는 않는다.『뤼시스』207e에서는 'epithymein'(욕구하다, 원하다)과 바꾸어 쓸 수 있는 말로 사용되며,『국가』445b에서는 'boulesthai'가 여기서의 'dokein'과 같은 뜻으로 사용된다. 그렇기는 하나 아카데미아의『철학 용어집(horoi)』413c에서는 'boulēsis'가 '올바른 근거에 따른 바람'(ephesis meta orthoū), '합리적인 원함'(orexis eulogos)으로 규정

되고 있어서, 아리스토텔레스의『니코마코스 윤리학』1136b와『수사학』1369a2 등에서 볼 수 있듯이, 이 용어의 제한적인 의미가 나중에 널리 통용되었을 가능성이 있다.

85 가장 작은 힘을 행사한다 :『국가』577e에서 참주적 인간은 "자신이 원하는 것을 가장 적게 하게 될 것"이라고 하면서 여기서와 같은 생각이 표명된다.

86 … 에 맹세컨대 : 강하게 부정을 하고 싶은데 적절한 맹세의 대상을 얼른 찾지 못한 상태를 표현하고 있다.

87 험하게 말하지(kakēgorein) : 'kakēgorein'은 'apologeisthai'(변호하다)와 반대되는 말로 재판관들 앞에서 상대의 잘못을 들추어내 공개적으로 비난하는 것을 뜻한다.

88 훌륭한 폴로스(ō lōste Pōle) : 우리말로는 원문의 의도를 그대로 살리기가 곤란한 표현이다. 폴로스와 고르기아스의 수사법을 흉내 내어 비슷한 음이 반복되도록 하는 기법을 사용했다.『향연』185c(Pausaniou de pausamenou),『히파르코스』225c(kai hōra kai chōra),『국가』498d~e (genomenon … legomenon)에도 비슷한 예들이 나온다.

89 좋지도 않고 나쁘지도 않고 그 사이도 아닌 것, 즉 좋지도 나쁘지도 않은 것이 있나? : 좋은 것, 나쁜 것, 좋지도 나쁘지도 않은 것의 구별은『뤼시스』216d에서도 나온다. "내게는 마치 어떤 세 부류의 것들이 있는 것 같이 생각되네. 좋은 것, 나쁜 것, 좋지도 나쁘지도 않은 것 말이네."

90 참여하고(metechein) : 이 표현은 플라톤의 형상 이론을 연상시킨다. 형상 이론에서 'metechein'은 다수인 개별 사물들이 하나인 형상과 맺는 관계를 지칭하는 말이다. 지금 진행되고 있는 논의의 주제나 맥락이 형상 이론과 직접 연계시킬 만한 내용이 전혀 아니기 때문에 존재론적 함축이 담긴 표현으로 강하게 해석할 필요는 없어 보이지만, 단정할 수 있는 것은 아니다. 'metechein'은, 핀다로스의『퓌티아 송가』에서 "나는 그의 대담함을 나누어 갖지 못했네"(ou hoi metechō thraseos)(2.83)라는 표현처럼(그가 가진 대담함을 나도 가지지 못했다는 뜻이다), 어떤 성질

을 '함께 가지다'라는 뜻으로 일상어에서 사용되었다. 본문 497e에서는 'parousia'(함께하다)라는 표현을 써서 여기서와 비슷한 방식의 설명을 한다. 『프로타고라스』에서도 이런 표현들이 나온다. "염치와 정의에 참여할 수 없는"(aidous kai dikēs metechein)(322d), "즐거움에 참여하거나 즐거움을 산출하는 것"(hēdonēs metechonta ē poiounta hēdonēn)(351d).

91 우리는 좋은 것을 추구하기 때문에 : 『프로타고라스』 358c~d에서 자신이 나쁘다고 생각하는 것들로 나아가는 대신에 좋다고 생각하는 것들로 나아가는 것이 인간의 본성이라고 소크라테스는 말한다. 『메논』 77c에서는 "사람은 누구나 좋은 것을 욕구한다고 생각하지 않는가?"라고 물으면서 이 문제를 거론한다.

92 말조심하게(euphēmei) : 'euphēmei'의 문자 그대로의 뜻은 종교의식 중에 불길한 말을 모두 피하기 위해 아예 침묵하는 것을 가리킨다.

93 가엾은 자(eleeinon) : 잘못을 저지른 자를 가엾게 여겨야 한다는 생각은, 사람의 잘못은 자발적으로(hekōn) 저지르는 것이 아니라 본의 아니게(akōn) 저지르게 된다는 생각에 근거를 두고 있다. 이 생각은 『법률』 731c~d에서("먼저, 부정의한 사람 모두 자발적으로 부정의하지는 않다는 것을 알아야만 합니다. 그 누구도 어떤 경우에든 가장 큰 악들 중 어떤 것도 자발적으로 갖지는 않을 것이며, … 부정의한 자는 나쁜 것들을 가진 자만큼이나 전적으로 가엾은 자(eleeinon)입니다."), 그리고 860d~861a에서("왜냐하면 나는 사람은 누구나 비자발적으로 불의를 행한다는데 동조하기 때문입니다.") 잘 드러나 있다.

94 나는 불의를 저지르기보다는 차라리 불의를 당하는 쪽을 선택할 거네 : 『크리톤』 239b와 『일곱째 편지』 335a에서도 같은 생각을 담은 주장이 제시되고 있다.

95 조금 전에 : 466b를 가리킨다.

96 삼단선(triērēs) : 고대 그리스, 로마에서 사용하던 군함, '트리에레스' (triērēs)는 노를 젓는 노잡이들이 삼단으로 배치되어 있다고 해서 붙여진 명칭이다.

97 아르켈라오스 : 아르켈라오스는 기원전 413년에 왕위에 올랐다. 이 연
대는 이 대화편 내의 다른 정보들보다 극중 연대를 늦추어 잡게 하는
데, 그럼에도 플라톤은 악한 자의 전형으로 하필 아르켈라오스를 택했
을까? 여기에는 여러 가지 복선이 있는 것 같다. 공교롭게도 훌륭한 사
람의 전형인 소크라테스가 아테네 시민들에 의해 죽는 해(기원전 399년)
에 아르켈라오스는 자신의 애인(paidika)의 손에 암살당한다(『알키비아
데스 II』 141d). 이 아르켈라오스는 아테네인들의 동맹자였고, 아테네의
법령은 그를 훌륭한 자로 칭송했다. 그리고 에우리피데스, 아가톤, 티
모테우스 같은 지도적 시인들은 아르켈라오스의 궁전에서 환대를 받았
으며, 고르기아스도 그의 궁정에서 시간을 보냈을 가능성이 있다. 그
러나 소크라테스는 아르켈라오스의 초청을 거부했다(아리스토텔레스 『수
사학』 1398a24). 그리고 투퀴디데스(2.100.2)는 아르켈라오스가 도로와
요새들을 건립했고, 마케도니아의 이전 여덟 왕들이 했던 것을 다 합한
것보다 더 강력한 군사력과 군비를 정비했다고 전하는데, 그런 점에서
아르켈라오스는 이 대화편의 후반부에서 플라톤이 비판하는 아테네 제
국주의 정치가들과 닮았다.

98 대왕 : 페르시아의 왕을 가리킨다. 당시에 페르시아의 왕은 최고의 행
복을 누리는 자의 전형으로 간주되었다. 『변명』 40d와 『에우튀데모스』
274a("대왕이 제국을 가진 것보다 당신들이 이 지혜를 가진 것이 훨씬 더 축복
받은 일이라고 봅니다.")에서도 '대왕'이 이런 뜻으로 사용된다.

99 교육 상태(paideia) : 플라톤에게 있어 교육 상태는 행복의 전제 조건이
다. 『소피스트』 230d~e에서 이방인은 "논박받지 않은 자는 대왕이라
하더라도 가장 중요한 부분에서 깨끗하지 못하기 때문에 참으로 행복
해지고자 한다면 가장 깨끗하고 아름다워야 할 부분에서 교양 없는
(apeideuton) 추한 자가 된다"고 말한다. 그런데 지배자들은 이 조건을
갖추기가 어렵다는 것이 플라톤의 생각이다. 『테아이테토스』 174c~d
에서 소크라테스는 "왕이나 참주들은 여가가 부족해서 촌스럽고 교양
없는 자(apaideuton)가 될 수밖에 없다"고 말한다.

100 **훌륭하고 좋은**(kalos k'agathos) : 소크라테스가 새로운 의미를 부여한 표현들 가운데 하나로, 소크라테스와 그의 제자들이 사람의 이상적인 됨됨이를 가리키는 표현으로 사용했다. 소크라테스와 플라톤이 생각하는 훌륭하고 좋은 사람의 전형은 철학자이다(『국가』 489e). 'kalos k'agathos'의 일반적인 용법은 영어의 'gentleman'에 가깝다. 원래 귀족 계층의 사람들이 자신들을 일반 서민들과 구별하기 위해 사용했던 말인데(투퀴디데스의 『역사』 8.48.6, 『국가』 569a, 크세노폰의 『회상』 3.5.19), 이미 플라톤 당시에는 용기나 정의 같은 덕들을 갖춘 부유하고 교양 있는 사람과 시민을 가리키는 표현으로 폭넓게 사용되었다. 이를테면 『변명』 25a에서 아뉘토스와 멜레토스는 아테네 시민들은 누구나 젊은 이들을 '훌륭하고 좋은 자들'로 만들 수 있다고 말한다. 게다가 원래는 사람, 그것도 남자에게만 사용되었던 이 말이 뛰어난 능력(aretē)을 발휘하도록 훈련시킨 동물에게도(『변명』 20a~b), 그리고 앎(지식)의 대상에까지(『변명』 21d, 『고르기아스』 518c) 사용된다.

101 **마땅히**(kata to dikaion) : 'kata to dikaion'을 문자 그대로 옮기면 "정의로움에 따르자면"이다. 소크라테스는 이 대목에서 의도적으로 이렇게 표현하여 'to dikaion'(정의로움)을 부각시키고 있다. 여자 노예와 자유인 남자 사이에 난 자식은 여자 노예의 주인이 소유하게 되어 있었다(『법률』 930d).

102 **빼앗은 통치권** : 알렉산드로스 I세는 마케도니아를 자신의 세 아들 페르딕카스, 알케타스, 필립포스에게 나누어 주었는데, 페르딕카스가 형제들이 다스리는 지역의 통치권을 빼앗았다.

103 **그 아이** : 묘하게도 플라톤은 이 아이의 이름을 밝히고 있지 않은데, 만약 이 아들이 실제로 있었다면, 그가 태어났을 때(기원전 420년경) 아버지인 페르딕카스는 이미 꽤 나이가 들었음에 틀림없다. 그가 권력을 장악한 해가 기원전 454년이기 때문이다. 본문의 내용대로라면 아르켈라오스는 원래 이 아이의 섭정자로서 권력을 행사하게 되어 있었을 가능성이 있다.

104 논의를 시작하면서 : 448d를 가리킨다.

105 이런 논박은 진실을 위해서는 아무 가치가 없네 : 진실을 밝히는 문제는 다수결로 해결되어서는 안 된다는 말은 『라케스』 184e에도 나온다. "판정을 잘 내려야 할 문제는 앎(epistēmē)에 의지하여 판정을 내려야지 다수결로 판정을 내려서는 안 된다." 그리고 『크리톤』 47a~d에서 소크라테스와 크리톤이, 몸과 관련해서는 한 사람에 불과하더라도 전문 지식을 가진 의사나 체육 선생의 판단을 존중해야지 지식이 없는 대다수 사람들의 칭찬이나 판단을 존중해서는 안 되듯이, 정의와 부정의에 관한 문제 역시 마찬가지라는 취지의 대화를 나누는 대목도 있다.

106 평판 높은 많은 사람들(pollōn kai dokountōn) : 'dokountōn'은 '실제로 그러하다'(einai)와 대비되는 '겉보기에 그러하다'라는 뜻을 살려서 "대단해 보이는 많은 사람들"로 옮길 수도 있겠다. 'dokein'을 이처럼 'einai'와 대비되는 뜻으로 사용하는 곳은 527b에서 찾아볼 수 있다.

107 세발솥들(tripotes) : 매년 시민들 가운데 저명인사들이 축제의 주요 행사인 연극 경연에 필요한 경비를 대는 후원자 노릇을 했다. 이 후원자를 '코레고스'(chorēgos)라고 하며, 경연에서 승리한 연극의 코레고스는 세발솥을 상으로 받았는데, 이것을 디오뉘소스에게 봉헌하였다.

108 퓌토 신전(Pythion) : 퓌티온은 아크로폴리스의 동쪽에 있는 아폴론 신전을 말한다.

109 페리클레스의 집안 전체 : 소크라테스가 거명하는 폴로스의 증언자들은 아테네의 정파들 전반에 걸쳐 있다. 페리클레스와 그의 가문(조카인 알키비아데스를 포함해서)은 민주정에서 지도적 역할을 했고, 아르기누사이 사건으로 처형당한 장군들 가운데 한 사람인 아리스토크라테스는 아테네의 시켈리아 원정 실패 이후에 들어선 과두정의 일원이었으며(투퀴디데스 8.89.2), 펠로폰네소스 전쟁 당시 유명한 장군으로 시켈리아 원정에서(기원전 413) 죽음을 맞았던 니키아스는 보수적 경향의 온건파로 민주정에 충실했다. 니키아스와 그의 형제들인 에우크라

테스와 디오그네토스, 그리고 아리스토크라테스의 봉헌물들은 그들의 사회적인 지위와 부를 짐작케 한다.

110 **굴복시키지는**(anankazein) : 논증으로 꼼짝 못 하게 만드는 것을 가리킨다.

111 **나의 재산**(hē ousia) : 이치에 맞는 논변으로 상대를 굴복시키지 않고 거짓 증인들을 내세워 제압하려고 하는 폴로스의 논변 방식을 법정에서 상속 재산을 놓고 다투는 것에 비유하고 있다. 아테네의 법정에서 상속재산 분쟁이 흔했음을 암시한다.

112 **누가 행복하고 누가 행복하지 않은지를 아느냐 모르느냐** : 이 문제의 중요성은 『국가』352d, 578c에서도 거듭 강조된다.

113 **도깨비로 겁을 주는군**(mormolyttē) : 치가 떨릴 정도로 두렵고 잔혹한 사례를 내놓은 것을 빗댄 표현이다. 명사형인 'mormolykē'나 'mormō'는 어머니나 보모들이 말 안 듣는 아이들을 겁주려고 불러내는 여자 도깨비를 말한다. 이 표현의 용례는 『크리톤』 46c("아이들을 도깨비로 겁주듯 우리에게 겁을 줄 지라도")와 『파이돈』 77e에도("죽음을 마치 도깨비를 두려워하듯 두려워하지 않도록") 나온다.

114 **또 다른 종류의 논박** : 소크라테스는 폴로스의 웃음을 증인을 세우거나(martyreisthai) 겁을 주는 것(mormolyttesthai)과 같은 또 다른 수사적 기교로 간주한다. 실제로 고르기아스는 그의 제자들에게 "상대편의 진지함은 웃음으로, 웃음은 진지함으로 무너뜨릴 것"을 충고했다고 한다(아리스토텔레스의 『수사학』 1419b5).

115 **나는 정치가들 축에 들지 않네** : 『변명』 32a~c에서도 소크라테스는 추첨으로 선출되는 평의회 의원직을 한 차례 수행한 것 외에는 나라의 공적인 일(정치)에 관여하지 않았다고 말한다.

116 **내가 속한 부족** : 평의회(boulē) 의원은 각 부족에서 30세 이상의 남자로 50명씩 추첨으로 선발한다. 클레이스테네스의 개혁(기원전 508년) 이후 아테네의 부락과 구역들(dēmoi)이 새로운 행정단위인 10개 부족(phylai)으로 재편되어 평의회 의원 수는 모두 500명이었다. 의원들의

임기는 1년이며 평생 동안 한 차례밖에 역임할 수 없었다. 평의회는 민회에서 다룰 의제를 준비하고 민회에서 결정된 사항을 실행에 옮기는 일을 했다. 10분기로 나누어 각 부족이 돌아가면서 평의회 운영을 담당하는데, 차례가 되면 해당 부족 의원들은 운영위원회(prytaneis)를 구성하고 위원들 중 1명을 날마다 추첨을 통해 의장(epistatēs)으로 선출한다. 의장은 평의회(boulē)와 민회(ekklēsia)의 회의를 주관하며 의안들을 표결에 붙이는 직무를 수행한다. 따라서 여기서 소크라테스는 자신이 일일 의장직을 맡았던 경험을 이야기하고 있다. '웃음거리만 제공했다'는 소크라테스의 말에 대해 대부분의 학자들은 기원전 406년에 있었던 아르기누사이 사건에 대한 재판에서 반대 입장에 섰던 소크라테스 자신을 비하하는 말로 간주한다. 아르기누사이 해전에서 아테네군은 스파르타군을 패퇴시켰으나 폭풍과 악천후 때문에 전투 중에 전사한 군인들의 시신을 수습하지 못하는 일이 발생했다. 이에 비난 여론이 들끓자 8명의 장군들을 법정에 세우게 되었는데, 이 재판에서 소크라테스는 장군들을 집단으로, 당사자들에게 소명의 기회도 주지 않고, 단 한 번의 유·무죄 표결만으로 재판을 종결하는 것은 불법이라고 반대했다. 연설가들의 위협과 대중들의 분노에도 불구하고 소크라테스는 평의회 운영위원들 가운데 유일하게 자신의 입장을 끝까지 고수했다(『변명』 32a~c).

117 이 : 표결에 붙이는 방법, 즉 참석자들의 의견을 물어보는 방법을 가리킨다.

118 훌륭한(kalon) : 이 대목에서는 'kalon'이라는 개념 자체를 분석적으로 다루고 있기 때문에 'kalon'의 번역어로 '훌륭한'과 '아름다운' 중 어느 한쪽으로 고정하기가 곤란하다. '아름다운'으로 옮기는 것이 나아 보이기는 하지만, 'kalon'과 짝을 이루는 'aischron'을 '부끄러운'으로 옮겨서 "불의를 저지르는 것이 더 부끄럽다"는 말과 일치시켜 주어야 하는 문맥상의 이유로 '훌륭한'으로 옮겼다. 'to kalon' 개념에 관해서는 이 개념을 주제로 삼아 여러 가지 정의를 시도해 보는 플라톤의 『히피

아스 I』을 참고하라.

119 어디에 쓸모 있는가(chrēsimon)에 따른 사용의 측면 : 플라톤의 『히피아스 I』에서 소크라테스는 히피아스를 상대로 'to kalon'에 대한 정의를 여러 개념들을 사용해서 시도해 보는데, 유용성(chrēsimon) 개념으로 정의를 시도하는 곳은 295a~297d이다.

120 이 두 측면 : 아리스토텔레스의 『수사학』 1364b27에서도 'to kalon'이 두 가지 측면에서 분석된다("아름다운 것은 즐거운 것이거나 그것 자체로 선택할 만한 것이므로").

121 즐거움과 좋음을 가지고 : 폴로스는 '이로움'(ōphelō)을 '좋음'(agathō)으로 슬쩍 바꾸면서 소크라테스의 분석을 받아들인다. 소크라테스도 그냥 묵인한 채 논의를 진행한다.

122 겪는 쪽(paschon)은 … 가하는 쪽(to poioun)이 가하는 것을 그대로 겪지? : 직역하면 "가하는 쪽이 가하는 성질(종류)의 것(toiouton hoion)을 겪지?"이다. 뒤따르는 대화 내용에서 알 수 있듯이 'toitoun hoion'은 행위자가 어떤 행위를 어떻게 하느냐 하는, 행위의 성격(종류)과 방식을 함께 나타내는 표현이다.

123 지진다면 : 지지고 자르는 행위는 소작 치료와 외과적 수술을 가리킨다(456b 주석 참고).

124 잘리는 쪽은 자르는 쪽이 자르는 대로 잘리는 부위를 잘리지? : 같은 단어를 반복하는 폴로스의 수사적 표현 기법을 풍자한 표현으로 보인다(448c 주석 참고).

125 악(kakon) : 형용사 'kakon'은 예외 없이 '나쁜'으로, 그리고 관사가 붙을 경우(to kakon)에는 '나쁜 것'으로 옮겼으나, 지금처럼 '더 큰'이나 '가장 큰' 같은 수식어가 붙게 되면 문장 내에서 우리말 어감이 어색할 때가 있는데, 이런 경우에는 '나쁜 것'을 같은 뜻의 한자어 '악(惡)'으로 바꾸어서 '더 큰 악'(= 더 크게 나쁜 것), '가장 큰 악'(= 가장 크게 나쁜 것)으로 옮겼다.

126 재판술(dikē) : 여기서 '디케'(dikē)는 464b에서 사법술로 옮긴 '디카이

오쉬네'와 같은 뜻으로 사용되었다. '디케'는 옳음(마땅함, 정당함), 소송, 판결(심판), 재판, 처벌이라는 뜻을 가진 말이다.

127 **치료를 받는 자는 큰 악에서 벗어나게 되며** : 범죄에 대한 치료적 접근은 이에는 이, 눈에는 눈이라는 원시적인 보복법(lex talionis)에서 도덕적으로 크게 발전한 형태이다. 치료적 접근법은 플라톤의 대화편들 여러 곳에서 찾아볼 수 있는데, 『프로타고라스』 324a~b에서 프로타고라스는 처벌의 의의는 지은 죄에 대한 단순한 응보가 아닌 범죄자 자신을 개과천선(改過遷善)시키는 교정과 그것을 보는 다른 사람들이 덕을 함양할 수 있는 교육적 의미의 예방에 있다는 견해를 설화를 배경으로 피력한다(실제로 프로타고라스가 이런 주장을 했을 가능성이 있고 플라톤이 그의 영향을 받았을 수도 있다). 그리고 『크리티아스』 106b에서 플라톤은 티마이오스의 입을 빌려 "올바른 처벌(orthē dikē)은 틀린 음을 내는 자를 맞는 음을 내도록 만들어 주는 것"이라고 말하고 있으며, 『소피스트』 229a에서는 비정상적인 체형에 대해서는 체육술이 관계하고, 질병에 대해서는 의술이 관계하듯이, 부정의에 대해서는 '응징술'(kolastikē)이 관계하는데, 이것이 정의(dikē)에 가장 적합한 기술이라고 언급된다(여기서 'kolastikē'는 '교정술'로 옮겨도 무방한 말이다). 『법률』 862d에서는 한 걸음 더 나아가 잘못을 저지른 자를 바로잡기 위해서는 단순히 처벌에만 의지할 것이 아니라 경우에 따라서는 말과 행위에 의한 다른 수단들을 사용할 수도 있어야 한다는 보다 적극적인 발상이 제시된다. 이 치료적 접근은 범죄는 어떤 의미에서 '비자발적'(akōn)이라는 소크라테스적인 견해와 맞물려 있음은 물론이다. 의술에 비유되는 치료적 처벌 개념은 아리스토텔레스의 『니코마코스 윤리학』 1104b17에서 다시 등장한다. 거기서 처벌은 쾌락에 지나치게 경도되어 있는 것을 고통이라는 약으로 낮게 하는 "반대되는 것들을 통한 치료(iatreia)"로 서술된다.

128 **불의(adikian)** : 도즈는 이 'adikian'을 덧붙여진 것으로 간주해서 삭제한다(1959, 256쪽). 논증의 순서로 볼 때, 이 말은 다음 단계에서 나와

야 한다는 것이다. 이 독법은 'adikian' 대신에 앞에 나왔던 '몹쓸 상태'(ponēria)가 생략된 것으로 읽는다.

129 **권력자들**(dynastēs) : 참주정의 방식으로 지배하는 권력 집단의 일원들을 말한다. 'dynasteia'(492b)는 좁은 의미의 과두정(소수자 독재정치)이나 훈타(junta : 임시정부)라 할 수 있다. 이 용어는 펠로폰네소스 전쟁 말기에 스파르타의 지원 아래 아테네에서 권력을 장악한 30인 참주들에게 사용되었다.

130 **덕**(aretē) : 'aretē'는 '훌륭함', '탁월함'으로도 많이 번역되며, 형용사로는 'agathos'가 같은 뜻으로 사용된다. 칼의 아레테는 잘 자르는 것이고, 눈의 아레테는 잘 보는 것이며, 제화공의 아레테는 구두를 잘 만드는 것이듯이, 사물이든 사람이든 그 나름의 탁월함을 잘 발현하는 상태를 'aretē'라 한다. 특히 플라톤이 이런 뜻으로 사용했다(호메로스에서는 남성다운 용맹과 강함을 뜻했다). 자신의 고유한 기능의 발현이라는 뜻으로 아레테 개념을 사용하는 대목은 『국가』 335a~e에서 찾아볼 수 있다.

131 **나쁜 것을 충분히 갖게 된다** : 곡언법(litotes)의 하나로 절제된 표현법(meiōsis)이다. 소크라테스의 생각을 가감 없이 표현한다면, "나쁜 것으로 차고 넘칠 것이다" 정도가 될 것이다.

132 **이번에는 사정을 정반대로 바꾸어서** : 소크라테스가 대비시키는 두 가지 상황은 "친구에게는 잘해 주고 적에게는 해롭게 해야 한다"는 당시 그리스인들에게 퍼져 있던 전통적인 도덕관념을 상기시킨다(『크리톤』 49b, 『메논』 71e, 『국가』 31e). 그러나 플라톤은 『크리톤』 49b~d, 『국가』 333b~336a에서 이 관념을 단호하게 거부한다. "적에게든 누구에게든 나쁜 짓을 해야 한다고 해 보세."라는 본문의 표현도, 번역으로는 살릴 수가 없었지만, 소크라테스 자신은 이 가정을 참이라고 믿지 않는다는 뜻을 나타내는 불변화사(ara)를 사용하고 있다.

133 **경험**(pathos) : 'pathos'는 'paschein'(겪다, 당하다)동사에서 나온 명사로 476c에서는 '상태'로 옮긴 말이다. 같은 '경험'으로 옮겼지만 448c

의 'empeiria'와는 의미 차이가 있다. 'empeiria'가 시도해 보고 겪어 보는 능동적인 경험이라면(448c의 주석 참고), 'pathos'는 외부의 영향을 받아서 겪게 되는 수동적인 경험이라 할 수 있다. 그래서 'pathos'는 '수난'이나 '재난'을 뜻하기도 하며, 인식 주관이 겪는 '느낌'이나 '감정'의 뜻으로도 사용된다.

134 알키비아데스(Alkibiadēs) : 알키비아데스는 페리클레스의 조카로 부유하고 이름 있는 가문 출신이었다. 용모가 수려하고 재능이 뛰어났으며 야망이 컸다. 그는 시켈리아 원정을 지지했고, 이 원정을 시발로 아테네는 기원전 415년에 펠로폰네소스 전쟁을 재개했다. 원정에 오르기 직전 아테네의 여러 곳에 세워져 있던 신성한 헤르메스 상들이 훼손당하는 일이 발생하면서 알키비아데스는 사건의 용의자로 원정 도중에 소환당하게 되는데, 그는 정적들에게 살해당할 것을 두려워하여 스파르타로 피한다. 나중에 그는 페르시아, 스파르타, 아테네와 협상했고, 407년에 아테네는 그를 총사령관으로 복귀시켰다. 그는 투퀴디데스의 『역사』 후반부에 중심인물로 등장한다. 그의 이름을 제목으로 한 플라톤의 두 대화편(『알키비아데스 I』, 『알키비아데스 II』)이 있으며, 『향연』 212d~223a에서 플라톤은 술에 취한 알키비아데스가 소크라테스와 자신의 관계를 이야기하는 모습을 묘사한다.

135 아테네의 민중(dēmos)과 퓌릴람페스의 아들(Demos) : 'dēmos'는 아테네의 행정구역의 단위(구), 거기에 거주하는 주민(구민), 또는 나라의 일반 시민(민중)을 가리키는 말이다. 공교롭게도 퓌릴람페스의 아들 이름도 데모스(Demos)이다. 퓌릴람페스는 플라톤의 의붓아버지였다. 그는 페리클레스의 친구였고(플루타르코스의 『페리클레스』 13) 페르시아에 사절로 파견되어 나라에 봉사했으며(『카르미데스』 158a), 델리움에서 군인으로 복무하였다(플루타르코스의 『소크라테스』 581d). 그는 큰 키와 수려한 용모로 유명했으며(『카르미데스』 158a), 그의 아들 데모스도 아버지를 닮아 용모로 이름을 날렸다(아리스토파네스, 『벌』 98). 퓌릴람페스의 아들 데모스는 삼단선(전함)의 비용을 대는 봉사를 했고(뤼시아

스 19.25), 그의 아버지가 시작한 새 사육장을 오랫동안 유지했던 것으로 보아(안티폰 단편 57. 플루타르코스의 『페리클레스』 13) 부유했음이 분명하다.

136 애인(ta paidika) : '파이디카'(paidika)는 고전기 그리스 사회에서 흔히 있었던 동성애 관계(paiderasteia)에서 사랑받는 쪽을 가리키는 말이다. 이 동성애 관계는 성인 남자와 소년(사춘기에서 수염이 적당히 나는 나이까지의 십 대 소년), 또는 나이 든 남자와 젊은 남자 사이에 맺어지는데, 나이 든 쪽(erastēs : 사랑하는 자)이 주도적 역할을 하고 성적 쾌락을 얻는 반면에 젊은이(파이디카 또는 erōmenos : 사랑받는 자)는 나이 든 쪽의 친분(philia)과 후원을 얻는 관계이다. 이처럼 "사랑하는 자"와 "사랑받는 자" 간의 분명한 구별, 그리고 "능동적인 성 역할과 수동적인 성 역할" 간의 구별은 성에 관한 고전기 그리스적 사고의 일반적인 특징 가운데 하나다. 이 관계는 한시적인 것이었으며, 한 사람이 이성애와 동성애를 함께 하는 경향이 보다 일반적이었다. 사랑하는 쪽은 여성과 결혼한 기혼자일 수도 있고 나중에 결혼할 수도 있다. 『향연』 193b에서 파우사니아스와 아가톤의 관계처럼 평생 지속되는 배타적인 남성 커플은 예외적이다.

137 생애 내내 틀린 음을 낼 거네 : 칼리클레스가 겪을 내면의 부조화는 513c~d에서 잘 설명되고 있다.

138 호기를 부리며(neanieuesthai) : 'neanieuesthai'는 젊은이의 성급하고 지나친 행동이나 뽐내며 거드름 피우는 태도를 가리킨다. 『파이드로스』 235a에서 소크라테스는 뤼시아스에 대해 이 표현을 사용한다("그는 같은 것을 이렇게도 말하고 저렇게도 말하면서 어느 쪽으로든 아주 훌륭하게 말할 수 있다는 듯이 호기를 부리며 과시하는 것처럼 보였네").

139 자연적으로(physei) … 법적으로(nomō) : 'physis'는 'phyein'(자라다, 생겨나다) 동사와 관련 있는 말로 자연, 본성(타고난 기질, 성향), 출생 등을 뜻한다. 그리고 'nomos'는 동사 'nemein'(분배하다, 할당하다)과 어원이 같은 말로 성문화되어 있거나 성문화되지 않은 법률, 일반적으로

널리 통용되는 관습이나 관례를 뜻한다. 따라서 본문을 "본성상 훌륭한 것이 아니라 관습상 훌륭한 것"으로 옮겨도 무방하다.

140 자연(physis)과 법(nomos), 이것들은 대부분 서로 대립하는 것 : '노모스'(nomos)와 '퓌시스'(physis)의 대립이라 일컫는 이 문제는 종교적 관념, 법, 도덕규범, 관습들이 자연에 근거를 두고 있는지 아니면 사람들이 정하고 약속함으로써 성립하게 되는지에 관한 문제이다. 이에 관한 가장 중요한 문헌은 플라톤의 저술과 소피스트인 안티폰의 파피루스 단편들(딜즈, 『소크라테스 이전 사상가들의 단편들』 87B44)이다. 그 밖에 에우리피데스, 아리스토파네스 그리고 투퀴디데스의 많은 구절들도 이 대립이 기원전 5세기 후반에 폭넓게 검토되었으며 다양하게 이해되었음을 보여 준다(도즈, 1959, 263쪽). 디오게네스 라에르티오스가 전하는 바에 따르면 소크라테스의 스승인 자연철학자 아르켈라오스는 "정의로운 것과 추한 것은 자연에 따른 것이 아니라 법(nomos)에 따른 것이라고 말했다"고 한다(『유명한 철학자들의 생애와 사상』 2.4.16). 안티폰은 "법(nomima)은 협약된 것이지 자연적으로 생겨난 것이 아니다."(단편 44A col), "법적으로 정의로운 것들의 대부분은 자연에 적대적이다."라고 말한다(단편 44A col2.26). 히피아스는 『프로타고라스』 337d에서 "법은 사람들의 참주(tyrannos)로서 많은 것들을 본성에 어긋나게 강제한다"고 말하는가 하면, 크세노폰의 『회상』 4.4.14에서는 "법이나 법에 복종하는 것이 진지한 것이라고 어떻게 생각할 수가 있을까? 그것을 제정한 자들 스스로가 자주 그것을 거부하고 바꾸는데."라고 말한다. 플라톤의 만년에도 이런 사상을 가진 지식인들이 있었으며, 이들의 영향으로 '자연에 따른 올바른 삶'(ton kata physin orthon bion)을 주도하는 '똑똑한 젊은이들'이 있었다는 사실을 『법률』 889e~890a에서 읽을 수 있다. 거기서 플라톤은 그들이 말하는 삶은 그들의 입장에서 볼 때 "사실상 다른 사람들을 지배하는 삶이지 법에 따라 다른 사람들에게 종노릇하는 삶이 아니다."라고 말한다.

141 노예(andrapodon) : 'andrapodon'는 전쟁에서 포로가 된 자를 가리킨

다. 고대 사회에서 노예 공급의 주된 원천 가운데 하나가 전쟁 포로였다. 노예의 덕이 자유인의 덕과 다르다는 것은 고르기아스의 제자 메논이 했던 주장이다(『메논』71e).

142 **법을 제정하는 자들은 힘없는 대다수 사람들이라고 생각합니다** : 492c의 '사람들 간의 협약'(synthēmata)이라는 말에서도 알 수 있듯이 칼리클레스는 법의 기원을 '사회적 협약'으로 보고 있다. 『국가』358e에서 글라우콘이 이 이론을 상세한 설명과 함께 제시한다. 아리스토텔레스는 이것을 기원전 4세기 소피스트인 뤼코프론과 관련짓는다. "법은 협약(synthēkē)이며, 소피스트 뤼코프론이 말했듯이, 서로 간에 정당한 요구들을 보증해 주는 것이다."(『정치학』1280b10) 그러나 도즈에 따르면 크리티아스 단편 25(딜즈, 단편 1)에 이와 비슷한 생각이 이미 들어 있다고 한다(1959, 266쪽).

143 **칭찬도 하고 비난도 합니다** : 『국가』336d에서 글라우콘이 이와 비슷한 말을 한다. "사람들은 용기가 없거나 늙었거나 다른 어떤 허약함 때문에 불의를 저지를 수가 없어서 그것을 비난한다."

144 **동등한 몫(ison)을 가지면** : '동등함'(isonomia)은 고전기 그리스 민주정의 표어였다. "그러나 다수의 지배는 우선 모든 것들 중에서 가장 멋진 이름인 '동등함'(isonomia)을 가지고 있다."(헤로도토스 3.80.6), "참주보다 나라에 더 적대적인 것은 없다네. 거기에는 우선 공적인 법(nomoi)이 없고, 법을 가진 한 사람이 자신의 판단으로 지배한다네. 거기에는 더 이상 동등함(ison)이 없네. 그러나 법이 기록되어 있으면 힘없는 자나 부유한 자나 동등한 정의(isē dikē)를 갖는다네."(에우리피데스의 『탄원자들』429~41).

145 **크세륵세스** : 크세륵세스의 아버지 다레이오스는 페르시아 제국을 확대하려는 팽창주의적 야심을 가지고 있었다. 헤로도토스에 따르면 기원전 510년경에 그는 인접해 있는 스퀴티아 지역을 침공한다. 그리고 490년에 그는 관심을 그리스로 돌렸다. 이 침공은 그리스 군의 마라톤 전투 승리로 막을 내린다. 485년 다레이오스가 죽고 나서 크세

륵세스가 그의 유럽 정복 야욕을 이어받는다. 그러나 480년 그리스에 대한 그의 대규모 침공도 그리스 군의 계속되는 기적 같은 승리로 인해 실패하고 만다. 이 전쟁의 승리로 아테네는 테미스토클레스의 지도 아래 제국주의로 나아가게 된다.

146 **떨쳐 내고(aposeiesthai)** : 'aposeiesthai'는 말이 기수를 등에서 떨쳐 내는 행위를 가리킨다. '망아지'를 뜻하는 폴로스의 이름을 의식한 표현이다.

147 **기록(grammata)** : 'grammata'가 정확히 무엇을 가리키는지 알 수는 없으나, 뒤에 열거된 마술, 주문, 법을 포함해서 명문화된 관습적인 규율들 일반을 뜻하거나, 아니면 적어도 노모스(법)와는 달리, 델피에 새겨진 경구들이나 전해 내려오는 격언적인 시구들과 같은 관습적인 규범이나 규칙들을 담은 글 등을 가리킨다고 볼 수 있다.

148 **… 구입하지 않고 …** : 기원전 5세기 테베의 서정시인 핀다로스가 쓴 이 시는 유실되고 일부만 남아 있다(단편 169). 본문의 인용에서 빠진 부분은 다음과 같다.

> 그는 게뤼온의 소들을
> 에우뤼스테우스의 퀴클로피아 안뜰로 몰아넣었으므로
> 허락을 받거나 구입하지도 않고.

칼리클레스는 이 시에서 노모스(법)를 자신이 방금 '자연의 법'이라고 부른 더 강한 자의 권리로 이해한다. 『법률』 690b, 715a에서도 플라톤은 핀다로스의 이 시구를 칼리클레스와 같은 취지로 언급한다. 그러나 핀다로스가 말하는 '노모스'가 정확히 무엇을 뜻하는지에 대해서는 논란이 많다. 헤로도토스는 종족마다 관습과 풍습이 다르다는 사실을 말하는 대목에서(3.38.4) 핀다로스의 이 시구를 언급하고 있기 때문에 ("노모스는 모든 것의 왕이네"라는 첫 줄만 인용한다) 이 노모스를 칼리클레스가 이해하는 '자연의 법'이 아니라 인위적인 '관습'으로 이해했다고 봐야 한다. 핀다로스의 작품들이 보여 주는 경향으로 볼 때 그가 칼리클레스처럼 전통에 반하는 과격한 견해를 가졌다고 보기는 어렵고, 그렇다고 헤로도토스처럼 이해하게 되면 남의 소들을 강제로 빼앗은 헤라클레스의 행위를 관행으로 봐야 한다는 것이 문제가 된다. 남아 있는 시행들만으로는 핀다로스의 정확한 의도를 확정할 수는 없고 추정만이 가능한데, 도즈는 핀다로스가 말하는 노모스는 인간의 법을 넘어서 있는 신적인 법, 즉 제우스의 뜻과 동일시되는 일종의 운명의 법칙과 같은 것일 거라고 해석한다(1959, 270쪽). 사멸하는 인간의 눈에는 폭력적인 것이지만, 신은 그것을 더 원대한 목적에 기여하게 함으로써 거시적인 정의를 구현한다는 것이다. 달펜(J. Dalfen)도 이와 비슷한 해석을 제시한다(2004, 331~332쪽).

149 게뤼온 : 게뤼온은 크뤼사오르와 칼리로에(오케아노스의 딸)의 아들로 세 개의 몸과 세 개의 머리를 가진 거인이었다. 그는 비옥한 섬 에뤼테이아에서 오르트로스(또는 오르토스)라는 개를 데리고 살았고 큰 무리의 소 떼를 소유하고 있었는데, 헤라클레스가 이 소 떼를 훔쳤다고 한다.

150 더 큰 일 : 『메넥세노스』 234a에서 소크라테스가 평의회 건물에서 나오는 젊은 메넥세노스에게 이 비슷한 말을 건넨다. "… 교양과 철학 공부도 다 마쳤다 싶고 또 그 정도면 이미 충분하다고 여겨 좀 더 큰 일 쪽으로 마음을 돌릴 심산인 거야."

151 그러나 필요 이상으로 거기에 남아 시간을 보내면 : 이소크라테스도 철학에 대해 칼리클레스와 유사한 견해를 표명한다. 그는 『교환』에서 철학은 일종의 '정신적 훈련'(gymnasian tēs psychēs)이며(266), 교양(paideia)으로서(268) 얼마간 철학에 시간을 보내는 것은 괜찮지만 지나치게 몰두해서 자신의 자질을 소진해서는 안 된다고 젊은이들에게 충고한다. 그 외에도 에우리피데스의 『메데이아』 294~301, 본문에서 칼리클레스가 『안티오페』에서 인용하는 구절(485e), 아리스토파네스의 『개구리』 1491~9, 플라톤의 『에우튀데모스』 304c~305e, 『국가』

487c~d, 『테아이테토스』 172b~177c, 아리스토텔레스의 『니코마코스 윤리학』 1141b3~8 등의 대목들은 철학이 사변적인 것이어서 실제 생활에 별로 도움이 안 된다는 생각이 일반적으로 널리 퍼져 있었음을 암시한다.

152 사람들을 못쓰게 만듭니다(diaphthora) : 'diaphthora'는 소크라테스가 아테네의 젊은이들을 타락시켰다고 해서 고발당했을 때 고발장에 썼던 표현 '타락시켰다'(diaphtheironta)의 명사 형태이다. 여기서는 '타락시켰다' 대신에 좀 더 넓은 뜻으로 '못쓰게 만들었다'(망쳐 놓았다, 망가뜨렸다는 뜻으로)로 옮겼다. 이 표현을 소크라테스를 고발하는 데 앞장섰던 정치가 아뉘토스가 『메논』 91c에서 소피스트들에게 사용한다. 그는, 가정과 나라를 잘 관리하고 보살피는 덕과 지혜를 배우려는 젊은이들을 소피스트들에게 보내야 하는지 소크라테스가 묻자, "그들은 교제하는 자들의 파멸이자 못쓰게 됨(diaphthora)입니다."라며 손사래를 친다.

153 에우리피데스의 말 : 칼리클레스가 인용하는 문구들은 에우리피데스의 유실된 작품 『안티오페』(단편 183)에 등장하는 제토스의 말에서 따왔다. 이 작품은 에우리피데스가 만년에 쓴 것들 가운데 하나로, 안티오페가 자신의 아들 암피온과 제토스에 의해 자유롭게 된다는 해피엔드의 결말을 담고 있다고 한다. 이 형제들은 어릴 때 버려져서 한 목동의 손에 길러졌는데, 전해지는 말로는 제토스는 목동이었고 암피온은 예술가였다. 485e에서 칼리클레스의 말은 이 두 형제들이 각자의 삶에 대해 논란을 벌이는 장면을 연상시킨다. 에우리피데스는 작품 속에서 이 문제를 직업인의 실천적인 삶과 그것으로부터 자유로운 예술가의 삶 내지는 관조적 삶 사이의 일반적인 비교로 확대시켰던 것 같다.

154 노예스럽다 : 노예 어린이는 자유인 아이들과는 달리 아주 어린 나이에 일을 해야 했으므로 조숙함을 보이기 때문일 것이다.

155 시인 : 호메로스를 가리킨다(『일리아스』 9.441).

156 **구부러뜨리고(diatrepeis)** : 도즈(1959, 277쪽)는 'diatrepeis'는 '곡해하다, 오용하다'의 의미로 쓰인 용례가 없다는 이유에서, 그리고 'diaphrepeis'는 운율이 맞지 않는다는 이유에서 거부하고, 대신에 'diaprepeis'로 읽는다("··· 소년 같은 모습을 보이며 유별나게 행동하십니다.").

157 **발언을 목청껏 하지도(lakois)** : 필사본의 'labois'(붙잡다) 대신에 보니츠의 수정(lakois)을 따랐다.

158 **당신은 자신이 어떻게 해야 할지 모를 겁니다** : 『히피아스 I』 304a~b에서 히피아스도 칼리클레스와 비슷한 충고를 소크라테스에게 한다. "그러나 훌륭하고 가치가 큰 것은 이것이네. 법정이나 평의회나 연설이 이루어지는 다른 어떤 관청에서 연설을 훌륭하게 잘 해낼 수 있는 능력, 즉 사람들을 설득해서 가장 작은 상이 아니라 가장 큰 상을 가져올 수 있는 능력 말일세. 가장 큰 상이란 자신을 비롯해서 자신의 재물과 친구들의 안전을 확보하는 일이네. 그러므로 이런 세밀한 논변들과는 작별하고 이것들을 붙들어야 하네. 방금처럼 쓸데없고 무의미한 것들에 몰두하다가 아주 바보 같다는 인상을 주지 않으려면." 그런가 하면 『테아이테토스』 172c에서 소크라테스는 철학자들이 법정에서 무기력하다는 것을 스스로 인정하고 있다. "철학에 많은 시간을 보내는 사람들이 법정에 연설가로 가게 되면 우스꽝스러운 꼴을 보인다는 것이 얼마나 당연한 일인지."

159 **사형을 선고하길 원한다면** : 법으로 정해진 처벌이 없는 범죄일 경우에 고발자가 처벌을 제안했는데, 이에 대해 피고발자는 그 처벌을 대체할 만한 것을 제시할 권리가 있었다. 이때 법정은 어느 한쪽을 받아들여야 했다. 『변명』에서 소크라테스의 경우도 고발자들이 원하는 사형 대신에 추방이나 벌금형을 제시할 수 있었지만, 그렇게 하지 않았다 (36b 이하를 참고하라).

160 **사람(phōs)** : 'phōs'는 'anēr'와 같은 뜻으로 시(詩)에서 불사의 신들과 대비되는 가사자로서의 사람을 뜻하거나 여성에 대비되는 남성을 뜻하는 말로 쓰인다. 이 대목도 에우리피데스의 『안티오페』에서 인용한

것으로 보인다.

161 **치욕적인(atimon)** : '아티모스'(atimos)는 시민으로서의 법적 권리를 모두 박탈당한 상태를 가리키는 말이다(508d에서 'atimoi'를 '시민의 자격을 박탈당한 자들'로 옮겼다). 이런 상태에 있는 사람은 법정을 포함해서 광장(agora)이나 신전들에 발을 들여놓을 수 없었다. 즉 공공 집회와 행사에 참여하여 시민으로서의 권리를 행사할 수가 없다는 뜻이다. 이런 금지 사항들을 어기게 되면, "붙잡아서 감옥으로 끌고 간다"는 칼리클레스의 말처럼(486a), 즉결 체포와 구금을 할 수 있었고 그렇게 하더라도 아무런 법적인 조치를 취할 수가 없었다. 요컨대 적들이나 타인이 해를 끼치는 행위에 대해서 법적인 보호를 전혀 받을 수 없는 상태에 놓이는 것이다.

162 **부끄러움 때문에 감히 ~할(to aischynesthai tolmāi) 정도로** : 모순어법(oxymoron)을 사용한 재미있는 표현이다. '현명한 바보', '천천히 서둘러라'처럼, '부끄러워하는' 소심함과 '감히 ~하는' 대담함이 대비되고 있다. 소심함은 대담한 행위의 원인이 될 수 없지만 오히려 그래서 역설적으로 소심함을 강조하는 식이다. 얼마나 소심했던지(부끄러웠던지) 대담한 행위(사람들 앞에서 자기모순적인 말을 하는 것)를 할 정도였다는 것이다.

163 **아피드나이(Aphidnai)** : 아피드나이와 콜라르고스는 아테네의 행정구역(dēmos) 이름이다. 콜라르고스는 아카만티스 부족(philē)에 속하고 아피드나이는 아이안티스 부족에 속했다. 아피드나이는 북쪽 변경을 보호하는 주요 요새로 성채는 마라톤 호수 북남 끝자락에 자리 잡은 코트로니의 아크로폴리스에 있었다.

164 **테이산드로스, 안드론, 나우시퀴데스** : 칼리클레스의 세 친구들에 대한 정보는 빈약한데, 도즈의 주석(1959, 282쪽)을 간추려 옮기면 다음과 같다. 안드로티온의 아들 안드론은 『프로타고라스』에서 칼리아스의 집에 모인 소피스트들 가운데 한 사람으로 거명되며 히피아스를 따르는 자들의 무리에 들어 있다(315c). 대화의 중요한 연결 지점에서

(337c~d) 히피아스는 칼리클레스가 여기서 인용하는 핀다로스의 시구와 같은 견해를 피력한다. 그런 점에서 칼리클레스와 히피아스의 사상적 연관성을 짐작해 봄 직하다. 안드론은 기원전 411년에 수립된 400인 과두 정권의 일원이었다. 그러나 과두 정권이 붕괴하자 그는 안티폰과의 관계를 단절함으로써 목숨을 건졌다고 한다. 후일 그는 나라에 진 채무를 갚지 못해 오랜 기간 수감되어 있었는데, 데모스테네스에 따르면(24.125) 그의 아들이 상당한 재산가였음에도 불구하고 결국에는 탈옥을 했다고 한다. 그의 할아버지 이름(안드로티온)을 딴 이 아들은 아티카 연대기 저자이자 데모스테네스의 정적으로 잘 알려져 있다. 데모스테네스는 그를 선동가로 변한 신사(kalos k'agathos)라고 조롱했다(22.47). 그는 이소크라테스의 학교에서 훈련을 받았는데, 이는 본문에서 칼리클레스와 함께 그의 아버지(안드론)가 보여 주는 철학에 대한 태도에 배경적으로 잘 들어맞는다. 나우시퀴데스는 아리스토파네스가 『민회의 여인들』 426에서, 그리고 크세노폰이 『회상』 2.7.6에서 언급하는 부유한 제분업자일 가능성이 매우 높다. 아리스토파네스는 그 작품에서 그가 곡물만 빻은 것이 아니라 엄청난 가격을 요구함으로써 가난한 자들의 등골도 빻았음을 암시해 주는 것 같다. 테이산드로스 역시, 만약 그가 전례에 관한 비문에 새겨진 '[Te]isandrou toū Kēphisodōrou Aphidnaiou'와 동일 인물이라면(『그리스의 비문들』 ii²), 부유했던 것으로 보인다(이 비문의 편집자는 비문의 연대를 기원전 4세기 초반으로 보지만, 빌라모비츠는 더 후대로 보며 그 이름을 그의 손자로 본다). 칼리클레스의 세 친구들에 대한 이런 증거들이 제시해 주는 일반적인 그림은 아테네의 부유한 귀공자들 중에서 뽑은 야심에 찬 젊은이 집단의 모습이다. 칼리클레스의 태도에서 짐작할 수 있듯이, 이들은 불편한 도덕적 양심(부끄러움)을 벗겨 주는 새로운 사상을 충분히 흡수한 젊은이들로서 플라톤이 『법률』 889e~890a에서 말하는 바로 그 '똑똑한 젊은이들'에 해당할 것이다.

165 세밀한 정도까지(eis akribeian) 철학 연구에 열의를 쏟아서는 안 된다 : 이

소크라테스가 니코클레스에게 하는 충고 중에 'akribōs'라는 표현을 사용하는 대목이 있는데, 본문에서 칼리클레스 일행이 철학에 대해 사용하는 'eis akribeian'과 비교해 봄 직하다. "작은 것들에 대해 세밀하게(akribōs) 논쟁하는 자들이 아니라 큰 것들에 대해 말을 잘하는 자들을 지혜로운 자들로 간주하게나."(『니코클레스에게』 2.39) 그리고 역시 이소크라테스가 자신의 경쟁자를 조롱하는 말의 한 대목(『헬레네』 10.5)에서도 같은 표현을 볼 수 있다. "쓸모 있는 것들에 대해 적당한 의견을 갖는 것(epieikōs doxazein)이 쓸모없는 것들에 대해 세밀하게 아는 것(akribōs epistasthai)보다 훨씬 더 낫다는 것을 명심하고 … ."

166 자네 스스로 그렇게 말하고 있을 뿐 아니라 : 부끄러워하지 않는다는 말을 칼리클레스가 직접 하지는 않았지만 482d7 이하에서 그가 한 말에는 그런 뜻이 분명히 들어 있다.

167 이 문제 : 486e2에서 시작된 문제를 말한다.

168 조금 전에 : 483d~484a를 가리킨다.

169 더 강한 것(kreittōn), 더 힘센 것(ischyroteron), 더 훌륭한 것(beltiōn) : 1)'kreittōn'은 'kratys'(강함)의 비교급으로 쓰일 때는 힘, 능력, 지력(智力), 권력 등이 우월함을 뜻하며 이 대화편에서는 주로 이 의미로 사용되고 있다(『소피스트』 216b에서 신들과 신령들에 대해 'hoi kreittous'라고 말한다). 그리고 'agathos'(좋은)의 비교급으로도 쓰인다(본 대화편의 482b, 483b에서 용례를 찾아볼 수 있다. "격려와 말의 설득을 사용하는 사람이 법과 강제를 사용하는 사람보다 덕으로 이끄는 '더 좋은'(kreittōn) 안내자임이 드러날 것이다."(데모크리토스의 단편 181)). 2)'ischyroteros'는 완력이 더 세다는 뜻으로만 쓰인다. 3)'beltiōn'은 'agathos'(훌륭한)의 비교급으로 사회적 또는 도덕적으로 우월하다는 뜻으로 많이 쓰인다. 사회적 우월성을 뜻하는 용례는 본 대화편의 512d에서, 도덕적 우월성의 용례는 502e에서 확인할 수 있다. 다른 대화편의 예로는 『향연』 185b를 들 수 있다("적어도 덕을 위해서라면, 그리고 더 훌륭한 자가 되기 위해서라면"). 최상급에 관사를 붙인 'hoi beltistoi'는 일반적으로 상류

계층의 사람들을 가리킨다. 그러나 그냥 최상급 형태로는 'agathos'처럼 도덕적인 뜻만이 아니고 기능적인 우수함의 뜻으로 두루 쓰인다 (484e에서 'beltistos'는 능력이 뛰어나다는 뜻으로 사용되었다). 4)본문에서 'beltiōn'과 함께 많이 쓰이는 'ameinōn'은 'agathos'의 또 다른 비교급으로서 주로 기능적 측면에서 뛰어나다는 뜻으로 사용되며(호메로스에서 'ameinōn'은 '더 용감한'이라는 뜻이다), 본 대화편에서는 포괄적인 의미에서 '더 좋다(더 낫다)'라는 뜻으로 사람과 사물 일반에 모두 사용된다(부록의 〈찾아보기〉에서 'ameinōn' 항목 참고). 칼리클레스는 앞서 '자연의 법'을 내세우면서 'kreittōn'(더 강한)과 'ameinōn'(더 좋은, 더 나은)이라는 단어를 사용했고, 소크라테스는 칼리클레스의 주장을 논박하기 위해 이 단어의 정확한 의미를 분명하게 규정해 달라고 요구하고 있다. 『국가』 338c에서 트라쉬마코스가 "정의는 강자의 이익"이라고 주장할 때 '강자'도 'kreittōn'의 번역어이다. 거기서도 소크라테스는 '더 강한 것'(kreittōn)이 정확히 어떤 의미인지 트라쉬마코스에게 설명해 달라고 요구한다(388c).

170 조금 전에 : 483b~c를 가리킨다.

171 더 훌륭한 자들일 테니까 : 헤르만(Hermann)의 수정을 받아들여 'poly'를 'pou'로 읽었다. 필사본대로 읽으면 "당신의 주장에 따르면 더 강한 자들은 훨씬 더 뛰어난 자들이니까"이다.

172 말꼬리를 잡으며 : 직역은 "이름을 사냥하며"(onoma thereuōn)이다. 『테아이테토스』 166e에서도 같은 표현이 나온다.

173 제토스에게 … 맹세컨대(Ma ton Zēthon) : "ma ton Zēna"(제우스께 맹세컨대)를 장난스럽게 바꾸어 표현한 것.

174 표현(rhēmati) : 배드햄(C. Badham)의 수정을 받아들여 'rhēmati'를 'rhēmatia'로 읽으면, "내가 당신의 표현을 사냥하고 있는 것이 아닙니다"로 옮길 수 있다.

175 그것들을 모두 자신의 몸을 위해 소비하고 써 버리는 식으로 더 많이 갖는 것 : 칼리클레스가 주장하는 '더 많이 가짐'(pleonexia)의 극단적인 형

태(혼자서 독차지해 버리는 것)를 표현하고 있다.

176 벌을 받지(zēmiousthai) : 'zēmiousthai'는 '손해를 보다', '벌을 받다', '벌금을 물다'라는 뜻인데, 여기서는 건강에 해를 입는다는 뜻으로 쓰였다.

177 같은 것들에 관해서도 : 같은 주제에 관해서도 같은 말을 한다는 뜻이다. 이와 유사한 대화가 크세노폰의 『회상』 4.4.6에 나온다("당신은 내가 전에 당신한테서 들었던 것과 같은 것들을 여전히 말하고 있군요, 소크라테스. / 그렇소, 히피아스. 나는 언제나 같은 것들을 말할 뿐만 아니라 같은 것들에 관해서 말하지요. 그러나 아마도 당신은 박식해서 같은 것들에 관해서 같은 말을 하는 적이 없는 것 같구려. / 물론입니다. 나는 언제나 새로운 것을 말하려고 노력합니다."). 히피아스가 그렇듯이 소피스트들이나 연설가들은 자신들이 매번 새로운 내용을 말한다는 것을 자랑거리로 삼는다. 반면에 본 대화편에서 소크라테스는 철학은 언제나 같은 것들을 말한다는 점을 강조한다(482a, 509a).

178 그야말로 매번 제화공, 축융공, 요리사, 의사들을 들먹이길 조금도 멈추지 않으시네요 : 『향연』 221e에서 알키비아데스가 소크라테스에 관해 묘사하는 대목에도 이와 비슷한 내용이 나온다. "이분은 짐 나르는 나귀라든가 어떤 대장장이, 제화공, 무두장이들에 대해서 말하는데, 언제나 같은 것들을 가지고 같은 말을 하는 것으로 보이며 …."

179 벌써부터 : 456a와 489c를 가리킨다.

180 어떻게 하면 나랏일을 잘 경영할 수 있는지에 관해 슬기로운 자들 : 『알키비아데스 I』 125b에서 알키비아데스는 "나라에서 다스릴 능력이 있는 자"를 훌륭한 자로 규정하며, 『메논』 71e에서 메논은 "나랏일을 능히 수행할 수 있는 능력"을 남자의 덕으로 규정한다.

181 그런데 친구여, 자신들에 대해서는 어떤가? : 491d4~6의 원문은 빌라모비츠의 수정과 편집을 따랐다. OCT를 따를 경우에 소크라테스와 칼리클레스 간의 문답은 다음과 같이 배정된다. "(소크라테스) 뭐라고요? 친구여, 자신들에 대해서는 어떻소? 어떤 식으로든 다스리거나 다스

림을 받지요? / (칼리클레스) 무슨 뜻입니까?"

182 대다수 사람들이 생각하는 그대로네 :『국가』430e에서 비슷한 설명이
나온다. "절제란 일종의 질서이자 어떤 쾌락들과 욕구들에 대한 지배
(engkrateia)일 걸세. 사람들은 이런 뜻으로 '자신보다 더 강하다'라는
표현을 사용한다네." 플라톤은『프로타고라스』353c에서 "쾌락에 진
다는 것"이 무엇을 뜻하는지 논의하면서 이것을 잘못된 도덕적 계산
의 문제로 설명하는 것으로 끝낸다. 그리고 지금 이 대목에서는 "자
신을 다스린다"에서 '자신'은 '자신 속의 쾌락들과 욕망들'을 뜻한다는
정도의 설명으로 그친다. 그러나『국가』431a와『법률』626e에서 "자
신보다 더 강하다"의 의미를 충돌하는 '두 자아들'로 설명한다. "자기
자신을 이기는 것이 모든 승리들 가운데 으뜸가고 가장 훌륭한 것인
반면, 자기 자신에게 지는 것은 모든 패배 가운데서도 가장 부끄럽고
가장 나쁜 것입니다. 이는 우리 각자의 내면에 우리 자신을 상대로 전
쟁이 있음을 보여 줍니다."(『법률』626e)

183 우둔한 자들을 두고 절제 있는 자들이라고 하시니 : 투퀴디데스
3.82.4("절제는 비겁함의 가리개로 간주되기에 이르렀다."),『국가』
560d("절제를 비겁이라 부르며 모독하면서 내쫓아 버리고 …")에서 절
제를 폄하는 말이 나온다.『국가』348c에서 트라쉬마코스는 정의
(dikaiosynē)를 "고상한 순진성"(euētheia gennaia)이라 칭하며, 크세노
폰의『아나바시스』2.6.22에서 메논은 '솔직하고 진실한 것'(to haploun
kai alētheis)'을 우둔함(ēlithion)과 동일시하는데, 이처럼 논쟁 상대의
윤리적 주장을 깎아내리는 것(이를테면 상대방이 '정의'라고 부르는 것은
실제로는 비겁이며 진취성의 결여임을 보여 줌으로써)은 이후에 수사적 기
법의 일종으로 간주되었다.

184 앞서 : 483c 이하를 가리킨다.

185 참주 권력(tyrannis)이든 소수자 독재 권력(dynasteia)이든 : 개인과 집
단, 이렇게 두 종류의 절대 권력을 언급하고 있다. 'tyrannis'는
'monarchia'(일인 독재정)에, 'dynasteia'는 'oligarchia'(과두정)에 해당

된다(아리스토텔레스의 『정치학』 1292b10, 1293a31). 아테네의 30인 과두 정은 'dynasteia'이다. 참주들(tyrannoi)은 독재자이지만 그리스의 역사 에서 이들 대부분이 민중의 지지를 받았고 온건하게 다스렸다는 사실 을 생각하면 참주라고 해서 꼭 폭군으로 볼 이유는 없다. 그러나 플라 톤은 이 대화편에서 칼리클레스의 입을 빌려 참주를 나쁜 자의 본보 기로 그리고 있다.

186 **아무것도 필요하지 않은 자들이 행복하다** : 소크라테스는 실제로 아무것 도 필요로 하지 않는 자들이 행복하다는 생각을 가지고 있었던 것 같 다. 크세노폰의 『회상』 1.2.14에서 훌륭한 자의 자족성에 관하여 논하 는 대목에서 "소크라테스는 최소한의 돈으로 가장 자립적으로 생활하 며"라는 언급이 있으며, 『회상』 1.6.2에서 안티폰이 소크라테스가 아 주 보잘것없는 음식을 먹고 맨발로 다니며 겨울이건 여름이건 언제나 같은 옷만 입고 다니는 것을 두고 그를 조롱하자, 소크라테스는 "안티 폰, 당신은 사치와 낭비가 행복이라고 생각하는 모양이구려. 그러나 나는 아무것도 필요로 하지 않는 것이 신적인 것이며 가능한 한 가장 적은 것들을 필요로 하는 것이 신적인 것에 가장 가깝다고 믿는다오." 라고 응수한다(1.6.10). 아리스토파네스의 『구름』 103, 363에서도 소크 라테스의 금욕적 삶을 조롱하는 대목이 나온다. 금욕주의적 행복 관 념은 소크라테스만 가지고 있었던 것은 아니다. 데모크리토스의 단편 284도 이런 생각을 표현하고 있다. "만약 그대가 많은 것들을 욕구하 지 않는다면, 적은 것들이 그대에게는 많다고 여겨질 것이다. 왜냐하 면 작은 욕구는 가난한 자에게 부유함과 대응할 힘을 갖게 해 주기 때 문이다." 이 관념은 데모크리토스로부터 에피쿠로스를 거쳐 루크레티 우스(『사물의 본성에 관하여』 5.1118)에게로 이어진다. 그리고 소크라테 스로부터 안티스테네스를 거쳐 스토아학파로 이어져서 나중에 기독 교의 성인 관념에 일정 부분 영향을 끼쳤을 것으로 본다.

187 **그렇게 되면 돌과 송장이 가장 행복할 테니까요** : 금욕적 삶은 죽은 상태 와 마찬가지라는 생각은 당시 일반인들에게 친숙한 것이었다. 소포클

레스의 『안티고네』 1165 이하에서 전령은 쾌락을 모르는 사람은 "혼 없는 송장"(empsychos nekros)이라는 견해를 표명한다. 아리스토파네스의 『구름』 504에서 스트렙시아데스는 만약 그가 소크라테스의 제자가 되면 "절반은 죽은 상태"(hēmithnēs)가 되는 것은 아닌지 두려워한다. 『파이돈』 65a에서 소크라테스는 "아마도 대다수 사람들은 몸을 통한 즐거움들에 전혀 신경 쓰지 않는 사람은 죽어 있는 상태에 가깝다고 생각할 걸세."라고 말한다.

188 이 구절에서 : 이 시구는 에우리피데스의 유실된 작품 『프릭소스』에서 인용되었거나, 아니면 『폴뤼이도스』에서 인용되었을 것으로 여겨진다. 아리스토파네스는 『개구리』에서 이 시구를 두 차례(1082, 1477~78)에 걸쳐 조롱한다. 이 시구의 배경이 되는 사상은 당연히 오르페우스나 피타고라스의 것으로 생각되지만, 섹스투스 엠피리쿠스가 이와 매우 비슷한 사상을 담고 있다고 해석할 수 있는 말을 헤라클레이토스의 것으로 돌리는 대목도 주목할 필요가 있다. "그러나 헤라클레이토스는 우리가 살아 있는 상태에도 우리가 죽어 있는 상태에도 삶과 죽음이 모두 들어 있다고 말한다. 왜냐하면 우리가 살아 있을 때 우리의 혼은 죽어 있고 우리 속에 매장되어 있는 반면에, 우리가 죽게 되면, 우리의 혼은 다시 살아나서 생활하기 때문이라고 한다."(『퓌론주의 철학 개요』 3.230).

189 어떤 현자로부터(tou tōn sophōn) : 플라톤은 소크라테스로 하여금 대화 도중에 익명의 현자들의 말을 인용하게 하는 경우가 종종 있다. 이 대화편의 507e에서도 정의와 절제가 자기 자신은 물론이고 사람들과 신들, 하늘과 땅, 그리고 온 우주를 결속해 주고 질서를 부여해 준다는 주장을 뒷받침하기 위해 현자들의 말을 끌어들인다. 『국가』 583b에서 소크라테스는 육체적인 쾌락들은 환영에 불과하다는 말을 어떤 현자로부터 들었다고 믿는다. 『메논』 81a에서 혼의 윤회에 관해 소크라테스에게 이야기해 준 지혜로운 남자와 여자들은 사제들이다. 『메논』 81a와 같은 내용의 이야기를 『파이돈』 70c에서는 현자로부터 들었다

고 말하는 대신 '우리가 기억하고 있는 오래된 설(logos)'이라고만 말한다. 이야기의 내용으로 볼 때 이 현자들은 피타고라스주의자일 것으로 추정된다. 본문의 '어떤 현자' 역시 피타고라스주의자인 것은 분명해 보이며 그가 누구인지 조금 더 구체적으로 추정해 볼 수 있는 단서들은 다음 문장에서 주어진다.

190 몸(sōma)은 우리의 무덤(sēma) : 언어유희가 돋보이는 이 유명한 구절은 원어로 "sōma sēma"로 깔끔하게 표현된다. 필롤라오스의 단편 14도 'sōma'를 'sēma'와 동일시한다("신들에 관해 이야기하는 자들과 예언자들은 혼은 어떤 징벌로 인해 몸에 묶이어 마치 무덤 속에 묻혀 있듯이 몸속에 묻혀 있다고 증언한다."). 이 단편을 근거로 익명의 '현자'를 필롤라오스로 보는 학자들이 많다(달펜, 2004, 368쪽). 『파이돈』61e에서 소크라테스의 젊은 제자들 가운데 한 사람인 케베스가 한때 테베에 머물렀던 필롤라오스로부터 사람은 자기 스스로 목숨을 끊어서는 안 된다는 말을 들었다고 말하는 대목도 필롤라오스와의 관련성을 추정케 하는 단서가 된다. 『크라튈로스』400b~c에도 'sōma'를 'sēma'와 연관 지어 설명하는 대목이 있다. 여기서는 'sēma'의 의미를 두 가지로 구별해서 설명하는데, 무덤으로서의 'sōma'는 그 중 하나로 제시되지만 출처에 대한 언급은 없다. 세 번째 설명에서 'sōma'는 오르페우스의 신봉자들이 붙인 이름일 가능성이 가장 크다고 하면서 어원의 출처를 분명하게 밝히지만 어원을 'sēma'가 아니라 'sōizein'(보존)에서 찾고 있다. "실제로 어떤 사람들은 현생(現生)에서 혼이 매장되어 있기라도 한 듯이 그것을 혼의 '무덤'(sēma)이라고 말하네. 그런가 하면 혼은 무엇을 표시하든 몸을 통해서 표시하기 때문에 몸을 '표지'(sēma)라고 불러야 옳다고 말하는 사람들도 있지. 그러나 나는 오르페우스를 따르는 사람들이 이 이름을 붙였을 가능성이 가장 크다고 보네. 그들은 혼이 벌 받을 일로 인해 벌을 받고 있으며, 몸은 혼이 자신을 보존하기(sōizetai) 위해 가지는 감옥을 닮은 울타리라고 믿기 때문이지."

191 아마 시켈리아인이거나 이탈리아인이지 싶은, 이야기 작가인 어떤 재치 있

는 사람(tis mythologōn kompsos anēr) : 앞 문장에서 언급된 '현자'가 엠페도클레스이거나 아니면 필롤라오스, 혹은 아르키타스로 추정되는 근거가 이 문장의 '시켈리아인이거나 이탈리아인'이라는 말 때문이다. 엠페도클레스는 시켈리아의 아크라가스 출신으로 자연철학자이자 의사, 사제였으며 윤회 사상을 배경으로 혼이 가사자들의 여러 가지 모습을 하고 거듭 태어나는 것은 지은 죄에 대한 벌이라는 생각을 담은 글을 남겼다(단편 115, 117). 그리고 이탈리아 남부 지역(마그나 그라이키아)은 오르페우스 신앙과 피타고라스주의가 융성했던 지역이며, 크로톤 출신의 필롤라오스(기원전 470년경~385년)와 타렌툼 출신의 아르키타스(기원전 428~347년)는 피타고라스 사상을 대표하는 철학자들이다. 그런데 시켈리아인이거나 아니면 이탈리아인일 거라는 이 '이야기 작가'가 바로 앞에서 언급된 '어떤 현자'를 가리키는 것인지, 아니면 다른 사람을 지칭하는지는 논란의 여지가 있다. 만약 다른 사람이라면 '현자'는 이 이야기 작가가 지어낸 설화를 우화적으로 해석하여 소크라테스에게 전해 준 사람일 것이다. 493b7에서 "나에게 이야기를 해 준 그 사람(ho pros eme legōn) 말에 따르면"이라는 삽입구는 설화 작가와 전달자를 구별하는 관점에서 읽을 수도 있고, 구별하지 않는 쪽으로 읽을 수도 있다. 구별해서 보게 되면 493a5의 '어떤 재치 있는 사람'(kompsos anēr)과 493b3의 '이 사람'(houtos)은 이야기를 지어낸 작가를 지칭하는 것으로 읽힌다. 그럴 경우에 이 설화 작가는 철학자라기보다는 종교적인 시를 짓는 시인으로서 입문하지 않는 자들이 하데스(저승)에서 겪는 고초들에 대해 이야기한 사람일 것이다. 그리고 몸을 혼의 무덤이라고 말하면서 체를 '새는(구멍 난) 혼'으로, 입문하지 않은 자들을 '몰지각한 자들'로 해석하는 익명의 현자는 엠페도클레스를 포함해서 필롤라오스나 아르키타스 같은 피타고라스주의 철학자일 것이다.

플라톤이 지금 이곳에서 설화를 도입하고 해석을 제시하는 목적은 육체적 욕망들로부터 벗어나야 한다는 교훈을 제시하기 위한 것이다.

이를 위해 익명의 작가와 현자의 입을 빌리는 것은 설화의 정확한 출처와 그것의 해석에 대해 소크라테스(플라톤 자신)가 져야 하는 부담을 유보하는 장치일 것이다. 이러한 유보적 태도는 이야기의 출처와 해석이 전적으로 자신의 창작은 아니지만, 그러면서도 전해지는 자료들을 가지고 플라톤이 자신의 의도에 맞게 재구성해 냈을 가능성을 동시에 담보하는 효과적인 장치라 할 수 있다. 523a에서 소개되는 종말론 설화도 같은 방식을 취한다.

192 … 그 이름을 조금 고쳐서 그렇게 불렀던 거지 : 이 문장과 이어지는 두 문장에는 번역으로는 표현하기 곤란한 말장난이 들어 있다. 발음이 비슷한 단어들을 연관 짓는 방식의 언어유희로서, '항아리', '쉽게 설득당하는', '쉽게 믿는'은 각각 '피토스'(pithos), '피타논'(pithanon), '페이스티콘'(peistikon)의 번역이고, '몰지각한 자들'과 '입문하지 않은 자들'은 '아노에투스'(anoētous)와 '아뮈에투스'(anmyētous)의 번역이다. 여기서 'amyētous'는 은밀히 거행되는 종교의식에 '입문하지 않은'이라는 뜻과 '닫히지(막히지) 않은'이라는 두 가지 뜻으로 사용되고 있어서 언어유희가 이중으로 이루어지고 있다. 그리고 '하데스'(Hāidēs)와 '아이데스'(aedes : 보이지 않는 것) 사이에도 언어유희가 들어 있다.

193 입문하지 않은 자들(amyetoi) : 'amyetoi'는 『파이돈』 69c와 『테아이테토스』 155e에서 철학에 입문하지 않은 자를 가리키기 위해서 사용된다.

194 하데스(Hāidēs) : 하데스는 죽은 자들이 간다고 하는 지하 세계(저승)를 뜻하기도 하고, 지하 세계를 다스리는 신을 뜻하기도 한다. 지하 세계의 왕 하데스는 제우스, 포세이돈과 형제지간이다.

195 그는 이 말을 '보이지 않는'의 뜻으로 : '하데스'(Hāidēs)에 대한 이런 어원 설명은 『크라튈로스』 403a에서도 나오며, 『파이돈』 81c에도 암시되어 있다.

196 체로 물을 나른다는 것을 보여 주고 있네 : 체로 물을 나르는 이야기의 출처와 원래의 의미에 대해서는 여러 가지 설이 있다. 1) 델피에서 발견된 폴뤼그노토스(기원전 5세기 중반의 화병 화가)의 지하 세계 그림(오

뒤세우스의 하데스 방문을 그린 것)에는, 파우사니아스(2세기 그리스인 여행가이자 지리학자)의 상세한 서술에 따르면, 깨진 병으로 항아리에 물을 퍼 나르는 참회자들도 그려져 있는데, 파우사니아스는 그들이 엘레우시스 입교 의식에 관심을 기울이지 않았던 자들로 추정한다. 이 폴뤼그노토스의 그림들은 오르페우스 신앙을 따르는 시인의 이야기를 토대로 했을 것으로 생각된다. 형벌의 의미는 참회자들이 현생에서 소홀히 했던 정화(淨化)의 목표를 하데스(저승)에서 헛되이 이루려 한다는 것이다. 2)『국가』363d에도 하데스에서 체로 물을 나르는 형벌 이야기가 나오지만 출처는 불분명하다. 거기서 소크라테스가 "어떤 이들은 … 경건하지 못하고 정의롭지 못한 자들로 하여금 체로 물을 나르게 한다"고 말할 때, 이 '어떤 이들'을 '무사이오스와 그의 아들'과 마찬가지로 오르페우스와 관련지을 수 있는 시인들인지는 분명치 않다. 3) 체로 물을 나르는 자들의 이야기는 다나오스의 딸들에 관한 설화로서 더 잘 알려져 있다. 다나오스의 딸들은 아버지의 명령에 따라 아이귑토스(이집트)의 전설적인 왕 아이귑토스의 아들들과 결혼하는 첫날밤에 남편들을 죽였는데, 그 벌로 저승에서 체로 물을 날라다 밑 빠진 항아리에 채워야 했다. 체로 물을 나르는 자들이 다나오스의 딸들임을 알려 주는 전거는 위작으로 알려져 있는 플라톤의 『악시오코스』371e가 가장 오래된 것이다. 그러나 이 저작은 후대의 것이므로 설화의 출처는 더 오래되었을 것이다. 다나오스의 딸들이 결혼하지 않았다는 점에 주목해서 체로 물을 나르는 행위의 원래 의미를 결혼하지 않고 죽은 자들의 무덤에 검은 항아리(loutrophoros)를 놓는 관습과 관련짓는 해석도 있다. 'loutrophoros'는 신랑과 가장 가까운 친척 소년이나 소녀가 결혼식 날 칼리로에 샘에서 신랑에게 물을 떠다 주는 항아리이다. 물은 신부의 목욕을 위한 것이며, '체'는 성취할 수 없음을 뜻한다.

197 불신과 망각으로 인해(di'apistian te kai lēthē) : '불신'(apistis)은 493a의 '쉽게 설득당한다'(anapeitheisthai)와 상충한다. 그러나 여기서는 욕구적

인 부분이 쉽게 설득당하고 변덕스러운 것은 지성의 지시를 불신하여 받아들이지 않거나 건성으로 받아들여 금방 잊어버린다는 뜻으로 '불신'의 의미를 새겨야 할 것 같다. 이 대목이 피타고라스주의자의 해석이라는 점을 고려하면 '피타고라스의 교설'을 불신하고 망각하는 것을 의미한다고 볼 수 있겠다.

198 학파(gymnasion) : 아마도 피타고라스 학파를 가리키는 것 같다. 그러나 꼭 특정 학파를 가리키지 않을 수도 있다. '귐나시온'(gymnasion)의 일차적인 뜻이 맨몸으로 체력 단련을 하는 학교나 훈련장을 가리키므로, 소크라테스가 이야기를 전해 들은 장소로 볼 수도 있을 것 같다. 철학적인 대화나 가르침, 강연 등이 귐나시온에서도 행해졌을 가능성이 있기 때문이다.

199 그렇지 않으면 극단적인 고통을 겪을 수밖에 없다 : 항아리를 채우는 행위는 욕구의 충족을 의미한다. 강렬한 욕구에 쫓기게 되면 욕구를 충족시키는 것들을 "사방팔방에서 가져올 수밖에 없게 된다. 그렇게 하지 않으면(욕구를 채우지 못하면) 큰 고통과 고난으로 압박을 받을 수밖에 없다."(『국가』 574a)

200 게걸스러운 어떤 새(charadrios) : 이 새가 어떤 새인지는 정체가 불확실하다. 올림피오도로스의 주석에 따르면 "배설을 하면서도 계속 먹어대는" 새라고 한다. 아리스토텔레스는 『동물의 역사』 614b35에서 이 새는 추한 소리와 색깔을 지녔으며 협곡이나 바위틈에 살면서 밤에만 나오며 낮에는 달아나 버린다고 말한다.

201 비역질 하는 자들(kinaidos) : 'kinaidos'는 남성 동성애에서 수동적인 역할을 하는 상대를 가리킨다.

202 즐거움들 가운데 어떤 것들이 좋고 어떤 것들이 나쁜지 구별하지 않는 : 간접 증언이긴 하지만 "행복은 즐거움들에 대한 구별과 분별(diorismos kai diakrisis tōn hēdonōn)"에 달려 있다(DK68A167)는 말이 데모크리토스에 나온다. 그리고 494c에서처럼, 데모크리토스도 긁는 것을 즐거움의 사례로 사용했던 것 같다. "사람들은 긁을 때 쾌감을

느끼며 … ."(단편 127)

203 제 주장이 일관성을 잃지 않기 위해서라도, 같다고 주장합니다 : 칼리클레스는 소크라테스의 논변에 굴복하지 않으려고 억지를 부리듯이 쾌락(즐거운 것)은 쾌락인 한에서 좋은 것이라는 쾌락주의를 내세우고 있는 셈인데, 소크라테스는 이 쾌락주의를 비판하고 좋은 쾌락과 나쁜 쾌락이 있음을 입증하고자 한다. 쾌락에 대해 소크라테스가 이곳에서 취하는 입장은 『프로타고라스』 351e~357e에서 '아크라시아'(자제력을 잃는 것) 문제를 거론하며 여기에 대응하는 논변을 펼칠 때 취하는 쾌락주의 입장과 상충하는 것으로 흔히 지목되고 있다. 그 논변의 요점은 이렇다. 대중들은 종종 "쾌락에 져서 악을 행한다"고 말하지만, 소크라테스가 보기에는 그게 아니고 쾌락과 고통의 크고 작음을 계산해서 알아내는 데 실패해서, 즉 무지로 인해서라고 말해야 한다는 것이다. 왜냐하면 모든 쾌락들은 쾌락인 한에서 똑같은 것이지만, 그럼에도 불구하고 쾌락을 잘못 선택할 가능성이 있는 이유는 쾌락들 중에는 당장에는 즐겁지만 시간이 지나면서 더 큰 고통들을 가져오는 것들이 있는데, 그것들을 정확하게 계산하지 못했기 때문이라는 것이다.

204 처음에 했던 말 : 482d~e에서 폴로스가 부끄러움 때문에 자신의 본심을 이야기하지 않았다고 비난했던 것을 비롯해서 대화 중에 자신의 생각을 서슴없이 솔직하게 이야기할 것이라는 기대를 갖게 했던 칼리클레스의 말을 가리킨다. 소크라테스의 일대일 문답식 논의에서 대화 당사자들이 자신의 생각을 거스르는(para ta dokounta) 말을 하지 않는 것은 지켜야 할 기본 원칙이다. "우리가 어떤 결과를 얻어 내고자 한다면 자신의 생각에 어긋나는(para doxan) 대답을 하지 마시오."(『국가』 346a), "자네 생각을 그대로(to soi dokoun touto) 대답하게."(『메논』 83d)

205 사실들(ta onta) : "있는 것들"로 번역할 수도 있다.

206 조금 전에 : 491b에서 한 말("슬기로울 뿐만 아니라 용감하기도 해서 …")을 가리킨다.

207 아카르나이 주민 칼리클레스는 … : 법적 효력을 지닌 공술서 형식의 표

현이다. 공술서에서는 증인의 신원을 명확히 해 두기 위해 증인이 속한 데모스(행정구역) 이름을 명기하게 했다(아테네의 모든 시민들은 실제로 거주를 하건 하지 않건 자신의 고향인 특정 데모스에 적을 두고 있었다. 이 행정구역 체계는 기원전 505년경에 클레이스테네스에 의해 확립되었다). 소크라테스는 칼리클레스가 속해 있는 데모스를 언급하고, 여기에 칼리클레스도 같은 방식으로 응수한다. 여기서와 비슷하게, 대화 상대자의 아버지 이름과 구역 명칭을 거명함으로써 다소 희화적인 엄숙함을 연출하는 표현이 『파이드로스』 244a에 나온다("앞서 한 이야기는 뮈리노스 사람 퓌토클레스의 아들 파이드로스가 한 것이네.").

208 앞서 동의했던 것들 : 494b7 이하를 가리킨다.

209 결핍의 채움(plērōsis) : 『국가』 583b~585a에서 소크라테스는 결핍 상태의 충족에서 생기는 즐거움(쾌락)은 실재가 아닌 허상(eskiagraphēmenē)에 불과하다고 말한다. 『티마이오스』 64c~d와 『필레보스』 31d~32b에서는 즐거움의 발생을 자연 상태(physis)의 회복으로 설명한다. 이와 비슷한 생각은 이미 헤라클레이토스의 단편 111에서 표현되고 있고("병은 건강을 즐겁고(hēdy) 좋은 것(agathon)으로 만든다. 굶주림은 포만을, 피로는 휴식을 그렇게 만든다."), 엠페도클레스의 간접 증언(A95)에서도 찾아볼 수 있다("즐거움들(hai hēdonai)은 … 결핍 상태가 채워짐(anaplērōsis)에 따라 생겨난다.").

210 왜 실없는 소리를 계속하십니까? : 이 문장은 배드햄의 수정을 따랐다. 사본에는 "hoti echōn lēreïs"로 되어 있는 것을 배드햄이 "ti echōn lēreïs"로 고쳐서 칼리클레스에게 배당했다. OCT는 이 구절을 삭제하고 497b2까지 소크라테스가 계속해서 하는 말로 읽는다.

211 작은 것들(ta smikra) : 엘레우시스의 비밀 의식을 가리킨다. 큰 의식은 엘레우시스에서 가을에 거행되었고 작은 의식은 아티카의 아그라이(Agrae)에서 봄에 거행되었는데, 큰 의식에 입문하기 전에 작은 의식에 먼저 입문해야 했다. 이 비밀 의식들은 곡물의 여신 데메테르와 그의 딸 코레, 부(富)의 신이자 지하 세계의 신인 플루토, 그리고 페르세

포네에 관한 이야기, 씨를 뿌리고 곡식을 수확하는 일에 관한 이야기, 그리고 죽음과 재탄생 및 인간으로서 불멸의 가능성들에 관한 이야기와 관계가 있었다.

212 **작은 것들보다 큰 것들에 먼저 입문했으니** : 이 입문 의식의 비유는 칼리클레스의 말 "이 작고(smikra) 시시한"을 겨냥한 것으로 보인다. 칼리클레스는 497b7에서도 "작고 별 가치도 없는 것들"(smikra kai oligou axia)이라고 했다. 사실 칼리클레스는 대화를 시작하면서부터 줄곧 "사소한 것들"(486c : ta mikra)을 세밀하게 따지고 드는 철학 활동을 작은 것으로 간주하며 자신이 몸담고 있는 "큰 일"(484c : ta meizō)에 발을 들여놓으라고 소크라테스에게 권해 왔다(철학을 '작은 것'으로 간주하는 이소크라테스의 말도 참고하라 : 487c의 주석). 그리고 451d에서 고르기아스가 연설술이 "사람의 일들 중에서 가장 크고 가장 좋은 것"에 관계한다고 말할 때 가장 크고 좋은 것이란 동료 시민들을 다스리는 것(archein)을 뜻하며, 이는 폴로스가 말하는 '큰 일', 즉 정치 활동과 다르지 않다. "자네는 행복한 사람이네"라고 소크라테스가 말한 것은 493a~b에서 입문하지 않은 자들이 하데스에서 겪는 일에 관한 설화를 염두에 둔 것으로 생각된다. 입문 의식의 비유는 다른 대화편에서도 나온다. 『에우튀데모스』 277d~e에서 소크라테스는 에우튀데모스와 디오뉘소도로스가 젊은 클레이니아스를 상대로 펼치는 논변들의 유희를 코뤼바스들의 입문 의식에 비유한다. 『향연』 209e에서 디오티마는 에로스적인 일의 가장 높은 단계에 들어가는 것을 비밀 의식(ta telea epoptika)에 입문하는 것에 비유한다. 그리고 아리스토파네스의 『구름』 254에서 가난한 농부 스트렙시아데스는 가르침을 받기 전에 소크라테스의 집에서 입문 의식을 치러야 했다.

213 **좋은(agathos)** : 'agathos'는 '훌륭하고 좋은 사람'(kalos kai agathos)의 경우를 제외하면, 지금까지는 사물이나 사물 일반을 가리키는 것과 함께 쓰일 때는 '좋은'(agathon)으로 옮겼고, 사람에게 쓰일 때는 '훌륭한'(agathos)으로 옮겼다. 그러나 479d8~499b3은 'agathos'와

'agathon'이 'hēdy(즐거운 것)'와 같지 않음을 논증하는 하나의 논변으로 묶여 있고, 게다가 '좋은'(agathos/agathon)과 '나쁜'(kakos/kakon)이 반대 개념으로 함께 짝으로 쓰이고 있기 때문에 이 논변에서만 사람과 사물을 구별하지 않고 '좋은'으로 통일해서 옮겼다.

214 함께하기(parousia) : 'parousia'는 'metechein'(참여하다)과 함께 형상 이론에서 전문용어로 쓰이는 말이다. 'metechein'은 개별 사물들 쪽에서 형상에 관여한다는 뜻이고, 'parouia'는 형상 쪽에서 개별 사물들에 관여한다는 뜻이다. 468a에서 'metechein'의 용법과 마찬가지로 (468a 주석 참고) 여기서 'parousia'의 용법도 플라톤이 형상 이론을 의식하고 썼을 가능성까지 배제할 필요는 없지만, 적어도 문맥상으로는 형상 이론의 존재론적 함축이 담겨 있다고 강하게 해석할 필요는 없어 보인다. 『카르미데스』 158e에도 비슷한 용례가 나온다("절제가 당신과 함께한다면, 당신은 그것에 관해 어떤 의견을 가지고 있음이 분명합니다.").

215 조금 전에 : 491a7 이하를 가리킨다.

216 아름다운 것들은 두 번 세 번 말하고 : 같은 속담이 『필레보스』 59e("아름다운 것은 두 번 세 번 거듭 말해야 한다는 속담은 훌륭하다고 생각되네."), 『법률』 754c("아름다운 것은 두 번 말해도 전혀 해가 되지 않으니까."), 956e("옳은 것에 관한 한 두 번이고 세 번이고 반복하는 것이 아름다운 일이다.")에서, 그리고 엠페도클레스의 단편 25("필요한 것은 두 번이라도 말하는 것이 좋으므로")에 나온다.

217 앞의 저것들 : 494a~495a의 내용을 가리키는 것으로 보인다. 거기서 소크라테스는 칼리클레스에게 즐거운 것과 좋은 것이 같다는 주장을 고수할 것인지 심사숙고해 보도록 강요한다.

218 주어진 것을 선용하여 : 이 속담은 피타코스의 말로 간주되기도 하고 에피카르모스의 말로 간주되기도 한다. 『법률』 959c에도 이 속담이 나온다. 올림피오도로스에 따르면, 이 속담은 "주어진 것을 잘 놓을 것" (to paron eu thesthai)이라는 형태로 주사위 놀이에서 사용되었다고 한

276

다. 여기서 '놓을 것'(thesthai)이라는 말은 주사위를 던져서 나온 결과의 한도 내에서 수를 써야 한다는 뜻으로 『국가』 604c에도 같은 표현이 나온다("주사위 던지기에서 던진 결과에 따라 수를 쓰듯이").

219 이로운 즐거움들은 좋지만 : 좋음(agathon)과 이로움(ōphelimon)을 동일시하는 대목은 『히피아스 I』 296e("이로운 것은 좋은 것을 만들어 내는 것이네."), 크세노폰의 『회상』 4.6.8("이로운 것 외에 당신이 좋은 것이라고 말할 수 있는 다른 것이 있는가? 아니오.")에서도 볼 수 있다.

220 조금 전에 : 496c~d를 가리킨다.

221 기억하겠지만 : 468b를 가리킨다.

222 전문가(technikos) : 'technikos'는 '기술을 가진 자'를 뜻한다. 쾌락들 간의 질적인 차이를 평가할 수 있는 기술. 플라톤에게 이것은 어떻게 살아야 하는가의 문제에 과학적인 대답을 제시해 줄 수 있는 삶의 기술이다. 『프로타고라스』 357a~b에서 소크라테스는 "삶의 구원은 쾌락과 고통의 올바른 선택"에 달려 있으며, 이것은 기술 내지 앎을 요구한다고 말한다. 이 기술은 연설가의 경험적 솜씨와는 다르다는 것을 보여 주는 것이 『고르기아스』의 목적이다. 『국가』 580c~583a에서 소크라테스는 쾌락들의 구별에 최상의 적임자는 철학자라고 주장한다. 왜냐하면 철학자는 다른 누구보다도 넓은 영역의 쾌락들을 경험했을 뿐만 아니라 사리분별(phronēsis)과 추론(logos)의 능력을 가지고 있기 때문이다(582a).

223 폴로스와 고르기아스 선생에게 했던 말 : 465a를 가리킨다.

224 활동들(paraskeuai) : 'paraskeuai'는 준비하고 마련해 주는 활동, 그런 활동을 도모하는 책략이나 방법을 뜻한다. 501b에서는 'pragmateiai'(활동들)로 표현되고 있다. 'pragmateia'는 'epitēdeuma'(462e)와 마찬가지로 직업으로 하는 활동을 뜻한다.

225 우정의 신 : 제우스를 가리킨다. 소크라테스는 칼리클레스를 친구로 대하고 있다(485e, 487b, 499c).

226 우리의 논의는 우리가 어떤 방식으로 살아야 하는가에 관한 것이네 : 『국

가』352d에서 소크라테스는 트라쉬마코스에게 이 말을 한다. "우리의 논의는 흔히 있는 일에 관한 것이 아니라 어떤 방식으로 살아야 하는 가에 관한 것이기 때문이오."

227 남자가 할 이 일들 : 492b에서 칼리클레스가 한 말을 염두에 두고 하는 6이다.

228 그것들 : 즐거움(쾌락)들을 가리키거나, 즐거움(쾌락)과 좋음을 가리킬 수도 있다. 앞서 소크라테스는 좋은 쾌락과 나쁜 쾌락을 구별하기 위해 즐거움과 좋음은 같지 않다는, 즉 구별해야 한다는 긴 논변을 했다.

229 불합리하게(alogōs) : 465a의 '설명이 따르지 않는'(alogon)에 상응하는 표현이다.

230 아울로스(aulos) : 갈대로 된 악기로 플루트보다는 오보에나 클라리넷에 더 가까운 악기이다. 극장에서 반주용으로 사용되었지만, 특히 자유분방한 만찬회나 디오뉘소스 제의 같은 의식 행사에서 행해지던 무아지경의 춤들과 연관이 있는 악기였다. 아리스토텔레스의 『정치학』 1342b에 따르면 기원전 5세기에 아울로스 연주법을 배우는 것이 한동안 유행했었지만, 이 악기가 도덕적 성향을 갖게 하기보다는 사람을 흥분시키는 성향이 있다고 해서 나중에 교육 프로그램에서 제외되었다고 한다. 플라톤 『국가』 399d에서 이 악기가 모든 선법들을 모방할 수 있어서 좋은 성격이나 기질뿐만 아니라 나쁜 성격과 기질을 모방하는 데도 사용된다는 이유로 수호자들의 교육에서 이 악기를 제외시킨다.

231 키타라(kitharistikē) : 키타라(kithara)는 'U' 자 모양의 목재 틀에 거북껍질로 된 공명판이 붙어 있고 8~10개의 현이 매어져 있는 하프처럼 생긴 악기로 현을 퉁기거나 켜서 소리를 낸다. '키타리스테스'(kitharistēs)라고 부르는 소수의 전문가가 대중을 상대로 연주를 했다. 아마추어들이나 시 낭송가들이 주로 연주하는 수금(뤼라)은 키타라보다 작고 현의 수도 더 적다. 노래를 동반하지 않는 키타라 연주를 키타리시스(kitharisis)라 하며, 키타라에 맞추어 부르는 노래를 키타로디

아(kitharōidia)라고 한다(502a). 판아테나이아 축제에서 키타리시스와 키타로디아 경연 대회가 열렸고 우승자에게 각각 상이 주어졌다. 뤼라나 키타라는 보통 어린이들에게 교양으로 가르쳤으며(『구름』 964), 플라톤은 『법률』 812b~e에서 키타라와 뤼라가 교육 목적으로 사용될 때 주의해야 할 점들을 언급한다. 아리스토텔레스는 경연 대회가 전문적인 기술 수준을 향상시켜 주고 기교를 높여 주는 경향이 있지만(『정치학』 1341a9), 자신의 덕을 닦기보다는 청중들의 즐거움, 그것도 통속적인 즐거움을 추구하게 하기 때문에 자유인들이 할 만한 것이 아니라고 말한다. 아리스토텔레스 역시 대중 연주가들은 청중들의 즐거움, 즉 통속적인 즐거움만을 목적으로 한다고 보는 점에서는(『정치학』 1341b10) 플라톤과 의견을 같이한다.

232 **디튀람보스(dithyrambos)** : 원래는 디오뉘소스에게 바쳐진 합창곡이었지만 시간이 지나면서 상당한 변모를 겪었다. 키네시아스 이전 세대부터 알려진 가장 유명한 디튀람보스 작가로는 시모니데스, 핀다로스, 박퀼리데스가 있다. 디튀람보스 경연은 디오뉘소스 축제와 판아테나이아 축제 때 거행되었다. 『법률』 664b에서 플라톤은 부분적으로 스파르타의 관행을 모델로 한 아주 다른 타입의 가무단 훈련을 제시한다.

233 **키네시아스(Cynēsias)** : 5세기 말엽에 활동했던 통속적인 디튀람보스 작가로 질 낮은 디튀람보스를 짓는다고 해서 희극 시인들로부터 많은 비판을 받았다(아리스토파네스의 『구름』 333). 비판자들에 따르면 그는 과장된 말투를 사용하고 부도덕한 주제들을 다루었으며 비유가 지나칠 뿐 아니라 어울리지 않는 수사법을 사용했다고 한다. 플라톤은 시가의 타락은 바로 시민의 타락으로 이어진다고 생각했다(『국가』 424c, 『법률』 700d~e).

234 **멜레스(Melēs)** : 멜레스는 페레크라테스의 『야만인들』(단편 6)에서 전례가 없는 최악의 키타라 가수(kitharōidos)로 묘사된 인물이다. 플라톤은 멜레스의 노래를 들어 보지 못했겠지만(기원전 421년 『야만인들』이

발표되었을 때 멜레스는 죽었거나 은퇴해 있었음이 분명하다), 『프로타고라스』 327d에 따르자면 그는 『야만인들』이라는 작품은 잘 알고 있었던 것 같다. 본문의 "그의 노래는 관중들에게 괴로움을 주었다네."라는 말은 이 작품을 보고 한 말일 가능성이 있다.

235 가락(melos)과 리듬(rhythmos) 내지는 운율(metron) : 노래와 시에서 음악적인 요소를 가리키는 단어들이 같이 사용되고 있다. 1)'멜로스'(melos)는 노래에서 음악적 요소인 음의 높낮이(가락)를 말하며 서정시에서 두드러진다. 『국가』 398d에서 "'melos'는 'logos'(노랫말)와 'harmonia'(선법)와 'rhythmos'(가락)로 이루어져 있다."라고 할 때처럼 'melos'는 그냥 노래를 뜻하기도 한다. 2)'뤼트모스'(rhythmos)는 소리나 움직임이 규칙적으로 반복되는 형식으로서 음악에서는 박자에 해당되고 운문(시)에서는 운율에 해당된다. 3)'메트론'(metron)은 음절의 강약 장단이 맞추어진 한 벌, 즉 운율의 단위(운각) 및 운각으로 이루어지는 형식(보격)을 뜻한다. 한마디로 운문(시)의 리듬, 즉 운율이라 할 수 있다. 플라톤보다 먼저 운율(metron)을 가진 말(logos)을 시(poiēsis)로 분류한 사람은 고르기아스였다(『헬레네에 대한 찬사』 9). 그는 연설가의 말이 청중들에게 시와 똑같은 심리적 영향을 행사할 수 있다고 주장하는 대목에서 시는 "그것을 듣는 사람들에게 몸서리치는 두려움, 눈물 어린 동정, 비통함에 젖고 싶은 마음을 갖게 한다"고 말한다. 『국가』 601a~b에서 플라톤은 노래에서 음악적 요소(선법과 리듬)는 노랫말을 따라야 한다고 주장하는데, 시가 사람들을 홀리는 매혹적인 효과는 '음악적인 색채들'(mousikēs chrōmata), 즉 메트론, 뤼트모스, 하르모니아에서 나온다고 보기 때문이다.

236 시인들이 극장에서 연설을 한다 : 극작품에서 음악적인 요소들을 모두 제거하면 말만 남으므로 결국 연설을 하는 거나 매한가지라는 뜻으로 이해되기는 하지만, 실제로 비극에서 자주 나오는 집단 토론을 염두에 두고 하는 말일 수도 있다. 한 가지 문제를 놓고 찬성과 반대 형식의 연설을 동반하는 토론들은 특히 에우리피데스의 작품들에서 많이

나오며 당시 연설 관행의 여러 특징들을 재현해 주고 있다.

237 그런 민중을 상대하는 : 『법률』 817c에서 비극 공연이 "아이들과 여자들을 비롯한 일반 군중 전체에게 대중연설을 하는 것(dēmēgoreīn)"으로 언급된다. 『법률』 685a~c에서는 비극은 "교육받은 여자들과 젊은 이들, 그리고 대다수의 사람들"에게 가장 인기가 있어서, 관중들에게 누가 더 큰 즐거움을 주느냐만을 놓고 경쟁을 한다면, 비극이 우승을 할 것이라고 한다. 플라톤은 비극을 포함해서 시가 일반의 기능이 즐거움을 주는 데 있다는 점은 인정한다. "시가(詩歌)는 즐거움으로 판정해야 한다는 주장만큼은 나도 대중과 의견을 같이합니다. 다만, 아무나 갖는 즐거움으로 판정해서는 안 된다는 거지요. 대체로 가장 아름다운 시가는 가장 훌륭하고 충분히 교육받은 사람들을 즐겁게 하지만, 특히 가장 아름다운 시가는 덕과 교육에서 특출한 한 사람을 만족시킵니다."(『법률』 658e~659a). 비극의 기능이 즐거움을 주는 데 있다고 보는 점은 아리스토텔레스도 마찬가지다. 비극은 "누구나 모방을 즐긴다"(『시학』 1448b10)는 심리적 사실에 뿌리를 두고 있으며, 그것의 기능은 그것만의 고유한 즐거움을 생산해 내는 것이라고 한다(1453b10). 고르기아스 역시 비극을 즐거움을 주기 위해 고안된 속임수(apatē)로 간주했다(단편 23). 본문에서 플라톤이 비극작가들을 비판하는 이유는 그들이 대중적인 예능인이어서가 아니라 정치가들처럼 무지한 청중들의 편견에 영합하기 때문이다(『국가』 602b).

238 자유인 남자들로 이루어진 민중 : 의회에 참석하는 시민들을 가리킨다. 의회에는 자유인 신분의 성인 남성들만 참여할 수 있었다(452e 주석 참고).

239 시민들을 기쁘게 하는 쪽으로 매진하고 : 의회에서 발언하는 자들이 "즐거움을 주는 연설을 해서"(pros charin dēmegoreuein)(데모스테네스 3.3) 표를 얻으려고 한다는 비판은 당시의 연설가들에 의해 종종 제기되었다. 이소크라테스는 아테네인들에게 "당신들이 원하는 것들을 옹호해 주는 사람들 외에는" 누구에게도 귀를 기울려 하지 않으며, 정치가들

을 "나라에 이익이 될 것에 대해서가 아니라 어떻게 하면 당신들을 만족시키는 말을 할 수 있을지에 신경을 쓰고 연구하게 만들었다"고 질책한다(『평화에 관하여』 3~5).

240 그가 누구인지 왜 나한테 알려 주지 않았지? : 어서 말해 달라는 뜻의 수사적 표현이다. 509e에서도 이런 표현법이 사용되었다.

241 테미스토클레스, 키몬, 밀티아데스 : 455e에서 고르기아스는 테미스토클레스와 페리클레스를 언급했다. 페리클레스는 펠로폰네소스 전쟁이 일어나고 2년 후(기원전 429년)에 죽었다. 밀티아데스는 1차 페르시아 전쟁 때 마라톤 전투(기원전 490년)에서 아테네군을 지휘하여 대승을 거둔 장군이다. 그의 아들 키몬은 2차 페르시아 전쟁 후반(기원전 478~477년)에 아리스테이데스와 함께 델로스 동맹을 기초함으로써 아테네가 제국주의로 나아가는 데 기여했다.

242 최근에 죽었고 : 이 말은 이 대화편의 대화 설정 연대를 암시하는 다른 증거들과 맞지 않는다. 페리클레스가 죽은 해는 기원전 429년이다. 그런데 473e에서 소크라테스는 아르기누사이 해전을 "작년에" 있었던 일이라고 말한다. 이 해전은 기원전 406년에 있었다.

243 그의 연설을 들은 적이 있는 : 455e에서 소크라테스는 페리클레스의 연설을 직접 들었다고 했다.

244 페리클레스가 훌륭한 인물이었다는 말 : 투퀴디데스는 페리클레스가 "즐겁게 해 주기 위해 연설하지"(pros hēdonēn ti legein) 않았다고 말하며(2.65.8), 이소크라테스는 페리클레스가 "지혜와 정의와 절제에서 가장 명성이 높았다"고 말한다(『평화에 관하여』 126, 『교환』 111). 플라톤이 비판하는 4명의 인물들은 당시에 모든 아테네 민주주의자들로부터 존경받았다. 밀티아데스 역시 아테네를 페르시아인들로부터 구해 낸 인물로서 존경받았다.(테미스토클레스와 밀티아데스에 관해서는 이소크라테스의 『평화에 관하여』 75, 데모스테네스 13.21, 23.196을 참고하라. 테미스토클레스와 페리클레스에 관해서는 뤼시아스 30.28, 이소크라테스의 『교환』 233 이하를 참고하라.) 아리스토텔레스의 『아테네의 정치체제』 28.3에

따르면, 실제로 민중을 망쳐 놓은 것은 클레온이었다.

245 그 다음 논의에서 : 499e를 가리킨다.

246 그것이 일종의 기술이라는 데 : 500a에서 좋은 즐거움과 나쁜 즐거움을 가려내는 일은 기술을 가진 전문가의 일이라는 말을 가리킨다.

247 무엇인가에 주의를 기울이며(pros ti apoblepon) : 앞서 나왔던 'metechein' (468a), 'parousia'(497e)와 함께 형상 이론의 단골 표현과 유사하며, 503e의 "어떤 형상(eidos ti)을 가질 수 있도록"이라는 표현도 그렇다. 『에우튀프론』 6e에도 "그것에 주의를 기울이며 그것을 본으로 삼아"(eis ekeinēn apoblepōn kai chrōmenos autēi paradeigmati)라는 비슷한 표현이 나오는데, 여기서 '그것'(ekeinēn)은 "형상 자체"(이 맥락에서 'eidos'와 'idea'는 서로 바꾸어 쓸 수 있는 말이다)라고 지칭되며, "경건한 것들은 이것에 의해서(hōi) 경건하다"고 묘사된다. 이 두 구절에서 말하는 '형상'들은 둘 다 '본'의 역할을 한다는 점에서는 공통점이 있다. 경건한 것들과 관련된 형상은 어떤 것이 경건한지 경건하지 않은지를 판별하는 기준이 되는 본이고, 제작물과 관련된 형상은 완성될 제작물들의 청사진과도 같은 본이다. 본문에서는 '본'(paradeigma)이라는 표현이 나오지 않지만 청사진 역시 제작물이 잘 만들어졌는지 잘 못 만들어졌는지 판별하는 기준이 될 수 있으므로 경건의 경우와 다르지 않다. 그러나 두 형상 간의 차이점도 분명하다. 본문에서 제작물의 청사진 노릇을 하는 본은 장인의 머릿속에 있는 것을 넘어서지 않지만, 경건한 것들의 형상은 그 표현 방식이 그렇게만 이해될 수 있을 정도로 단순하지가 않다. 수단이나 동작의 주체 내지 원인을 뜻하는 3격 'hōi'(그것에 의해서)를 어떻게 이해할 것인가는 복잡하고 긴 논의를 필요로 하지만, 분명한 것은 『에우튀프론』의 형상은 『고르기아스』의 형상(그리고 관련 표현들)과는 다른 해석을 내릴 수 있는 여지가 있다는 점이다. 한편, 『크라튈로스』와 『국가』에서도 형상 이론과 관련된 비슷한 표현이 나오지만 그 배경은 『에우튀프론』의 그것과 또 다르다. 『크라튈로스』 389a~c에서는 목수가 북을 만들 때 주목하는 것이

"본성상 베 짜기에 적합하도록 되어 있는 것", "형상"(eidos), "북인 것 자체"(auto ho estin kerkis)라는 말이 나오고, 『국가』 596b에서는 "가구를 만드는 장인은 그것의 형상을 주목하면서(pros tēn idean blepōn) 만든다"는 언급이 나온다. 그러나 이 표현들은 해당 대화편 내에서 형상들이 그것 자체로 존재한다는 분명한 가정을 배경으로 제시되고 있다. "아름다움 자체와 좋음 자체가 어떤 것으로서 있으며(ti einai auto kalon kai agathon) …"(『크라튈로스』 439d), "많은 아름다운 것들이 아닌 아름다움 자체가 있다거나, 많은 각각의 '~인 것들'이 아닌 각각 '~임' 자체가 어떤 것으로서 있다고 대중이 인정하거나 믿는 것이 가능할까?"(『국가』 493e). 형상 이론과 관련된 주요 표현들의 차이점은 이렇게 대충 세 가지 유형으로 구별해 볼 수 있으나 그 해석은 실로 복잡하다. 이 차이점이 형상 이론의 실질적인 발전 과정을 반영하는 것인지 어떤지를 놓고 많은 논의와 해석들이 제시되어 왔다. 이 문제는 플라톤 사상의 토대가 되는 존재론의 성격과 그것의 전개 과정을 이해하는 단서가 되고 대화편들을 분류하는 문제와도 직결되기 때문에 여전히 중요한 연구 과제가 되고 있다.

248 **자신의 작업에 사용하는 것들** : '자신의 작업에'는 번역의 편의상 보충한 말이며, '사용하는 것들'(ha prospherei)은 주요 사본에는 빠져 있으나 Y사본을 따랐다.

249 **자신들의 작업(ergon)** : 장인이 성취하고자 하는 목적(telos) 내지는 장인의 머릿속에 청사진으로서 존재하는 작업 내용을 가리킨다.

250 **조금 전에** : 500b5, 501a1에서 의술이 언급되지만 실제로는 464b에서 언급된다.

251 **무엇을 선물로 주거나 무엇을 빼앗을 경우에나** : 전자는 여러 형태의 공적인 봉사에 대한 대가 지불, 이를테면 민회에 참가하거나 법정의 재판관으로 참여할 때 지불했던 일당(515e) 같은 것을, 후자는 과세와 공적인 봉사(leitourgia : 군복무나 종교 행사처럼 시민 개개인이 자비로 공적인 일을 해 주는 것)를 말하는 것 같다.

252 ··· 무슨 유익이 되겠나, 칼리클레스? : 이 문장은 조금 다르게 번역할 수도 있다. "음식이든 음료든 다른 무엇이든 간에 맛이 아무리 좋아도 반대되는 것보다 몸에 유익을 조금도 더 많이 주지 않고, 정확히 계산했을 때 오히려 더 적은 유익을 준다면, 그런 것을 많이 제공하는 것이 병들고 열악한 상태에 있는 몸에 무슨 이익이 되겠나, 칼리클레스?"

253 열악한 몸으로 사는 것은 ··· 사람에게 득이 되지 않기 : 『크리톤』 47e "망가져서 형편없는 몸으로 사는 삶이 우리에게 보람이 있을까?" 『국가』 445a "몸의 본바탕이 망가질 경우에는 온갖 먹을 것과 마실 것, 온갖 부와 권력을 가지고 있어도 사는 보람이 없다고 생각되거늘, 우리의 삶이 의존하고 있는 바로 그것(혼)의 본바탕이 교란되고 망가질 때 과연 사는 보람이 있을지."

254 같은 방식이 혼에도 적용되지 않나? : 몸의 건강과 도덕적 건강 사이의 유비는 477e~479e에서 제시되었다. 의사는 환자의 지배자이듯이(『이온』 540e), 정치가는 병든 사회의 건강을 회복시키기 위해 의사의 역할을 해야 한다. 의사로서의 정치가에 대해서는 『국가』 425e 이하, 『정치가』 297e 이하, 『일곱째 편지』 330d~31a를 참조하라.

255 이 양반(houtos anēr) : 489b에서 칼리클레스가 소크라테스에게 했던 말투를 되돌려주고 있다.

256 머리를 얹어서(epitithentas kephalēn) : 마무리를 짓지 않은 말이나 이야기에 사용하는 속담인 것은 분명하나 출처는 불확실하다. 몇몇 대화편들에 이 속담이 나온다. "이야기를 하다가 머리 없는 상태로 남겨두고 싶지는 않습니다. 이야기가 그런 상태로 사방으로 헤매면 꼴사나워 보일 테니까요."(『법률』 752a), "그 다음으로 우리에게 남은 것은 우리가 논의한 것들에 말하자면 머리를 갖게 하는 일밖에 없네."(『필레보스』 66d), "앞에서 말한 것에 잘 들어맞는 결말과 머리를 우리의 이야기(mythos)에 얹어 놓도록 노력해 보세."(『티마이오스』 69b), "모든 말(logos)은 마치 살아 있는 것처럼 짜서 자신의 몸을 가져야 하네. 말하자면 그것이 머리와 발이 있고 중간과 끝을 가지고 있어서 이것

들이 서로 잘 맞고 전체와도 잘 맞게 쓰여야 한다는 것이지."(『파이드로스』264c)

257 에피카르모스(Epicharmos) : 기원전 5세기 중반에 활동했던 시켈리아의 희극작가. 아리스토텔레스는 『시학』 1449b에서 에피카르모스와 포르미스가 희극적 구성을 창안했다고 말한다. 플라톤은 『테아이테토스』 152e에서 에피카르모스를 희극의 최고봉으로, 호메로스를 비극의 최고봉으로 간주한다. 본문에 인용된 시구는 아테나이오스(308c, 362d = 에피카르모스 단편 253)가 인용한 것을 아티카 어법으로 윤문해서 재인용한 것이다. 『고르기아스』의 고대 주석가인 올륌피오도로스는 에피카르모스가 자신의 희극 작품에서 한 인물에게 대화의 양쪽 역할을 모두 부여했는데, 본문에서 소크라테스가 그 구절을 가리키고 있다고 말한다. 그러나 올륌피오도로스의 말은 추측에 불과할 수도 있다(도즈, 1959, 332쪽).

258 이것들 : 혼자서 논의를 진행하며 하게 될 말을 가리킨다.

259 은인으로 기록될 거네 : 헤로도토스 8.85.3("왕의 은인으로 기록될 것이다.")와 투퀴디데스 I.129.3에서(크세륵세스가 페르시아인들에게 보내는 편지에서) 같은 표현이 나온다. 시민이나 외국인(특히 나라에 큰 공헌을 한 외국 정치인이나 영주)에게 '은인'(euergetēs)이라는 칭호를 수여하는 것이 그리스 도시국가들에서 아주 일반적인 일이었다. 명예를 수여하는 문건은 비문에 새겨져 보존되었다. 『변명』 36d에서 소크라테스는 자신에게 이런 칭호를 주어야 한다고 주장한다. 그가 행한 가장 큰 공헌은 『고르기아스』 458a에 따르면 사람을 나쁜 것에서 벗어나게 하는 것이었다.

260 그럼 내가 논의를 처음부터 다시 할 테니 들어 보게 : 『법률』 893b~894a에서도 아테네인이 혼자 문답하는 형식으로 논의를 진행하는 대목이 나온다.

261 나와 칼리클레스가 동의했듯이 : 499b, 495c 이하, 특히 500d와 비교해 보라.

262 살아 있는 것은 무엇이든(zōou pantos) : 또는 "어떤 동물이든"이라고도 옮길 수 있다.

263 절제 있는(sōphrōn) : '소프론'(sōphrōn)은 '슬기로운'과 '절제 있는'의 두 가지 뜻을 가지고 있다. 소크라테스는 'sōphrōn'이 다른 덕들을 가져야 한다는 것을 보여 주기 위해 이 애매성을 사용하고 있다. 논리적 형식은 다르지만 'sōphrōn'의 언어적 애매성을 사용한 논증이 『프로타고라스』 332a~333에도 나온다.

264 신들에 대해 적합한 것을 행하면 경건한 것을 행하는 것이겠지 : 『에우튀프론』 12e에서 신실함과 경건함(eusebes te kai hosion)이 "신들을 섬기는 일에 관계하는 정의로움(to dikaion)의 부분"으로 규정된다. 경건(hosiotēs)도 『라케스』 199d, 『프로타고라스』 325a, 329c, 349b, 『메논』 78e에서 주요 덕목에 포함된다. 그러나 『국가』에는 이 덕이 빠져 있다 (아마도 공동체를 구성하는 주요 집단들과 연결되어 있는 덕들의 구도에 이것을 맞추어 넣기가 어려웠기 때문일지 모른다).

265 사물(pragma) : 'pragma'는 일, 물건, 사건, 행위 등을 포괄적으로 가리키는 말이다.

266 남아서 버텨야 하는 곳에서는 남아서 버티는 것(kartereēin) : "그러니까 당신 말에 따르면 분별 있는 인내(phronimos karteria)가 용기겠군요."(『라케스』 192d)

267 절제 있는 자는 … 정의롭고 용감하며 경건하기 때문에 : 덕들의 상호 관련성은 소크라테스가 실제로 가지고 있었던 견해였을 것이다. 그것은 앎과 덕의 일치로부터 자연스럽게 나오며(460a~c를 보라), 『라케스』 199d~e에서부터 이미 암시되고 있다. 『프로타고라스』 329c에서 소크라테스는 정의, 사리분별, 경건 등의 덕들이 구별되는 부분들인지 어떤지의 문제를 제기하며, 『메논』 88c에서 덕(aretē)은 일종의 사려분별(tis phronēsis)이라고 말하며, 마침내 『국가』에서는 모든 덕들을 정의(dikaiosynē) 아래 종속시킨다. 아리스토텔레스는 『니코마코스 윤리학』 1144b17에서 "덕에는 자연적으로 타고나는 덕과 참된 의미의 덕

(습득하는 덕)이 있는데, 이들 중 참된 의미의 덕은 사려분별(phronēsis) 없이는 생겨나지 않는다. 이런 까닭에 어떤 사람들은 모든 덕이 사려 분별이라고 주장했던 것이며, 소크라테스 역시 어떤 측면에서는 옳게 탐구했다."라고 말한다.

268 **잘 행하는 사람은(ton eu prattonta) 복되고 행복한 자이지만 :** 이 추론은 'eu prattein'이라는 관용구의 애매성을 이용하고 있다. 'eu prattein' 은 자동사의 뜻으로 '잘 지내다(안녕하다, 일이 잘 풀리다)'와 타동사의 뜻으로 '~을 잘(올바르게) 행하다'라는 두 가지 뜻을 가지고 있다. 앞 문장의 '좋은 사람은 훌륭하게 잘 행한다'와 논리적 연결을 위해서는 '잘 행하다'라는 뜻으로 받고, '복되고 행복하다'라는 술어를 붙일 때 는 '잘 지내다'라는 뜻으로 새긴 것이다. 플라톤은 이 관용구의 애매 성을 종종 이용한다. 본문과 똑같은 방식으로 사용하는 구절은 『에 우튀데모스』 281c에서 볼 수 있다. "덜 잘못하는 자는 덜 나쁘게 행 할 것이고(kakōs prattoi), 덜 나쁘게 행하는 자는(kakōs prattōn) 덜 비 참하지 않겠나?"(이 문장에서 'kakōs prattōn'은 '덜 못 지내는 자'라는 뜻 으로도 쓰였다.) 『카르미데스』 172a에서는 두 가지 뜻이 동시에 사용 된다. "잘못이 제거되고 올바름이 지도할 때 그런 상태에 있는 사람 들은 어떤 행위를 하든지 훌륭하게 잘 행할(kalōs kai eu prattein) 수밖 에 없으며, 잘 지내는(eu prattontas) 행복한 자들일 수밖에 없다." 『국 가』 353e~354a, 『알키비아데스』 116b에서도 용례를 볼 수 있다. 애 매성에 의지한 이 추론은 고대에 이미 비판을 받은 바 있고(올림피오 도로스, 《플라톤의 『알키비아데스 I』 주석》 121~3), 때때로 플라톤이 사용 하는 언어적 속임수의 단적인 사례로 지목되기도 했다. 그러나 플라 톤이 이 애매성을 의식하지 않고 사용한다고 보기는 어렵다. 플라톤 이 『국가』의 마지막을 'eu prattōmen'으로 끝맺음 할 때, 그리고 『편지 들』에서 'eu prattein'으로 시작할 때, 분명히 그는 두 가지 의미를 의 식하고 있는 것으로 보인다. 세 번째 편지의 서두에서 관용적인 인사 말 'chairein'(안녕하세요) 대신에 'eu prattein'을 인사말로 쓰는 이유가

간략하게 언급되고 있는 것도 그런 의도의 반영일 수 있다. 언어는 실재를 반영한다는 말대로 'eu prattein'의 애매성은 잘 사는 것(행복한 삶)과 잘 행하는 것(올바른 행위)이 불가분의 관계임을 반영한다. 플라톤이 의미 있는 대목에서 이 관용어를 의도적으로 사용하는 것은 그것이 철학함의 의의를 함축적으로 표현해 주고 있기 때문일 것이다. 플라톤이 이 대화편에서 거듭 강조하고 있고 『국가』에서 심혈을 기울여 답하고자 하는 문제가 바로 "어떻게 사는 것이 행복한 삶인가?"라는 점을 생각해 보면 된다. 단적으로 말하자면 플라톤 철학의 의의는 'eu prattein'에 담긴 일상 어법의 교훈을 철학적으로 해명해 보이는 것이라 할 수 있겠다. 물론 이러한 생각은 소크라테스에게로 거슬러 올라간다. 크세노폰의 『회상』 3.9.14에서 소크라테스는 사람이 추구해야 할 가장 훌륭한 일이 무엇이라고 생각하느냐라는 질문을 받고, "eupraxia"(잘 행함)라고 답한다. 그리고 그 의미를, 질문자가 통상적으로 이해하는 의미, 즉 행운(eutychia)이 곧 성공인데 그런 성공을 추구한다는 의미와는 정반대로, "배우고 익힌 후에 잘 행하는 것"(mathonta te kai meletēsanta ti eu poiein)으로 규정한다.

269 자네가 칭찬했던 : 492c를 가리킨다.

270 끝없는 악(anēnyton kakon) : 비슷한 표현이 『법률』 714a에도 나온다. "끝없고 채울 수 없는 악(anēnytōi kai aplēstōi kakōi)의 질병에 붙잡힌 혼을 가진 한 인간이나 과두정이나 민주정이 법을 짓밟고 한 나라나 한 개인을 다스리게 된다면, 방금 우리가 말했듯이, 구원의 방도는 없습니다."(『법률』 714a)

271 그런 자는 다른 사람과도 친해질(prosphilēs) 수 없고 신과도 친해질 수 없네 : 'prosphilēs'는 'philos'와 같은 뜻으로 사용되고 있어서 "그런 자는 다른 사람한테서 사랑받을 수도 없고 신으로부터 사랑받을 수도 없네"로 옮길 수도 있는 문장이다. 여기서는 '우애'(philia)와 연결을 살리기 위해서 중립적으로 '~와 친한'으로 옮겼다.

272 함께 나눔(koinōnia)이 속에 없는 자에게는 우애(philia)가 없을 테니까 : 그

리스인들에게 친숙한 속담 "친구들의 것은 공동의 것이다"(koina ta tōn philōn)를 생각해 보라. "함께 나눔은 우애적인 것"(hē koinōnia philikon)이라는 아리스토텔레스의 말도 참고할 것(『정치학』 1295b24). 윤리적인 덕을 갖추지 못한 사람의 극단적인 모습은 『국가』의 참주적 인간(tyranikos anēr)을 언급하는 대목에서(578e~579c) 상세히 묘사되고 있다.

273 현자들(hoi sophoi) : 이 현자들은 피타고라스주의자들이다. 그렇게 볼 만한 몇 가지 근거들이 있다. '현자들'이라는 명칭이 이 대화편뿐 아니라 다른 대화편들에서도 피타고라스주의자들을 가리키는 것으로 보인다는 점(493a 주석 참고), '함께 나눔'(koinōnia)과 '우애'(philia)는 피타고라스 공동체에서 중요시되었다는 점, 피타고라스주의자들은 우주(세계)를 '코스모스'라고 부른 최초의 사람들로 전해지며, 수학적 법칙이 지배하는 세계 질서 관념을 최초로 제창한 자들이었다는 점에서 그렇다.

274 함께 나눔(koinōnia)과 우애(philia) : 'koinōnia'와 'philia'는 피타고라스 공동체의 구성원들 간의 관계를 결속하는 구속력으로서만이 아니라(이 암블리코스, 『피타고라스의 생애』 237 이하), 훨씬 더 넓은 의미에서 살아 있는 모든 것들 사이를 이어 주는 끈으로서 중요시되었다. "그들(피타고라스주의자들)은 함께 나눔(koinōnia)이 우리들 서로 간에 그리고 신들 사이에만 있는 것이 아니라 살아 있는 짐승들 사이에도 있는 것이라고 말한다."(섹스투스 엠피리쿠스의 『학자들에 대한 비판』 9.127)

275 하늘과 땅과 신들과 인간들을 함께 묶어 준다 : 482c~483c에서 칼리클레스가 제기한 퓌시스(자연)와 노모스(법)의 대립 문제에 대한 플라톤의 대답이다. 노모스는 퓌시스에 근거를 두고 있다. 인간 사회의 질서와 자연의 질서는 동일한 신적인 법의 표현들이다. 이 생각은 『국가』에서 더 깊게 다루어진다(특히 500c에서 "철학자는 신적이며 절도 있는 것과 같이 지냄으로써 인간으로서 가능한 한도까지 신적이며 절도 있는 자가 되네"). 『티마이오스』 90c~d도 참고하라.

276 그들은 이 전체를 세계 질서라 부르며 : '이 전체'는 우주(세계)를 말하며,
'세계 질서'는 코스모스(kosmos)의 번역이다. 우주를 코스모스라 부른
자들은 앞 문장의 '현자들'로 읽었다. 물론 문법상으로는 주어를 '현자
들'이 아닌 일반인들로 읽을 수가 있다. 그러나 그럴 경우에 사람들이
현자들의 이론을 익히 알고 있다는 가정을 하지 않는 한, 사람들이 그
렇게 부르는 이유를 소크라테스가 현자들의 이론으로 설명해 주는 것
으로 봐야 하는데 자연스럽지가 않다. 이유를 대는 당사자들이 그렇
게 부른다고 읽는 것이 가장 자연스럽고 무난해 보인다. 그렇다면 이
들은 피타고라스주의자들이고 그들이 처음으로 우주를 코스모스라고
불렀다는 전승과도 잘 들어맞는다. "피타고라스는 모든 것을 포괄하
는 것을 그 속의 질서(taxis)에 근거해서 처음으로 코스모스라고 불렀
다."(아이티오스, DK14A21), "파브리노스의 말에 따르면, 이 사람은 …
처음으로 하늘을 코스모스라고 땅을 구(球)라고 불렀다."(디오게네스
라에르티오스, 『유명한 철학자의 생애와 사상』 8.48)

277 기하학적 동등(hē isotēs hē geōmetrikē) : 기하급수(등비수열)에서 얻어지
는 비율의 동등함을 말한다. 이를테면 2 – 4 – 8 – 16에서 $\frac{2}{4} = \frac{4}{8} = \frac{8}{16}$
이 되는 경우이다. 이것은 산술적 동등함과 산술급수(등차수열)의 동
등함에 대비된다. 산술급수에서 수열의 낮은 항들 사이에서 얻어지는
비율은 높은 항들 사이에서 얻어지는 것보다 작다. 이를테면 2 – 4 –
6 – 8에서 $\frac{2}{4}$ 는 $\frac{4}{6}$ 보다 작고, $\frac{4}{6}$ 는 $\frac{6}{8}$ 보다 작다. 이런 수학적 급수와 비
례의 발견은 분명히 피타고라스 학파에 기인한다(아르키타스 단편 2).
기원전 4세기에 이 수학적 대비가 정치 영역에 활용되었고, '기하학
적 동등'이 분배적 정의의 참된 원리를 나타낸다고 인식되었다. 이소
크라테스는 이 생각을 비수학적으로 표현한다(『아레오파고스에 관하여』
21). 그는 두 종류의 동등함이 있는데, 하나는 모두에게 무차별적으로
똑같이 주는 것이고, 다른 하나는 각각에 적합한 것(to prosēkon)을 주
는 것이라고 말한다. 이와 유사하게 플라톤도 『법률』 757b에서 두 종
류의 동등함을 말한다. 추첨으로 관리를 임명하는 것이 산술적 동등

함의 사례이고, 다른 하나는 '제우스의 판정'이라 부르는 것으로 더 큰 것에는 더 많이, 더 작은 것에는 더 적게 분배하는 것이다. 두 번째 것이 기하학적 동등함인데, 수열에서 16은 8보다, 8이 4를 능가하는 것보다, 더 많이 능가한다는 점을 생각해 보면 된다. "그것은 더 큰 것에는 더 많이, 더 작은 것에는 더 적게 분배하며, 각자에게 그들의 본성에 맞게 적절한 양을 주기 때문입니다. 뿐만 아니라 그것은 덕이 더 큰 사람들에게는 언제나 더 큰 명예들을 주고, 덕과 교육에서 그와 반대되는 사람들에게는 각자에게 적합한 것을 비율에 따라 나누어 줍니다. 정말이지 우리에게 있어 정치란 언제나 바로 이 정의를 구현하는 일이겠지요."(『법률』 757c), "양자 모두의 이야기에 공평하게 귀를 기울여야 하는데, 각자에게 동등하게 분배할 것이 아니라 더 지혜로운 사람에게 더 많이, 더 무지한 사람에게 더 조금 귀를 기울여야 하지요." (『프로타고라스』 337a). 그리고 아리스토텔레스의 『니코마코스 윤리학』 5.1131a10~b22를 참고하라.

278 지갑이 잘리는 것(ballantion temnesthai) : 소매치기에게 지갑을 털린다는 뜻이다. 우리말로 '소매치기'에 해당되는 그리스어는 'ballantiotomos' 인데, 문자 그대로의 뜻은 '지갑을 자르는 자'이다. 발란티온 (ballantion)은 허리춤에 착용하는 가죽으로 된 휴대용 지갑을 말한다.

279 이것들 : 소크라테스가 주장하는 내용들을 가리킨다. 이 '이것들' (tauta)은 아래 문장 "그건 나는 이것들이 어떻게 되는 건지는 모르지만 …"에서, 그리고 "그래서 다시 나는 이것들이 지금까지 밝혀진 대로 …"에서 '이것들'로 이어진다.

280 아다마스(adamas) : 그리스인들이 세상에서 가장 단단하다고 생각했던 물체. 어원적으로는 길들이거나 제어할 수 없는 것, 또는 깨트릴 수 없다는 뜻이다. 검고 불투명한 금속으로 생각되기도 하고 다이아몬드나 투명한 보석 같은 것으로 생각되기도 한다.

281 좀 무례한 주장일지라도(kai ei agroikoteron ti eipein) : 'kai ei agroikoteron ti eipein'은 "좀 거친 표현일지라도" 정도로 옮겨서 '무쇠 같고 아다마

스 같은'(sidēroîs kai adamtinois)이라는 표현이 다소 과장된 것에 대한 양해의 표현으로 새길 수도 있다. 486c에서 칼리클레스가 같은 표현("좀 거칠게 표현하자면")을 사용한다(거기서도, 거친 표현을 해서 상대방의 기분을 상하게 하는 것을 염려하는 뜻으로 '무례한 표현이겠지만'으로 옮겨도 무방하다). 본문의 번역은 '단단히 고정되고 묶여 있다'에 붙여서 지나친 주장을 하는 것에 대한 양해의 표현으로 읽은 것이다. 462e에서 소크라테스는 고르기아스의 눈치를 보면서 같은 표현("좀 무례하지 않을까")을 사용한다.

282 풀지 않은 채로(ei mē lyseis) : 바로 앞의 "단단히 고정되고 묶여져 있다네"(katechetai kai dedetai)에 대응하는 표현으로 논박해서 무너뜨린다는 뜻이다.

283 그 불의 : 불의를 저지르는 자가 저지르는 나쁜 행위(adikia) 자체를 가리킨다.

284 이 물음에 왜 대답하지 않았나, 칼리클레스? : 어서 대답해 달라는 뜻의 수사적 표현이다.

285 앞선 논의에서 : 467c~468e를 가리킨다.

286 "닮은 자가 닮은 자와"(ho homoios tōi homoiōi) : '유유상종(類類相從)'을 뜻하는 이 속담은 『뤼시스』 214b에서도 나오는데, 속담의 출처를 "가장 지혜로운 자들의 저술"(toîs tōn sophōtatōn syngrammasin)로 돌리고 있으며, 이 현자들은 "자연과 우주에 관해 논의를 나누고 저술을 하는 사람들"이라고 말한다. 아마도 플라톤은 비슷한 것들끼리 서로를 끌어당긴다는 이론(이를테면 엠페도클레스의 단편 90에 나오는 것 같은)에 이 속담을 적용했던 어떤 철학자를 염두에 두고 있는 것 같다. 이 속담의 연원은 매우 오래된 것이어서 호메로스까지 거슬러 올라간다. "보시오, 지금 나쁜 자가 나쁜 자를 인도하고 있구려. 언제나 그렇듯 신은 비슷한 자를 비슷한 자에게로 이끌지."(『오뒤세이아』 17.218)

287 여러 차례 : 466b, 483b, 486b~c을 가리킨다.

288 헤엄칠 줄 아는 앎 : 무식함을 뜻하는 속담으로 "글자도 모르고 헤엄칠

줄도 모른다"(mēte nein mēte grammata)는 말이 『법률』 689d에 나오는
것을 보면 당시에 수영은 일반인들이 널리 습득했던 기술들 중에 하
나였던 것 같다.

289 몸들(sōmata)과 … 구해 내는(sōizei) : "몸들을 구해 낸다"는 말이 무슨
뜻인지 애매하다. 그리스어로 'sōizein sōma'(몸을 구해 낸다)는 '목숨
을 구해 낸다'는 뜻이지만, 바로 앞의 "목숨들뿐만 아니라"와 중복되
기 때문이다. 주석가들이 제안하는 해석들 중에 '몸들'은 배에 탄 승객
의 '딸린 가족들'(511e)을 가리킨다는 해석이 그럴듯해 보인다.

290 폰토스 : 지금의 터키 북동부에 위치한 흑해의 남쪽 해안 지역을 가리
키며, 아테네에서 가장 멀리 떨어진 그리스 식민 지역이다.

291 여자들(gynaikas) : 여주인과 여자 노예들을 가리킨다.

292 2오볼로스, 2드라크마 : 기원전 4세기에 2오볼로스는 보통 수준의 하루
생필품 값에 해당하며 성인 한 사람의 하루 급식비로 간주되었다. 노
동자 한 사람의 일당도 이 정도였을 것으로 추정된다. 1드라크마는 6
오볼로스였다.

293 나쁜 삶을 살다(kakōs zēn) : 'kakōs zēn'도 'eu prattein'처럼 두 가지 뜻
으로 사용되었다(507c 주석 참고). 타동사의 뜻으로 '나쁘게 살다'와 자
동사의 뜻으로 '못살다'인데, 여기에도 'eu prattein'과 같은 방식의 교
훈이 들어 있다. 나쁘게 사는 것은 못(불행하게)사는 것이므로 사악한
사람의 삶은 그 자체가 형벌이다. 『테아이테토스』 176d~177a에서 소
크라테스는 부정의한 자들은 자신들의 부정의한 행동으로 인해 자신
도 모르게 가장 나쁜 불행의 본을 닮게 되고 그 벌로 자신들이 닮게
되는 것과 비슷한 삶을 산다고 말한다.

294 그 사람과 그의 기술을 깔보고 모욕적인 투로 : 491a에서 칼리클레스는
의술을 포함해서 손으로 하는 일에 대해 경멸의 뜻을 표시한 바 있다.
『카르미데스』 163b에서는 욕먹는 직업으로 신발 만드는 일, 장아찌
파는 일, 매춘업이 언급된다. 데모스테네스에 따르면(57.30) 아고라
(광장/시장)에서 이루어지는 아테네 시민들의 생업에 대해 욕하는 것

을 비방(kakēgoria) 죄로 처벌하는 법이 있었다고 한다(아고라에서 하는 일에만 한정되어 있었는지 생업 일반에 적용되었는지는 분명치 않다. 『법률』 934e에서는 모든 형태의 비방을 법으로 금한다). 플라톤과 아리스토텔레스가 "손기술로 하는 천한 일(banausia kai cheirotechnia)"(『국가』 590c)을 수치스럽게 생각하는 이유는 칼리클레스가 생각하는 것과는 달리 그것이 육체적으로나 도덕적인 측면에 끼치는 영향 때문이다(『국가』 495d~e, 아리스토텔레스의 『정치학』 1337b8 참고).

295 기계 제작자(mechanopoios) : 전투에 사용하는 기계장치를 제작하는 사람으로 생각된다. 크세노폰은 성벽 파괴용 장비 제작자를 'mechanopoios'라 불렀다(『퀴로스의 교육』 6.1.20). 방어를 위한 요새와 그 장비의 구축도 'mechanopoios'의 일로 간주되었다. 반면에 아리스토파네스에서 'mechanopoios'는 무대장치 기사를 가리킨다(『평화』 174).

296 왜냐하면 참된 사람은 얼마나 오래 사느냐에 마음을 두어서는 안 되고 삶에 애착을 가져서도 안 되기 때문이네 : 『변명』 28b와 『크리톤』 48b에서도 소크라테스는 같은 생각을 피력한다.

297 정해진 운명(tēn heiromenen)은 아무도 벗어날 수 없다는 여인들의 말을 확실히 믿으면서 : 표현이 똑같지는 않지만 같은 뜻을 담고 있는 구절은 『일리아스』 6.488에서 아킬레우스와 결전에 앞둔 헥토르가 아내 안드로마케를 만나는 장면에서 나온다("단언컨대 운명을 피한 사람은 아무도 없었소"). 플라톤이 호메로스의 이 구절을 염두에 두고 있는지는 알 수 없지만, 이 말을 '여인들'에게 돌리고 있는 것으로 봐서는 당시에 아테네 여인들이 입에 올리던 속담이었을 가능성이 크다. 'hē heiromenē'는 호메로스적인 의미에서 '정해진 죽음의 날'을 뜻하며, 플라톤 이전에는 명사로 사용되고 있지는 않지만, 『파이돈』 115a를 보면 이것이 시적인 언어임을 짐작케 한다. 『파이돈』 115a에서 소크라테스는 독배를 마실 시간이 되자 이렇게 말한다. "이제 드디어 운명(hē heimarmenē)이 나를 부르고 있네. 비극의 주인공이 할 법한 말이지만 말일세."

298 달을 끌어 내린 여인들, 즉 테살리아 여인들 : "달을 끌어 내렸다"는 월식이 일어나게 했다는 뜻인데, 이것은 테살리아 마녀들의 대표적인 공적으로 간주되었다(아리스토파네스의 『구름』 749, 루키아노스의 『팔라리스』 6.499). 테살리아는 아티카의 북부 지역으로 전설에 따르면 마녀들이 사는 곳으로 생각되었다. 이유는 이 지역이 마술과 주문을 관장하는 여신 헤카테 숭배의 중심지였기 때문이었던 것 같다. 『구름』 749의 외곽 주석은 "지금까지도 우리 고장에서는 테살리아 여인들이 마녀들로 불린다."라고 적고 있다.

299 가장 소중한 것을 대가로 치러야 : 마녀들은 마법적인 힘을 얻는 대가로 불구가 되거나(주로 장님이 됨) 가족의 일원을 희생해야만 한다는 널리 알려진 믿음을 가리킨다. 제노비우스(서기 117년~138년)의 속담 사전은 "자신을 희생해서 달을 끌어 내림"은 "달을 끌어 내린 테살리아 여인들이 두 눈과 아이들을 빼앗기는 것을 뜻한다"고 설명한다. 로도스의 아폴로니오스 4.59에 관한 외곽 주석은 이 믿음을 합리적으로 해석한다. 천문학에 조예가 깊었던 테살리아 여인 아글라오니스는 월식을 예측하는 재주로 마술을 논박했는데, 그러나 월식이 있을 때마다 그녀의 가족 한 명이 갑자기 죽었다는 것이다. 마찬가지 방식으로, 전설적인 예언가와 시인들의 눈이 먼 것도 그들의 능력에 대해 치러야 하는 대가로 이해되곤 했다.

300 소중한 사람이여 : 직역은 "소중한 머리여"(ō phile kephalē)이며, 여기서는 다소 비꼬는 분위기가 담겨 있다. 소크라테스는 소피스트인 논쟁가 디오뉘소도로스(『에우튀데모스』 293e)와 음송 시인 이온(『이온』 531)에게도 비꼬는 분위기로 이 표현을 사용한다. 『파이드로스』 264a에서도 사용되지만 비꼬는 분위기는 아니다. 몸의 가장 귀중한 부분으로서의 머리는 이미 호메로스에서 인물 자체를 지칭하는 표현으로 사용되었으며, "소중한 머리여"라는 부름말도 호메로스(『일리아스』 8.281)에 나온다("테우크로스여, 텔라몬의 아들이자 백성들의 주인인 소중한 머리여"). 문맥에 따라 'kephalē'(머리)는 적절한 형용사와 함께 모욕

적인 부름말로 사용되기도 한다(헤로도토스 3.29, 아리스토파네스의 『아카르나이인들』 285).

301 **민중에 대한 사랑**(ho dēmou erōs) : 『알키비아데스 I』 132a에서 소크라테스가 알키비아데스에게 해 주는 염려의 말을 상기시킨다. "내가 가장 두려워하는 건 자네가 민중의 사랑을 구하는 자(dēmerastēs)가 되어 못쓰게 되지 않을까 하는 것이네. 아테네인들 중 많은 훌륭한 사람들이 이미 그런 일을 당했기에 하는 말일세."

302 **우리가 말했던 걸** : 500b~c를 가리킨다.

303 **앞선 논의** : 504d 이하를 가리킨다.

304 **속담처럼 "포도주 항아리로 도기 만드는 법을 배우려 들고"** : 걷지도 못하면서 뛰려고 한다는 뜻의 속담이다. 포도주 항아리는 크고 만들기가 어려운 도기였으므로 초보자들은 당연히 작고 단순한 도기를 만드는 것부터 시작해야 했을 것이다. 제노비우스의 속담 사전(3.65)은 "큰 접시(pinax)나 작은 그릇 빚는 법을 배우기 전에 도기 만드는 법을 배우는 것과도 같다"고 풀이한다. 『라케스』 187b에도 같은 속담이 나오며, 그 이전에 아리스토파네스가 이 속담을 사용했다(단편 469).

305 **사람들** : 조건문에서는 소크라테스와 칼리클레스가 주어였다가 일반인들로 바뀌었다. 소크라테스와 칼리클레스를 포함해서 일반인들 누구에게나 그럴 수 있다는 뜻으로 주어를 바꾼 것으로 보인다.

306 **일당을 지급하는 제도**(misthophoria) : 페리클레스는 재판관으로 참여하는 시민들에게 일당 2오볼로스를 지급하는 재판관 수당(dikastikos misthos) 제도를 마련했다(아리스토텔레스의 『아테네의 정치체제』 27.3, 『정치학』 1274a 8)(일당의 단가는 시기에 따라 달라졌으며 기원전 4세기에는 일반적으로 오르는 경향이 있었는데, 생계비가 상승했다는 증거이다). 재판관 수당 외에 현역에 복무 중인 선원들과 군인들에게 일당 3오볼로스의 군역 수당(stratiōtikos misthos)을 지급하는 제도 역시 페리클레스가 도입한 것으로 추정된다(아리스토텔레스의 『아테네의 정치체제』 27.2). 그리고 30인 과두정이 무너지고 민주정이 회복되면서 기원전 403년에

민회 참석자에게 지급하는 일당 제도도 복원되며(『아테네의 정치체제』 41.3), 과두정부가 411년에 폐지했던 재판관 수당도 다시 도입된다(투퀴디데스 8.65.3, 8.67.3, 아리스토텔레스의 『아네테의 정치체제』 29.5). 이미 461년에 페리클레스는 500명의 평의회 의원들에게 일당 2오볼로스의 평의회 수당(bouleutikos misthos)을 지급했다(아리스토텔레스 당시에는 5오볼로스였다. 『아테네의 정치체제』 62.2) 기원전 4세기에 가장 논란이 되었던 지급제도는 관람 기금(Theorikon)이었다. 이 기금에서 가난한 시민들이 대축제 기간에 극장 공연을 관람할 수 있게 일당으로 2오볼로스를 지급했는데, 언제 그리고 누가 이 제도를 도입했는지는 정확히 알려져 있지 않다(플루타르코스의 『페리클레스』 9.1에 따르면, 이 기금은 이미 페리클레스 시대에 시행되고 있었던 것 같다. 어쨌든 민주정이 회복되면서 과두정부에서 중단되었던 이 제도는 기원전 395년에 다시 도입된다). 일당을 지급하는 제도들이 도입된 목적은 모든 시민들이 정치적 활동과 문화적인 활동에 참여할 수 있게 하는 것이었다. 그 결과 하층민중의 참여 폭이 넓어졌고 따라서 아테네의 전반적인 생활상에 미치는 영향력이 증대되었다. 여기에는 재판제도가 매우 큰 역할을 했다. 그리스의 법정은 민·형사 사건뿐 아니라 행정소송은 물론이고 정치적 사건과 국사에 관한 사건에 대한 판결도 했다. 아테네가 해상 동맹의 회원국들을 재판하는 곳이기도 했기 때문에 재판관들은 할 일이 많았다. 과두주의자들과 부자들은 이 일당 지급 제도를 격렬하게 비판했다. 과두주의자들은 자신들의 입장에서 정치적 공동 참여를 가진 자들에게 한정하고자 했다(투퀴디데스 8.63.3 이하, 아리스토텔레스의 『아테네의 정치체제』 29).

307 **아테네인들을 게으르고 비겁하고 수다스럽고 돈을 좋아하게 만들었다 :** 페리클레스가 어떻게 해서 아테네인들을 "비겁하게" 만들었다고 할 수 있는지는 분명하지 않다. 펠로폰네소스 전쟁에서 페리클레스가 취한 방어적 전략을 가리키는 말로 보기는 어렵다. 이 전략은 일당을 지급하는 제도와는 아무 상관이 없다. 현역에 복무하는 시민들에게 군역

수당을 제공한 것이 시민들을 용병 수준으로 전락시켜서 진정한 용기가 결핍되게 만든다고 생각되었을 가능성은 있다(『니코마코스 윤리학』 1116b15~23). 아니면 그리스 전역에서 모은 시민 자격이 없는 자들로 해군을 편성한 것과 외국 용병 부대를 고용한 것(주로 기원전 4세기에 발달함)을 두고 하는 말인지도 모를 일이다. "수다스러움"(lalous)은 게으름의 단순한 결과일 수도 있겠지만 플라톤은 여기서 평의회 수당(bouleutikos misthos)을 염두에 두고 있는 것이 아닌가 생각된다. 이 수당의 지급은 시민들이 의회에 빠짐없이 정규적으로 출석해서 발언하도록 했을 것이다(그러나 아리스토파네스는 『개구리』 954에서 아테네인들의 수다스러움은 에우리피데스가 가르쳤다고 말한다). 아리스토파네스는 『기병』 1152 이하에서 민중들에게 빵을 제공하는 것에 대해 조롱한다. 그리고 『말벌』 87 이하에서는 재판관 수당의 효과를 풍자한다. 아리스토텔레스도 재판관 수당을 비판하는 말을 인용하고 있으며(『아테네의 정치체제』 27.4), 대체적으로 그는 공적인 일에 보수를 지급하는 제도에 반대하는 입장을 취하는 것으로 보인다(『정치학』 1293a1~10, 1298b24~26, 1317b32~35).

308 **귀가 뭉개진 자들** : 기원전 5세기 후반에 민주정에 반감을 가지고 귀족정이나 과두정을 지지했던 아테네의 젊은이들을 가리킨다. 이들은 스파르타식 옷차림이나 관행을 따라 함으로써 자신들의 정치적 입장을 선전했는데, 그런 행위들 중에 하나가 권투였던 것 같다. 그들의 '귀가 뭉개졌다'는 말은 권투 연습을 많이 한 나머지 귀가 배춧잎처럼 되어 버린 것을 두고 하는 말이다. 『프로타고라스』 342b에서 이들은 '라코니아 방식을 따르는 자들'(lakōnizontas)로 언급된다. 라코니아는 지역 명칭이며 스파르타가 이 지역을 지배하는 도시국가이기 때문에 '라코니아인들' 하면 곧 '스파르타인들'을 가리키는 말로 사용되었다.

309 **그에게 횡령죄를 선고하는 데 표를 던졌고** : 이 재판은 기원전 430년 가을에 있었다. 페리클레스는 429년에 관직에 복귀했고 그 해 말에 전염병으로 죽는다. 플루타르코스는 『페리클레스』 32에서 페리클레스

의 죄목이 절도의 일종(klopē)이었거나 부정의한 행위(adikon)였다고 기술한다. 그가 인용하는 판결문에 따르면 페리클레스는 죄가 있음이 밝혀졌고 무거운 벌금이 부가되었다고 한다. 그러나 투퀴디데스의 보고에 따르면, 아테네인들은 전황(戰況) 때문에 그리고 역병(페스트) 때문에 페리클레스에게 분노하여 그를 범죄자로 간주하고 벌금형에 처했지만, 곧 다시 그를 장군으로 선출했다고 한다(2.65.1, 2.59.1, 2.65.4). 투퀴디데스는 페리클레스의 인격과 정치력을 높이 평가했으며 그가 민중에게 아첨하지 않고 오히려 민중의 생각과 반대되는 말을 했다고 찬사를 보낸다. 페리클레스의 정적들은(그들 중에 클레온도 있었다) 그 이전에 페리클레스의 정치적 입지를 흔들어 놓기 위해 그의 주변 인물들(페이디아스, 아낙사고라스, 아스파시아)을 고발하기도 했다.

310 호메로스가 말했듯이 : 『오뒤세이아』 6.120, 9.175, 13.201에서 외국인들에게 친절하고 신을 두려워하는 태도에 반대되는 태도를 두고 "오만하고 야만스럽고 전혀 정의롭지 못한"(hybristai te kai agrioi oude dikaioi)이라고 말하는데, 아마도 이 구절을 가리키는 것 같다.

311 키몬(Kimōn) : 밀티아데스의 아들 키몬은 기원전 480년 이후부터 아테네의 지도적 인물이었다. 그의 정치적 입장은 보수적이었고, 대외적으로 해군력에 기반을 둔 강권 정책을 추구하였다. 그는 일련의 군사적 성공을 거두었으며 특히 페르시아와의 전투에서 그러했다. 그리고 델로스 동맹을 구축하고 강화하는 데 중요한 역할을 했다. 키몬은 기원전 461년에 도편추방을 당한다. 그가 3차 메세니아 전쟁에서 스파르타를 돕기 위해 이끌고 간 군대가 거절당하는 수모를 겪은 직후였다. 도편추방(ostrakismos)은 일반적인 추방형과는 달리 범죄나 위법행위에 대한 처벌이 아니었지만 당사자에게 그것은 정치적 실패를 의미했다. 테오폼포스와 플루타르코스의 말을 믿을 수 있다면, 아테네인들은 통상적인 추방 기간 10년을 채우게 하지 않고 단축해서 그를 불러들였다는데, 키몬이 돌아온 때는 타나그라 전투 직후인 기원전 457년이었다.

312 테미스토클레스(Themistoklēs) : 테미스토클레스는 최초의 급진적 민주주의 정치가로 평가된다. 그는 기원전 493/2년에 최고 행정관(archōn)에 올라 해군력을 체계적으로 증강하기 시작했으며, 이를 바탕으로 기원전 480년 살라미스에서 페르시아에 대승을 거두었을 뿐만 아니라 아테네의 군사력과 경제력을 증강시키는 데 크게 기여했다. 그는 기원전 487/6년에 단행된 아테네의 정치제도 개혁의 정신적인 지주였다. 그 이후로 열 명의 최고 행정관들은 직접 선출하는 방식이 아니라 부족에서 뽑힌 후보자들 중에서 추첨으로 결정하는 방식으로 뽑혔고, 그렇게 됨으로써 귀족 가문의 영향력이 축소되었다. 그는 아레오파고스의 권한 축소에 에피알테스와 함께 기여했다(아리스토텔레스의 『아테네의 정치체제』 25.3). 그는 페르시아군이 파괴한 아테네를 재건하는 과정에서 스파르타와 갈등을 빚게 되었고, 그와 동시에 아리스테이데스와 키몬을 비롯한 아테네 귀족들과도 대립하게 되어 기원전 472/1년에 도편추방을 당한다(플루타르코스의 『테미스토클레스』 22.1 이하에 따르면, 그가 도편추방을 당한 것은 개인적 인정을 바탕으로 한 자신의 힘과 노력으로는 민주주의적 평등의 틀 속에서 그가 더 이상 먹혀들지 않았기 때문이라고 한다). 일이 년 후에 스파르타인들이 그가 반역자 파우사니아스와 내통했다는 증거를 내놓자 아테네 시민들로부터 대역죄로 유죄판결을 받게 되며, 스파르타와 아테네로부터 쫓기는 신세가 되어 마침내 페르시아 왕에게로 도주하기에 이른다. 그는 기원전 460년경에 마그네시아에서 죽었다(테미스토클레스의 인물적 특징에 관해서는 투퀴디데스 1.138.3 참고).

313 마라톤의 밀티아데스(ton en Marathoni Miltiadēs) : '마라톤의 밀티아데스'라는 표현은 마라톤의 승리자를 그의 삼촌이자 케르소네소스의 초대 참주와 구별해 주는 명예로운 명칭이다. 키몬의 아버지 밀티아데스는 기원전 490년에 마라톤에서 페르시아군에게 대승을 거두기 이전에, 그러니까 기원전 520년 이후부터 이미 그리스 북부 지역에서 아테네의 영향력 확대를 위한 전쟁을 계속해 왔다. 그는 494/3년에 케

르소네소스에 참주정을 세우려 한다는 명목으로 정적들에 의해 고발 당한 바 있고, 결과는 무죄로 판정이 났다(헤로도토스 6.104). 그는 489 년에 시작된 파로스에 대한 해군 작전을 부상으로 인해 포기할 수밖 에 없었고, 이것이 빌미가 되어 다시 정적들에 의해 민회에서 고발당 하게 된다. 헤로도토스에 따르면 밀티아데스를 고발한 사람은 아리프 론의 아들 크산티포스였다. 그는 밀티아데스를 사형에 처해야 한다고 주장했지만, 민회는 이전에 세운 공을 참작하여 50탈란톤의 벌금형에 처했다고 한다. 헤로도토스에는 구덩이에 던져 넣는 형벌이나 평의회 의장에 관한 이야기들은 나오지 않는다(『역사』 6.136).

314 **평의회 의장**(prytanis) : 평의회 운영위원들 중에서 추첨으로 뽑는 일일 의장을 말한다. 473e의 주석을 보충하자면, 평의회 운영위원들은 위 원회가 열리는 동안에는 매일 근무했다. 평의회와 민회를 소집하고 회의를 주관하며, 외국의 사절들을 맞이하는 일을 했으며, 보통은 나 라의 일상적인 공무를 처리했다. 이들은 평의회 의사당 옆에 마련된 톨로스라고 하는 원형 건물에서 국비로 식사를 했다. 의장으로 뽑힌 사람은 하루 24시간 당직을 서며 나라의 권한을 표상하는 인장(국새) 과 국고 및 문서 보관소의 열쇠를 관리했으며, 사실상 행정의 수반 역 할을 했다. 그러나 의장직은 단 한 번만 맡을 수 있지 두 번 이상 맡을 수는 없게 되어 있었다. 그래서 아마도 아테네 성인 남성의 절반 이상 이 일생에 한 번 정도는 의장직을 수행했을 것으로 생각된다. 평의회 의장이 밀티아데스를 구했다는 소크라테스의 이야기는 소크라테스 자신이 의장직을 수행할 때 아르기누사이 사건에 연루된 장군들을 구 하지 못한 일과 대비된다.

315 **구덩이 속에 던져졌을** : 구덩이에 던져 넣는 형벌은 정치범이나 대역죄 를 지은 자에게 내렸던 형벌이다(크세노폰의 『그리스 역사』 I.7.20).

316 **앞에서 한 말** : 503b~c를 가리킨다.

317 **나랏일에 훌륭한 인물이 된 자를 아무도 알지 못한다** : 그러나 『메논』 93e 에서 소크라테스는 정치적인 일에 훌륭한 인물들이 지금도 있고 과

거에도 있었다고 생각한다는 말을 하면서 테미스토클레스, 아리스테이데스, 페리클레스를 거명한다. 그리고 페리클레스는 『프로타고라스』 320a에서 정치적인 일에 지혜로운 자로, 그리고 『파이드로스』 269e~270b에서 연설술에 가장 뛰어난 자로 소개된다.

318 **아첨술을 사용하지도 않은 것이네** : "아첨술을 사용하지도 않았다"는 말은 아래 이어지는 내용과 잘 맞지 않는 것처럼 보인다. 아래 구절을 보면 네 명의 인사들이 민중의 하인 노릇을 더 잘했다고 말할 뿐 아니라, 하인 노릇(diakonikē)이 참된 정치술에 대응하는 관계가 요리술이 체육술이나 의술에 대응하는 것과 같은 관계라고 말하고 있으므로, 하인 노릇도 아첨의 일종으로 봐야 한다. 이 문제의 해결책으로 "oute tēi kolakikēi"를 "oute tēi alēthinēi politikēi, alla tēi kolakikēi"(〈참된 정치술을 사용하지도 않고 오히려〉 아첨술을 사용한 겁니다)로 고쳐 읽자는 제안도 있고, 이 대목에서 소크라테스가 아첨의 의미를, 말로 비위를 맞추는 것(일반적인 의미의 아첨), 원하는 것을 제공해 줌으로써 즐겁게 해 주는 것(확장된 의미의 아첨), 이렇게 두 가지로 구별해서 사용하고 있다고 보고, 확장된 의미의 아첨은 받는 쪽이 배은망덕하거나 하는 쪽이 서툴면 해 주고도 좋은 소리를 못 들을 수가 있는데, 그처럼 성공하지 못한 아첨을 두고 소크라테스가 이렇게 표현한 것이라는 해석(어윈, 1982, 236쪽)이 있다. 어느 쪽이든 만족스럽지는 않지만, 어윈의 해석을 받아들이더라도, 도식적인 구별은 할 필요 없이, 아첨술을 제대로(완벽하게) 구사하지 못했다는 정도로 새기는 것이 더 간단해 보인다.

319 **배, 성벽, 조선소** : 아테네의 군함들은 대부분 테미스토클레스에 의해 건조되었다(헤로도토스 7.144, 투퀴디데스 1.14.3). 성벽과 조선소의 건립은 테미스토클레스와 페리클레스에게 힘입은 바 크다(455d~e). 데모스테네스는 아테네 시민들의 자긍심의 상징으로서 프로퓔라이아와 파르테논에 못지않게 조선소들을 언급한다(22.76). 이소크라테스에 따르면 조선소들을 건설하는 데 최소한 1,000탈란톤 이상이 소요되었

다고 한다(『아레오파고스에 관하여』 66).

320 **같은 비유들** : 몸에 필요한 것들의 비유는 490b~e에서 제시되었고, 의사와 요리사의 비유는 500e 이하에서 제시되었다.

321 **소매상이거나 무역상이거나** : 아테네 정치가들에 대한 플라톤의 경멸이 신랄하게 표현되고 있는 대목이다. 정치가들은 권력을 얻는 보답으로 민중이 원하는 것들로 민중을 섬긴다. 정치가들에게 민중은 상품을 구매하는 고객이다. '소매상'과 '무역상'의 비유는 『프로타고라스』 313c에서는 소피스트들에게 적용된다. "그렇다면 소피스트는 운반 가능한 것으로서 혼에 양식이 되는 것을 파는 일종의 무역상(emporos)이거나 소매상(kapēlos)이지?"

322 **그것들** : 바로 앞에서 말한 음식, 마실 것, 옷, 이불, 신발 등을 가리킨다.

323 **테아리온, 미타이코스, 사람보스** : 테아리온은 아테네에서 빵가게를 운영했다고 하는데, 희극작가 안티파네스(단편 1)와 아리스토파네스(단편 276)가 작품 속에서 그를 언급하고 있다. 미타이코스는 기원전 5세기 말에 활동했으며, 아테나이오스 12.516c에서 나오는 요리책 저자들의 이름들 중에서 첫 번째로 거명된다. 시켈리아 요리는 아주 훌륭해서 속담으로도 잘 알려져 있는데, 튀로스의 막시모스에 따르면 미타이코스는 쉬라쿠사 사람이며 조각은 페이디아스이고 요리는 미타이코스라고 할 정도로 유명했다고 한다(17.1). 아테나이오스 7.325에 미타이코스의 물고기 요리법이 전해진다. 포도주 판매상인 사람보스에 대해서는 알려져 있는 정보가 없다.

324 **때마침 곁에 있다가 자신들에게 무언가 조언해 주는 사람들을 탓하고 비난하며** : 당시 아테네인들의 근시안적 판단을 비난하는 데모스테네스의 연설을 연상시킨다. "아테네인들이여, 당신들은 종종, 무슨 일이 뜻대로 안 되면, 그 일에 책임이 있는 자들에 대해서가 아니라 제일 마지막(최근)에 발언한 사람들에게 분노의 마음을 갖는다는 걸 나는 잘 압니다."(1.16)

325 절제와 정의를 갖추지 않은 채 :『알키비아데스 I』134b에서도 비슷한 언급이 나온다. "나라가 행복해지려면, 덕(aretē)이 없이는 성벽도 전함도 조선소도 나라에 필요 없고, 그것들의 수효가 많고 규모가 크더라도 소용이 없네."

326 이 질환의 발작(hē katabolē hautē tēs astheneias) : 'katabolē'는 질병이 주기적으로 공격하는 것을 가리키는 말이다. "열병이나 다른 어떤 질병의 되풀이 내지는 주기적 발작(katabolē)처럼"(데모스테네스 9.29). 'astheneia'는 '허약함'(힘의 상실)과 '질환'이라는 이중적인 의미로 사용되었다.

327 내 동료인 알키비아데스도 공격할지 모르고 : 소크라테스의 이 말은 기원전 415~413년에 있었던 시켈리아 원정과 그로 인한 끔찍한 결과를 환기시킨다. 알키비아데스는 펠로폰네소스 전쟁 기간에 시켈리아 정복이라는 상식 밖의 계획을 아테네인들에게 제안하여 관철시켰다(투퀴디데스 6.15). 그는 장군으로 선발되어 원정길에 올랐으나 원정 직전에 발생한 헤르메스 신상 훼손 사건으로 사형선고를 받자 적국인 스파르타로 도주했다. 아테네 원정군은 시켈리아의 쉬라쿠사이를 점령하기는 했지만 악전고투를 거듭하다가 기원전 413년에 전멸당하고 한 명도 살아 돌아오지 못했다. 알키비아데스의 비상식적인 계획은 아테네군의 약화를 초래했고 결과적으로 기원전 411년 아테네에서는 스파르타의 간섭 하에 30인 참주들이 정권을 잡게 된다.

328 원래부터 가지고 있던 것들마저 잃을 경우에는 : 이 대목에서 플라톤은 펠로폰네소스 전쟁에서의 패배와 아테네의 몰락을 암시하고 있는 것으로 보인다.

329 덕을 가르치는 선생(aretēs didaskalos) : '덕을 가르치는 선생'은 플라톤이 소피스트들을 언급할 때 잘 쓰는 표현이다.『프로타고라스』349a,『메논』95b,『히피아스 I』283c,『변명』20b,『에우튀데모스』273d에서 소피스트들을 가리켜 덕을 가르치는 선생이라 언급한다. 그러나『메논』95c에서 고르기아스는 예외로 간주된다.

330 우정의 신 : 500b 주석 참고.

331 하잘것없는 사람들 : 소피스트들에 대한 칼리클레스의 평가는 라케스(『라케스』 197d)와 아뉘토스(『메논』 91c, 본문 484c 주석 참고)의 그것과 일치한다. 기원전 5세기에 소피스트들의 직업은 교양 있는 자유인에게는 어울리지 않는 것으로 생각되었으며(『프로타고라스』 312a~b), 당시의 많은 사람들은 그들의 가르침을 젊은 세대를 타락시키는 근본 원인으로 간주했다(『국가』 492a : "혹시 자네도, 많은 사람들이 믿는 것처럼, 소피스트들에 의해 못쓰게 되는 젊은이들이 있다고 믿는지. 그리고 이렇다 할 정도로 젊은이들을 못쓰게 만드는 사적인 소피스트들이 있다고 믿는지?").

332 입법술이 사법술보다, 체육술이 의술보다 더 훌륭한 : 예방이 치료보다 더 낫다는 원칙에 따른 평가이다.

333 이것(toutō pragmati) : 공동체(나라)와 개인들을 모두 지칭한다.

334 같은 논리로 : 519d에서 말하는 이유이다. 학생들이 수업료를 떼먹는다는 것은 학생들에게 덕을 제대로 가르치지 않았다는 증거다. 그러므로 소피스트들은 학생들이 자신들에게 몹쓸 짓을 한다고 학생들을 책망할 수가 없다. 그럼에도 학생들을 책망하는 것은 학생들을 이롭게 해 주지 못한(잘못 가르친) 자신들을 책망하는 것과 같다.

335 어떻게 하면 자신의 가정이나 나라를 될 수 있는 대로 가장 훌륭하게 그리고 가장 잘 관리할 수 있을지 : 소피스트들의 주장을 비판하고 있다. 소피스트들은 집안일과 나랏일을 잘 처리해 내는 능력으로서의 아레테(덕)를 사람들에게 가르친다고 공언했다. 『프로타고라스』 318e("그 배움의 내용은 집안일과 관련해서 어떻게 하면 자신의 집을 가장 잘 관리할 수 있는지, 그리고 나랏일과 관련해 어떻게 하면 말로나 행동으로나 나랏일을 가장 유능하게 처리할 수 있는지를 보여 주는 건전한 판단으로 이루어집니다."), 『메논』 73a와 91a, 그리고 크세노폰의 『회상』 4.2.11에서도 이들이 주장하는 아레테는 거의 같은 내용으로 정의되고 있으며, 이소크라테스 역시 비슷한 공언을 한다. "그들은 생활에 필요한 것들에는 무

관심하고 옛 소피스트들의 경이로운 이야기들을 반기는 자들에 대해서는 '철학을 연구한다'는 말을 사용하지만, 자신의 집안일과 나라의 공무를 관리할 수 있게 해 주는 것들을 ― 우리의 노력과 철학연구와 모든 행위가 바로 이것들을 목표로 삼아야 합니다 ― 배우고 연마하는 자들에 대해서는 그런 표현을 사용하지 않습니다."(『교환』 285)

336 이것 : 가정이나 나라를 잘 관리하고 다스리는 일에 대해 조언하는 것.

337 뮈시아인 : 뮈시아인은 소아시아 서북 지방에 살았던 민족이다. 뮈시아인과 관련된 표현으로 속담처럼 쓰이는 관용구 두 가지가 있다. "최악의 뮈시아인"(ho Mysōn eschatos)은 열등함의 극치를 보여 주는 사람을 가리키는 표현이고(『테아이테토스』 209b), "뮈시아인들의 전리품"(Mysōn leia)은 아무 저항 없이 챙기는 전리품이라는 뜻으로 맞서지 못하고 무엇이든 쉽게 감수하는 사람을 가리키는 표현이다(아리스토텔레스의 『수사학』 1372b31). 이 두 가지 용법 모두 본문의 문맥에 꼭 들어맞지는 않는다. 칼리클레스의 표현은 아마도 "뮈시아인을 뮈시아인이라 부르는 것"의 생략된 형태가 아닐까 추측되는데, 있는 그대로 까놓고 말한다는 뜻의 "겁쟁이를 겁쟁이라고 부른다"는 속담처럼, 공격적이거나 불쾌한 표현을 사용하는 것을 빗대는 표현인 것 같다. 그러니까 '하인 노릇 한다'를 소크라테스가 노골적으로 '아첨한다'로 바꾸어 표현한 것을 두고 칼리클레스가 불편한 심기를 드러내는 표현으로 보면 된다. '아첨'(kolax)의 도덕적 함의에 관해서는 463b의 주석을 참고할 것.

338 자네가 여러 차례 했던 말 : 486b, 511a~b를 가리킨다.

339 이 세련된 것들 : 칼리클레스는 486c에서 소크라테스의 철학 활동을 폄훼하기 위해 에우리피데스의 시구를 사용했는데, 소크라테스가 여기서 연설술을 공격하는 데 그 표현을 다시 사용한다.

340 내가 폴로스에게 했던 말 : 464d~e를 가리킨다.

341 특히 여러분들 중에서도 가장 어린 아이들을 자르고 지져서 망가뜨립니다 (diaphtheirei), 그리고 당혹스럽게 만들기도(aporeinpoie) 하지요 : 요리사

의 연설은 소크라테스에게 사형선고를 내린 재판에서 소크라테스에게 가해졌던 비판을 재치 있게 풍자한 것이다. 소크라테스가 도덕적인 의미에서 젊은이들을 '타락시켰다'(diaphtheire)는 비판은 의사가 수술을 하는 과정에서 어린이들의 몸을 '망가뜨리는 것'으로 풍자되고, 소크라테스가 질문을 해서 상대방을 정신적인 '난관에 빠뜨리는' 것은 의사가 어린 환자들을 치료하기 위해 굵기고 독한 약물로 사레들게 하여 신체적으로 당혹스럽게 하는 것으로 풍자되고 있다. 소크라테스의 논박(elengchos)은 상대방을 아포리아(난관)에 빠뜨리는 것으로 악명 높다. 『메논』 80a("소크라테스, 저는 당신을 만나기 전에도 당신 스스로도 난관에 빠지고 다른 사람들도 난관에 빠뜨린다는 말을 듣곤 했습니다."), 『테아이테토스』 149a("내가 아주 괴짜이며 사람들을 난관에 빠뜨린다고들 하지. 자네도 이 말을 들었지?")

342 **당신들의 표현을 빌리자면** : '당신들'은 칼리클레스를 포함한 연설가들을 가리킨다. 『변명』의 첫머리에서 소크라테스는 재판관들을 향해 "재판관들이여"로 시작하는 관례를 따르지 않고 "아테네 사람들이여"라고 하며 말문을 연다. 그는 40a에서 자신의 무죄방면에 표를 던진 재판관들에게 "재판관들이여"라고 부르며 이들에게만 '재판관'이라는 명칭을 사용하는 것이 옳다는 뜻을 밝힌다.

343 **아첨하는 연설술을 가지고 있지 않아서** : 이것은 소크라테스가 『변명』에서 시민 재판관들을 설득하지 못한 이유이다. "그러나 실은 말이 부족해서가 아니라, 뻔뻔스러움과 몰염치가 부족해서, 그리고 여러분이 듣기에 가장 기분 좋을 그런 것들을 여러분한테 말하고 싶어 하는 마음이 부족해서입니다."(38d)

344 **죽음을 쉽게 감내하는** : 죽음을 선선히 받아들이는 소크라테스의 태도는 여러 곳에서 묘사된다. 『크리톤』 43b, 『파이돈』 63a, 117b, 『변명』 38e를 보라.

345 **그들** : 이야기 작가들, 또는 이야기를 전한 사람들을 가리킨다.

346 **참이라 믿고** : 어떤 의미에서 플라톤은 이 설화를 참이라고 생각했을

까? 『파이돈』 114d에서 설화를 이야기하고 나서 소크라테스가 덧붙이는 말이 가장 분명한 대답이 될 수 있을 것이다. "그렇다고 해서 이것들이 내가 이야기한 그대로라고 확신을 가지고 단언하는 것은 지각 있는 사람에게는 적절하지 않네. 그렇지만 어쨌든 혼은 분명히 불사적인 것이므로 이것들 내지는 이런 종류의 어떤 것들이 우리들의 혼과 그 거처들에 적용된다는 것, 이것은 내가 보기에 그렇다고 믿는 자에게 적절할 뿐더러 모험할 가치가 있는 것 같네. 왜냐하면 그 모험은 훌륭한 것이니까." 소크라테스의 이 말을 통해서도 알 수 있듯이, 플라톤은 당연히 이 설화를 역사적 사건으로 간주하고 있지 않다. 그렇다고 우화를 가장한 철학적 진리를 제시하고 있는 것도 아니다. 대화편의 말미에서(527a) 플라톤도 분명히 의식하고 있듯이 종말론을 설파하는 이 설화는 일상인들의 앎을 넘어서는 세계를 묘사한다. 그것들은 상징적인 언어가 아니고서는 표현하기 곤란한 통찰을 상상력을 동원해 표현한 것이다. 그렇다면 소크라테스가 이 설화를 근거 있는 이야기(logos)로 간주한다고 주장하는 것은 무슨 뜻일까? 학자들의 일반적인 견해에 따르면 플라톤의 설화는 추정법(extrapolation)의 일종으로, 말하자면 철학적 논변에 의해 확립된 부분의 알려지지 않은 이면으로까지 연장해서 추정해 보는 것이라 말할 수 있다(도즈, 1959, 377쪽). 그렇기 때문에 설화는 보통 대화편의 끝부분에 위치한다. 그런데 『일곱째 편지』의 한 대목(335a)은 이러한 'logos'의 의미를 다른 시각에서 이해하는 것으로 보인다. 그 대목은 우리가 "옛날부터 전해 오는 신성한 이야기들(logoi)을 진정으로 항상 따라야 한다"고 말하는데, 여기서의 이야기들이란 "우리에게 혼은 불사이며 몸에서 풀려나게 되면 심판을 받고 가장 큰 죗값을 치른다는 것을 알려 주는" 이야기들로서 불의를 저지르는 것이 불의를 당하는 것보다 더 나쁘다는 주장의 근거가 된다고 말한다. 내용으로 볼 때 이 대목은 『고르기아스』를 염두에 두고 있음이 분명해 보이며, 그렇다고 한다면 『고르기아스』에서 'mythos'가 'logos'로 불리는 이유는 그것이 '종교적 진리'를 상상력을 동원한 언어로 표현하기 때문이라고 말할 수 있을 것이다. 이와 관련해서 『법률』 927a도 주목할 필요가 있다. 죽은 자가 살아 있는 자에게 영향력을 행사한다는 옛이야기를 865d에서는 설화(mythos)라고 했다가 927a에서는 그것이 참된 이야기(logoi)에 포함된다고 말한다. 그런가 하면 872d~e에서는 가족이나 친족을 살해하는 자는 내생에 자신이 한 짓과 똑같은 짓을 반드시 당하게 된다는 옛 사제들의 이야기를 'mythos'라고 불러야 할지 'logos'라고 불러야 할지 주저하는 대목도 있다.

347 **호메로스의 말대로** : 『일리아스』 15.155~193 참고. 포세이돈은 트로이 전쟁에서 손을 떼라는 제우스의 명령에 화가 나서 명령을 전하는 이리스에게 제우스와 자신이 대등한 지위에 있음을 일깨우기 위해 이 통치권의 분할을 언급한다. 거기서 호메로스는 '플루톤'이라는 이름 대신에 '하데스'라는 이름을 사용한다. 그리고 소크라테스는 이 대목에서 정상적인 권력의 상속을 뜻하는 '물려받다'라는 표현을 쓰면서 헤시오도스의 『신들의 계보』 453~506, 617 이하에 나오는 자식들이 아버지인 크로노스를 권좌에서 몰아내는 이야기는 하지 않는다. 『국가』 377e~378e, 『에우튀프론』 5e~6b에서 소크라테스가 신들의 그런 무법적 찬탈 행위를 비판한다는 점을 고려하면 그 이유를 짐작할 만하다.

348 **축복받은 자들의 섬들** : 헤시오도스의 『일과 날』 166 이하에서는 영웅족이 거주하는 곳으로, 핀다로스의 『올림피아 송가』 2.68 이하와 『국가』 540b에서는 훌륭한 자들 일반의 거처로 언급된다.

349 **타르타로스** : 호메로스에서는 티탄들만 타르타로스에 있는 것으로 나온다(『일리아스』 8.478). 그러나 기원전 5세기에는 죄를 지은 인간들이 가는 곳으로 알려져 있었다. 이를테면 오레스테스는 자신이 그곳으로 보내질 것을 두려워한다(에우리피데스의 『오레스테스』 265).

350 **응보와 심판** : 『일리아스』 3.278, 19.259에서 거짓 맹세를 한 자들의 처벌이 언급되며, 『오뒤세이아』 11.576 이하에서는 죄를 지은 자들

이 하데스에서 여러 가지 끔찍한 형벌을 받는 장면들이 묘사되고 있는 것으로 볼 때, 사후에 받는 보상과 처벌에 대한 믿음은 분명히 피타고라스나 오르페우스 신앙보다 더 오래된 것이다. 데메테르와 페르세포네를 숭배하기 위해 해마다 치러졌던 엘레우시스 의식에서 입교자들은 보상을 받고 그렇지 않는 자들은 불행한 운명을 맞는다는 믿음이 최소한 기원전 7세기에는 자리 잡고 있었던 것 같다. 그리고 『국가』 330d~e에서 사람이 죽을 때가 가까워지면 이승에서 나쁜 짓을 한 사람은 하데스에 가서 벌을 받는다는 설화(mythos)에 신경이 쓰이고 두려움을 갖게 된다는 케팔로스의 말이나, 원자론의 진리를 모르는 자들은 사후 세계에 대한 거짓된 믿음 때문에 두려움을 겪는다는 데모크리토스의 말은(데모크리토스의 단편 199, 297) 이러한 믿음이 플라톤 당시에 피타고라스적 교설이나 오르페우스교의 가르침에 국한되어 있지 않고 일반적으로 널리 퍼져 있었음을 암시한다. 최후의 심판 이야기는 문헌상으로 아이스퀼로스(『탄원자들』 230 이하)와 핀다로스(『올륌피아 송가 II』 58)에서 처음 등장한다. 최후의 심판이 핀다로스에서는 재탄생과 연결되며 피타고라스나 오르페우스에서도 그러하기 때문에, 최후의 심판에 대한 믿음은 피타고라스가 가르친 것이라는 이암블리코스(『피타고라스적 삶에 관하여』 155, 179)의 말을 우리가 믿을 수 있다고 하더라도, 이 믿음이 피타고라스보다 더 오래된 것인지는 단정적으로 말할 수 없다. 『일곱째 편지』 335a에서 최후의 심판 이야기가 "옛날부터 전해 오는 신성한 이야기"로 언급된다. 게다가 『법률』 959b에서는 '조상 대대로 내려오는 법'(patrios nomos)의 일부로 언급되는데, 이 구절은 트립톨레모스라는 이름과 함께 이것이 엘레우시스 의식에서 가르쳐졌다는 것을 암시한다. 디오도로스는 그것을 '오르페우스'의 것으로 돌리지만(1.92.3), 우리는 그 근거가 무엇인지, 연대가 어떻게 되는지 알지 못한다.

351 그의 이야기에 따르면 : 524a에서 "이것이 내가 듣고"라는 말이 암시해 주고 있듯이, 소크라테스는 익명의 전달자로부터 전해 들은 것을 칼

리클레스에게 다시 전하는 방식으로 이야기하고 있다. 493a에서 체로 물을 나르는 설화를 전달할 때도 그랬고,『파이돈』의 설화에서도 비슷한 방식으로 소개된다(108c, "누군가를 통해 내가 믿게 된 바에 따르면").

352 걸친 채로(ēmphiesmenoi) : 옷을 입고 있듯이 혼이 몸을 입고 있다는 생각은 엠페도클레스의 단편 126에 나온다. "살이라는 낯선 옷으로 감싸는 자"(자연이 살이라는 옷으로 혼을 감싼다는 뜻), "몸은 혼의 덮개다" (세네카의『도덕에 관한 편지들』93)

353 프로메테우스(Prometheus) : 'Prometheus'는 '선견지명', 즉 미리 헤아려 안다는 뜻의 이름이다. 프로메테우스는 올림포스 신들보다 한 세대 앞서는 티탄 족에 속하며 이아페토스와 테미스의 아들로 아틀라스, 에피메테우스, 메노이티오스가 그의 형제들이다. 아이스퀼로스의 『결박당한 프로메테우스』248 이하에서 프로메테우스는 스스로 결단해서 인간들의 예지력을 멈추게 했다고 말한다. 맹목적인 희망을 인간들 속에 불어넣어 인간들이 자신의 운명을 예견하지 못하게 했다는 것이다. 아이스퀼로스가 전하는 프로메테우스의 이러한 행위는 불과 함께 각종 기술들을 인간들에게 전해 준 행위들과 마찬가지로 제우스의 뜻을 거스르는 행위였다. 플라톤이 전하는 프로메테우스에 관한 이야기는 아이스퀼로스의 것을 자신의 의도에 맞게 적절하게 고친 것일지도 모른다. 그러나 인간들이 자신의 운명을 예견하는 능력에 관한 오래된 설화를 두 사람이 자기 방식으로 각색하여 사용하고 있을 가능성도 있다.

354 혼 자체로써 … 혼 자체를 … 관찰해야 한다 : 혼으로써 혼을 관찰한다는 생각은『알키비아데스 I』130d의 참된 대화는 "혼이 혼을 상대함으로써"(tēi psychēi pros tēn psychēn) 가능하다는 말과 연관 지을 수 있을 듯하다. 그리고 132a에서 소크라테스는 알키비아데스가 민중의 애인이 됨으로 인해 망가지지 않을까 걱정하면서 '벗은 상태의 민중을 관찰해야 한다'고 충고하는데, '벗은 상태'란 다름 아닌 혼을 가리킨다. 몸은 정확한 관찰과 사유에 방해가 되므로 몸에서 벗어나 혼 자체로

써 사물을 관찰해야 한다는 생각이 『파이돈』 66a~e에서 자세하게 개진된다.

355 **둘은 아시아에서 … 하나는 유럽에서**：올림피오도로스의 설명에 따르면 (240.12 이하) 고대의 많은 지리학자들과 마찬가지로 플라톤은 아시아와 유럽 두 대륙만 알고 있었다. 본문에서 플라톤은 미노스와 라다만튀스의 모국인 크레타를 아시아에 귀속시킨다.

356 **미노스, 라다만튀스, 아이아코스**：심판관들의 이름은 최후의 심판 이야기를 전하는 가장 오래된 문헌들에는 빠져 있다. 핀다로스에서 심판관은 익명으로 나온다. 아마도 아이스퀼로스의 『탄원자들』 231에 나오는 또 다른 제우스일 것으로 추측된다. 또 다른 제우스란 하데스를 말한다. 『크라튈로스』 403a에서 '하데스'라는 이름에 대해 소크라테스는 사람들이 그 이름을 부르기가 겁이 나서 대신에 '플루톤'으로 부른다고 설명한다. 미노스, 라다만튀스, 아이아코스는 『변명』 41a에서 재판들로 등장하며, 이들은 "그곳에서 트립톨레모스를 포함하여 올바른 삶을 살았던 다른 반신들(영웅들)과 함께 재판한다고 말해진다." 여기서 '말해진다'는 이 이름들이 전승된 것임을 암시한다. 이 세 사람에게 하데스에서 심판관의 임무가 맡겨진 것은 이들이 지상에서 재판관으로서 이름이 높았기 때문일 것이다. 호메로스에서 미노스는 죽은 자들 사이의 분쟁을 판결함으로써 그가 지상에서 했던 역할을 계속한다(『오뒤세이아』 568 이하). 『법률』 624b에서 라다만튀스는 '미노스의 동생으로 매우 정의로운 자'였다고 전한다. 그리고 아이아코스는 일생동안 신들 사이에 일어나는 분쟁들을 조정하는 자의 역할을 수행했다(핀다로스의 『이스트미아 송가』 8.26). 데모스테네스는 이 세 사람을 모두 정의의 모범으로 인용한다(『영예의 관에 대하여』 127).

357 **세 갈래 길(triodos)이 만나는 초원(leimōn)**：'triodos'는 『파이돈』 108a의 '갈림목들과 세 갈래 길들'(schiseis te kai triodous)과 분명히 관련이 있다. (『국가』 614c의 에르 설화에서는 'triodos'라는 말은 사용되지 않고, 대신에 정의로운 자는 하늘로 난 오른쪽 길로, 부정의한 자는 땅 아래로 난 왼쪽

길로 가는데, 정의로운 자들의 혼이 하늘로 올라가는 길과 내려오는 길, 부정의한 자들이 땅 아래로 내려가는 길과 올라오는 길, 이렇게 네 갈래 길로 묘사되고 있다. 초원(leimōn)은 이 네 갈래 길이 만나는 곳이다. 이 초원은 심판의 장소이자 하늘에서 내려오는 정의로운 자들의 혼들과 땅 아래에서 올라오는 부정의한 자들의 혼들이 만나 서로의 여행담을 들으며 야영을 하는 곳으로 묘사된다. 이런 '초원' 관념은 여러 문헌들에 등장한다. 아리스토파네스의 희극 『개구리』 326에 나오는 '초원', 핀다로스 단편 114의 '붉은 장미 초원', 오르페우스가 '거룩한 자들의 초원들'에 관해 이야기했다는 디오도로스의 진술(『오르페우스 단편집』 293), 프로클로스가 인용한 오르페우스의 단편(『오르페우스 단편집』 222)에 나오는 '아름다운 초원' 등이 있다. 그런데 아리스토파네스, 핀다로스, 디오도로스, 오르페우스 단편에서 초원은 축복받은 혼들의 거처로 되어 있지만, 플라톤에서는 혼들이 심판을 받기 위해 거쳐 가는 장소이다.

358 서로로부터 풀려나는 것(dialysis) : 『파이돈』 64c에서도 죽음이 이와 유사하게 규정된다. 그리고 이 규정은 스토아 학파(크뤼시포스, 『옛 스토아 철학자들의 단편들』(아르님 편집) ii .790)와 에피쿠로스 학파(루크레티우스, 『사물의 본성에 관하여』 3.838)에 의해 받아들여졌다.

359 혼에도 똑같이 적용된다 : 생시에 혼이 겪은 상태가 죽은 후에도 그 흔적이 혼에 그대로 유지된다는 생각은 어디서 나왔는지 출처가 불확실하다. 『오뒤세이아』 11.40 이하에서 묘사되고 있는 혼령들의 모습이나, 클뤼타임네스트라의 혼령(아이스퀼로스 『에우메니데스』 103), 그리고 아이네아스의 꿈에 나타난 헥토르의 혼령이 그렇듯이(『아이네이스』 2.270~9), 죽은 자들의 혼령이 나타날 때는 생시에 몸에 입었던 상처나 상한 모습 그대로 나타난다는 일반적인 관념을 플라톤이 변형하여 혼에 적용한 것이 아닌가 생각된다. 『법률』 904b~e에서 플라톤은 이 생각을 발전시켜 우주의 혼인 신이 각 혼들의 좋고 나쁜 상태에 따라서 가야 할 장소가 자동적으로 정해지는 방식으로 구상해 놓았다고 설명한다.

360 치료 불가능한 자들 : '치료 불가능한 자들'은 『파이돈』 113e와 『국가』 615e에서 다시 등장한다. 이 설화에서는 치료 불가능한 자들이 영원한 형벌을 받는 것으로 그려지는데, 그러나 『파이드로스』 248e 이하의 설화에서는 모든 혼들은 결국에는 "자신의 날개를 되찾는다." 그리고 『법률』의 종말론에는 영원한 형벌에 대한 언급은 없다. 나중에 이 영원한 형벌 이론은 잔인하다고 해서 비판을 받게 되는데, 올림피오도로스(240.29)는 『파이드로스』의 증거에 기대어 '영원한 시간 동안'(525c)은 단지 하나의 세계 주기 동안만을 뜻한다고 해석함으로써 이 문제를 해결하고자 했다.

361 폴로스의 말이 참이라면 : 471a~c를 가리킨다. 아르켈라오스는 『국가』 615c~616a의 에르 설화에서 아르디아이오스에 해당한다.

362 권력자들(dynastōn) : 492b에서 여러 유형의 권력자들이 언급된다. 『국가』 615d에서 "큰 잘못을 저지른 평범한 자들도 얼마간 있었다"는 말이 덧붙기는 하지만, '치료 불가능한 자들' 대부분은 생시에 참주였던 자들이라고 말한다. 『파이드로스』 248d~e에서 지상으로 추락한 혼이 몸을 입고 다시 태어나 살아가게 되는 삶의 유형들 중에서 참주의 삶이 가장 저급하다고 한다.

363 호메로스 : 『오뒤세이아』 11.576~600을 가리킨다.

364 테르시테스(Thersitēs) : 『일리아스』 2.211~77에서 테르시테스는 지도자들에게 독설을 즐겨 하고 그리스 원정군 중에서 가장 못생긴 자로 묘사된다. 오뒤세우스는 그가 목소리가 낭랑한 대중연설가임을 인정하지만 지도자인 아가멤논을 비난했던 것에 대해 그를 질책하며 홀(笏)로 때린다. 『국가』 620c의 에르 설화에서 테르시테스는 이승의 삶을 선택하는 자리에서 원숭이의 삶을 선택하는 것으로 그려지는데, 거기서 그는 저급함의 전형을 보여 주는 인물이라기보다 어릿광대로 묘사된다.

365 대단히 몹쓸 자가 되는 사람들도 힘 있는 자들 가운데서 나오네 : 『법률』 691c~d에서 플라톤은 최고 권력이 견제나 구속을 받지 않고 개인의

손에 주어졌을 때 혼을 망가뜨리지 않을 사람이 없다고 말한다. 권력과 인간 본성에 대한 플라톤의 이러한 비관적 견해는 『국가』에서는 수호자들에게 사적 욕구들을 엄격히 제한하는 장치들을 부과하고, 『법률』에서는 권력을 가진 자들이 법의 노예가 되는 나라에서만이 안전이 확보될 수 있다는 결론(715d)에 이르게 되는 중요한 근거로 작용한다.

366 아리스테이데스(Aristeidēs) : 뤼시마코스의 아들이며 밀티아데스, 테미스토클레스와 동시대인이다. 보수적 정치가이자 농민 집단의 대표자로 테미스토클레스가 주도한 해군 정책의 반대자였고, 기원전 490년 마라톤 전투를 이끈 장군들 가운데 한 사람이었다. 그 역시 플라톤이 질책하는 정치가들처럼 도편추방을 당한다(기원전 482년 아니면 481년). 그러나 기원전 480년에 복귀해서 살라미스 해전에 참가한다. 기원전 479년에 플라타이아 전투에 장군으로 참전했으며, 기원전 477년 델로스 동맹을 구성하는 데 기여했다. 그는 특히 동맹국들이 부담할 납입금과 의무에 관한 조항들을 기초했는데, 이 일로 인해 나중에 '정의로운 자'라는 별칭을 갖게 된다. 『메논』 94a에서 아리스테이데스는 페리클레스와 함께 자신은 훌륭한 자였지만 아들에게 자신의 덕을 가르치지는 못한 인물로 언급된다.

367 다른 일에 참견하지 않았던(polypragmonēsantos) : 'polypragmonein'은 '많은 일로 분주하다'는 뜻이기도 하다. 이 용어는 『국가』 4권의 정의(正義)를 규정하는 대목에도 등장한다. "게다가, 자신의 일을 행하고 다른 일에 참견하지 않는 것이 정의라는 말은 우리가 많은 사람들한테서도 들었고 우리 스스로도 여러 차례 말했었네."(433a) 철학자들이 축복 받는 이야기는 플라톤의 종말론 설화(『파이돈』 114c, 『국가』 619d~e, 『파이드로스』 249a)에 일관되게 등장한다.

368 지팡이(rhabdos) : 'rhabdos'는 권위의 상징으로서 왕의 사자, 예언자, 사제, 장군, 특히 재판관이 지녔다. 'rhabdos'와 어원이 같은 'rhabdouchos'는 법정이나 경기에서 시비를 가려 주는 심판관이라는

뜻으로 쓰인다(『프로타고라스』 338a).

369 미노스만이 황금 홀을 가지고 : 황금 홀(笏)을 가진 미노스 이야기는 『오 뒤세이아』 11.569에 나온다. 그러나 호메로스의 이 미노스는 지상에 서의 삶과 관련해서 죽은 자들을 심판하는 것이 아니라, 하데스에서 죽은 자들 사이의 분쟁을 심판한다는 점에서 차이가 있다. 위서로 의 심받는 플라톤의 대화편 『미노스』 319d에도 황금 홀을 가진 미노스를 언급하는 대목이 있다.

370 경쟁(agōn) : 'agōn'은 승패를 겨루는 모든 종류의 싸움이나 경쟁, 경기 에 적용될 수 있는 말이다.

371 자네에게 자네가 권한 것 : 485e과 521a를 가리킨다.

372 아이기나(Aigina) : 제우스에게 아이아코스를 낳아 준 님프를 가리킨다. '아이기나'라는 섬 이름은 여기서 유래한 것이다(핀다로스의 『이스트미 아 송가』 8.19).

373 노파의 이야기인 양 : 『히피아스 I』 286a에서 "즐거운 옛날이야기를 들 으려고 아이들이 노파들을 이용하듯이", 『국가』 350e에서 "이야기 (mythous)를 들려주는 노파에게 하듯이", 그리고 『테아이테토스』 176b 의 '노파들의 쓸데없는 이야기(graōn hythlos)' 등에서 알 수 있듯이 늙 은 여인들은 아이들을 돌보며 이야기꾼으로서의 역할을 했던 것으로 보인다.

374 … 실제로 훌륭한 상태에 있도록 : 아이스퀼로스의 『테베를 공격하는 일 곱 장수』 592에도 같은 뜻의 구절이 나오며, 『국가』 361b에서 플라톤 은 아이스퀼로스의 이 구절을 명시적으로 언급한다("아이스퀼로스의 표 현대로 훌륭한 자처럼 보이기를 바라는 것이 아니라 실제로 훌륭한 자이기를 바라는").

375 교육이 부족한 상태 : 461b~c에서 칼리클레스와 폴로스가 자신들이 교육을 잘 받았다고 자랑했던 것을 상기시킨다.

작품 안내

　플라톤의 『고르기아스』는 '연설술'(또는 '수사술')로 번역되는 레토리케(rhētorikē)를 주제로 시작하지만 곧이어 정치와 도덕의 문제로 나아가며 삶과 행복의 문제에 관심을 기울인다. 연설술은 기원전 5~4세기 그리스 사회에서 유망한 젊은이들이 이름을 떨치고 출세하는 강력한 수단이었다. 나라와 시민들에게 영향력 있는 인물이 되는 것이 성공적인 삶의 목표로 여겨지기는 오늘날에도 마찬가지다. 그런 영향력과 힘은 자신이 원하는 것을 할 수 있는 자유의 폭을 넓혀 주기에 우리는 크든 작든 힘과 능력을 갖기 위해 부단히 노력한다. 그리고 그것을 획득하고 행사하는 과정에 동료들이나 경쟁자들과 이런저런 충돌과 마찰을 겪으면서 도덕과 정의의 문제에 직면하게 된다. 무엇보다도 정치권력과 마주할 때, 그것이 나라와 시민 개개인의 삶에 끼치는 영향이 얼마나 막대한가를 실감하기에 이르면, 성찰의 필요성은 절박해진다. 『고르기아스』에서 플라톤은 권력과 힘을 추구하는 정치가에게, 그리고 궁극적으로는 우리들 각자에게 묻는다. 원하는 것을 무엇이든 할 수 있는 힘과 능력을 가지면, 그것으로 행복한 삶을 살게 되는가? 그리고 이 물음의 이면에는 우리는 어떤 삶을 살아야 하는지와 관련된 더욱 근본적인 물음들이 놓여 있다. 우리는 삶의 목표를 쾌락을 극대화하는 데 두어야 하는가? 아니면 유덕한 행위를 하는 데 두어야 하는가? 이 선택을 정당화해 주는 근거는 무엇이며 어떻게 정당화할 수 있는가? 이런 문제들을 다루는 『고르기아스』는 거의 2400년이나 지난 시대의 작품이지만 오늘날에도 정치와 도덕의 문제를 고찰함에 있어 하나의 지침으로서 손색이 없다. 힘과 권력을 추구하는 인간의 본성은 예나 지금이나 달라진 것이 별로 없으며 문제를 바라보는 플라톤의 시각이 정곡을 찌르고 있기 때문이다.

『고르기아스』가 플라톤의 작품들 중에서도 가장 현대적이라는 평가를 받는 이유는 이 작품이 특히 연설술과 정치권력의 관계를 다루고 있기 때문이다. 소크라테스와 플라톤의 동시대 사람들에게 연설의 능력은 말로 자신의 의지를 실천에 옮기는 기술을 의미했다. 책이 여전히 드물었고, 신문이나 라디오, 텔레비전을 꿈에도 생각할 수 없었던 시대에 정치에 뜻을 둔 시민이 민회를 비롯한 여러 정치집회에서 수백 수천의 시민들을 앞에 두고 국가 정책에 대해 자신의 의견을 알리고 설득하여 관철시키는 것은 연설에 능하지 않고서는 불가능한 일이었다. 더구나 유망한 정치가들이 권력 투쟁이나 시민들의 견제로 법정에 서야 할 때마다 연설의 능력만이 그들의 생명과 재산, 그리고 정치력의 기반을 지켜줄 수 있었다. 오늘날 정치적 목적을 위한 연설의 영향력은 고전기 아테네와는 비교할 수 없을 정도로 미미해졌다. 그러나 민주주의 체제에서 대중들을 설득하고 움직여서 권력을 획득하고 원하는 것을 실현하는 메커니즘은 변하지 않았다. 유권자들의 지지를 얻어야 하는 정치영역에서도 그렇고 구매자들의 마음을 움직여야 하는 상품시장에서도 그렇다. 대중을 정치적으로 설득하고 시장으로 끌어내는 역할을 오늘날은 대중매체가 대신한다. 과거 그리스 도시국가의 수십 수백 배를 능가하는 거대 규모의 현대 국가에서 다수의 구독자나 시청자를 등에 업고 성장한 대중매체의 힘은 실로 막강하다. 시·공간에 구애받지 않고 시청각자료들을 동원하여 사태를 보는 시각과 관점에 24시간 개입하는 대중매체의 영향력은 과거의 연설술과는 비교할 수 없을 정도로 광범위하고 지속적이다. 유권자들의 지지표에 목을 매는 정치가들은 권력을 획득하고 유지하기 위해 이러한 대중매체의 힘을 이용한다. 그러므로 플라톤이 현대의 대중매체를 접했다면 어떻게 보았을지는 자명하다. 그는 『고르기아스』에서 연설술이 공공의 선을 목적으로 사용되기보다는 정치가의 탐욕에 봉사할 위험성과 그것이 초래할 파멸적인 결과를 염려하며 연설술의 정치적·도덕적 함의를 비판적으로 검토한다. 그의 비판은 근본적인 수준에서 오늘날의 우리들에게 여전히 효력을 지닌다. "신문을 읽고 라디오를 듣는 모든 일상의 남자와 여자들은 그들의 지배자가 원하는 것은 무엇이든 믿고 그대로 행하도록 만들어질 수 있다"는 히틀러의 장담은 시민들의 박약한 정치의식에 기대어 언제든 현실로 나타날 수 있기 때문이다. 연설술을 사용하면 누구든 마음대로 노예처럼 부릴 수 있다고 고르기아스가 주장한 이래로(『고르기아스』 452e) 정치권력과 대중을 설득하는 수단 간의 관계는 이처럼 전혀 달라진 것이 없다.

『고르기아스』에서 플라톤은 철학과 정치가 연설술을 가교로 어떻게 연결되어야 하는가에 대한 통찰을 제시한다. 철학은 자기성찰을 바탕으로 현실에 대한 정확한 앎을 추구하는 지적 활동이고, 정치는 시민들을 설득하고 이해시켜 합의와 동의를 이끌어내는 실천적 활동이라고 볼 때, 양자는 당연히 연결되어야 하지만 플라톤 시대나 지금이나 가교의 역할을 해야 할 연설술과 대중매체가 문제다. 플라톤은 여기에 연루된 문제의 본질을 꿰뚫어 보고 해결책을 제시하고자 한 최초의 인물이다. 그의 통찰과 해결책은 도덕적인 삶과 철학적인 삶, 그리고 정치적인 삶이 유별하지 않다는 사실을 사람들에게 깨우치고 설득하는 과정이기도 하다. 지성사에서 플라톤이 도덕적 삶에 대한 우리의 이해를 확대하고 심화시켜준 가장 위대한 도덕주의자 가운데 한 사람으로 꼽히는 이유가 여기에 있다. 그런 의미에서 『고르기아스』는 플라톤 철학의 가치와 의미를 가장 선명하게 확인시켜주는 작품이라 할 수 있다. 『고르기아스』가 고대 말기 신플라톤학파의 학원에서 『알키비아데스 I』와 함께 플라톤 철학에 대한 입문서로 사용되었던 것도 그 때문이었을 것이다. 도덕적 삶을 권하는 『고르기아스』의 특별한 매력과 호소력은 헬레니즘 시대의 주석가 테미스티오스가 전하는 일화를 통해서도 충분히 짐작할 수 있다. 코린토스의 한 농부는 『고르기아스』를 읽고 즉시 농장을 버리고 아테네로 와서 자신의 영혼을 플라톤의 보살핌 아래 맡겼다는 이야기가 지금은 남아 있지 않은 아리스토텔레스의 작품 속에 기록되어 있었다고 한다. 내용의 측면에서도 그렇거니와 짜임새와 서술방식에서도 『고르기아스』는 플라톤의 여느 대화편을 넘어서는 특징들이 있다. 일일이 열거하지 않아도 독자들이 작품 속으로 들어가 접해보면 알게 된다. 내용 또한 직접 음미해 보는 것이 최선이며, 대화 형식으로 작품을 쓴 플라톤이 바라는 바이기도 하다. 그러므로 아래 덧붙이는 해설은 독자들의 이해를 돕기 위한 예비적인 지식에 불과한 것이다.

1. 내용 개관

대화편의 내용은 소크라테스와 차례로 대화를 나누는 세 명의 등장인물에 맞추어 크게 세 부분으로 나뉜다. 소크라테스와 고르기아스 간의 대화가 있기 전에 대화의 배경을 알려주는 간단한 도입부가 선행한다.

도입부

소크라테스는 동료인 카이레폰과 함께 고르기아스의 연설회장을 찾아 왔지만 연설이 방금 끝난 뒤였다. 소크라테스가 고르기아스의 연설회장을 찾은 것은 그의 연설 솜씨가 얼마나 훌륭한지 감상하고 싶어서가 아니다. 그는 고르기아스가 가진 연설 솜씨의 정체, 그러니까 풍성한 '말잔치'로 대중들을 매료시키는 그 말 기술의 정체를 알고 싶어 한다. 그러므로 그가 원하는 것은 고르기아스의 일장 연설을 듣는 것이 아니라 고르기아스와 일대일 문답식 대화를 해 보는 것이다. 소크라테스와 고르기아스 간의 대화가 있기 전에 두 사람을 대신해 카이레폰과 폴로스 간에 대화가 짧게 진행되는데, 이 과정에서 소크라테스 특유의 짧게 말하는 문답식 화법과 고르기아스풍의 일장 연설식 화법의 대비가 간단하지만 선명하게 부각된다. 고르기아스가 가진 기술이 무엇이며 그런 기술을 가진 사람을 무엇이라고 불러야 하느냐고 카이레폰이 묻는 것은 그 기술의 정체를 본격적으로 규정해 나가기에 앞서 규정할 목표를 명확히 확인해 두는 문답식 대화의 낯익은 절차다. 논의 중간에도 섣부른 추측이나 비약을 막고 논리적 단계를 착실히 밟아가기 위해 뻔해 보이는 질문이라도 필요하면 빠뜨리지 않고 하는 것이 소크라테스식 문답법의 치밀함이다(454c). 고르기아스가 가진 기술의 이름이 무엇이냐고 바로 물어보면 되는 질문을 카이레폰이 의사, 제화공, 화가의 예를 앞세우며 에둘러 하는 것도 그 때문이다. 성급한 폴로스는 그걸 참지 못하고 대뜸 연설조 화법을 꺼내든다. 대구법과 반복법이 섞인 폴로스의 수사적 어구는 청중들에게는 리듬감 있고 유려하게 들릴 테지만 물음에 맞는 답이 아니다. 논의의 출발점이자 도달해야 할 표적을 먼저 놓아야 하므로 고르기아스의 기술을 하나의 이름으로 규정해 주는 것이 필요하다. 그것이 훌륭한지 어떤지는 나중의 문제다. 그것을 하나의 이름(개념)으로 규정해 놓고 그것의 본질이 무엇인지 따져서 정확한 정의를 내린 다음에 가치 평가를 내리는 것이 순서다. 이어지는 고르기아스와의 대화에서 연설술의 정의를 내리는 과정이 그렇게 진행된다(고르기아스도 중간에 성급함을 보이는 대목이 있기는 하지만). 폴로스의 대답은 앞질러 간 것이지만, 진상은 알려주지 않고 외적인 유려함으로 듣는 이를 사로잡는 고르기아스적 연설술의 단면을 보여주는 것으로 충분하다.

소크라테스와 고르기아스의 대화

고르기아스를 상대로 한 대화의 목적은 연설술의 성격과 정체를 밝히는 데 있다. 연설술에 대한 정의는 몇 단계를 거쳐서 이루어진다. 처음에 고르기아스는 연설술을 말에 관한 기술(449e)이라고 규정한다. 그러나 모든 기술들이 말과 관련이 있으므로 "말에 관한 기술"은 외연이 너무 넓다는 지적을 받고, 좁혀서 손이나 몸을 전혀 사용하지 않고 오로지 말을 통해서만 전체 활동이 이루어지는 기술로 재규정한다(450c). 그러나 이것도 여전히 외연이 넓다. 말을 통해서만 활동이 이루지는 기술은 연설술만 있는 것이 아니기 때문이다. 더 이상 '말(logos)'만 가지고는 연설술이 무엇임을 정확히 드러내 줄 수 없으므로 이제 연설술이 관계하는 말의 기능(일)으로 외연을 좁힌다. 고르기아스가 가진 연설술의 정체는 여기서부터 드러나기 시작하는데, 대략 두 단계를 거쳐 제대로 된 정의가 완성된다.

먼저, 연설술은 "말로 설득하는 능력"으로 규정된다(452e). 이 규정을 내리기에 앞서 고르기아스도 폴로스처럼 성급함을 보인다. 연설술의 언어가 무엇에 관한 것이냐는 물음에 "사람이 하는 일들 중에 가장 크고 가장 좋은 것"(451d)이라고 답한다. 소크라테스는 세상 사람들이 좋은 것으로 꼽는 것들(건강, 아름다움, 부)을 차례로 제시하며 고르기아스의 빗나간 대답을 바로잡는 한편, 그의 연설술이 어디에 가치를 두고 있는지 확인하게 된다. 고르기아스가 사람에게 가장 가치 있다고 믿는 것은 나라에서 동료 시민들을 다스리는 것이다. 그 다스림은 자신의 자유를 확보하는 것이기도 하다(452e). 연설술의 힘이 그것을 가능하게 해주며 그 힘은 설득의 능력에서 나온다. 이 힘이 발휘되는 곳은 법정을 포함해서 나라의 공적인 일을 의논하고 결정하고 집행하는 정치활동의 현장(민회, 평의회)이다. 이 정치활동의 현장에서 대중들을 잘 설득하기만 하면 다른 모든 기술들(의술, 체육술, 사업술 등)을 노예로 부릴 수 있는 힘이 바로 고르기아스가 말하는 연설술의 힘이다.

"말로 설득하는 능력"이 연설술의 정의로서 충분하다고 고르기아스는 생각하지만, 소크라테스는 더 정확한 규정을 얻고자 한다. 가르치는 것도 일종의 설득이라면 가르치는 기술들은 모두 "설득의 장인"이라 할 수 있으므로 "말로 설득하는 능력"은 연설술만의 특징을 드러내 주지 못한다. 그래서 연설술이 무엇을 설득하며(설득의 내용), 어떤 성격의 설득을 하는지(설득의 종류)에 초점을 맞추고 규정을 더 좁혀 나간다. 세부적인 논의 결과 연설술이 설득하는 내용은 정의와 부정의, 즉 옳고 그름에 관한 것이며, 그것이 행하는 설득은 앎을 갖게 하는 설득이 아니라 믿음(확신)을 갖게 하는 설득이라는 규정을 이끌어 낸다(455a). 그런데 소크라테스가 보기에는 앎(지식)을 제공하지 못하는 연설술이 나라의 공적인 일에 무슨 기여를 할 수 있을지 의문이다.

어떤 방면이든 그 방면의 지식을 가진 전문가가 조언을 하고 지도적 역할을 담당해야 한다는 것이 소크라테스가 견지하는 한결같은 지론이기에 그런 의문은 당연하다.

이 의문에 대해 고르기아스는 현실의 사례들을 제시하며 연설술의 힘이 얼마나 대단한지를 역설한다. 설득을 무기로 하는 연설술은 무엇보다도 정치현장에서 큰 힘을 발휘한다. 고르기아스는 연설술을 동료 시민들을 다스릴 수 있게 해 주는 기술, 즉 정치술의 핵심 기술로 내세웠고 여기에 근본적인 중요성이 있다고 보지만, 그것을 사용하려고만 든다면 어떤 분야에서든 지배적인 힘을 발휘할 수 있다고 자랑한다(456b). 연설술은 의사의 치료를 거부하는 환자를 설득하여 치료를 받게 하는 경우처럼(456b) 사적으로 개인을 상대할 수도 있다. 설득의 내용도 제한된 어떤 범위가 있는 것이 아니다. 연설가는 정치 영역 일반에서 다루어지는 "정의로운 것과 부정의한 것, 부끄러운 것과 훌륭한 것, 좋은 것과 나쁜 것"에 관한 문제(459d), 요컨대 넓은 의미에서 가치와 도덕에 관한 문제는 물론이고, 각종 전문 분야의 문제에 관해서도 대중들 앞에서는 전문가들보다 더 설득력을 발휘할 수 있다(456d, 457a). 연설술은 한마디로 누구와 무슨 문제를 놓고 경쟁하든 설득의 힘으로 이길 수 있다는 것이다(457a).

연설술이 관계하는 영역과 내용이 이처럼 한정되어 있지 않다는 점에서 보면 고르기아스가 "말로 설득하는 능력"을 연설술의 정의로서 충분하다고 생각하는 것도 무리는 아니다. 그러나 그 한정되지 않음은 그것의 범위와 영역이 애매하고 혼란스럽다는 것을 의미하며, 사실상 연설술이 기술로서의 자격을 얻지 못하는 중요한 이유지만, 고르기아스는 개의치 않는다. 오히려 그는 그것을 다른 모든 기술들을 능가할 수 있는 연설술의 편리한 장점으로 생각한다(456b). 연설술의 이러한 특징은 연설술이 행하는 설득의 성격과 무관하지 않다. 연설술의 설득은 진실이 무엇인지, 사실 자체가 어떠한지를 알려주는 방식의 설득, 즉 가르침을 통한 설득이 아니라 연설가가 심어주고자 하는 믿음을 갖게 하는 설득이다. 그러므로 연설가는 어떤 분야의 문제를 다루든 전문적인 지식을 가질 필요가 없고, 단지 지식을 가진 것처럼 보이도록 설득하는 방법만 알고 있으면 되기 때문에(459c) "어림잡는" 정도의 피상적 지식만으로도 넓은 영역의 문제들을 다룰 수가 있다. 고르기아스는 실제로 청중들에게 무슨 질문이든 하게 하고 즉석에서 대답을 해 주는 것으로 자신의 그런 능력을 과시하고 있다(447d).

연설술이 앎을 가지고 있지 않음에도 불구하고 앎을 가진 전문 기술들보다 더 설득력을 발휘하고 그 힘으로 다른 기술들을 지배하게 되는 배경에는 정치현장의 청중들이 있다. 물론 이것은 시민들이 직접 참여하여 나라의 대소사를 결정하고 집행하는 아테네의 민주주의 정치제도 때문에 가능한 일이다. 고르기아스가 증언하고 있듯이, 아테네의 제국주의적 팽창에 기틀이 된 기반시설들(조선소, 성벽, 항만)이 연설가들(테미스토클레스, 페리클레스)의 조언으로 가능했으며, 그런 일을 맡길 장인들의 선발에도 연설가들이 결정적인 영향력을 행사하게 되는 상황은 정치현장의 대중들을 설득하여 그들의 힘을 이용하는 데서 성립한다. 플라톤으로 하여금 당대의 정치현실을 비판적으로 바라보게 했던 이 상황은 이른바 전문가들이 대다수 아마추어들의 뜻에 좌우되는 상황으로, 소크라테스는 이것을 "모르는 자가 모르는 자들 앞에서 아는 자보다 더 설득력이 있는" 상황이라고 다분히 역설적인 언어로 표현한다(459b).

연설술의 문제점은 그것이 도덕적인 앎을 포함하는지 의문시되면서 마침내 고르기아스를 자가당착에 빠지게 한다. 연설술이 앎(지식)과 무관하다면, 연설가는 도덕적인 문제를 다룰 때 무엇이 옳고 그른지 알지 못한 채 사람들에게 옳고 그른 것을 설득하는 셈이며, 연설술을 가르치는 선생도 학생들에게 도덕적인 문제에 관해 가르침을 주지 않는다는 말이 된다. 의술이나 산술 같은 전문 분야에 관한 문제에서는 연설술이 앎과 무관하다는 것을 장점으로 여겼음에도 불구하고, 고르기아스는 태도를 바꾸어 연설가는 도덕적 문제에 관한 앎을 가지고 있고 학생들에게도 그것을 가르친다고 대답한다(460a). 소크라테스의 입장에서 연설가가 옳고 그름에 관한 앎을 가지고 있느냐 없느냐의 문제는 그가 연설술을 정당하게 사용하느냐 부당하게 사용하느냐를 좌우하는 문제이다. 과연 소크라테스의 생각대로 정의와 부정의가 무엇인지 알면 정의로운 행위를 하게 되고 그래서 정의로운 사람이 되는 것인지는 의문일 수 있고 별도로 긴 논의가 필요한 문제지만, 어쨌든 고르기아스의 일관성 없는 태도는 그가 연설술과 관련해서 연설술과 도덕적 앎의 관계를 진지하게 생각해보지 않았음을 말해준다. 그러나 소크라테스에게는 그것이 무엇보다도 중요한 문제이다. 고르기아스가 자랑하는 연설술은 하찮은 기술이 아니라 동료 시민들을 비롯해서 어떤 분야의 전문가든 마음대로 지배할 수 있는 힘, 이른바 정치권력을 창출하는 기술이기 때문이다.

고르기아스의 자가당착은 연설술을 배운 학생이 그것을 나쁘게 사용한다고 해서 가르친 선생을 비난하고 책임을 물어서는 안 된다고 강조하는 대목에서 이미 예비되어 있었다. 그 말대로라면 선생이 학생들에게 연설술을 가르칠 때 도덕적인 문제는 신경 쓰지 않는다는 것(연설술은 도덕적인 앎을 포함하지 않으므로)을 인정하거나, 아니면 고르기아스가 장담했던 바와는 달리 연설술의 힘이 별로 신통치 않다는 것을 인정해야 한다. 연설술의 설득력이 그처럼 대단하다면 학생들이 연설술을 배워서 올바로 사용하게끔 도덕의식을 충분히 심어줄 수 있어야 하기 때문이다. 고르기아스가 연설술에 도덕적 앎을 포함시킨 것은, 폴로스가 지적하고 있듯이, 사람들의 시선을 의식한 체면(부끄러움) 때문이다. 그는 연설술의 막강한 영향력을 주장하면서도 그것을 일반적인 도덕관념에 어긋나지 않게 사용해야 한다고 믿고 있었고, 그래서 연설술이 다른 기술들과 경합해서 충분히 이길 수는 있지만 그렇다고 해서 해당 분야의 기술들이 받아야 할 몫(명성)을 빼앗아서는 안 된다고 말했다(456d~457b). 더구나 연설술에 대한 최종 규정에서 정의와 부정의를 문제 삼는 분야는 연설술이 관계하는 분야라고 규정했던 터였다. 그러므로 도덕의 테두리 안에서 연설술을 사용해야 한다고 주장한 고르기아스로서는 연설가가 다른 분야가 아닌 자신의 분야에 대해 앎을 갖고 있지 않는다고 말하는 것은 연설의 대가이자 이름 높은 선생으로서 체면을 손상시키는 일이었을 것이다.

소크라테스와 폴로스의 대화

폴로스는 젊은이로서 신세대다운 적극성을 보여준다. 그는 고르기아스가 인정한 것을 철회함으로써 연설술에 대한 도덕적 제한을 부정한다. 그리하여 연설술에 대한 논의는 삶의 방식과 도덕의 문제로 방향을 바꾸게 되는데, 직접적인 계기는 소크라테스가 자신이 생각하는 연설술에 대한 규정과 평가를 제시하면서부터다. 이것이 폴로스를 자극하여 연설가들이 발휘하는 힘과 권력의 문제(466b)를 제기하게 만들며, 계속해서 행복과 도덕의 문제(470d)를 논의하게 된다. 이 과정에서 소크라테스는 이례적인 모습을 보인다. 질문자의 입장을 떠나 답변자의 입장에서 논의를 진행하는 모습이 그렇고, 특히 대화를 시작하면서부터 줄곧 폴로스에게 연설식 화법의 자제를 당부하며 문답식 논의를 강조해 오다가 그 원칙을 깨뜨리고 긴 연설로 자신의 생각을 적극적으로 개진하는 모습이 그렇다.

소크라테스는 연설술을 기술로 보지 않는다. 그는 그 이유를 분명하면서도 단정적으로 표현한다. 기술은 사태의 원인을 밝히고 설명을 제시하지만, 연설술은 어림잡는 데 능숙한 익숙한 경험 내지는 숙달된 솜씨에 불과하다(463b). 기술은 관계하는 대상에 대해 최선의 상태를 고려하지만, 연설술은 관계하는 대상과 교제하며 즐거움을 주는 데만 신경을 쓴다. 그러니까 연설술이 대중들을 사로잡는 설득의 비법은 대중들의 비위를 맞추어 즐겁게 해 주는 데 있는 것이다. 그런 점에서 연설술은 아첨술의 일종이다. 그것은 사람들의 혼에 설득을 낳는다는 점에서 혼에 관계하는 활동이며 정치술처럼 보이지만, 그 설득은 진실을 쫓는 설득이 아니라 진실인 것처럼 보이게 하는 설득이기에 정치술의 가면을 쓴, 말하자면 일종의 사이비 정치술이다.

소크라테스의 이러한 주장에 맞서서 폴로스는 연설술의 힘을 신봉하며 그것이 견인하는 삶의 방식을 환영한다. 고르기아스가 가치있게 여기는 삶은 연설술의 힘으로 동료 시민들을 다스리고 전문가들을 자신의 지배 아래 두는 것이며 그렇게 함으로써 자유를 확보하는 것이었다. 고르기아스의 가치관은 사회적 통념과 도덕의 한계 내에 머물러 있지만, 폴로스는 이를 제거하고 다스림과 자유의 확보를 절대 권력자의 수준으로 극대화시킨다. 절대 권력을 가진 참주가 죽이고 싶은 자를 마음대로 죽이고 재물을 빼앗고 나라 밖으로 내쫓듯이, 정치가인 연설가도 시민들을 연설로 사로잡아 그와 같은 힘을 마음대로 행사할 수 있다는 것이다. 이렇게 무엇이든 마음먹는 대로 할 수 있는 막강한 힘을 폴로스는 좋은 것이라고 생각한다. 소크라테스는 아무리 막강한 힘을 행사하더라도 지성을 갖추고 있지 않다면 정말 자신이 원하는 좋은 결과를 얻을 수는 없다는 것을 상세한 논변을 통해 제시하지만, 폴로스는 논변의 결과에 승복하지 않고 극단적인 사례들을 제시하며 동의하는 사람들의 숫자에 호소하는 방법으로 대응한다.

폴로스가 참주적 권력을 선호하는 이유는 정당하게든 부당하게든 해를 당하는 것이 해를 입히는 것보다 더 나쁘고 비참하다고 믿기 때문이다. 그래서 해를 당하기보다는 차라리 해를 입히는 것이 낫다고 그는 생각한다. 부당하게 해를 당하는 것은 불의를 당하는 것인데, 힘이 있으면 불의를 당하지 않는다. 또 정당하게 해를 당하는 것은 처벌이나 보복을 당하는 것인데, 역시 힘이 있으면 제압할 수 있다. 어떤 경우든 해를 당하지 않는 가장 모범적인 경우가 바로 참주처럼 절대 권력을 갖는 것이다. 불의를 당할 염려가 없고 불의를 저질러도 보복이나 처벌을 받지 않으면서 언제나 이익만 볼 수 있다면 행복한 삶을 영위하게 된다는 것이다. 폴로스가 이처럼 참주적 권력을 선호하는 배경으로서, 힘이 없으면 부당하게 해를 당하기 쉽고, 힘이 있어도 약하면 보복을 당하거나 처벌을 받게 되는 상황일 것이다. 손해를 입히지 않으면 손해를 보게 되는 상황에서 무소불위의 권력은 스스로를 보호하고 자신의 자유를 가장 확실하게 확보할 수 있는 길이다. 이것은 칼리클레스가 주장하는 자연의 정의가 작동하는 상황과 다르지 않다.

소크라테스의 도덕 원칙은 폴로스와 정반대다. 해를 끼치는 것이 해를 당하는 것보다 더 나쁘고 비참하다. 그러므로 불의를 행하는 것은 불의를 당하는 것보다 당연히 더 나쁘고 비참하다. 불의를 행하더라도 처벌을 받으면 그나마 덜 비참하지만 처벌조차 받지 않는 것은 최악이다. 처벌받는 것이 처벌받지 않는 것보다 더 낫기 때문이다. 이러한 소크라테스의 도덕 원칙은 혼에 속하는 것이 몸에 속하는 것보다 더 가치 있고 좋다는 전제에 기반을 두고 있다. 사람에게 가장 나쁘고 해로운 것은 재산이 없는 가난도 아니요 몸을 괴롭히는 질병도 아니다. 그것은 불의나 무절제 같은 혼의 몹쓸 상태이다(477b). 불의를 당하고 처벌을 받는 것은 육체적인 피해와 고통이고 물질적인 손해와 상실이지만, 불의를 저지르는 것은 자신의 혼을 망치는 일이다. 그리고 처벌을 받지 않는 것은 혼의 나쁜 상태를 벗어날 수 있는 기회마저 내버리는 일이다. 의술이 몸을 질병에서 벗어나게 하듯이 처벌은 혼을 나쁜 상태에서 벗어나게 한다는 교정주의 처벌론도 몸보다 혼이 귀하다는 생각에 바탕을 두고 있다. 그러므로 몸이든 혼이든 치료를 받고 나쁜 것에서 벗어나는 것이 그렇게 하지 않는 것보다 낫고 덜 비참하다. 따라서 혼 속에 나쁜 상태를 가지고 있지 않은 자가 가장 행복하며, 반대로 나쁜 짓을 하고도 처벌조차 받지 않는 자는 가장 비참한 것이다(478e). 이 도덕 원칙에서 보면 폴로스가 행복한 자의 전형으로 내세운 권력자들이나 그들에 비견되는 연설가들은 오히려 가장 비참하고 불행한 자들이다. 이렇게 해서 연설술은 불의를 변호하는 데 사용할 것이 아니라 불의를 적극적으로 드러내고 제거하는 데 사용해야 한다는 결론이 내려진다. 소크라테스는 연설술의 이러한 용도를, 일반인들의 통념과는 정반대로, 가족과 친구 그리고 자신의 불의를 고발해서 처벌을 받게 하는 데 있다고 풀이한다. 그리고 여기서 그치지 않고 한걸음 더 나아가 소크라테스 자신이 어디에서도 인정하지 않는 가정, 즉 누군가에게 불의를 저지르는 경우를 가정하면서까지(480e) 결론의 함축을 역설적 형태로 극대화시킨다.

　폴로스가 소크라테스의 논변에 굴복한 것은 논변의 논리적 강제력 때문이 아니다. 무엇이 좋고 무엇이 나쁘냐를 평가함에 있어 두 사람은 근본적으로 다른 도덕 원칙을 가지고 있기 때문이다. 두 사람 사이에 이루어지는 대화를 잘 살펴보면, 처음에 폴로스는 불의를 저지르는 것이 불의를 당하는 것보다 더 부끄럽다고 여기면서도 더 나쁘다는 것을 인정하지는 않았다(474c). 즉 그는 불의를 저지르는 행위와 관련해서 '나쁜 것'과 '부끄러운 것'을 같은 것으로 보지 않았다. 폴로스가 이 관점을 고수하면서 '나쁜 것'과 '부끄러운 것'이 어떻게 다른지 설명할 수 있었다면 사정은 달라졌을 것이다. 폴로스의 입장에서 불의를 당하는 것이 나쁜 이유는 당하는 사람 자신이 해를 입기 때문인데, 불의를 저지르는 경우는 저지르는 사람 자신이 해를 입지는 않는다. 따라서 설사 불의를 저지르는 행위가 나쁜 것이라고 하더라도 불의를 당하는 것과 같은 의미에서 나쁜 것은 아니다. 불의를 저지르는 것은 남들 보기에 창피하다는 뜻에서 나쁜 것이다. 해를 입는 것과 창피한 것, 어느 쪽이 더 나쁜가는 금방 단정적으로 말할 수 있는 문제가 아니며 따지려 들자면 복잡해진다. 어쨌든 소크라테스는 자신의 도덕 원칙 위에서 펼친 논변이지만, 폴로스도 자신의 입장에서 대응할 여지는 얼마든지 있었다. 그러나 그러한 이론적 대응의 역할은 칼리클레스의 몫이며, 폴로스는 자신의 한계를 드러내는 것으로 소임을 다한다.

불의를 저지르는 것과 불의를 당하는 것에 대해 폴로스가 보여주는 이중적 태도는 흥미롭다. 불의를 저지르는 것이 불의를 당하는 것보다 더 나쁘다고 생각하지 않는다는 점에서 그는 고르기아스가 보여주는 통상적인 도덕관념을 넘어서지만, 더 부끄럽다고 생각하는 점에서는 여전히 거기에 머물러 있다. 폴로스가 불의를 당하는 것을 더 나쁘게 여기는 것은 자신에게 이로우냐 해로우냐의 관점에서 평가한, 말하자면 이기적 동기가 중심이 되는 개인적 선(善)의 관념이라면, 불의를 저지르는 것을 더 부끄럽게 여기는 것은 사람들이 일반적으로 어떻게 생각하느냐의 관점에서 평가한 도덕적 선의 관념이라 할 수 있다. 이 이중성은 무엇을 의미하는가? 폴로스에게 이 이중성은 개인의 이기심과 도덕의 단순한 충돌이나 갈등의 수준을 넘어선다. 그것은 권력의 힘이 크면 클수록 좋다고 생각하게 하는 상황, 법과 도덕은 있으되 실제로는 힘을 가진 강자에게는 유리하게 작용하고 힘없는 약자에게는 불리하게 작용함으로써 도덕적인 선은 겉치레와 명분에 지나지 않고 저마다 이기적인 선을 추구하는 데서 실속을 챙기게 되는 상황에서 자연스럽게 갖게 되는, 말하자면 위선적 도덕의식일 것이다. 칼리클레스가 법의 정의를 비웃으며 자연의 정의를 설파하는 상황에서 가질 수 있을 법한 도덕관념일 것이다.

소크라테스와 칼리클레스의 대화

칼리클레스는 상식과 정반대되는 소크라테스의 역설적 결론이 농담인지 진담인지 의심스러워 할 정도로 어이없다는 반응을 보인다. 그러면서도 한편으로 그것이 단순히 폴로스에게 완승을 거둔 결과의 논리적 시위가 아니라, 대다수 사람들의 믿음과 가치관에 대한 근본적인 문제제기이자 도발임을 인식한다. 소크라테스는 애인의 심리를 빌어 자신이 내세운 주장의 장본인인 철학을 논박하라고 촉구하고, 칼리클레스가 맞대응에 나섬으로써 민중을 애인으로 삼는 정치가의 논리와 철학을 애인으로 삼는 철학자의 논리가 서로의 삶을 놓고 심도 있는 대결을 펼치게 된다.

칼리클레스는 폴로스로 하여금 부끄러움을 유발하여 소크라테스에게 논박의 빌미를 제공하게 했던 관념의 정체를 밝히는 것으로 반론을 시작한다. 칼리클레스에 따르면, 불의를 저지르는 것이 더 부끄럽다는 생각은 법(관습)적인 관념이고, 불의를 당하는 것이 더 부끄럽다는 생각은 자연적인 관념이다. 이 둘을 구별하고 그 정체를 밝힐 수 있는 이론적 대응력도 없이 통상적인 도덕관념("불의를 저지르는 것이 불의를 당하는 것보다 더 나쁘다")을 사람들 앞에서 대놓고 부정하는 것은 심리적으로 부담(부끄러움)이 된다. 그런 부담 때문에 폴로스가 솔직하지 못했던 것은 유감이지만, 그런 심리를 이용하여 두 측면의 구별을 무시하고 한쪽으로 몰아간 소크라테스의 논변이야말로 저속하고 통속적인 연설 행태라고 몰아붙인다.

  칼리클레스가 "천박하고 통속적"이라는 자극적인 표현을 써가며 비난하는 이유는 소크라테스가 법적인 정의를 변호한다고 보기 때문이다. 그는 법적인 정의를 경멸한다. 칼리클레스의 주장에 따르면 법적인 정의는 대다수 약자들이 만들어낸 인위적인 관념이다. 약자들은 강자로부터 스스로를 보호하고 자신들의 이익을 지킬 능력이 없기 때문에 법을 만들어서 동등한 몫을 갖는 것이 정의이며 남보다 더 많이 가지는 것은 부끄럽고 부정의하다는 관념을 사람들에게 갖게 했다. 그러나 자연이 보여주는 모습은 정반대다. 자연에서는 힘 있고 유능한 자가 약하고 열등한 자를 다스리고 더 많은 몫을 갖는 것이 정의이고 법이다. 동물의 세계는 물론이고 인간들의 종족들이나 나라들 사이의 관계 등 많은 영역에서 자연의 정의가 지배적으로 통용되고 있다. 그런가 하면 우리가 살고 있는 사회에서 다수의 약자들은 강자들을 어릴 때부터 법이나 관습 등 온갖 인위적인 규율들 속에서 가르치고 세뇌하여 노예로 만들고 있다. 이처럼 현실은 법의 정의와 자연의 정의가 혼재하고 있지만 진실은 자연의 정의에 있다.

  칼리클레스의 솔직하고 대담한 논변에 의해 폴로스에게 부끄러움을 자극했던 도덕의식은 약자들의 허울 좋은 관념으로 전락하고, 참주적 권력을 지향하는 폴로스의 이기적 선의 관념은 자연의 정의로 확립된다. 젊은 정치가 칼리클레스는 자연의 정의를 정치현장에서 실감하게 되었을 것이다(484c). 아테네의 정치현장은 다수의 시민들이 동등한 주권자로 참여하여 법적인 정의를 실현하는 장이지만, 정치가들이 시민들의 지지를 등에 업고 나라에 영향력을 행사하면서 출세와 영달을 위해 권력투쟁을 벌이는, 이른바 자연의 정의가 배후에서 세력을 떨치는 장이었을 것이다. 칼리클레스는 소크라테스가 철학에 빠져 있어서 이러한 현실에 어둡다고 생각하고 철학을 비판한다. 그러면서 뛰어난 자질을 철학에 썩히지 말고 정치활동에 발휘해서 명성과 재물을 얻으라고 권한다. 연설의 말미에 가서는, 소크라테스의 운명을 예언이라도 하듯, 소크라테스가 철학을 계속하다가는 억울하게 재판을 받고 죽임을 당할 수도 있다는 경고성 발언까지 곁들인다.

  법적인 정의에 대한 칼리클레스의 협약주의적 설명은 소크라테스의 입장과는 거리가 멀다. "덕은 지식이다"를 전제로 연설술과 도덕적 앎의 관계를 고르기아스에게 추궁하는 대목(460b~c)에서 짐작할 수 있듯이 소크라테스는 법과 도덕의 근거를 사람들 사이의 협약으로 보지 않는다. 칼리클레스가 소피스트들의 협약주의 이론으로 법의 정의를 설명하는 것은 자신이 내세우는 자연의 정의와 극명하게 대비시키기 위한 것이지만, 법의 정의와 자연의 정의는 강자와 약자의 입장을 대변한다는 차이만 있을 뿐, 힘의 논리를 전제로 개인의 이기적인 선을 정당화하는 이론이라는 점에서 덕에 기반을 두는 소크라테스의 도덕관과 정면으로 대립한다. 칼리클레스가 제시하는 법의 정의와 자연의 정의는 짝이 되어 폴로스의 이중적 도덕의식을 잘 설명해 주고 있을 따름이다. 칼리클레스의 주장처럼 법과 도덕이 개인에게 더 큰 손해를 보지 않기 위한 방편으로만 작동하는 한, 약자들은 사람들의 이목 때문에 어쩔 수 없이 도덕을 따르지만 언제나 강자의 힘을 선망하며 자신에게 이익이 되는 상황에서는 법과 도덕을 벗어나거나 이용하고 싶은 유혹을 받게 되어 있다. 개인적 선을 향한 이기적 동기는 경쟁관계를 유발하며 언제나 힘의 확대를 꾀하도록 몰고 가기 마련이다. 그러므로 소크라테스가 궁극적으로 공격의 표적으로 삼게 되는 것은 이 자연의 정의와 법의 정의가 기초하고 있는 이 이기적인 도덕의 원리이다.

소크라테스는 칼리클레스의 연설을 듣고 자신이 가진 생각이 참인지 시험해 줄 수 있는 진리의 시금석을 만났다고 반가워한다. 그는 먼저 '자연의 정의'의 정확한 의미를 밝힌 후에 그것의 원리로 작용하는 무절제의 도덕을 논박한다. 칼리클레스가 말하는 강자는 지혜와 용기로 정치권력을 장악할 수 있는 자이다. 이 강자는 다른 사람들은 다스리지만 자기 자신을 다스리지는 않는다. 자기 자신을 다스리는 절제와 자제력은 자연의 정의에 역행하는 이른바 대중들의 통속적인 미덕이다. 대다수 사람들은 욕구를 마음껏 충족시킬 수 있는 능력이 부족하기에 자신들의 무능함을 감추기 위해 무절제를 비난하고 부끄러운 것이라는 관념을 만들어 냈다. 자연의 정의에 따른 행복한 삶은 절제와는 정반대되는 무절제한 삶이다. 욕구를 최대한 만족시키는 삶이 올바른 삶이며 욕구를 억압당하는 삶은 노예와 같은 삶이다. 욕구는 다스림을 받아야 할 대상이 아니라 다스리는 주체이고 섬겨야 할 주인이다. 그러므로 지혜와 용기는 욕구를 다스리고 이끌어 가는 능력이 아니라 욕구에 봉사하는 수단이 된다. 여기서는 사치와 무절제와 자유가 미덕이고 행복이다. 그러므로 권력을 장악할 수 있는 강자에게는 절제와 정의를 가르치는 법과 도덕은 말만 번듯한 장식들이며 실없는 소리에 불과한 것이다.

소크라테스는 칼리클레스의 이론이 무절제의 도덕원리에 입각해 있음을 확인하고 절제 있는 삶이 행복하다는 것을 보여주는 데 집중한다. 체로 물을 나르는 자들에 관한 설화를 들려주며 무절제한 삶은 그 자체로 형벌과 같은 것이기에 욕구의 폭압에서 벗어난 삶이 행복하다고 설득해 보지만, 욕구의 무한 충족을 지향하는 칼리클레스의 무절제한 삶이 쾌락주의와 공고하게 연결되어 있음을 확인하는 데 그치면서 쾌락주의를 비판하는 긴 논변을 펼치게 된다. 소크라테스의 논변에 저항할 수 없게 된 칼리클레스는 쾌락은 무조건 좋다는 처음의 태도를 바꾸어 쾌락에는 좋은 것도 있고 나쁜 것도 있는 게 당연하다는 듯이 말한다. 소크라테스는 칼리클레스의 일관성 없는 말 바꾸기에 놀라지만 쾌락과 좋음의 구별에 칼리클레스가 동의한 것으로 받아들이고, "모든 행위는 좋은 것을 목적으로 한다"는 행위 원리를 이 구별에 적용하여 쾌락 자체가 행위의 목적이 될 수 없다고 결론짓는다. 쾌락주의 비판을 통해 욕구 충족의 과정 자체가 곧 행복한 삶은 아니라는 것을 보여줌으로써 어떤 삶이 행복한 삶이냐를 판정하는 문제에 절반의 대답을 한 셈인데, 계속해서 소크라테스는 행복한 삶을 가능하게 하는 조건과 원리를 적극적으로 개진한다.

쾌락주의 비판의 결론은 쾌락 자체가 삶의 목적이 되어서는 안 되며, 삶의 목적으로 삼아야 할 좋은 것은 따로 있는데, 쾌락은 이것을 위한 수단이 되어야 한다는 것이다. 그러기 위해서는 나쁜 쾌락은 버리고 좋은 쾌락을 선택해서 삶의 목적에 도움이 되게 할 수 있어야 한다. 좋은 쾌락과 나쁜 쾌락을 선별하려면 기술(앎)이 필요하다. 따라서 바람직한 삶은 쾌락들을 선별할 수 있는 기술(앎)을 기반으로 해야 한다.

이렇게 해서 칼리클레스가 추구하는 정치가의 삶이 바람직한지, 소크라테스가 추구하는 철학자의 삶이 바람직한지를 판정하는 기준이 마련되었다. 칼리클레스의 주장이 옳은지 그른지는 정치술의 기반인 연설술이 쾌락을 선별할 수 있는 제대로 된 기술인지 따져보면 된다. 소크라테스는 앞서 폴로스에게 제시했던 기술과 경험의 구별을 되짚어 보고 연설술을 재검토한다. 좋은 것이 무엇인지는 관심이 없고 오로지 쾌락만을 추구하는 활동은 기술이 아니고 아첨 활동에 불과하다면 연설술은 어떤가? 요리술이 몸에 대한 아첨 활동이듯이 연설술은 혼에 대한 아첨 활동, 그것도 다수의 혼들을 상대로 하는 아첨 활동들(아울로스, 키타라, 디튀람보스 연주, 비극 공연) 가운데 하나가 아닌가? 아첨 활동이 아닌 참된 의미의 연설술은 어떤 것이며 현실에 존재하는가? 칼리클레스는 연설가들 중에는 아첨하는 연설가들도 있지만, 시민 대중에게 영합하지 않고 시민을 훌륭하게 만드는 것을 목표로 하는 사람도 있다고 여기며, 그러한 연설가의 예로서 아테네인들이 위대한 정치가로 존경하는 테미스토클레스, 키몬, 밀티아데스, 페리클레스를 거명한다.

소크라테스는 이들이 과연 훌륭한 연설가였는지 평가하기 위해 기술 활동이 추구하는 좋은 것이 어떤 원리에 의해 구현되는지를 밝히고, 참된 연설술을 가진 연설가의 활동이 어떠해야 하는지를 제시한다. 좋은 것과 쾌락을 구별할 줄 아는 기술 활동은, 장인들의 제작활동에서 보듯이, 최선의 것을 목표로 하며, 이를 위해 구성 요소들의 짜임새 있는 배열과 질서를 구현하고자 한다. 기술에 의해 만들어진 제작물이 쓸모가 있는 이유도 제작물에 구현된 짜임새와 질서 때문이다. 이 원리는 몸과 혼에도 적용된다. 짜임새와 질서가 몸에는 건강과 체력을 낳고, 혼에는 정의와 절제를 낳는다. 그러므로 참된 연설술은 시민들의 혼에 정의와 절제를 생기게 하는 활동이며, 이런 기술을 실행하는 자가 훌륭한 연설가이다. 병든 환자에게 몸이 욕구하는 것을 마음대로 충족하는 것을 허락하지 않듯이, 혼이 무절제하고 부정의한 상태에 있을 때는 욕구들을 마음대로 충족하지 못하게 해야 한다. 욕구들을 차단하는 것이 응징이다. 이렇게 해서 칼리클레스의 자연의 정의가 내세웠던 무절제의 덕은 완전히 부정되고 절제와 정의의 덕이 적극적으로 확립된다.

칼리클레스는 더 이상 소크라테스의 주장을 인정해주는 들러리가 되기는 싫다는 듯 소크라테스의 문답식 논의에 응하려 들지 않는다. 소크라테스는 어쩔 수 없이 혼자 자문자답하는 방식으로 자신이 주장했던 내용의 골자들을 개괄한다. 모든 것의 훌륭한 상태는 덕(aretē)으로 인한 것이며, 덕의 요체는 짜임새와 질서이고 이 질서의 원리가 바로 절제이기에 절제 있는 혼은 훌륭한 것이다. 절제 있는 혼을 가진 사람은 다른 덕들(정의, 용기, 경건)도 함께 가지게 되어 있으며, 따라서 훌륭한 자일 수밖에 없고 훌륭한 행위를 하게 되어 있기에 행복한 삶을 살 수밖에 없다. 이러한 소크라테스의 설명은 혼의 덕을 산출하는 "짜임새와 질서"를 세계질서의 근저에 놓인 원리로 간주하여 전 우주에 적용하는 대목(508a)에서 절정에 이른다. 도덕적 선(덕)의 기초를 우주적 질서에 두는 것, 이것은 자연과 법(관습, 도덕)의 대립을 주장했던 칼리클레스에게 소크라테스가 제시하는 최종적인 대답이다. 이 대답을 한마디로 풀이하자면, 강자가 약자보다 더 많은 몫(권리)을 갖는 자연의 정의와, 무조건 동등한 몫(권리)을 갖는 협약주의적 정의는 힘의 논리와 이기적 동기에 기반을 두고 있기에 무절제의 덕을 강화시키며 개개인의 심리 속에서 그리고 사회적 관계 속에서 강자의 논리와 약자의 논리로 끊임없이 갈등하고 대립하지만, 각자의 본성에 맞는 몫을 갖는 "기하학적 정의"는 공동체의 선을 목표로 부분들의 질서와 짜임새 있는 배열을 구현하는 기술에 기반을 두고 있기에 개개인의 혼에 정의와 절제를 낳아 우애로써 인간사회를 결속시키고 나아가서 자연과 조화를 이루게 해준다는 것이다. 요컨대, 칼리클레스가 나세우는 자연의 정의는 참된 의미의 자연의 정의가 아니라는 결론이다.

이 대답은 고르기아스와 폴로스에게 제기되었던 문제에 실질적인 답을 주는 것이기도 하다. 연설술이 정의와 부정의에 대한 앎, 즉 도덕적 앎을 어떻게 포함할 수 있는지에 대한 대답이며, 불의를 저지르는 것이 불의를 당하는 것보다 더 나쁜 이유에 대한 실질적인 대답이다. 정의와 부정의의 문제는 삶과 행위의 관점에서(불의를 저지르는 것은 남보다 더 많이 갖기 위한 것이므로) 욕구 충족의 문제로 소급되며, 욕구 충족의 방향을 지도하는 도덕적 앎은 좋은 쾌락과 나쁜 쾌락을 분별하는 앎으로 규정되었다. 혼에 관계하는 이 앎이 장인들의 기술과 동급으로 취급된 것은 의술의 유비를 통해서였다. 그래서 의술이 몸의 질병을 치료하고 건강을 낳듯이, 이 앎은 혼의 질병인 불의, 즉 쾌락만을 좇는 무절제를 치료하고 도덕적 선(덕)을 낳는다고 했다. 뿐만 아니라 덕은 좋은 것이고 따라서 도덕적인 혼은 행복하지만 부도덕한 혼은 비참하고 불행하다는 설명 역시 건강한 몸과 도덕적인 혼 사이의 유비관계를 통해서였다. 그러나 이제 이 앎이 산출하는 도덕적 선(덕)도 질서와 짜임새 있는 배열에서 성립한다는 점에서 장인들의 기술들과 다를 바 없으며 자연과 우주의 질서에도 부합하는 것이기에, 이 앎의 기술은 더 이상 의술과의 단순한 유비에 머물러 있지 않다. 덕이 우리에게 왜 좋은 것인지, 어째서 행복과 직결되는 것인지에 대한 대답도 "질서와 짜임새"의 원리가 제시해준다. 무절제한(부도덕한) 사람은 남들보다 더 많이 가지려는 이기적 동기에서만 행동하기 때문에 "다른 사람과 친해질 수 없고 신과도 친해질 수가 없다." 바꾸어 말하면 갈등과 대립 속에 살아가게 된다. 반면에 절제 있는(도덕적인) 사람은 남들과 "함께 나누기" 때문에 사람들과는 물론이고 신들과 자연까지 친구가 된다. 소크라테스의 설명은 이 정도에서 그친다.

이 대답은 고르기아스와 폴로스를 상대로 나누었던 대화의 결말이 모두 참임을 입증해 주는 것이기도 하다는 점을 주지시킨 후에, 소크라테스는 칼리클레스가 경고했던 것, 즉 소크라테스가 추구하는 삶의 방식은 불의로부터 자신을 지킬 수가 없을 것이라는 경고에 대해 대답한다. 소크라테스는 나쁘고 수치스러운 것은 불의를 당하는 자가 아니라 불의를 행하는 자라는, 이미 여러 차례 되풀이 한 주장에 입각하여 불의를 당하지 않기 위한 방책과 불의를 행하지 않기 위한 방책을 살펴본다. 불의를 당하지 않는 칼리클레스식의 방책은 폴로스가 부러워했던 무소불위의 힘을 갖는 것인데, 그것은 거꾸로 불의를 행하기 위한 방책이 될 뿐 아니라 불의를 행하고도 대가를 치르지 않는 방책이기 때문에 가장 나쁜 것을 가져다주는 방책이다. 그렇다고 해서 죽임을 당하지 않고 단순히 목숨을 부지하며 오래 살기 위한 방책도 별 가치가 없으며, 정치 초년생인 칼리클레스의 처지에서는 민중의 지지를 받아 권력을 갖는 방법도 민중의 호감을 사기 위해서 민중과 최대한 동화될 것을 요구하므로 성품을 버리게 만든다는 점을 차례로 지적한다.

이어서 소크라테스는 정치가의 길을 걷는 칼리클레스에게 참된 정치가가 해야 할 일이 무엇인지(시민들을 최대한 훌륭한 자로 만드는 일)를 깨우쳐주고, 또 그럴 만한 자격을 갖추었는지를 검증하는 문제를 살펴보면서, 칼리클레스가 뛰어난 정치가로 거명한 사람들이 소크라테스가 제시한 원칙에서 볼 때 사실상 실패한 정치가였다고 비판한다. 사람들은 그들이 선박이나 조선소, 성벽 같은 것들을 많이 공급하고 지어 준 것을 놓고 훌륭한 업적으로 평가할지는 모르지만, 따지고 보면 그런 일들은 시민들의 욕구를 많이 충족시켜 주는 일에 불과하고 훌륭하게 만드는 일은 아니었다는 것이다. 이런 이치를 모르는 시민 대중들의 근시안적인 행태와 그것에 민감하게 반응하는 정치가들이나 소피스트들의 모순된 행태를 소크라테스가 비판하지만, 칼리클레스는 끝내 좋은 것을 위해 노력하는 정치 방식 아니라 쾌락을 위해 봉사는 정치 방식을 따르겠노라고 고집하며 소크라테스에게 했던 경고를 다시 환기시킨다.

소크라테스는 자신에게 닥칠 불의를 이미 예감하고 있으며 자신이야 말로 동시대의 사람들 가운데 유일하게 참된 정치가이기 때문에 겪게 되는 것이라고 말한다. 자신은 대중들이 좋아하는 쾌락을 위해 말하지 않고 최선의 것을 위해 말했으며, 칼리클레스가 권하는 법정의 기술에 대해서도 관심이 없으므로 억울한 죄로 법정에 끌려 나와 위험에 처한다 해도 다른 방도가 없다는 것이다. 그러나 그런 곤경에 처하여 자신을 도울 능력이 없다고 해도 불의를 행하지 않는다면 나쁜 상태에 있는 것이 아니라고 소크라테스는 말한다. 그러면서 불의를 행하지 않는 것이 오히려 자신을 돕는 가장 강력한 방법인데, 그 까닭은 혼이 불의로 가득차서 하데스로 가는 것이 가장 큰 악이기 때문이라고 하면서, 마지막으로 정의로운 사람은 사후에 '행복한 자들의 섬'으로 옮겨져 깨끗하고 복된 삶을 보내지만, 부정한 사람은 '타르타로스'(나락)에 떨어져 모진 고통을 받는다고 하는 저 사후의 심판에 대한 이야기를 들려준다. 그리고 그 이야기가 의미하는 바를 보충 설명한 다음 자신이 권하는 삶의 방식이 이 세상에서건 저 세상에서건 유리한 것임을 분명히 하고 칼리클레스에게도 그런 삶의 방식을 따르도록 권고하는 것으로 말을 맺는다.

2. 작품의 주제와 집필 의도

『고르기아스』는 초반에 연설술을 주제로 논의를 펼치지만, 도덕과 행복의 문제에 훨씬 더 많은 지면과 노력을 기울인다. 논의의 분량과 길이로 치면 도덕과 행복이 이 작품의 중심 주제라고 보는 것이 자연스럽다. 그럼에도 불구하고 이 작품의 중심 주제가 연설술인지 도덕과 행복인지에 대해 논란이 있어 왔던 것은 중세의 사본들과 디오게네스 라에르티오스가 인용한 목록(3.59)에 "연설술에 관하여"라는 부제가 붙어 있기 때문이다. 게다가 소크라테스와 칼리클레스 간의 대화가 대화편 전체 길이의 절반 이상을 차지할 뿐 아니라 다루는 내용이 훨씬 많은데도 대화편의 표제가 '칼리클레스'가 아니라 '고르기아스'인 점도 의문스러울 수 있다.

작품의 주제에 관한 문제는 이미 고대에서부터 거론되었다. 올림피오도로스는 "어떤 사람들은 이 대화편의 목적이 연설술에 관해 논의하는 것이라고 말하고, 다른 사람들은 정의와 부정의에 관한 대화라고 말한다"고 전한다. 그는 이 두 견해를 모두 지엽적이라고 보고 "『고르기아스』의 목적은 정치적 행복(politikēn eudaimonian)에 이르는 도덕 원칙들(tōn archōn tōn ēthikōn)에 관한 논의"로 규정했다. 현대의 연구가들도 이 대화편의 일차적인 관심이 정치의 도덕적 기초 내지는 도덕과 행복의 문제에 있다는 데는 별 이견이 없다. 그렇다고 연설술의 주제가 표면적이거나 부차적으로 다루어지고 있는 것은 아니고 도덕과 행복의 문제와 치밀하고 정교하게 엮여져 있다는 것이 도즈(E.R. Dodds)를 비롯한 최근 연구자들의 주된 입장이다. 필자도 여기에 동의하며 이 입장에서 대화편의 내용을 개관하였다. 이 개관을 통해서 연설술의 주제가 어떻게 정치와 도덕의 문제로 이어지며 삶과 행복의 문제로 확대되고 심화되는지 확인할 수 있었을 것이다.

연설은 고전기 그리스 사회에서, 특히 민주정치체제의 아테네에서 정치활동과 분리해서 생각할 수 없는 것이었고, 정치활동은 시민들의 삶의 일부이자 가장 중요한 영역이었다. 노예나 아녀자들, 거류민들과는 달리 자유인으로서 시민의 신분을 갖는다는 것은 바로 정치활동의 특권을 누릴 수 있음을 의미했기 때문이다. 전쟁의 선포나 외국과의 조약을 비롯해서 나라의 중요한 정치적 결정은 모든 시민에게 연설의 기회와 투표권이 동등하게 주어지는 대중 집회에서 이루어졌다. 대규모의 시민 대중을 앞에 놓고 정책을 제안하고 자신의 의견을 알리기 위해서는 연설의 능력이 절실하게 요구되었고, 이 과정에서 연설로 청중들을 사로잡아 주목받는 인물이 될 수 있었다. 따라서 정치활동의 현장은 뛰어난 연설 능력을 가진 시민들이 정치가로서 영향력을 발휘하고 권력을 장악하는 출세의 장이기도 했다(485d). 게다가 당시의 사법제도는 다수의 시민 재판관들 앞에서 소송 당사자들이 직접 변론을 해야 했으므로, 작품 속의 칼리클레스가 누차 강조하고 있는 바와 같이(486a~b, 510a, 511a, 521c, 522c), 연설의 능력은 자신의 생명과 재산을 지키는 유일한 수단이었다. 플라톤이 논의의 주제로 삼는 연설술은 이와 같은 정치술의 일환이자 성공적 삶의 방편으로서의 연설술이다. 물론 관심의 방향에 따라서는 설득력 있게 말하는 방법이나 유려한 표현 기법 같은 연설의 기술적 측면에 논의의 초점을 맞출 수도 있을 테지만, 이 대화편이 연설술의 정치적 영향력과 그것의 도덕적 함의, 그리고 행복의 문제에 집중하고 있는 것은 잘 사는 것(eu prattein), 즉 행복한 삶을 철학함의 의의로 여기는 플라톤의 궁극적인 관심사 때문일 것이다.

플라톤이 정치술로서의 연설술을 주제로 삼은 것은 그것이 당시 일반 사람들이 선망하는 행복한 삶의 유력한 수단이었기 때문이다. 오늘날은 경제가 정치뿐 아니라 삶의 모든 영역을 좌우할 정도로 비중이 커져서 재력이 성공과 행복의 지표처럼 인식되지만, 고전기 아테네에서는 나라와 개인의 삶에 중요하고 가치 있는 활동으로 여겨졌던 영역이 정치이며, 이 방면의 출세와 성공은 곧 훌륭하고 좋은 삶(486d)을 의미하는 것이었다. 철학을 그만두고 정치에 발을 들여놓으라고 소크라테스에게 권하는 칼리클레스의 말이나, "당신이 소년을 신들과 함께 살게 하고 싶다면 그에게 철학을 가르치고, 사람들과 함께 살게 하고 싶다면 연설술을 가르치시오"라는 안티스테네스의 말은 정치적 삶을 중요하게 여기는 당시의 세태를 짐작케 한다. 당대의 소피스트들이 여러 도시국가들을 순회하며 젊은이들에게 비싼 수업료를 받고 가르쳤던 교육 목적이 정치활동에서 탁월한 능력을 발휘하게 하는 데 집중되어 있었으며, 그들이 제공한 교육의 핵심적인 부분이 설득력 있게 말하는 기술의 훈련이었다는 사실 역시 그런 세태의 반영이라 하겠다.

이러한 외적인 측면과 함께 플라톤이 연설술의 문제를 중요시할 만한 직접적인 이유가 있다. 연설은 "말로 혼을 이끄는"(『파이드로스』 261a~c) 힘, 즉 설득의 힘을 가지고 있어서 대중들의 생각과 관념을 연설가가 원하는 대로 이끌어갈 수 있게 해 주는데, 이것은 정치가의 사명이 시민들의 혼을 돌보는 일, 즉 덕을 갖게 하는 일에 있다고 보는 플라톤의 입장에서는 더없이 중요한 사안이 아닐 수 없다. 게다가 연설술은 설득의 힘으로 시민 대중을 사로잡아 그들의 지지를 이끌어 냄으로써 정치적 영향력과 권력을 행사할 수 있게 한다. 연설술은 대규모 청중들을 상대로 한다는 점에서 대중 예술 장르들에 비견될 수 있지만(501e~503a) 그 힘과 영향력은 훨씬 더 직접적이고 강력하다. 정치 현장에 모인 시민대중들이 어떤 결정을 내리느냐에 따라서 유명 정치인을 추방하거나 사형에 처할 수도 있고, 다른 나라를 상대로 전쟁을 선포할 수도 있으며, 붙잡은 포로들을 모조리 죽일 수도 있기 때문에 시민 대중들을 연설술로 설득할 수만 있다면, 그로부터 얻는 힘과 권력은 참주의 절대 권력에 비할 바가 아니다. 말 그대로 생살여탈의 힘이자 무소불위의 권력이다. 아테네인들이 소크라테스에게 내린 사형선고도, 멜로스(Melos)인들에게 자행한 학살(기원전 417년)도 연설가들의 혀끝에서 비롯된 비극이었다. 플라톤은 연설술이 갖는 이러한 영향력과 힘의 위험성을 충분히 인지하고 있었고 그래서 고르기아스를 필두로 한 당대 소피스트들이 제공하는 연설술과 그것이 지향하는 정치적 삶을 비판하고자 하는 것이다. 그는 아테네인들의 구원은 새로운 연설술의 확립과 도덕적으로 올바른 연설가(정치가)의 출현에 달려 있다고 믿는다(504d).

그러나 연설술의 힘과 영향력이 시민 대중들의 취향과 욕구에 영합함으로써 확대되고 효력을 발휘하는 현실은 연설술의 문제를 복잡하게 만든다. 참주와도 같은 시민 대중은 자신들의 이기적 욕망을 채워주길 원하며, 권력을 얻으려는 정치가들은 이러한 대중의 욕망에 부응하여 비위를 맞추고 아첨을 하게 되어 있다. 당연히 아첨의 수단으로 사용되는 연설술은 여기에 맞게 작동한다. 그러므로 정치술로서의 연설술에 관한 문제는 단순한 연설술 자체의 문제에 그치지 않는다. 시민들의 생각과 판단에 끼치는 연설술의 힘과 영향력은 직접적으로는 연설술 자체의 성격과 그것을 사용하는 정치가 개인의 도덕적 의지에 달려 있지만, 그것은 시민 대중의 가치관과 도덕의식의 영향을 받고 상호 작용하는 것이기에 연설술의 문제는 정치 및 도덕의 문제와 따로 떼어서 생각할 수 없는 것이다. 바로 이런 문제의식에서 플라톤은 연설술을 주제로 삼은 것으로 생각된다. 그렇다고 본다면 『고르기아스』에 "연설술에 관하여"라는 부제가 붙은 것은 적절하고 일관성이 있으며, 대화편의 제목이 '칼리클레스'가 아니라 '고르기아스'로 되어 있는 것도 일리가 있다. 논의의 길이와 복잡성에도 불구하고 폴로스와 칼리클레스를 통해 다루어지는 문제들은 사실상 고르기아스가 제시하는 연설술의 성격, 즉 앞서 말한 바와 같은 정치술로서의 성격 속에 이미 배태되어 있었던 것들이고, 그것들이 당시의 시대 상황과 가치관, 그리고 여기에 부응하는 소피스트들의 가르침과 이론을 배경으로 근본적인 수준에서 확대되고 심화된 형태로 다루어지고 있는 것에 불과하기 때문이다.

사람들을 지배하고 다스리는 정치적 삶을 최고의 가치로 여기면서 자신의 연설술이 그것을 가능하게 해 준다고 자부하는 고르기아스의 생각을 그대로 이어받아, 연설술의 힘과 권력으로 무엇이든 마음대로 할 수 있는 정치적 삶을 최선으로 여기는 신세대 젊은이 폴로스와 출세욕으로 가득한 젊은 정치가 칼리클레스가 보여주는 사고방식은 기원전 5세기 말 전쟁과 정변들이 상존하던 사회적 격변기에 법과 도덕의 권위가 땅에 떨어지고 전통적 규범과 가치관의 붕괴가 가속화되던 상황을 배경으로 한다. 전쟁이나 정변들은 물리적 힘과 폭력으로 상대를 굴복시키고 승리한 쪽이 일방적으로 옳고 그름의 기준을 정하기 마련이며 힘이 곧 정의가 되는 상황을 조성한다. 그리하여 도덕과 규범은 허울일 뿐이고 사람들은 저마다 자신의 안위와 이익만을 쫓는 가운데 정치가들은 개인의 입신영달을 위해 파당을 짓고 힘과 권력을 경쟁적으로 추구한다. 힘과 권력이 있으면 불의를 저질러도 처벌받기보다는 오히려 더 큰 이익을 얻고 행복을 누리는 것처럼 보이는 데서 사람들은 도대체 법과 정의가 무엇인지 어떻게 살아야 행복한 것인지 회의를 갖게 되고 가치관의 혼란을 일으킨다. 상존하는 생존의 위협 속에서 강자의 논리가 힘을 얻고, 쾌락과 욕망을 부추기는 현실 영합적 지식인들의 가르침과 이론들이 미래의 불안과 불확실성을 배경으로 득세한다. 폴로스나 칼리클레스는 바로 이러한 시대적 상황과 세태를 대변하며, 플라톤은 여기에 맞서서 새로운 정치가의 상을 확립하고 그에 부합하는 삶의 방식과 도덕원칙을 정당화하고자 하는 것이다.

플라톤이 『고르기아스』에서 정당화하고자 하는 삶의 방식과 도덕원칙은 다름 아닌 『변명』에서 소크라테스가 변호하고자 했던 철학적 삶과 도덕원칙 바로 그것이며, 그가 기대하는 새로운 정치가의 모델도 소크라테스이다. 그는 "정치가가 해야 할 일은 시민들이 최대한 훌륭해지도록 돌보는 것"임을 거듭 강조하면서 (515c) 소크라테스를 가리켜 "참된 정치가"라고 주장하기까지 한다. 시민들 각자가 자신의 혼을 보살피도록 하는 것, 그것은 『변명』에서 소크라테스가 일생을 바쳐 추구했다고 고백하는 철학함의 의미였다. 현실정치와 의도적으로 담을 쌓았던 소크라테스를 두고 '정치가'라는 다분히 역설적인 표현을 쓴 것은 『변명』에서 보여준 바로 이런 소크라테스의 철학적 삶이야말로 진정으로 나라를 위해 일하는 사람의 모범이요 사표가 되어야 한다는 확신을 강조하고자 함일 것이다. 이런 점에 주목하자면 『고르기아스』는 『변명』에서 보여준 소크라테스의 삶과 정신에 대한 플라톤식의 변호라고 봐도 무방할 것이다. 실제로 대화 내용 중에는 『변명』을 떠올리게 하는 대목들이 많이 눈에 띌 뿐 아니라, 말미에 나오는 소크라테스의 연설은 또 다른 『변명』처럼 읽히기까지 한다(521c~522c). 그러나 『고르기아스』는 단순히 역사적 소크라테스에 대한 변호 이상의 측면이 있다. 이것은 플라톤 자신에 대한 변호이기도 하다. 폴로스와 칼리클레스가 처했던 시대적 풍조와 부조리들은 플라톤 자신이 부딪쳐야 했던 현실적인 문제였고,

그런 현실 앞에서 정치가의 삶과 철학자의 삶 중 어느 쪽을 택해야 하는가의(500c) 문제는 『변명』의 주인공인 소크라테스의 문제가 아니라 플라톤 자신의 문제였기 때문이다.

기원전 431년 스파르타 연합군과 아테네 간의 주도권 싸움으로 발발한 펠로폰네소스 전쟁은 무려 27년간 진행되면서 전체 그리스 사회를 도탄에 빠뜨렸다. 전쟁 발발 4년째 되던 해에 태어나 전쟁의 참혹함을 목격하고 잦은 정변들을 겪으며 성장한 플라톤은 이 시절 자신이 느꼈던 철학과 정치에 대한 심경을 『일곱째 편지』(324b~326b)에서 고백하고 있다. 이십 대 초반의 플라톤은 아테네 귀족가문의 젊은이들이 그렇듯이 정치에 뜻을 두고 있었지만, 패전 후 들어선 과두정부의 폭압적 행태와 민주정 하에서 소크라테스의 부당한 죽음을 경험하면서 정치현실에 환멸을 느낀 나머지 정치가의 뜻을 접고 말았다. 피폐해질 대로 피폐해진 현실 앞에서 철학의 길을 택하기로 한 그의 결단은 고뇌에 찬 지적인 싸움의 결과였을 것이다. 이런 배경을 고려한다면 『고르기아스』에서 칼리클레스와 소크라테스가 정치적 삶과 철학적 삶을 놓고 벌이는 대결은 젊은 시절 플라톤 자신이 겪었던 그러한 내면적 갈등의 극적인 재구성이라고 보아도 좋을 것이다.

물론 플라톤이 철학의 길을 택한 것은 현실에 완전히 등을 돌리겠다는 생각에서가 아니다. 오히려 회복 불가능할 정도로 피폐해진 현실을 바로잡기 위해서는 우선 나라와 개인의 올바른 도리가 무엇인지 이해하고 깨우치는 것이 순서이며, 그런 연후에 소크라테스가 그랬듯이 시민 개개인이 덕을 연마하도록 권고하고 가르쳐야 한다고 생각했다. 그러나 그것이 철학자 개인이나 몇몇 사람의 사적인 활동으로 그쳐서는 나라 전체를 바로 잡기에 역부족이며, 시민 대중들에게 폭넓게 영향력을 행사할 수 있는 정치가 내지는 권력자가 철학적 식견을 가지고 그런 일을 제도화하고 정책적으로 시행해야 가능성이 있다고 판단했다. 그리하여 플라톤은 철학에 전념하는 동시에 장차 정치활동에 참여하게 될 젊은이들을 교육하기 위해 아카데미아를 설립하기에 이르렀던 것이다. 따라서 소크라테스야말로 참된 정치가라는 플라톤의 말은 소크라테스의 삶에 대한 변호의 말인 동시에 철학자가 권력을 갖거나 권력자가 철학적 식견을 갖게 되어야 한다는(『일곱째 편지』 326a~b) 자신의 생각을 반영하고 있다고 봐야할 것이다. 이 생각은 이후에 『국가』(473d)의 이른바 '철인 정치 사상'으로 이어지게 된다.

끝으로, 집필 의도와 동기를 논함에 있어 『고르기아스』에서 플라톤은 페르시아 전쟁으로부터 기원전 404년의 재난(펠로폰네소스 전쟁에서 아테네의 패배)과 5년 후의 소크라테스의 사형에 이르기까지 아테네 정치상황에 대한 신랄하고도 직설적인 비판을 가하고 있다는 점을 빼 놓을 수 없다. 현실 정치에 대한 직접적인 비판을 제기하는 작품은 플라톤의 대화편들 중에서 『고르기아스』가 거의 유일한데, 특히 이 작품에서 플라톤은 기원전 5세기의 뛰어난 정치 지도자들(페르시아로부터 아테네의 자유와 독립을 지키기 위해서 싸운 밀티아데스와 테미스토클레스, 그리고 아테네를 그리스 세계의 강자로 군림하게 한 키몬과 페리클레스)을 정치가로서 자격 미달이라며 싸잡아 비판한다. 그들은 아테네가 부국강병으로 나아가는 기틀을 마련하고 제국으로서의 위용을 갖추는 데 기여했다고 평가받고 있으나, 사실은 이들이 아테네를 패망에 이르게 한 근본 원인의 제공자들이라고 플라톤은 분석한다. 플라톤이 보기에 그들은 시민들의 덕을 함양하기 위한 건강한 정치제도를 확립하려고 노력하는 대신에 군사력을 길러 나라의 힘을 대외적으로 확대하고 과시하는 일에 경주함으로써 시민들의 욕망을 부풀어 오르게 했고 그로 인해 나라를 병들게 만들었기 때문이다. 실제로 이 시기의 정치가들은 막강한 해군력을 기반으로 동맹국들을 복속시키는 한편으로 페르시아에 대항하여 그리스인들의 연합 방어를 목적으로 거두어 들인 공물의 많은 부분을 아테네를 화려하게 장식하고 위용을 과시하는 일에 사용했다.

플라톤이 지난 시대의 정치가들을 이처럼 엄중하게 비판하는 이유는 동시대의 정치가들에게 경각심을 일깨워주기 위함일 것이다. 플라톤이 이 작품을 집필할 당시(대략 기원전 389~6년경)의 아테네는 패전(기원전 404년)의 상처를 딛고 다시 경제력을 회복해 가고 있었고, 그렇게 되자 이전까지 아테네인들의 마음을 짓눌렀던 후회의 정서는 차츰 긍정적인 야심으로 바뀌기 시작했기 때문이다. 긴 성벽이 재건축되었고 코논(Konōn, 기원전 444~394년)은 제2의 테미스토클레스를 자처하며 새로운 아테네 해군을 창설하는 등 아테네는 다시 과거의 영광을 꿈꾸며 군비 확장에 나서기 시작했던 것이다. 플라톤은 이러한 상황을 지켜보면서 조국 아테네가 이전의 잘못을 되풀이할 것을 우려하며 기원전 5세기 이른바 '황금시대'의 정치적 실상을 비판적으로 돌아보게 되었을 것으로 생각된다.

3. 저술 시기와 집필 연대

플라톤의 대화편들을 그의 생애의 주요 구분점에 따라 초기, 중기, 후기로 나눌 때, 『고르기아스』는 초기 작품 군에 속하며, 같은 그룹 내에서는 상대적으로 뒤에 놓이는 것으로 평가된다. 초기 대화편들에서는 스승인 소크라테스의 사상과 방법론적 특징이 두드러지는 한편, 중기부터 그 이후의 대화편들에서는 플라톤 자신의 사상이 무르익어 완성되어 가는 것으로 이해된다. 물론 플라톤 사상의 중심에 놓이는 것은 형상 이론이다.

초기 대화편들에서 소크라테스는 "F(정의, 경건, 용기 등)란 무엇인가?"라는 질문을 던진 다음, 대화 상대자에게 다수의 F인 것들을 대답으로 내놓지 말고 모든 F인 것들을 F이게끔 해 주는 하나의 F만을 집어내 대답해 줄 것을 요구한다. 중기에 이르러 플라톤은 이 하나의 F만이 모든 F인 것들의 F임을 충분히 설명해 줄 수 있다고 생각하며 이 단일 존재를 다수의 F인 것들(감각적 사물들)로부터 구별해서 '형상'이라 부른다. 이러한 플라톤의 생각은 『파이돈』에서 본격적으로 표면화되는데, 『고르기아스』에서는 다른 초기 대화편들에 비해 형상 이론의 주요 용어들이 자주 사용되고 있지만, 『파이돈』이 보여주는 바와 같은 존재적 함축이 배후에 놓여 있다고 보기는 어렵기 때문에 『고르기아스』를 초기의 다른 대화편들보다는 뒤에 배치하면서도 형상 이론이 표면화되는 『크라튈로스』, 『메논』, 『파이돈』보다는 앞에 배치하는 것이 보통이다. 물론 플라톤의 사상을 이처럼 발전론의 입장에서 보지 않는 경우에는 형상 이론 자체가 대화편들의 선후 관계를 정하는 기준이 될 수는 없다. 그러나 형상 이론 외에도 『고르기아스』의 집필 순서를 초기의 다른 대화편들보다 뒤에 놓을 만한 차이점들이 있다.

우선 주제와 내용 구성, 그리고 전개 방식의 측면에서 『고르기아스』는 초기의 어떤 대화편들보다도 두드러진 복잡성과 다양성을 보여준다. 연설술이 주제이면서도 도덕과 행복의 문제가 유기적으로 연결되어 있고, 논의를 세 명의 대화 상대자가 차례로 넘겨받으며 폭과 깊이를 심화시켜 나가는 형식을 취하고 있다. 여기에다 짧고 건조한 문답식 대화와 열정적인 연설조의 장광설이 짜임새 있게 교차하는가 하면, 질문자와 대답자의 역할이 바뀌기도 하고, 혼자서 자문자답하는 식으로 논의가 진행되기도 하면서 논의의 전반적인 분위기와 속도의 완급 조절이 절묘하게 이루어진다.

무엇보다도 논의의 좌장 역할을 하는 소크라테스에게서 색다른 모습이 눈에 띈다는 점이 두드러진다. 자신은 시종 모르는 자의 입장을 고수한 채 문제의 주제에 대해 정확한 정의를 요구하고 끈질기게 물으면서 대답하는 자를 곤경에 빠뜨리고는 이렇다 할 해결책이나 방향 제시도 없이 논의를 끝맺는 것이 초기 대화편들에서 우리에게 낯익은 소크라테스의 모습이다. 『고르기아스』에서도 초반에 연설술에 대한 정의를 내리는 과정은 소크라테스적인 문답식 논의의 전형을 보여주지만, 논의가 폴로스와 칼리클레스로 이어지면서 분위기는 달라진다. 소크라테스는 자신의 생각과 입장을 적극적으로 표명하며 그 어조가 때로는 단호하면서도 확신에 차 있다(464b~466a, 471e~472b, 473b). 자신의 주장을 적극적으로 개진하는 대목에서, 일문일답식 논의를 해 달라고 상대방에게 요구했던 것을 잊어버리기라도 한 듯이, 자진해서 여러 차례에 걸쳐 장광설을 펼치고 있으며, 급기야는 칼리클레스로부터 대중연설가라는 소리를 듣기까지 한다. 뿐만 아니라 자신과 칼리클레스 사이의 의견일치가 진리에 대한 최종 인증이 될 것이라고 말하는가 하면(487e), 자신의 주장이 강철과 아다마스 같은 논변들에 의해 확립되었다면서 논변 결과에 자신감을 내보이기도 한다(509a). 대화의 말미에 이르러 혼의 덕을 기르는 삶을 선택하라고 칼리클레스에게 권유하는 말은 엄숙하면서도 사뭇 비장하기조차 하다.

소크라테스 자신의 견해와 주장이 적극적으로 개진된다는 점이 초기 대화편들 내에서 『고르기아스』에만 해당되는 특징은 아니므로 주의가 필요하다. 『변명』과 『크리톤』도 적극적인 주장을 포함하고 있다. 『변명』은 재판정에서 하는 연설이기 때문에 예외적인 경우이고, 『크리톤』은 '법률'을 의인화하여 적극적인 주장을 펼친다. 『프로타고라스』 역시 소크라테스의 적극적인 주장을 포함하고 있지만, 문답식 대화와 일장 연설의 교차가 『고르기아스』만큼 유기적이고 두드러지지 않다. 긴 연설들이 있지만, 그것들이 소크라테스적 견해의 개진으로 표명되지는 않는다. 게다가 『프로타고라스』는 마지막에 덕이 무엇인지, 그리고 그것이 가르쳐 질 수 있는지 없는지 미해결 상태로 끝난다(361c). 두드러진 차이점은 『고르기아스』가 보여주는 매우 조직적이고 체계적인 의견의 개진과 방어이다.

내용적인 측면에서 『고르기아스』는 초기 작품 군에는 나타나지 않거나 드물게 나타나는 여러 이론들의 싹을 보여주고 있는

데, 이것들은 플라톤 자신의 사상을 반영한다. 지식(epistēmē)과 의견(doxa)의 구별(454c~455a), 기술과 경험의 구별(464b~465c, 501a~b), 정교한 분류법에 기반을 둔 유와 종차에 의한 정의(定義)(463a~466a), 소크라테스 자신을 유일하게 참된 정치가라고 주장하는 대목(521d) 등이 그렇다. 이런 증거들은『고르기아스』와 초기 작품 군에 속하는 개별 대화편들의 관계를 살펴봄으로써 조금 더 분명하게 드러날 수 있다.

『고르기아스』는 도덕의 정치적 함축을 어떤 초기 대화편들보다도 충실하게 다루고 있다. 초기 대화편들에서 소크라테스는 덕(aretē)은 훌륭하고 유익한 것이며, 그렇기 때문에 덕을 가진 행위자에게 언제나 좋은 것이라고 생각한다. 나아가서 그는 덕이란 행위자에게 좋은 것이 무엇인가에 대한 앎(지식)이라고 주장하며, 이 지식을 제화술이나 건축술, 의술 등과 비슷한 기술(technē)의 일종으로 간주한다. 덕과 기술 간의 유비를 주장하기 위해서는 앎이 언제나 행위로 이어지는 것은 아니며, 따라서 올바른 욕망과 손잡지 않는다면 잘못 사용될 수도 있다는 반론에 대처할 필요가 있는데, 이 문제는『히피아스 II』(375d~376c)에서 제기되지만, 소크라테스는 아는 것(지식)만으로 덕으로서 충분하다고 주장하는 것으로 그친다. 이 주장은『라케스』와『카르미데스』에서도 단순히 참이라고 가정되고 있을 뿐이고, 그것이 어떻게 참일 수 있는지의 문제가 논증을 통해 다루어지는 곳은『프로타고라스』(354e~357e)이다. 이 논증의 결과 덕은 행위자에게 유익을 주는 것이 무엇인가에 대한 앎과 동일시되며, 따라서 각각의 덕이 하나로 묶이게 되는데, 이것은 결론적으로 덕의 단일성 문제(329c이하)에 대한 대답이 된다. 덕의 단일성은 『라케스』(199d~e)와 『카르미데스』(175b)의 말미에도 전제되고 있다.

『고르기아스』역시 덕과 지식의 일치, 덕의 단일성, 덕과 기술의 유비를 여러 논변들 속에서 전제로 사용하는 한편으로 더욱 진전된 측면을 보여주기도 한다. 소크라테스는 덕은 지식으로 충분하다는 주장을 뒷받침하기 위해 앎과 행위의 동기와 목적에 관한 주장들을 변호하고 있으며(467c~468c), 정의(正義)와 불의(不義)에 대한 자신의 입장을 어떤 초기 대화편들에서보다도 더욱 체계적으로 변호한다. 『변명』(28b~29b)과 『크리톤』(49b)도 정의로운 행위를 하는 것은 좋지만 불의를 저지르는 것은 나쁘다는 전제 아래 논변들을 펼치고 있지만, 이 전제에 대해 논증하지 않는다. 그러나 『고르기아스』에서 소크라테스는 욕구의 무한 충족, 즉 무절제의 덕을 정의(正義)로 보는 칼리클레스의 주장을 비판함으로써 절제와 정의의 덕을 적극적으로 확립한다. 여기서 그는 덕과 앎의 일치를 덕과 기술의 유비관계로 표현하는 데서 한걸음 더 나아가 기술의 본질이자 덕의 본질이 질서와 짜임새에 있다는 주장과 함께 이것이 우주적 원리에 맞닿아 있다는 주장에까지 이른다.

『고르기아스』에는 영혼 불멸 사상을 포함하는 사후 심판에 관한 설화가 처음으로 등장한다. 영혼 불멸과 관련 있는 이야기는 『메논』(81a~e)에도 나오며, 사후 심판 설화는 『파이돈』과 『국가』의 마지막 부분에도 나온다. 오르페우스교와 피타고라스주의 교의에 바탕을 둔 비슷한 내용의 설화이지만, 『고르기아스』의 것이 짧고 단순하여 민간 설화의 생생함이 느껴진다는 점에서 가장 앞선다고 볼 수 있다. 『파이돈』과 『국가』의 것은 한층 다듬어지고 세련된 형태이며, 양쪽 모두 영혼 불멸에 관한 긴 논변의 일환으로 제시되고 있지만, 『고르기아스』의 것은 단순히 덧붙여지고 있다는 점에서 차이가 있다.

수학(기하학)에 대한 관심도 『고르기아스』(465bc, 508a)에서 빼놓을 수 없는데, 수학에 대한 플라톤의 관심은 『메논』(82b~87c)과 『국가』(510c~e, 526e~527c)에서 발전된 모습을 보여준다. 『에우튀데모스』 290c에서도 수학 관련 언급이 나오는데, 여기서 말하는 수학자와 변증술 전문가(dialektikos)의 관계는 『국가』를 연상케 하기 때문에 이 작품과 『고르기아스』 간의 선후관계가 문제시 될 법하다. 그러나 『에우튀데모스』 304d~306d에서 이름을 밝히지 않고 거론되는 인물이 이소크라테스를 가리킨다는 학자들의 추측이 맞다면, 이 작품의 연대를 아주 앞당겨 잡을 수는 없다. 두 대화편 모두 "참된 정치가의 자격은 무엇이며, 어떤 종류의 앎이 그것을 포함하는가?"라는 물음에 이르지만, 『에우튀데모스』에서 이 문제의 탐구는 난관에 봉착하는 것으로(무한 후퇴, 292de) 끝나는 반면, 『고르기아스』는 이미 철인왕에 의한 해결을 예견하고 있기 때문에 『에우튀데모스』가 더 앞선 작품이라고 보는 것이 자연스럽다.

『메논』은 『고르기아스』와 매우 가까운 자리에 놓인다. 두 작품이 모두 기원전 5세기 아테네의 저명한 정치가들을 언급하고, 고르기아스와 피타고라스주의 현자들을 언급한다는 점에서 그렇다. 그러나 두 작품의 선후관계는 논란의 대상이 되고 있다. 『메논』이 앞선다는 입장은 이 정치가들을 관대하게 취급하고 있다는 점에 주목한다(특히 93a "아뉘토스여, 정치에 뛰어난 자들이 여기에 있을 뿐 아니라 있었던 것 같네"). 이것은 『고르기아스』(516e)의 부정적인 판단과 상충하기 때문에 민주정을 심하게 공격하는 『고르기아스』와 이 공격을 다시 재개하는 『국가』 사이에 『메논』을 놓는 것은 이상해 보인다는 것이다. 그러나 『메논』에서 '덕(탁월함)'은 지식에 바탕을 두고 있지 않다고 결론이 나면서 정치가들이 예언가나 시인들과 같은 부류로 취급된다(99cd). 이것은 정치가들을 비판하는 『고르기아스』의 관점에서 볼 때 칭찬이 아니다. 이 부분에 관해서는 여러 해석의 가능성이 있겠으나, 『고르기아스』가 앞선다고 볼 만한 근거가 더 강력하다. 『메논』 71c에서 소크라테스와 고르기아스의 만남을 암시하는 말은 『고르기아스』에서 만남을 언급하는 것처럼 보이며, 454d 이하에서 언급되는 '확신'(pistis)은 『메논』에서 '의견'(doxa)로 대체된다(97b 이하). 이후에 플라톤은 'doxa'를 인식론의 전문 용어로 사용한다. 그리고 사후 심판 설화에서 재탄생 교설이 『고르기아스』에서는 공식화되지 않은 채로 남아 있지만, 『메논』에서 처음으로 분명하게 제시된다(81b).

초기 대화편들 가운데 주제의 측면에서 『고르기아스』와 가장 연관이 깊은 작품은 『메넥세노스』이다. 두 대화편 모두 정치가들의 연설술을 다루지만, 『고르기아스』가 연설술의 이론적인 바탕(연설술의 성격과 도덕의 문제)을 검토하고 있다면, 『메넥세노스』는 애국 연설의 기법과 역사적 사실의 왜곡을 패러디한 가상의 장례 연설로 연설술의 실습 시범을 직접 보여주고 있다. 그런 점에서 두 작품은 길이와 중요성의 차이는 있지만 상호 보완적이라 할 수 있다. 두 작품은 모두 아테네의 민주정과 외교정책에 대해 비판을 제기한다. 한쪽은 직접적이고 다른 쪽은 비꼬는 방식이라는 차이가 있을 뿐이다.

『고르기아스』의 집필 연대는 첫 번째 시켈리아 방문을 전후로 보는 것이 보통이다. 이렇게 추정하는 데는 몇 가지 이유가 있다. 유력한 근거로는 『일곱째 편지』 초반에 플라톤이 철학자가 정치권력을 가져야 한다는 생각을 토로하는 구절이다. 여기서 노년의 플라톤은 자신의 첫 번째 시켈리아 방문을 앞두고 당시에 느꼈던 감회를 회상한다. "아무튼 나는 종국적으로 현재의 나라 일 전체 상황과 관련하여 그것들이 온통 잘못 다스려지고 있다는 것을 알게 되었습니다. 왜냐하면 그런 나라들의 법률 상태는 행운을 동반한, 놀랄 정도의 대책 없이는 거의 구제가 불가능하기 때문입니다. 그래서 나는 올바른 철학을 찬양하면서, 나랏일이든 개인생활이든 간에 모름지기 올바른 것 모두는 철학에 의거하여 분별되는 것이라고 언명하지 않을 수 없었습니다. 그러므로 올바르고 진실하게 철학하는 그런 부류의 사람들이 정치 지도자가 되거나 아니면 각 나라의 권력자들이 모종의 신적 도움을 받아 진정으로 철학을 하기 전에는, 인류가 재앙으로부터 빠져나올 수 없을 것이라고 또한 언명하지 않을 수 없었습니다. 실로 그러한 생각을 갖고 저는 이탈리아와 시켈리아에 갔습니다."(326a) 철학자가 정치권력을 가져야 한다는 생각은 『국가』에서 완전한 모습을 드러낸다. 이 생각의 싹은 『고르기아스』 521d에서 엿볼 수 있어서 이 작품의 집필 시기를 시켈리아 방문 언저리로 추정하는 것은 일리가 있다. 플라톤이 처음으로 시켈리아를 방문했을 때 그의 나이가 사십 세에 가까웠다고 하므로(『일곱째 편지』 324a6) 방문 연도는 기원전 388년경으로 확정지을 수 있다.

따라서 『고르기아스』의 집필이 시켈리아 방문 이전이라면, 이 방문이 적어도 일 년은 걸렸을 터이므로, 집필 연대는 기원전 389년경이 될 것이고, 방문 이후라면, 기원전 386년경이 될 것이다. 이전이냐 이후냐를 두고 논란이 있지만 어느 쪽이든 결정적이지는 않다. 『고르기아스』 내에서 시켈리아 방문과 관련지을 수 있는 대목들은 방문의 영향을 반영한다고 보는 것이 자연스럽기는 하나, 방문 전에 미리 가지고 있던 관심의 반영으로 이해할 소지가 전혀 없지는 않기 때문이다. 시켈리아의 희극작가 에피카르모스의 작품에 나오는 구절을 인용하는 대목이나(505e), 디오뉘시오스 1세를 연상케 하는 참주에 관한 묘사들(466b~c, 510b), 미타이코스가 쓴 시켈리아 요리책에 관한 언급(518b), 피타고라스주의의 영향이 분명한 대목들(493a~494a, 507e~508a) 등이 그 근거들이다.

시켈리아 방문 이후로 봤을 때 『고르기아스』의 집필 시기를 기원전 386년경으로 잡는 것은 『메넥세노스』와의 긴밀한 연관성을 고려한 결과다. 『메넥세노스』는 객관적 연대 추정이 가능한 역사적 사건(안탈키다스 평화조약)을 언급하고 있어서 저술 연대가 빨라야 기원전 387년을 넘어서지 못하는 것으로 평가된다(고대 그리스의 달력으로 새해 첫 달은 오늘날의 달력으로 치면 7월에 시작되므로 기원전 387년과 386년 사이라고 말하는 것이 조금 더 정확하다. 그래서 기원전 '387/6'으로 표기하기도 한다). 따라서 『메넥세노스』가 『고르기아스』의 후속 작품으로 구상되었다는 추정이 옳다면, 『고르기아스』의 연대는 『메넥세노스』와 거의 같은 시기인 기원전 386년경으로 잡을 수 있다. 이 연대는 아카데미아의 설립 시기

와도 인접해 있다. 아카데미아의 설립은 보통 기원전 387년으로
보고 있다.

4. 대화 설정 연대

본 대화편의 작중 인물들이 대화를 나누었던 시점을 암시해
주는 정보들은 다양하다. 이 정보들은 연대가 서로 맞지 않는
경우들이 있기 때문에 대화의 시점을 확정하기가 어렵다. 우선
(1)페리클레스가 "최근에 죽었다"(503c)는 말은 대화가 기원전
429년 이후의 근접한 시기에 있었음을 암시하지만, (2)여러 나라
를 순회하며 활동했던 고르기아스가 아테네를 처음 방문한 해가
기원전 427년이므로, 작중의 고르기아스가 소크라테스와 대화를
나누는 시점은 최소한 그 이전일 수는 없다. 그런가 하면 (3)칼
리클레스의 애인으로 거명되는(481d) 퓌리람페스의 아들 데모스
는 아리스토파네스의 『벌』에 등장하며 이 작품의 상연 연대가 기
원전 422년경이다. 그리고 (4)알키비아데스의 장래를 염려하는 소
크라테스의 발언(519a)은 작중 대화의 시점이 기원전 415년 이전
임을 암시한다. 415년은 일키비아데스가 시켈리아 원정대의 사
령관으로 출정했다가 헤르메스 신상 파괴 사건의 용의자로 지목
되어 소환 당하자 적국인 스파르타로 도주했던 해이다. 그러나

(5)니키아스와 아리스토크라테스가 생존해 있음을 암시하는 구절은(471a) 대화 시점을 기원전 413년 이전으로 확정지을 수 없게 만든다. 413년은 니키아스가 시라쿠사이 원정에서 죽은 해이고, 아르켈라오스가 마케도니아의 권력을 장악한 해이기도 해서 이해를 가리켜 "어제나 그제 있었던 일"이라고 말하는 구절(470d)과도 연대가 맞기는 하지만, 아리스토크라테스가 아르기누사이 사건으로 처형당한 해는 기원전 406년이기 때문이다. 더구나 (6)아르기누사이 사건을 암시하는 대목(473e)에서 그 사건의 재판이 있었던 해(기원전 406년)를 "지난해"라고 적시하기 때문에 이 구절대로라면 대화 시점은 기원전 405년으로 잡아야 한다. 그리고 (7)작중 인물들의 대화 중에는 에우리피데스의 『안티오페』에서 인용한 구절들이 나오는데(485e~486c) 이 작품이 공연되었던 해는 빨라야 기원전 411년이며 대개 408년경으로 보고 있다.

이런 정보들을 종합해 볼 때 대화의 시점은 기원전 427년에서 405년 사이로 추정할 수밖에 없다. 학자들에 따라서는 일부 정보를 중요하게 평가해서 대화의 시점을 잡기도 하지만 무리하게 확정지을 필요는 없을 것 같다. 플라톤의 다른 대화편들도 역사적 사건을 다룸에 있어 느슨함을 보이는 경우가 왕왕 있는데, 사건의 연대 자체가 대화의 핵심이 아니기 때문에 플라톤이 크게 신경 쓰지 않았을지도 모른다.

참고문헌*

1. 원전

Platon, Gorgias in John Burnet (ed.), *Platonis Opera, vol. III* (Oxford Classical Text), Oxford Clarendon Press, 1991 (rep. of 1901 ed.).

2. 원문과 주석

Deuschle J., & Cron, C. W. J., *Platons Gorgias* (text and Ger. comm.), Leipzig, Druck und Verlag von B. G. Teubner, 1876.

Dodds, E. R., *Plato : Gorgias*, Oxford University Press, 1959 (Reissue edition 1990).

Lodge, Gonzalez (ed.), *Plato. Gorgias*, Boston, Ginn & Co., 1891.

Jackson, R. & Lycos, K. & Tarrant, H. (tr.), *Olympiodorus : Commentary on Plato's Gorgias*, Annotated edition, Brill Academic Publishers,

* 『고르기아스』와 직접 관련 있는 문헌들만 목록에 포함시켰다

1998.

Thompson, W. H., *The Gorgias of Plato* (text and comm.), London, Whittaker & Co., 1871.

3. 번역과 주석

Allen R. E., *Euthyphro, Apology, Crito, Meno, Gorgias, Menexenus : The Dialogues of Plato*, vol. 1, Yale University Press, 1984.

Arieti, James A. & Barrus, Roger M., *Plato. Gorgias, Focus Publishing*, 2007.

Canto, Monique., *Platon. Gorgias : Traduction inédite, introduction et notes*, GF Flammarion, 1993.

Cope, E. M., *Plato's Gorgias*, Deighton, Bell and Co.,1864.

Croiset, A., *Platon. Oeuvres complètes : Gorgias* (text and Fr. trans.), Les Belles Lettres, 1923.

Dalfen, Joachim., *Platon Werke. Gorgias : Übersetzung und Kommentar*, Vandenhoeck & Ruprecht, 2004.

Griffith, Tom (tr.) & Schofield, Malcolm (ed.), *Plato : Gorgias, Menexenus, Protagoras*, Cambridge University Press, 2009.

Hamilton, R. W. & Emlyn-Jones, Chris, *Plato : Gorgias*, Penguin Books, 2004.

Helmbold, W. C., *Plato : Gorgias*, Prentice Hall, 1952.

Irwin, Terence., *Plato : Gorgias*, Oxford University Press, 1979.

Jowett, Benjamin (tr.) & Anderson, Albert A. (ed.), *Plato. Plato's Gorgias*, Agora Pubns, 1994.

Lamb, W. R. M. *Plato : Lysis, Symposium, Gorgias* (Loeb 166), Harvard University Press, 1925.

Nichols, James H. Jr., *Plato : Gorgias*, Cornell University Press, 1998.

Waterfield, Robin., *Plato : Gorgias*, Oxford University Press, 1994.

Woodhead, W. D., *Gorgias*, in *Plato : The Collected Dialogues*, E. Hamilton & H. Cairns(ed.), Princeton University Press, 1961.

4. 해설 및 연구서

Benardete, Seth, *The Rhetoric of Morality and Philosophy. Plato's Gorgias and Phaedrus*, University of Chicago Press, 1991.

Consigny, Scott, Gorgias, *Sophist and Artist*, University of South Carolina Press, 2001.

Dilman, Ilham, *Morality and the inner life : a study in Plato's Gorgias*, Barnes & Noble Books, 1979.

Guthrie, W. K. C., *The Sophists*, Cambridge University Press, 1971.

Kennedy, George A., *A New History of Classical Rhetoric*, Princeton University Press, 1994.

Linforth, Ivan M., *Soul and sieve in Plato's Gorgias*, Johnson Reprint, 1971.

McComiskey, Bruce, *Gorgias and the New Sophistic Rhetoric*, Southern Illinois University Press, 2002.

Mason, Ellen Francis, *Talks with Socrates about Life : Translations from the Gorgias and the Republic of Plato*, Nabu Press, 2010.

Plochmann, George Kimball, *A friendly companion to Plato's Gorgias*, Southern Illinois University Press, 1988.

Ranasinghe, Nalin, *Socrates in the Underworld : On Plato's Gorgias*, St. Augustines Press, 2009.

Sachs, Joe, *Plato : Gorgias and Aristotle : Rhetoric*, Focus Publishing/R. Pullins Co., 2008.

Sommer, Édouard, *Gorgias : Dialogue De Platon : Édition Classique*,

Publiée Avec Des Arguments Et Des Notes En Français, Nabu Press, 2010.

Stauffer, Devin, *The Unity of Plato's Gorgias : Rhetoric, Justice, and the Philosophic Life*, Cambridge University Press, 2009.

Tarnopolsky, Christina H., *Prudes, Perverts, and Tyrants : Plato's Gorgias and the Politics of Shame*, Princeton University Press, 2010.

Wardy, Robert, *The Birth of Rhetoric : Gorgias, Plato and Their Successors*, Routledge, 1996.

박규철, 『플라톤이 본 소크라테스의 도덕 · 정치철학 : 대화편 「고르기아스」 연구』, 동과서, 2003.

5. 사전

Hornblower, Simon & Antony Spawforth (eds.), *The Oxford Classical Dictionary : The Ultimitate Reference Work on the Classical World*, 3rd ed., Oxford University Press, 1996.

Liddell, Henry George & Robert Scott (rev. & aug. by Henry Stuart Jones), *A Greek-English Lexicon*, 9th ed., Oxford Clarendon Press, 1961.

6. 논문

Anton, John P., "Dialectic and Health in Plato's *Gorgias* : Presuppositions and Implications", *Oxford Studies in Ancient Philosophy* 1 (1980), pp. 49~60.

_____, "Plato's Philosophical Use of Myth", *The Greek Orthodox Theological Review* 9 (1963-64), pp. 161~180.

Arieti, James A., "Plato's philosophical Antrope : The *Gorgias*" in *Plato's*

Dialogues : *New Studies and Interpretations*, G. Press (ed.), Rownan and Littlefield (1993), pp. 197~214.

Berman, S., "Socrates and Callicles on Pleasure", *Phronesis* 36 (1991), pp. 117~140.

Blank, David L., "The Fate of the Ignorant in Plato's '*Gorgias*'", *Hermes* 119 (1991), pp. 22~36.

Calogero, G., "Gorgias and the Socratic Principle : *Nemo Sua Sponte Peccat*", in Anton & Kustas (eds.), *Essays in Ancient Greek Philosophy* 1, pp. 176~186, from *The Journal of Hellenic Studies* 77 (1957), pp. 12~17.

Consigny, Scott, "Gorgias' Use of the Epideictic", *Philosophy and Rhetoric* 25 (1992), pp. 281~297.

Daniels, Charles B., "The Afterlife Myth in Plato's *Gorgias*", *The Journal of Value Inquiry* 26 (1992), pp. 271~279.

Demos, M., "Callicles' Quotation of Pindar in the *Gorgias*", *Harvard Studies in Classical Philosophy* 96 (1994), pp. 85~107.

Engnell, Richard A., "Implication for Communication of the Rhetorical Epistemology of Gorgias of Leontini", *Western Speech* 37 (1973), pp. 175~184.

Fussi, Alessandra, "Callicles' Examples of nomos tēs physeōs in Plato's *Gorgias*", *Graduate Faculty Philosophy Journal* 19 (1996), pp. 119~149.

Green, Elvena M., "Plato's Use of Three Dramatic Elements in *Gorgias* as Means to Demonstrate His Thought", *Southern Speech Communication Journal* 33 (1968), pp. 307~315.

Grentzler, Jyl, "The Sophistic Cross-Examination of Callicles in the *Gorgias*", *Ancient Philosophy* 15 (1995), pp. 17~43.

Haden, James, "Two Types of Power in Plato's *Gorgias*", *The Classical Journal* 87 (1991~92), pp. 313~326.

Hall, R. W., "Technē and Morality in the *Gorgias*" in Anton & Kustas (eds.), *Essays in Ancient Greek Philosophy* 1, pp. 202~218.

Harrison, E. L., "Was Gorgias a Sophist?", *Phoenix* 18 (1964), pp. 183~192.

Kahn, Charles H., "Drama and Dialectic in Plato's *Gorgias*", *Oxford Studies in Ancient Philosophy* 1 (1983), pp. 75~121.

Kastely, James L., "In Defense of Plato's *Gorgias*", *PMLA : Publications of the Modern Language Association of America* 106 (1991), pp. 96~109.

Kauffman, Charles, "Enactment as Argument in the *Gorgias*", *Philosophy and Rhetoric* 12 (1979), pp. 114~129.

Kerferd, G. B., "Plato's Treatment of Callicles in the *Gorgias*", *Proceedings of the Cambridge Philological Society* 20 (1974), pp. 48~52.

Linforth, Ivan M., "Soul and Sieve in Plato's *Gorgias*", *University of California Publications in Classical Philology* 12 (1944), pp. 295~314.

Mckim, R. "Shame and Truth in Plato's *Gorgias*", in C. L. Griswold (ed.), *Platonic Writings, Platonic Readings*, Routledge, Chapman & Hall, 1988, pp. 34~48.

Michelini, A. N., "Polle agroikia : Rudeness and Irony in Plato's *Gorgias*", *Classical Philology* 93 (1998), pp. 50~59.

Nightingale, Andrea Wilson, "Plato's *Grogias* and Euripides' *Antiope* : A Study in Generic Transformation", *Classical Antiquity* 11 (1992), pp. 121~141.

Nobles, W. Scott, "The Paradox of Plato's Attitude Toward Rhetoric", *Western Speech* 21 (1957), pp. 206~10.

Ostwald, M., "Pindar, *Nomos*, and Heracles", *Harvard Studies in Classical Philology* 69 (1965), pp. 109~38.

Pangle, Thomas L., "Plato's *Gorgias* as a Vindication of Socratic

Education", *Polis* 10 (1991), pp. 3~21.

Penner, T., "Desire and Power in Socrates : The Argument of *Gorgias* 466a~468e that Orators and Tyrants Have No Power in the City", *Apeiron* 24 (1991), pp. 147~202.

Plastira-Valkanou, Maria, "Medicine and Fine Cuisine in Plato's *Gorgias*", *L'Antiquité Classique* 67 (1998), pp. 195~201.

Quimby, Rollin W., "The Growth of Plato's Perception of Rhetoric", *Philosophy and Rhetoric* 7 (1964), pp. 71~79.

Rendall, Steven, "Dialogue, Philosophy, and Rhetoric : The Example of Plato's *Gorgias*", *Philosophy and Rhetoric* 10 (1977), pp. 165~179.

Robinson, Franklin E., "Plato's *Gorgias* : Socrates' Argument in the Socrates-Polus Colloquy", *Midwestern Journal of Philosophy* 5 (1977), pp. 43~49.

Rocco, Chris, "Liberating Discourse : The Politics of Truth in Plato's *Gorgias*", *Interpretation* 23 (1996), pp. 361~385.

Rudberg, G., "*Protagoras-Gorgias-Menon* : Eine platonische Übergangszeit", *Symbolae Osloenses* 30 (1953), pp. 30~41.

Saxonhouse, Arlen W., "An Unspoken Theme in Plato's *Gorgias* : War", *Interpretation* 23 (1983), pp. 139~169.

Segal, C. P., "Gorgias and the Psychology of the Logos", *Harvard Studies in Classical Philology* 66 (1962), pp. 99~155.

Spitzer, Adele, "The Self-Reference of the Gorgias", *Philosophy and Rhetoric* 8 (1975), pp. 1~22.

Turner, Jeffrey S., "Atopia and Plato's Gorgias", *International Studies in Philosophy* 25 (1993), pp. 69~77.

Vlastos, G., "Was Polus Refuted?", *American Journal of Philosophy* 88 (1967), pp. 454~460.

Weiss, Roslyn, "Killing, Consfiscating, and Banishing at *Gorgias*

466~468", *Ancient Philosophy* 12 (1992), pp. 299~315.

White, N. P., "Rational Prudence in Plato's Gorgias", in D. J. O'Meara (ed.), *Platonic Investigations*, Catholic University of America Press, 1985, pp. 139~162.

김남두, 「『고르기아스』에서 플라톤의 수사술 비판」, 《서양고전학연구》 27 (2007), 43~63쪽.

김완수, 「플라톤 『고르기아스』의 형이상학과 윤리학에 관한 연구」, 《서양고전학연구》 11 (1997), 109~135쪽.

박규철, 「수사술의 의미 : 소크라테스와 고르기아스의 논전」, 《동서철학연구》 28 (2003), 151~171쪽.

_____, 「『고르기아스』에서 논박의 윤리적 의미와 수사술의 한계」, 《서양고전학연구》 20 (2003), 35~79쪽.

_____, 「'부끄러워함'이라는 개념을 중심으로 한 플라톤 『고르기아스』 도덕철학 연구」, 《가톨릭철학》 3 (2001), 188~288쪽.

박성우, 「소크라테스는 칼리클레스와 화해할 수 있을까?」, 《서양고전학연구》 20 (2003), 81~118쪽.

양태범, 「폴로스는 비도덕주의자인가? ― 플라톤의 『고르기아스』에 등장하는 폴로스의 윤리 사상 연구」, 《동서철학연구》 47 (2007), 27~46쪽.

이한규, 「칼리클레스 자연법사상의 재해석」, 《법학연구》 24-1 (2008), 325~361쪽.

찾아보기

일러두기

- * 표시는 그 대목에 주석이 있음을 가리킨다.

일반용어

우리말 – 그리스어

가난 penia 477b, c, e, 478a

가락 melos 502c*

가르치다 didaskein 447c, 453c~e,
455a, 456e, 457c, 458e,
459e, 460d, 461b, c, 482d,
489d, 507a, 519c

가정 oikia 520e

가족 oikeios 456d, 480c, d, 508c,
509b

가치 있는 axios 457d, 471e, 492c,
497b, 514c

감독자 epimelētēs 523b

감독하다 epistatein 465d

감옥 desmōtērion 486a, 523b

— phroura 525a

강요하다 anankazein 482e, 483a,
522a

강제 bia 488b

강제하다 anankazein 480c

— biazesthai 517b

— prosanankazein 504a

개(犬) kyōn 461b, 466c, 482b

개인 idiōtēs 507d

거짓 pseudos 505e, 519b, 525a

거짓 맹세 epiorkia 524e

거짓 증언을 당하다
katapseudomarty-rēthēnai
472a

거짓 증인 pseudomartys 472b

거짓된 pseudēs 454d, 458b

건강 hygieia 452a, 459a, d, 465d,
467e, 479b, 495e, 496a, 499d,
504b, c, 514d

— hygieinon 451e, 518d

광장(시장) agora 447a, 469d

괴로움 ania 477d

— odynē 525b

괴로운 aniaros 477d, 496c, d, 497d

괴로워하다 ainēsthai 497a, 498d, e, 499a

괴로워하다(괴로움을 겪다) algein 467c, 475c

괴롭히다 anian 485b, 502a

교묘한 논변을 펴다 sophizein 497a

교양 paideia 485a

교육 상태 paideia 470e*

교육하다 paideuein 471d, 487b, 519e

교제 synousia 515b

교제하다 proshomilein 463a

구경거리 theama 525c

구속 desmos 480d

구속하다 dein 480d

구(救)하다 sōizein 486b, 511c, d, 512b, d

구해 내다 diasōizein 511c

군중 ochlos 454b, e, 455a, 458e, 459a, 502c

굴복시키다 anankazein 472b*

굴복하다 epitrepein 517b

권력자 dynastēs 479a*, 524e, 525d, 526b

권세 exousia 525e, 526a

권하다 kaleuein 511c

— parakaleuein 487d, 500c, 512c, 514a, e, 526e

규정하다(규정을 내리다) diorizein 457c, 488d

— horizein 453a, 475a, 491c, 513c

그럴듯한 eikos 486a

극단(極端) eschatos 482b, 494a, 508d, 511d, 522e

극장 theatron 502c

근거 있는 이야기 logos 523a

글 grammata 462c

기록 grammata 484a*

기록하다 anagraphein 506c

기만적 apatēlos 465b

기뻐하다 charizesthai 458d, 462c, d, 501c, d, 502a~b, e

기쁘게 하다(기쁨을 주다) chairein 474d, 478b, 494c, 495a, 496e, 497a, 498a~e, 499a, 502b, 510d

기쁨 charis 462c, 465d, 521a, d

기술 technē 447c*, 448b~c, e, 449a, c, 450a~e, 451a, 452a, b, 453d, e, 454a, 455c, 459b~d, 464b, 511b, 512d, 517e, 518a, 520d

기술적(기술로 하는) technikos 463a

기억 mnēmē 501a

기억나게 하다 hypomimnēskein
473d

기억을 되살리다 anamimnēskein
515c

기억하다 mnēmoneuein 466a, 488b,
499e, 500a

기준 horos 470b

기하학 geōmetrikē 450d, e, 508a

기하학자 geōmetrēs 465b

기하학적 동등 hē isotēs hē
geōmetrikē 508a*

길게 말하는 방식 makrologia 449c,
461d

길게 말하다 makrologein 465b

나라 polis 452d, 455b, d, 456b, e,
457b, 459d, 466a~d, 467a,
468c~e, 469c, d, 473c, 483d,
484d, 486c, 488c, 491d, 492c,
502d, 507d, 508d, 510a, b~e,
511b, 512b, 513a, e, 514a,
515a, c, 516e, 517b, 518b,
e, 519a~b, 520a, e, 521a, c,
522c

나랏일 ta politika 514a, 516c, d,
517a, 518b
— ta tēs poleōs pragmata
491a, c, 515a, c, 525d

나쁜 kakos 458a, 459d, 463d, 467a,
e, 468a, c, d, 469b, 470a,
473a, 474b~d, 475b~e, 476a,
477c, 478c~e, 479d, 480a,
482b, 483a, 488b, 492b,
495a, 496b, c, 497d, 498c~e,
499a~d, 500a~c, 501c, 502e,
504e, 507a, 508b, e, 509b, c,
513a, 516a~c, 518d, 519a, b,
521c, e, 522a, e, 523b, 526b

나쁜 상태 kachexia 450a
— kakia 477a, b, 478e

남자 anēr 470e, 485c, 500c, 502d,
514d~e

내보이다 apodeiknynai 516a~b
— endeiknysthai 488c

노예 andrapodon 483b*
— doulos 471a, 484a, 489c

노예 노릇 하다 douleuein 471a,
491e

노예로 만들다 katadouloun 483e,
492a

노예스러운 aneleutheros 485c

노예적인 douloprepes 465b, 518a

논란을 벌이다 amphisbētein 472c,
d, 476a, 479d

논박 elenchos 472c, 474a, b, 475e

논박하다 dielenchein 457e
— elenchein 458a, 461a, 462a,
463e, 467b, 470c, 471e, 473b,

d, e, 486c, 504c, 506a, 527b

— exelenchein 466e, 467a,
   470d, 471d, 473a, b, d, e,
   482b, 497b, 506c, 522d

논박하지 않은 anelenkton 467a,
   482b

논박해야 하는 exelenkteos 508a

논변 logos 471d, 475e, 509a

논의 logos 453c, 457c, d, 458d,
   461c, d, 463a, 471d, 472b, d,
   475d, 483a, 484e, 487e, 491a,
   494e, 497b, 500c, 501c, 503c,
   505c, d, 506b, c, 508e, 509e,
   511b

논의하다 dialegesthai 457c, 458c

놀라운(경이로운) thaumasios 469d,
   470a, 489d, 496a, 502b, 512b,
   517e, 518b, 527a

놀라워하다 thaumazein 452b, 454b,
   456a, 481e, 482a, b, 492e

눈 ophthalmos 473c, 496a, 523d

느끼다 paschein 485b, c, e, 513c

느낌 pathos 513c

다스리다 archein 452d, 483d, 488b,
   490a, 491d, e, 492c, 510c,
   517e

단련하다 askein 527d

— gymnazein 514e

— meletan 448d

단어 onoma 489e

달 selēnē 450c

닮은 homoios 510b, d, 513a

닮지 않은 anomoios 513a

담론 diatribē 484e

당하다 paschein 475b, 482c, d,
   519b, 521c, 522b, c

대가 dikē 472e, 473b, d, 476a, d, e,
   477a, 478a, d, e, 479a, c~e,
   480a, c, 481a, 482b, 486c,
   507d, 509b, 510e, 511e, 513a,
   525b, 527b

대립하는 enantios 482e, 489b

대상 pragma 450b, 464b

대왕 megas basileus 470e*, 524d

대중 plēthos 452e, 456c, 457a

대중연설 dēmēgoria 502c, d, 503a

대중연설가 dēmēgoros 482c, 520b

대중연설에 어울리는 dēmēgorikos
   482e

대중연설을 하다 dēmēgorein 482c,
   503b, 519d

대화 synousia 461b

대화를 나누다 dialegesthai 447b*,
   448d, 449b, 453b, 458d, 471d
   (대화식 논의), 474a, 485b,
   505d, 506b, 517c

더 강한 kreitōn 483d, 484c, 488b~e,

496b, 499d, 504e, 507a, c,
510e, 513c, 515e, 518d
반대하다 enatiousthai 481e
반박하다 antilegein 481d
발견하다 heuriskein 448c, 486d,
488a, 496c, 502a, 514d
밝히다 apophainein 466c
— deloun 489e, 493c
밤 nyktōr 471b, 493e
방자함 hybris 525a
방종 exousia 525a
배 naus 511e, 517c
— ploion 469e, 504a
배고프다(굶주리다) peinan 496c,
505a
배고픔 peina 494b, 496c, d, 497c,
522a
배우다 manthanein 454c~e, 456d,
458e, 459c, e, 460a, 482d,
489d, 509d, 510b, 514b, e
배우지 못한 apaideutos 510b
배움 mathēsis 454d
배치 taxis 455b
벌받다 zēmiousthai 490c*
벌금 zēmia 480d
법 nomos 474e, 482e*, 483a~e,
484a, b, d, 488d, 489a, b,
492b, 504d, 523a
법규 nomia 488d, e, 489c

법정 dikastērion 452e, 454b, e,
455a, 471e, 512a, b, 521c, d,
522a
법정 변론가 dikanikos 512b
법정 변론술 dikanikē 511d
변론하다 apologeisthai 521e
변호하다 apologeisthai 480b
별 astron 450c
병 nosēma 512a
보다 horan 470d, 475e, 485c
— idein 468e, 485d, 498a,
503b, d, 522d, 524c, 525a,
526d
— kathoran 479b
— theōrein 474d
보다(보고 알다) kateidenai 524e,
526b
보살피는 자 therapeutēs 517e, 518b
보살피는 활동(보살핌) therapeia
464b, 501a, 521a
보살피다 therapeuein 464c, 486d,
501a, c, 513d, e, 516d, e
보살핌의 결과 therapeuma 524b
보수 misthos 519c, 520c
보여 주다 apodeiknynai 466e, 467c,
469e, 470d
— apophainein 483d, 526e
— endeiknynai 488a, 493b, c
보조 원인 synaitia 519b

비겁한 deilos 477d, 497e, 498a~e, 499a, 515e, 522e

비극 tragōidia 502b

비난 psogos 483c, 512d

비난하다 kakēgorein 482c, 491b, 519c, 520a, b, 522b

— oneidizein 508c, 515a, 526e

— psegein 448e, 492a, 510c, 517b, 518d

비역질 하는 자 kinaidos 494e*

비웃다 gelan 473e

— katagelan 473e, 482d

비유 eikōn 493d, 517d

비유하다 apeikazein 493b, c

비참한 athlios 469a, b, 470d, e, 471a~c, 472d, e, 473a, b, d, 478d, 479b, e, 492c, 493b, 494e, 496b, 507c, 508b, 512a

비천한 agennēs 465b, 513d

빼앗다 aphairein 457b, 466c, d, 468b~e, 470b, 471b, 486c, 504d, 508d, 511a, 521b

사고 dianoia 514a

사귀다 homilein 513d, 521a

— prosomilein 502e

사내(남자) anēr 485d, 500c

사내답지 못한 anandros 485c, d

사냥하다 thēreuein 464d, 490a

사람 anēr 456b, 461b, 464d, 470c~e, 472d, 483b, 484a, d, 485d, 486c, 487e, 489a, b, 490e, 493a, d, 497e, 498a, 503c, d, 505c, 507b, c, 512e, 514e, 515c, 517a, 521e, 526a, c

— anthrōpos 448c, 451e, 452a~d, 453e, 456d, 457d, 458a, 462c, 463a, 467c, 468e, 469a, d, 470b, 472e, 473b, e, 474b, 475d, e, 477b, 478c, 479d, e, 481c, 482c, d, 483b~d, 484c, d, 485a, c, 487b, 489c, 491e, 492a~c, 495e, 496a, c, 499b, 500c, 503c, 509b, c, 511b, c, 513a, 514e, 515b, 516b, 518a~c, e, 519d, e, 520a, d, 521c~e, 522c, d, 524b, d, 525b, 526a, d, e

— phōs 486b*

사랑 erōs 513c

사랑받는 prosphilēs 513a

사랑하다 eran 481d

사멸하는 thanatos 484b

사법술 dikaiosynē 464b, 465c, 478a, 520b

사악한 mochthēros 486b, 488c, 511a, 512b, 521c

사용 chreia 474d

사용하다 chrēsthai 451a, d, 456c~
　　e, 457a~c, 460d, 461a, d,
　　480d, 484d, 490e, 517a, e,
　　521b, c, 527c

　　— prospherein 503d

사용해야 하는 chrēsteon 508b

사적인 idios 469e, 484d, 502e,
　　514b, c

사적인 활동(작업)을 하다 idiōteuein
　　514e

사형(死刑) thanatos 480d, 481a

산술(算術) logistikē 450d*, 451b~c,
　　453e

살다 bioun 481b, 491e, 494d, 512e,
　　523c, 526c

　　— enkatoikein 486c

　　— zēn 478e, 483b, 486c,
　　492e, 494b, 500c, 505a, 507d,
　　e, 511b, 512b~e, 523b, c,
　　524b~d, 526d, 527c

살아 있는 것 zōion 506d

살아가다 oikein 523b

삶 aiōn 448c

　　— bios 461c, 481c, 492e,
　　493c, d, 494a, b, e, 500c, d,
　　507e, 523a, 526e, 527e

삼단선 triērēs 469e

상태 hexis 524b

　　— kataskeuē 477b

　　— pathēma 524d

　　— pathos 476c

색깔 chrōma 465b, 474d, e

생각 gnōmē 466c

생각하다 hypolambanein 477a,
　　480c

생계 bios 486d

생애 bios 482b, 488a

서로 나누다 dianemesthai 523a

선발 hairesis 455b, 456a

선발하다 hairein 456b, c

선생 didaskalos 456e, 459e, 514b,
　　c, 519c, d

선용하다 eu poiein 499c

선출 hairesis 455b

선택 hairesis 513a

선택하다 eklegein 472b

　　— hairein 469c, 493c

설득 peithō 453a, b, e, 454a, b, e,
　　455a, 459c

설득력 있는 pithanos 456c, 457a,
　　458e, 459a, b, 479c, 486a

설득하다 anapeithein 493a

　　— peithein 452e, 453d, e,
　　454e, 456b, c, 458e, 459d,
　　493a~d, 494a, 517b

설명 logos 465a, 501a

설명 없는(근거 없는) alogos 465a*

시작하다 archein 449b, 466b, 488a, 494c, 503b, 515a, 521a

신 theos 458d, 472e, 481b, 491a, 507a, b, e, 508a, 514d, e, 522c, 523a, 525b

신령한 daimonios 456a, 489d, 513a, 517b

신발 hypodēma 447d*, 490d, e, 517d

신전 hieron 514a

실수하다 hamartanein 489b

실천적 활동 praxis 484e

실천하다 epitēdeuein 488a

심사숙고하다 bouleuesthai 487c

심판 dikē 472d, 523b, c, e, 524a, 526e

심판관 dikastēs 523b~e, 524a, e, 526d, e

— kritēs 523e, 526d

심판하다 dikazein 523b, c, 526c

— krinein 523c, d, 524a

싸우다(분투노력하다) diamechesthai 502b, 503a, 513d, 521a

싸우다(전투하다) machesthai 456d, e

쓸모 chreia 480a, 481b

쓸모 있는 chrēsimos 474d, 480b

— chrēstos 499e, 504a, b, 517e

씨앗 sperma 490e

아다마스 adamas 509a*

아들 huios 461c, 471b, 492b, 508b, 512c, 523e, 527a

아름다운 kalos 451e, 452b, 481e, 498e, 514b, 520e, 523c

아름다움 kallos 465b, 497e

아버지 patēr 456d, 483d, 502a, 523a

아울로스 aulos 501e*

아이 pais 464d, 470c, 471c, d, 479a, 497e, 499c, 502d, e, 511e, 521e, 522a

아주 비슷한 paraplēsios 520a

아주 훌륭한 pankalos 520a

아첨 kolakeia 463b*, c, 464e, 466a, e, 501c, 502c, d, 503a, 513d, 521b, 522d, 527c

아첨술 kolakeutikē 464c, 465b, 517a

아프다(병들다) kamnein 477d, 478a, c, 504e

— nosein 495e, 496a

악 kakon 458a, 477a, e, 478c, d, 479c, d, 480d, 507e, 511a

악(惡) kakia 508b

악의 phthonos 457d

알다 eidenai 453b, 459a~e, 460a,

참주 권력 tyrannis 469d, 492c,
참주 자리 tyrannis 473b, d
참주 노릇 하다(참주가 되다) tyranne-
　　uein 469c, 473e, 510a
창작 poiēsis 501e, 502a
채우다 pimplanai 494a
　　— plēroun 492e, 493e, 494a~
　　c, 503c, 507e
채움 plērōsis 496e
처벌 dikē 479b
처벌로 부가하다 proszēmioun 516d
처벌하다 zēmioun 470a
천문학 astronomia 451c
철학 philosophia 481d, 482a, b,
　　484c, 485a~d, 486a, 487c,
　　500c
철학자 philosophos 526c
철학 활동(철학하다) philosophein
　　485a~d, 487c
체육 선생 paidotribēs 452a, b, e,
　　456e, 460d, 464a, 504a, 520c
체육술 gymnastikē 450a, 464b, c,
　　465b, c, 517e, 518a, c, 520b
추방 phygē 480d, 516d
추방당하다 pheugein 480d
추첨하다 lanchanein 473e
추함 aischos 477b
　　— aischrotēs 525a
축복받은(복된) makaros 512d, 520a,

523a, 524a, 526c
축복받은 자들의 섬들 makarōn
　　nēsoi 523b, 524a, 526c
치료 가능한 iasimos 525b, 526b
치료받다 iatreuesthai 478b~d, 479a
치료 불능한(불치의) aniatos 480b,
　　512a, 525c, e, 526b
치욕적인 atimos 486c*
치장술 kommōtikē 463b, 465b, c
친구 philos 447a, 456d, 466c, 469b,
　　471a, d, e, 473a, 479c, d,
　　480c, 482a, 487b, e, 491d,
　　492c, 497d, 508a, c, 509b,
　　510b, c, 514b, 519d
친한 philos 447b, 470c
　　— prosphilēs 507e
칭찬 epainos 483b, 526a
칭찬하다 epainein 483b, 484e,
　　492c, 507c, 510a, 512c, 518c

캐묻다 anerōtan 497b
크기(수량) plēthos 451c
키타라 노래 연주 kitharōidikē
　　502a*
키타라 노래를 하다 kitharōidein
　　502a
키타라 연주 kitharistikē 501e

함께 나눔 koinōnia 507e*
함께 묶다 synechein 508a
함께 항해하다 symplein 511e
함께하기 parousia 497e*, 498d
함께하다 pareinai 498d, 506d,
    507d
합창단 choros 482b, 501e
합창단을 후원하다 chorēgein 482b
항구 limēn 455b, d, 511e, 519a
항아리 pithos 493a, b, d, e, 494a
해(태양) hēlios 450c
해(해로움) blabē 477c, d
해로운 blaberos 468c
    — kakourgos 465b
해를 입히다 blaptein 475d, 511e
해악 blabē 509b
핵심 kephalaios 453a
핵심이 되는 kephalaios 472c
행동 ergon 461c
    — praxis 525a
행복 eudaimonia 478c, 492c
행복하다 eudaimonein 470e, 473c,
    527c
행복한 eudaimōn 470d, e, 471a, c,
    d, 472c, d, 473b, d, 478c~e,
    491e, 492e, 493c, 495a
행위 ergon 484b
    — praxis 450d, 504d, 520e,
    524e, 527c

행하다(행동, 행위를 하다) ergazesthai
    518e, 522d
    — prattein 467c~e, 468a,
    470a, 481a, 499e, 500c, 507a,
    b, e, 514e, 515a, 522b, 526c
헤아리다 logizesthai 511e
    — stathmēsthai 465d
현자 sophos 493a, 507e
혈통 genos 523c
협약 synthēma 492c
형벌 timōria 472d, 525b, e
형상 eidos 503e
형제 adelphos 448b, 456b, 471a, c,
    472a, 485e
호기로운 neanikos 508d, 509a
호기를 부리다 neanieuesthai 482c*
호의 eunoia 487a
호의를 가진 eunous 487b, d
혼 psychē 453a, 463a, 464a~c,
    465c~e, 469d, 477a~e, 478d,
    479b, 480b, 485e, 486d, e,
    487a, 491b, 493a~c, 496e,
    501b~d, 503a, 504b~d, 505b,
    506d, e, 507a, 512a, 513c~e,
    517c, 518a, 522e, 523c~e,
    524b, d, e, 525a, 526c
홀수 perittos 451bc, 453e, 460e
화가 zōgraphos 448c, 453c, d,
    454a, 503e

확신 pistis 454d*, e

확신하다 pisteuein 454c~e, 512e,
521c, 524a, 526c, 527e

환자 hoikamnontes 449e, 450a,
456b, 505a

활동 praxis 450b, 484e

활동(공급 활동) paraskeuē 500b*, d

활동(업무) pragmateia 501b, 517c,
518a, 524d

활동(직업) epitēdeusis 462e, 463a,b

황금(금) chrysion 481a, 486d

황금의 chryseos 526c, d

회화 graphikē 540c

훌륭하고 좋은 kalos(kalon) kai
agathos (agathon) 470e*, 484d,
490e, 511b, 514a, 516a, 518a,
c, 527c

훌륭한 agathos 448c, 449a, 459e,
461b, 466a, 471d, 486c, 490c,
503c, d, 504d, 505b, 506c,
507a, 511b, 514b, 515c, d,
516e, 517a, c, 518b, 519d, e,
520d, 521b, 526a, b, 527b
— chrēstos 521d
— kalos 447a, 448c, e, 459d,
461c, 462c, d, 463a, c, d,
470e, 472b, c, 474d, e, 475a,
476b, e, 477a, 478b, 480c,
482e, 484a, d, 485c, 487e,

488e, 490d, e, 503a, 506d,
509c, 514a, 515a, 516a, d,
518c, 526a, 527c

훌륭함 kallos 475a

훔치다 kleptein 508e

흉내 내는 자(모방자) mimētēs 513b

힘(권력) dynamis 447c, 456a, c,
460a, 467a, 469d, 509d, e,
510a, 511a, 513a, 514a

힘 있는 errōmenos 483c

힘셈(힘) ischys 496b, 499d

힘없는 asthenēs 483b, 488c

힘없음 astheneia 496b

힘을 행사하다 dynasthai 466b, d,
e, 467a, 468d, e, 469d, e,
470a, 510d, e, 513a

그리스어 – 우리말

adamas 아다마스

adelphos 형제

adikein 불의를 행하다(저지르다)

adikēma 부정의한 행위

adikia 불의

adikos 부정의한

adynamia 무능함

adynatos 무능한

agapan 즐기다

agathos 좋은, 훌륭한

agennēs 비천한

agnoein 무지하다

agnoia 무지

agōn 경연 대회, 경쟁

agōnia 승부

agōnizesthai 경쟁하다

agora 광장, 시장

agrios 야만적인, 야성적인

agriotēs 야생성

agroikia 무례

agroikos 무례한

ainēsthai 괴로워하다

aiōn 삶

aischos 추함

aischros 부끄러운

aischrotēs 추함

aischynē 부끄러움

aischynesthai 부끄러워하다

aischyntēros 부끄러움을 타는

āisma 송가

aisthanesthai 알다, 알아차리다

aitia 원인

aitiasthai 탓하다

aitios 탓인

akolasia 무절제

akolastos 무절제한

akōn 본의 아니게

akosmētos 무질서한

akosmia 무질서

akrēsthai 복종하다

alētheia 진실

alēthes 진실

alēthēs 맞는, 참된

algedōn 고통

algein 괴로워하다, 괴로움을 겪다

algeinos 고통스러운

allotrios 외적인

alogistos 무분별한

alogos 설명 없는, 근거 없는

amathēs 무지한

amathia 무지

ameinōn 더 나은, 더 좋은

amphisbētein 논란을 벌이다

amyētos 입문하지 않은

anagraphein 기록하다

anandria 용기 부족

anandros 사내답지 못한

anankazein 강요하다, 강제하다, 굴
복 시키다

anamimnēskein 기억을 되살리다

anapeithein 설득하다

andrapodon 노예

andreia 용기

andreios 용감한

andrianopoiia 조각

anelenkton 논박하지 않은

aneleutheros 노예스러운

aner 사내, 남자, 사람, 인물

anerōtan 캐묻다

ania 괴로움

anian 괴롭히다

aniaros 괴로운

aniatos 치료 불능한, 불치의

anoētos 몰지각한

anoia 우매함

anomoios 닮지 않은

anosios 불경한

anthrōpeios 인간적

anthrōpos 사람, 인간

antilegein 반박하다

apaideutos 배우지 못한

apaischyesthai 부끄러워 움츠러들다

apatēlos 기만적

apeikazein 비유하다

apeiria 미숙

apeiros 미숙한

apergazesthai 성취하다

aphairein 빼앗다

aphrōn 어리석은

apistia 불신

apodeiknynai 내보이다, 보여 주다,
　　입증하다

apokteinein 죽이다

apologeisthai 변호하다, 변론하다

apophainein 밝히다, 보여 주다

apothnēskein 죽다

archē 시작, 처음, 통치권

archein 다스리다, 시작하다

architektōn 건축가

archōn 통치자

aretē 덕

argyrion 돈

arithmētikē 수론(數論)

artios 짝수

askein 단련하다, 연습하다

asteios 세련된

astheneia 질환, 힘없음

asthenēs 힘없는

asthenesteros 더 힘없는

astron 별

astronomia 천문학

asymmetria 불균형

ataxia 짜임새를 갖추지 못함

athanatos 불멸하는

athlios 비참한

atimos 시민의 자격을 박탈당한, 치
　　욕적인

aulos 아울로스

axios 가치 있는

basileus 왕

beltiōn 더 나은, 더 좋은, 더 훌륭한

bia 강제

biazesthai 강제하다

bios 삶, 생계, 생애

bioun 살다

dianoia 사고

diaphōnein 틀린 음을 내다

diaprattein 성공하다, 해내다

diasōizein 구해 내다

diatribē 담론

diatribein 시간을 보내다

didaskalia 연습

didaskalos 선생

didaskein 가르치다

dielenchein 논박하다

dikaion 정의(正義)

dikaios 정의로운

dikaiosynē 사법술, 정의(正義)

dikanikē 법정 변론술

dikanikos 하인적인, 법정 변론가

dikastērion 법정, 재판정

dikastēs 심판관, 재판관

dikazein 심판하다

dikē 대가, 심판, 재판, 재판술, 처
　　벌, 판결

diorizein 규정하다, 규정을 내리다

dipsan 목마르다

dipsos 목마름, 갈증

dithyrambos 디튀람보스

dokein 평판을 얻다

dokountes 평판 높은 자들

domos 집

douleuein 노예 노릇 하다

douloprepes 노예적인

doulos 노예

doxa 의견, 판단, 평판

doxazein 의견을 갖다

drachmē 드라크마

dynamis 힘, 권력

dynasteia 소수자 독재 권력

dynastēs 권력자

dynasthai 힘을 행사하다

dynatos 유능한

echthros 적(敵)

eidenai 알다

eidōlon 모상

eidos 종류, 형상

eikōn 비유

eikos 그럴듯한

ekkaiein 지지다

ekklēsia 민회

ekklēsiastēs 민회 의원

eklegein 선택하다

elenchein 논박하다

elenchos 논박

eleutheria 자유

eleutherios 자유인다운

empeiria 경험

empeiros 경험을 쌓은

empeirōs 경험에 의해

enantios 대립하는, 모순된, 반대되는

enatiousthai 반대하다

endeia 결핍

endeiknynai 보여 주다, 알려 주다, 표현하다

endeiknysthai 내보이다

endiatribein 시간을 보내다

enhoran 알다

enkatoikein 살다

enkratein 주인 노릇 하다

entynchanein 만나다

epainein 칭찬하다

epainos 칭찬

epangellesthai 공언하다

epeigesthai 매진하다

epideiknynai 과시하다

epideixis 과시, 솜씨를 보여 줌

epimeleisthai 돌보다

epimelētēs 감독자, 돌보는 자

epiorkia 거짓 맹세

epipsēphizein 표결에 붙이다

epistasthai 알다, 정통하다, 할 줄 알다

epistatein 감독하다

epistēmainein 표시를 하다

epitēdeuein 실천하다

epitēdeuma 관행, 일

epitēdeusis 활동(직업)

epistēmē 앎, 지식

epistēmōn 정통한

epitrepein 굴복하다

epithymein 욕구하다

epithymia 욕구

epōidē 주문

eran 사랑하다

ergasia 일, 작업

ergazesthai 행하다, 행동·행위를 하다

ergon 성과, 일, 작업, 행동, 행위

erōs 사랑

errōmenos 힘 있는

eschatos 극단(極端)

esthiein 먹다

ethnos 집단

ethos 습성

ēthos 관행, 성미(性味)

eu poiein 선용하다

eu prattein 잘 지내다, 잘 행하다

eudaimōn 행복한

eudaimonein 행복하다

eudaimonia 행복

euergesia 이로운 행위

euergetēs 은인

euexia 좋은 상태

eunoia 위하는 마음, 호의

eunous 호의를 가진

euphyēs 좋은 자질을 타고난

examartanein 잘못하다

exelenchein 논박하다

exelenkteos 논박해야 하는

exousia 권세, 방종, 자유

gē 땅

gelaios 우스운

gelan 비웃다

gelōs 웃음거리

genos 종족, 혈통

geōmetrēs 기하학자

geōmetrikē 기하학

gignōskein 알다(알게 되다)

gnēsios 적법한

gnōmē 생각

goneus 부모

grammata 글, 기록

graphikē 회화

gymnasion 학파

gymnastikē 체육술

gymnazein 단련하다

gynē 여자(여인)

hairein 선발하다, 선택하다

hairesis 선발, 선출, 선택

hamartanein 실수하다, 잘못하다

hamartēma 잘못

hē isotēs hē geōmetrikē 기하학적
    동등

hēdesthai 즐거워하다

hēdonē 즐거움

hēdys 즐거운

hēgemōn 인도자

heiromenē 정해진 운명

hekōn 일부러, 자진해서

hēlios 해(태양)

hetairos 동료

hēttōn 더 약한

heuriskein 발견하다, 알아내다

hexis 상태

hieron 신전

hoikamnontes 환자

homilein 사귀다

homoēthēs 성품이 같은

homoios 닮은

homologein 동의하다, 일치하다

homologia 동의, 인정

hoplon 중무장

horan 보다

horizein 규정하다, 규정을 내리다,
    정하다

hōrmāsthai 매진하다

horos 기준, 의미 규정

hosios 경건

huios 아들

hybris 방자함

hydōr 물

hygiainein 건강하다

hygieia 건강

hygieinon 건강

hygiēs 건강한

hypodēma 신발

hypodyesthai 탈을 쓰다, 분장하다

hypokeisthai 복종하다

hypolambanein 생각하다

hypomimnēskein 기억나게 하다

iasimos 치료 가능한

iatreuesthai 치료받다

iatrikē 의술

iatros 의사

idein 보다

idios 사적인, 자신만의

idiōtēs 개인, 평범한 사람

idiōteuein 사적인 활동(작업)을 하다

ischyroteros 더 힘센

ischys 힘셈, 힘

ison 동등한

kachexia 나쁜 상태

kaiein 지지다

kakēgorein 고발하다, 비난하다

kakia 나쁜 상태, 악(惡)

kakion 더 나쁜

kakon 악

kakos 나쁜

kakōs prattein 못 지내다

kakourgos 해로운

kaleuein 권하다

kallos 아름다움, 훌륭함

kalos 아름다운, 훌륭한

kalos(kalon) kai agathos(agathon) 훌
룡하고 좋은

kamnein 아프다, 병들다

kapēlos 소매상

katadouloun 노예로 만들다

katagelan 비웃다

katagelastos 우스꽝스러운, 웃음거
리의

katamanthanein 이해하다

katapsēphizesthai 표를 던지다, 표
결하다

katapseudomartyrēthēnai 거짓 증언
을 당하다

kataskeuē 상태

katathnēskein 죽다

katēgorēteon 고발해야 하는

katēgoros 고발자

kateidenai 보다, 보고 알다

katepadein 주문을 걸다

kathoran 보다

kedesthai 돌보다

kephalaios 핵심, 핵심이 되는

kephalē 머리

kerdos 이득

kinaidos 비역질 하는 자

kindynos 위험

kitharōidein 키타라 노래를 하다

kitharōidikē 키타라 노래 연주

kitharistikē 키타라 연주

kleptein 훔치다

koinōnein 함께 나누다

koinōnia 함께 나눔

koinōnos 함께 나누는

kolakeia 아첨

kolakeutikē 아첨술

kolasteon 응징받아야 하는

kolazein 응징하다

kommōtikē 치장술

kosmein 질서를 갖게 하다

kosmēsis 질서 정연한 상태

kosmios 절도 있는

kosmiotēs 절도 있음

kosmos 세계 질서, 장식, 질서

kreitōn 더 강한

kreittōn 더 나은

krinein 심판하다, 판결하다, 판정하다

krisis 판결

kritēs 심판관

kybernētēs 조타수

kybernētikē 조타술

kyōn 개(犬)

lanchanein 추첨하다

lēthē 망각

legein 연설하다

limēn 항구

lithos 돌

logistikē 산술(算術)

logizesthai 판단하다, 헤아리다

logos 근거 있는 이야기, 논변, 논
  의, 말, 설명, 연설, 이야기,
  주장

logous 말

loidorein 욕하다

lypē 고통스러운 것

lypeisthai 고통을 겪다, 고통스러워
  하다

lyperos 고통스러운

lyra 뤼라

lysitelein 득이 되다

macharios 복된

machesthai 싸우다, 전투하다

mageiros 조리사

makarōn nēsoi 축복받은 자들의 섬
  들

makaros 축복받은, 복된

makrologein 길게 말하다

makrologia 길게 말하는 방식

malakia 유약함

manthanein 배우다, 알다, 이해하다

martyrein 증언하다, 증인을 세우다

martys 증인

mastix 매

mathēma 학문

mathēsis 배움

mathētēs 학생

mēchanē 계책

mēchanēsthai 계책을 마련하다

mēchanēteon 계책을 강구해야 하는

megas basileus 대왕

meletan 단련하다

meletē 연습

melōn poiēsis 작곡

melos 가락

metaxy 중간

metechein 관여하다, 참여하다

mētēr 어머니

metros 운율

mimeisthai 모방하다

mimēsis 모방

mimētēs 흉내 내는 자, 모방자

misein 미워하다

misthophoria 일당 지급 제도

misthos 보수

mnēmē 기억

mnēmoneuein 기억하다

mochthēria 열악한 상태

mochthēros 사악한, 열악한

morion 부분

morphōma 모습

mousikē 시가

mousikos 시가에 능한

myein 입문하다

mythologōn 이야기 작가

mythos 설화, 옛날이야기

naupēgos 조선공

naus 배

neanias 젊은이

neanieuesthai 호기를 부리다

neanikos 호기로운

nekys 죽은 자

nemein 할애하다

neōrion 조선소

neos 젊은

nēsos 섬

nomia 법규

nomimos 준법적인

nomos 법

nomothetikē 입법술

noos 지성

nosein 아프다, 병들다

nosēma 병, 질환

nosos 질병

nouthēma 경고

nyktōr 밤

obolos 오볼로스

ochlos 군중

odynē 괴로움

oikein 살아가다

oikeios 가족, 고유한

oikia 가정, 집, 집안

oikodomēma 건축물

oikodomia 건축

oikodomikē 건축(술)

oikodomos 집 짓는 사람

oinos 포도주

oneidizein 비난하다

onoma 단어, 이름

ōphelia 이로움, 이익

ōphelimos 이로운

ophelos 유익

ophthalmos 눈

opsopoiia 요리술

opsopoios 요리사

orthōs 올바르게

orthotēs 올바름

ousia 재산

paideia 교양, 교육 상태

paideuein 교육하다

paidika 애인

paidotribēs 체육 선생

pais 아이

palaistra 레슬링 도장

pankalos 아주 훌륭한

panouros 못된

paradeigma 본보기

parakaleuein 권하다

paraplēsios 아주 비슷한

paraskeuē 활동(공급 활동)

pareinai 함께하다

parēsia 솔직함

parousia 함께하기

parrēsiazesthai 솔직하게(거리낌 없이) 말하다

paschein 겪다, 경험하다, 느끼다, 당하다

patēr 아버지

pathēma 겪은 내용, 경험한 것, 불행한 일, 상태

pathos 경험, 느낌, 상태, 수난

patris 조국

pauein 멈추게 하다

peina 배고픔

peinan 배고프다, 굶주리다

peithein 설득하다

peithō 설득

penia 가난

perainein 성취하다

perittos 홀수

petteutikē 장기술

phanai 주장하다

pharmakon 약(藥)

phaulos 열등한, 시시한

pheugein 추방당하다

philargyros 돈을 좋아하는

philia 우애

philonikōs echein 승부욕을 갖다

philos 친구, 친한

philosophein 철학 활동, 철학하다

philosophia 철학

philosophos 철학자

phobeisthai 두려워하다

phōnē 소리

phora 운동

phōs 사람

phronein 슬기롭다, 이해하다

phronēsis 슬기

phronimos 슬기로운

rhēma 표현

rhēsis 말

rhētōr 연설가

rhētoreuein 연설하다

rhētorikē 연설술

rhētorikos 수사적

rhythmos 리듬

schēma 모양

selēnē 달

sēma 무덤

sēmainein 알려 주다, 지시하다

sēmeion 표시

sition 먹을 것

skepsis 탐구

skolion 주연가(酒宴歌)

skytodepsēs 제혁공

skytotomos 제화공

smikros 하찮은

sōizein 구(救)하다

sōma 몸

sophia 지혜

sophistēs 소피스트

sophistikē 소피스트술

sophizein 교묘한 논변을 펴다

sophos 지혜로운, 현자

sōphrōn 절제 있는

sōphrosynē 절제

sperma 씨앗

spoudein 열심히 장려하다

stathmēsthai 헤아리다

stratēgos 장군

syllogos 집회

symboulē 조언

symbouleuein 조언하다

symboulos 조언자

symphanai 동의하다

symphoron 이익

symplein 함께 항해하다

symposion 주연(酒宴)

synaitia 보조 원인

synchōrein 동의하다

synechein 함께 묶다

syneinai 이해하다

syngnōmē 용서

synousia 교제, 대화

syntattein 짜임새를 갖게 하다

synthēma 협약

ta politika 나랏일

ta tēs poleōs pragmata 나랏일

taxis 배치, 짜임새

technē 기술

technikos 기술로 하는, 기술을 가진
자, 기술적, 전문가

teichos 성벽

tekmērion 증거

thalatta 바다

thanatos 사멸하는, 사형(死刑), 죽음

thaumasios 놀라운, 경이로운

thaumazein 놀라워하다

theama 구경거리

theasthai 관찰하다

theatēs 관중

theatron 극장

themis 옳은

theōrein 보다

theos 신

therapeia 보살피는 활동, 보살핌

therapeuein 보살피다

therapeuma 보살핌의 결과

therapeutēs 보살피는 자

thēreuein 사냥하다

thnēskein 죽다

timē 명예, 평가

timōria 형벌

tisis 응보

to paron 주어진 것

to sophon 지혜

tragōidia 비극

trauma 부상

trephein 양육하다

tribē 숙달, 숙달된 솜씨

triērēs 삼단선

tripous 세발솥

tychē 요행

tynchanein 만나다

typtein 때리다, 갈기다

tyranneuein 참주 노릇 하다, 참주가

되다

tyrannis 참주 권력, 참주 자리

tyrannos 참주

xenos 외국인

zēlōtos 부러워할 만한

zēloun 부러워하다

zēmia 벌금

zēmioun 처벌하다

zēmiousthai 벌 받다

zēn 살다

zētein 탐구하다

zōgraphos 화가

zōion 살아 있는 것

zōon 동물

고유명사

옮긴이의 말

해가 바뀌었으니 10년이 조금 넘었나보다. 2010년 겨울 크리스마스를 앞두고 강원도 횡성 학당에서 『고르기아스』 번역을 마무리하다 서둘러 나왔던 기억이 새롭다. 폭설 때문이었다. 바퀴 달린 운송수단은 아예 꼼짝할 수 없을 정도로 무겁게 쏟아져 내렸으니까. 급기야 고립이 걱정 된 나머지 아랫너부니(학당 소재지)에서 검두재를 넘어 갑천까지 근 이십 리 길을 무릎까지 푹푹 빠져가며 홀로 걸어 나왔었다.

그러고 나서 이듬해 연말에 가서야 번역 출간을 볼 수 있었다. 작업 속도도 느린데다 욕심을 부린 탓이었다. 내 이름으로 내는 첫 결과물이기도 했지만 횡성학당에서 그리고 대학로 연구실에서 오랜 시간 원전을 붙들고 씨름하며 같이 공부해온 동료들의 노고와, 음으로 양으로 도움을 준 분들의 격려가 밑이 되고 밑거름이 되어 얻어진 결실이었기에 공을 많이 들이고 싶었던 것이다.

운동이든 글이든 힘이 많이 들어가면 무거워지고 부자연스러운 법인데 번역을 내놓고 보니 그런 구석이 없지 않았다. 해설과 주석이 다소 길고 장황한 감이 있었던 터라 이번에 아카넷 판으로 바뀌면서 손을 볼 기회였는데 그러지 못해 아쉬움이 남는다. 본문은 그동안 몇 차례 쇄를 거듭할 때마다 오탈자들 외에도 번역이 정확하지 않거나 우리말 표현이 어색한 문장들을 바로잡아왔다. 이 정도면 됐지 싶었지만 매번 수정할 곳들이 나온다. 이번 아카넷 판도 예외는 아니다. 교정을 꼼꼼히 보고 어색한 표현들을 지적해 준 출판사에 고마운 마음을 전한다. 다듬고 수정하는 작업은 판이 거듭되더라도 계속 이어질 것이다. 그러다 세대가 바뀌면 새로운 세대의 어휘와 표현방식에 맞는 새로운 번역이 나오기를 희망해 본다.

코로나 사태로 학당 강독 모임도 제한을 받는 요즘, 동료들과 함께 『고르기아스』를 비롯해 플라톤 텍스트를 하나씩 읽어 나가던 시절이 생각나고 그립다. 그때는 여름과 겨울방학 기간에 횡성학당에서 며칠씩 합숙하며 식사 시간을 빼고는 아침부터 밤까지 강행하는 집중독회가 있었다. 언제부턴가 미지근한 겨울을 맞을 때면 뺨이 얼얼하게 매웠던 이전의 겨울이 다시 돌아왔으면 좋겠다 싶은 마음처럼, 하품과 기지개를 켜 가며 버티던 집중

독회도 기회가 되면 다시 해보고 싶은 마음이다.

2021년 2월 1일
전남 부성리에서
김인곤

사단법인 정암학당을 후원해 주시는 분들

정암학당의 연구와 역주서 발간 사업은 연구자들의 노력과 시민들의 귀한 뜻이 모여 이루어집니다. 학당의 모든 연구는 시민들의 자발적인 후원을 바탕으로 하기 때문입니다. 그 결실을 담은 '정암고전총서'는 연구자와 시민의 연대가 만들어 내는 고전 번역 운동의 산물이라고 할 수 있습니다. 이 같은 학술 운동의 역사적 의미를 기리고자 이 사업에 참여한 후원회원 한 분 한 분의 정성을 이 책에 기록합니다.

평생후원회원

후원위원

강승민	강용란	강진숙	강태형	고명선	곽삼근	곽성순	김경원	길양란
김대권	김명희	김미란	김미선	김미향	김백현	김병연	김복희	김상봉
김성민	김성윤	김수복	김순희(1)	김승우	김양희(1)	김양희(2)	김애란	김영란
김용배	김윤선	김정현	김지수(62)	김진숙(72)	김현제	김형준	김형희	김희대
맹국재	문영희	박미라	박수영	박우진	백선옥	사공엽	서도식	성민주
손창인	손혜민	송봉근	송상호	송순아	송연화	송찬섭	신미경	신성은
신재순	심명은	엄윤경	오현주	오현주(62)	우현정	원해자	유미소	유효경
윤정혜	이경진	이광영	이명옥	이봉규	이봉철	이선순	이선희	이수민
이수은	이승목	이승준	이신자	이재환	이정민	이지희	이진희	이평순
이한주	임경미	임우식	장세백	전일순	정삼아	정선빈	정현석	조동제
조문숙	조민아	조백현	조범규	조성덕	조정희	조준호	조진희	조태현
주은영	천병희	최광호	최세실리아		최승렬	최승아	최정옥	최효임
한대규	허 민	홍순혁	홍은규	홍정수	황정숙	황훈성	정암학당1년후원	

문교경기〈처음처럼〉　　　　　　문교수원3학년학생회　　　　　　문교안양학생회
문교경기8대학생회　　　　　　　문교경기총동문회　　　　　　　문교대전충남학생회
문교베스트스터디　　　　　　　문교부산지역7기동문회　　　　　문교부산지역학우일동(2018)
문교안양학습관　　　　　　　　문교인천동문회　　　　　　　　　문교인천지역학생회
방송대동아리〈아노도스〉　　　　방송대동아리〈예사모〉　　　　　방송대동아리〈프로네시스〉
사가독서회

개인 115, 단체 16, 총 131

후원회원

강경훈	강경희	강규태	강보슬	강상훈	강선옥	강성만	강성식	강성심
강신은	강유선	강은미	강은정	강임향	강주완	강창조	강 항	강희석
고경효	고복미	고숙자	고승재	고창수	고효순	곽범환	곽수미	구본호
구익희	권 강	권동명	권미영	권성철	권순복	권순자	권오성	권오영
권용석	권원만	권장용	권정화	권혜명	김경미	김경원	김경화	김광석
김광성	김광택	김광호	김귀녀	김귀종	김길화	김나경(69)	김나경(71)	김남구
김대겸	김대훈	김동근	김동찬	김두훈	김 들	김래영	김명주(1)	김명주(2)
김명하	김명화	김명희(63)	김문성	김미경(61)	김미경(63)	김미숙	김미정	김미형
김민경	김민웅	김민주	김범석	김병수	김병옥	김보라미	김봉습	김비단결
김선규	김선민	김선희(66)	김성곤	김성기	김성은(1)	김성은(2)	김세은	김세원
김세진	김수진	김수환	김순금	김순옥	김순호	김순희(2)	김시형	김신태
김승원	김아영	김양식	김영선	김영숙(1)	김영숙(2)	김영순	김영애	김영준
김옥경	김옥주	김용술	김용한	김용희	김유석	김유순	김은미	김은심
김은정	김은주	김은파	김인식	김인애	김인욱	김인자	김일학	김정식
김정현	김정희(96)	김정화	김정훈	김정희	김종태	김종호	김종희	김주미
김중우	김지수(2)	김지애	김지유	김지은	김진숙(71)	김진태	김철한	김태식

김태욱	김태헌	김태희	김평화	김하윤	김한기	김현규	김현숙(61)	김현숙(72)
김현우	김현정	김현철	김형규	김형전	김혜숙(53)	김혜숙(60)	김혜원	김혜자
김혜정	김홍명	김홍일	김희경	김희성	김희준	나의열	나춘화	남수빈
남영우	남원일	남지연	남진애	노마리아	노미경	노선이	노성숙	노혜경
도종관	도진경	도진해	류다현	류동춘	류미희	류시운	류연옥	류점용
류종덕	류진선	모영진	문경남	문상흠	문영식	문정숙	문종선	문준혁
문찬혁	문행자	민 영	민용기	민중근	민해정	박경남	박경수	박경숙
박경애	박귀자	박규철	박다연	박대길	박동심	박명화	박문영	박문형
박미경	박미숙(67)	박미숙(71)	박미자	박미정	박배민	박보경	박상선	박상준
박선대	박선희	박성기	박소운	박순주	박순희	박승억	박연숙	박영찬
박영호	박옥선	박원대	박원자	박윤하	박재준	박정서	박정오	박정주
박정은	박정희	박종례	박종민	박주현	박준용	박지영(58)	박지영(73)	박지희
박진만	박진현	박진희	박찬수	박찬은	박춘례	박한종	박해윤	박헌민
박현숙	박현자	박현정	박현철	박형전	박혜숙	박홍기	박희열	반덕진
배기완	배수영	배영지	배제성	배효선	백기자	백선영	백수영	백승찬
백애숙	백현우	변은섭	봉성용	서강민	서경식	서동주	서두원	서민정
서범준	서승일	서영식	서옥희	서용심	서월순	서정원	서지희	서창립
서회자	서희승	석현주	설진철	성 염	성윤수	성지연	소도영	소병문
소선자	손금성	손금화	손동철	손민석	손상현	손정수	손지아	손태현
손혜정	송금숙	송기섭	송명화	송미희	송복순	송석현	송염만	송요중
송원욱	송원희	송유철	송인애	송태욱	송효정	신경원	신기동	신명우
신민주	신성호	신영미	신용균	신정애	신지영	신혜경	심경옥	심복섭
심은미	심은애	심정숙	심준보	심희정	안건형	안경화	안미희	안숙현
안영숙	안정숙	안정순	안진구	안진숙	안화숙	안혜정	안희경	안희돈
양경엽	양미선	양병만	양선경	양세규	양지연	엄순영	오명순	오서영
오승연	오신명	오영수	오영순	오유석	오은영	오진세	오창진	오혁진
옥명희	온정민	왕현주	우남권	우 람	우병권	우은주	우지호	원만희
유두신	유미애	유성경	유정원	유 철	유향숙	유형수	유희선	윤경숙
윤경자	윤선애	윤수홍	윤여훈	윤영미	윤영선	윤영이	윤 옥	윤은경
윤재은	윤정만	윤혜영	윤혜진	이건호	이경남(1)	이경남(72)	이경미	이경선
이경아	이경옥	이경원	이경자	이경희	이관호	이광로	이광석	이군무
이궁훈	이권주	이나영	이덕제	이동래	이동조	이동춘	이명란	이명순
이미란	이미옥	이민숙	이병태	이복희	이상규	이상래	이상봉	이상선
이상훈	이선민	이선이	이성은	이성준	이성호	이성훈	이성희	이세준
이소영	이소정	이수경	이수련	이숙희	이순옥	이승훈	이시현	이아람
이양미	이연희	이영숙	이영실	이영애	이영철	이영호(43)	이옥경	이용숙
이용웅	이용찬	이용태	이원용	이윤주	이윤철	이은규	이은심	이은정
이은주	이이숙	이인순	이재현	이정빈	이정석	이정선(68)	이정애	이정임
이종남	이종민	이종복	이주완	이중근	이지석	이지현	이진우	이철주

이춘성	이태곤	이평식	이표순	이한솔	이현호	이혜영	이혜원	이호석
이화선	이희숙	이희정	임석희	임솔내	임창근	임현찬	임환균	장모범
장시은	장영애	장영재	장오현	장지나	장지원(65)	장지원(78)	장지은	장철형
장태순	장홍순	전경민	전다록	전미래	전병덕	전석빈	전영석	전우성
전우진	전종호	전진호	정가영	정경회	정계란	정금숙	정금연	정금이
정금자	정난진	정미경	정미숙	정미자	정상묵	정상준	정선빈	정세영
정아연	정양민	정양욱	정 연	정연화	정영목	정옥진	정용백	정우정
정유미	정은교	정은정	정일순	정재웅	정정녀	정지숙	정진화	정창화
정하갑	정해경	정현주	정현진	정호영	정환수	조권수	조길자	조덕근
조미선	조미숙	조병진	조성일	조성혁	조수연	조영래	조영수	조영신
조영호	조용수	조용준	조윤정	조은진	조정란	조정미	조정옥	조증윤
조창호	조현희	조황호	주봉희	주연옥	주은빈	지정훈	진동성	차경숙
차문송	차상민	차혜진	채수환	채장열	천동환	천명옥	최경식	최명자
최미경	최보근	최석묵	최선회	최성준	최수현	최숙현	최영란	최영순
최영식	최영아	최원옥	최유숙	최유진	최윤정(66)	최은경	최일우	최자련
최재식	최재원	최재혁	최정욱	최정호	최종희	최준원	최지연	최혁규
최현숙	최혜정	하승연	하혜용	한미영	한생곤	한선미	한연숙	한옥희
한윤주	함귀선	허미정	허성준	허 양	허 웅	허인자	허정우	홍경란
홍기표	홍병식	홍섬의	홍성경	홍성규	홍성은	홍영환	홍의중	홍지흔
황경민	황광현	황미영	황미옥	황선영	황예림	황유리	황은주	황재규
황정희	황주영	황현숙	황혜성	황희수	kai1100	익명		

리테라 주식회사	문교강원동문회	문교강원학생회
문교경기〈문사모〉	문교경기동문〈문사모〉	문교서울총동문회
문교원주학생회	문교잠실송파스터디	문교인천졸업생
문교전국총동문회	문교졸업생	문교8대전국총학생회
문교11대서울학생회	문교K2스터디	서울대학교 철학과 학생회
(주)아트앤스터디	영일통운(주)	장승포중앙서점(김강후)
책바람		

개인 682, 단체 19, 총 701

2021년 1월 29일 현재, 1,020분과 45개의 단체(총 1,065)가 정암학당을 후원해 주고 계십니다.

┃ 옮긴이

김인곤

성균관대 철학과를 졸업했으며, 서울대 대학원 철학과에서 플라톤 철학 연구로 석사 및 박사 학위를 받았다. 정암학당 연구원으로 그리스 고전철학 원전 강독과 번역을 주로 하고 있으며, 철학아카데미와 문화센터에서 서양 철학 및 인문학 고전 읽기와 개론 강의를 하고 있다. 주요 저서 및 역서로는 『서양고대철학』(공저) , 『소크라테스 이전 철학자들의 단편 선집』(공역), 『크라튈로스』(공역), 『법률』(공역) 등이 있다.

정암고전총서는 정암학당과 아카넷이 공동으로 펼치는 고전 번역 사업입니다.
고전의 지혜를 공유하여 현재를 비판하고 미래를 내다보는 안목을 키우는
문화적 기반을 마련하고자 합니다.

정암고전총서 플라톤 전집

고르기아스

1판 1쇄 펴냄 2021년 2월 25일
1판 2쇄 펴냄 2021년 3월 25일

지은이 플라톤
옮긴이 김인곤
펴낸이 김정호
펴낸곳 아카넷

출판등록 2000년 1월 24일(제406-2000-000012호)
주소 10881 경기도 파주시 회동길 445-3 2층
전화 031-955-9511(편집) · 031-955-9514(주문)
팩스 031-955-9519
www.acanet.co.kr

© 김인곤 2021

Printed in Paju, Korea.

ISBN 978-89-5733-721-9 (94160)
        978-89-5733-634-2 (세트)